Von Geheimnissen und Wundern des Caesarius von Heisterbach
Ein Lesebuch von Helmut Herles

Chorruine der ehemaligen Zisterzienserabtei Heisterbach

„Wenn ich alles erzählen wollte, was zu meiner Zeit Wunder war, das heißt gegen den gewohnten Lauf sich zugetragen hat, mir würde eher die Zeit fehlen als der Stoff."

Caesarius von Heisterbach

Von Geheimnissen und Wundern des Caesarius von Heisterbach

Ein Lesebuch von

Helmut Herles

3. Auflage

1992

BOUVIER VERLAG · BONN BERLIN

Die Deutsche Bibliothek — CIP-Einheitsaufnahme
Caesarius <Heisterbacensis> :
[Von Geheimnissen und Wundern]
Von Geheimnissen und Wundern des Caesarius von Heisterbach
: ein Lesebuch / von Helmut Herles. — 3. Aufl. — Bonn ; Berlin
: Bouvier, 1992
Einheitssacht.: Dialogus miraculorum <dt.>
Teilausg.
ISBN 3-416-02433-8
NE: Herles, Helmut [Hrsg.]

 Druck und Einband: Druckerei Plump KG, Rheinbreitbach.
Umschlaggestaltung unter Verwendung eines Fotos von Reiner Zensen, Bonn. Fotos S. 14, 20, 27: © Reiner Zensen, Bonn. Foto S. 6: Postkarte. Foto S. 11: Arbeitführer der Abtei Marienstatt, 4. Aufl. 1981.

Inhalt

Im Zeichen des Caesarius

„Die Dinge gehen und kommen. Das Sagens-, Sehens- und Lesenswerte ist von Bestand. Es ist zeitgemäß, sich dem Zeitlosen zu widmen."

Wie kommt man im politischen Bonn dazu, das Buch der Geheimnisse und Wunder des Caesarius von Heisterbach, eines Mönchs des Mittelalters, herauszubringen, wenigstens in einer Auswahl? Dafür gibt es persönliche und allgemeine Gründe: Die Erinnerung an die Studentenzeit in Frankfurt, als der Volkskundler Wolfgang Brückner über Erzähltraditionen sprach, wie sie weitergegeben wurden, und dabei immer wieder jenen geheimnisvollen Mönch aus Heisterbach erwähnte. Nach dem Studium Berufsstationen in Rom und Bonn: Auf dem Weg vom Siebengebirge an den Rhein sah ich zum ersten Mal die Ruine von Heisterbach im Wald, umgeben von einer verwitterten Mauer unter hohen Buchen. Heister heißt Buche. Oberhalb des Klosters Heisterbach liegt die Rodung des Klosters: Heisterbacherrott, heute ein Dorf im Stadtverbund von Königswinter. Die Ruine im Tal, die Apsis, die wie durch ein Wunder den Steinbruchsprengungen der Klosteraufhebungen von 1803 entgangen war — nun war Caesarius von Heisterbach für mich nicht länger nur ein Mann aus dem Namenregister der Literaturwissenschaft und Volkskunde. Caesarius und Heisterbach wurden anschaulich, während sie vorher nur der Phantasie überlassen waren. Es war ein Kennenlernen und Wiedererkennen zugleich. Hier also hatte er gelebt und geschrieben.

Hinzu kamen die Ortslegenden. Mancher der Einheimischen erzählte, als wäre Caesarius selbst jener legendäre Mönch gewesen, der im Wald über die Macht Gottes nachsann, sich über Raum und Zeit hinwegsetzen zu können, so daß der Mönch nach der Rückkehr einen anderen Abt und andere Mitbrüder vorfand. So schnell war die Zeit vergangen, während er über sich nachsann. Auch das fasziniert jemanden, der in einen Zeitmaschinen-Beruf eingespannt ist, dem die Zeit unter den Händen zerfließt, der zu viele Termine und zu wenig Zeit hat. Dann gab es die Ausgrabungen in Heisterbach. Ich schrieb 1986 und 1987 in der F. A. Z. hierüber. In jener Zeit wurde die Stiftung Heisterbach gegründet, die das Erbe des Klosters und des Caesarius hüten will. Caesarius, der so viel auch aus dem Volk erzählte, sollte so dem Volk zugänglich gemacht werden und nicht nur der Wissenschaft. Aber auch die Wissenschaft hätte noch viel zu tun. Noch immer gibt es keine historisch-kritische Ausgabe des lateinisch geschriebenen Werkes und keine wissenschaftlich kommentierte deutsche Übersetzung. So bleibt der bedeutendste Erzähler des Mittelalters in Deutschland, in der Stofffülle ein Vorläufer des Grimmelshausen, vorläufig ein fast unbekannter Autor, obwohl er ein Stück Weltliteratur geschrieben hat. 1990 ist sein 750. Todesjahr.

Eines Tages war Erntefest in Vinxel am Siebengebirge, in einer bäuerlichen Landschaft, die ohne die Kulturarbeit der Mönche vor achthundert Jahren nicht denkbar wäre. Wir gingen als „Mönche von Heisterbach“, und zum Schluß sollte ich in der Scheune von Hajo Schmitz als Darsteller des Caesarius von Heisterbach eine Laienpredigt halten, einige Mirakelgeschichten zitieren, die zur Gegend und zum Fest paßten. Da merkte ich, daß nicht einmal eine Volksausgabe im Buchhandel greifbar war. Der Dichter unter den Bundestagsabgeordneten, Friedrich Neuhausen, wußte Rat und kopierte einige der Beispiele, mit denen der Meister Caesarius seinen Novizen das Mönchsleben lehrte. Es war eine Ausgabe des katholischen Kölner Hegener Verlages, den es heute nicht mehr gibt. Dann half das Glück. Christa Beyer aus der „Buchhandlung am Bundeshaus“ fand auf dem Flohmarkt in Porz eine gute Auswahl des weit umfangreicheren Werkes (besorgt von E. Müller-Holm, erschienen 1910 in Berlin). Auf dieser Ausgabe fußt die unsere, bereinigt bei den Ortsnamen, zum Beispiel Hemmerode gleich Himmerod in der Eifel, wenn es Hemmerode heißt.

So will nun diese Ausgabe nichts anderes sein als ein Lesebuch, ein Volksbuch. Die Latinisten, Germanisten und Volkskundler sollten endlich eine Ausgabe herausbringen, die dieser große Mönch verdient hat. Das Merkwürdige für moderne Menschen bei der Lektüre ist: Zuerst ist es eine ferne, fremde oder gar versunkene Welt, und dann sieht man in diesem Spiegel plötzlich sich selbst, wundert sich beim Lesen, daß jemand gesehen habe, wie zwei Dämonen mit einer armen Seele Ball gespielt haben, bis einem in den Sinn kommt, daß man oft selbst zu einem von fremden Kräften hin und hergeworfener Spielball zu werden droht. Jeder wird beim Lesen selbst herausfinden, wo er sich wiedererkennt, was ihn unmittelbar anspricht oder was ihm „nur“ ein farbiges Bild des hohen Mittelalters vermittelt. Es ist keine goldglänzende Ikone, kein Idealbild und gerade deshalb für die Heutigen wichtig, die trotz aller Wissenschaft und Technik über die ersten und die letzten Dinge oft noch viel weniger wissen als jener Mönch von Heisterbach.

Bevor man nun dieses Buch liest oder in diesem Buch liest, sollte man versuchen, sich auf die Wege jener Mönche zu machen, sich in Himmerod oder Heisterbach, in Marienstatt oder Eberbach, in Altenberg oder im Burgund, woher die Zisterzienser einst kamen, ihr Leben zu vergegenwärtigen. Auch dazu soll dieses Buch ermuntern. Es kann der Information, der Unterhaltung, aber auch der Meditation dienen.

Wer den Caesarius von Heisterbach verstehen will, sollte sich auf die Wanderschaft machen, wie es die Zisterzienser des Mittelalters taten, zuerst zum Mutterkloster in Himmerod in der Eifel und danach nach Marienstatt im Westerwald, der Tochter von Heisterbach. Der Drei-Stationenweg Himmerod-Heisterbach-Marienstatt ist nur ein kleiner Wanderweg der Klostergründungen der Zisterzienser, ihrer „Filiationen". Andere reichen über viel weitere Wegstrecken als der „unserer" Zisterzienser von der Eifel über das Siebengebirge in den Westerwald, was mit dem Auto heute ein Tagesausflug ist. Man sollte zurückgehen zu den Ursprüngen in Frankreich und zum wichtigsten Abt, dem heiligen Bernhard von Clairvaux. Jene Ordensgründung war eine Antwort auf die „Verweltlichung" vieler Mönche, die von den Regeln des Benedikt von Nursia (480—547) abgewichen waren und es sich bequemer gemacht hatten. Benedikts Kernsatz „Ora et labora" ist das Grundgesetz der christlichen Kultur Europas. Deshalb wird der große Abt von Montecassino „Vater des Abendlandes" genannt. Papst Paul VI. erklärte ihn 1964 zum Schutzherrn Europas. Aber die Kirche erlebt in ihrer Geschichte andauernd und immer wieder, ihre Grundfesten erschütternd, die Richtigkeit des Satzes: „Ecclesia semper reformanda" — die Kirche muß immer erneuert werden. Deshalb war es zu jener Reformbewegung gekommen.

Am 21. März 1098, dem Fest des heiligen Benedikt, verließen Mönche aus dem Kloster Molesme im Bistum Langres in Frankreich mit ihrem Abt Robert das für sie zu wohlig gewordene Klosterleben und zogen in die Wildnis von Citeaux (Citeaux mittellateinisch Cistertium ist der Namensgeber der Zisterzienser). Noch heute nennt man Zisterzienserklöster Zisterzen. Zisterz hängt mit dem französischen Wort Cistels = sumpfiges Gebiet zusammen. Citeaux war, als Bernhard dort eintraf, das ärmste und einfachste Kloster Frankreichs und schien zum

Aussterben verurteilt. In der Einöde wollten die 21 Mönche wieder so ernsthaft die Nachfolge Christi suchen, wie es die Ordensregeln eigentlich vorschrieben. Wegen der Strenge blieb der Novizen-Nachwuchs zuerst aus. Erst mit Bernhard, dem jugendlichen Feuerkopf, einem Mann mit visionärem Geist, war der Bann gebrochen. Nun begann eine Gründungszeit, deren Schwung über hundert Jahre anhielt. 1113 wurde La Ferte, 1114 Pontigny, 1115 Clairvaux gegründet. Entgegen dem Modell der Klosterverfassung von Cluny, die hunderte von Mönchsgemeinschaften einem Großabt unterstellte, sollte nun wieder im Sinn von Benedikt jedes Kloster seinen eigenen Pater familias als Abt haben. Die Äbte der Tochterklöster sollten sich einmal im Jahr zum gemeinsamen Kapitel in Citeaux treffen. Diese Reform verlangte die Herauslösung aus dem bisherigen kirchlich feudalen Organismus. Deshalb wurden diese Klöster in der Einsamkeit gebaut, nicht an den Straßen und nicht in der Stadt. Es war eine radikale Absage an die bei den anderen übliche Wirtschaftsordnung.

Jene Zisterzienser, deren Geist Caesarius von Heisterbach verpflichtet war und auf den hin er seine Novizen erzog, brachen mit dem Alltag des hohen Mittelalters. Sie waren „Aussteiger", um sich in ein anderes sinnvolleres Leben hineinzubegeben. Sie wagten, um des Lebens Sinn zu gewinnen. Diese Zisterzienser wollten auf die auch bei den Mönchen üblich gewordenen Einkünfte aus Grundrenten, Herrschaftsrechten, Zehnten, Zinsen, Höfen, Mühlen, auf Eigenkirchen oder Eigenleute verzichten, wollten keine kirchliche Grundherrschaft errichten, sondern sich den Lebensunterhalt durch die eigene Bewirtschaftung und Urbarmachung ihres Landes erarbeiten. Dafür stellten sie Gehilfen ein, um das tägliche Gebet nicht zu vernachlässigen, was später Spannungen zwischen den „eigentlichen" Mönchen und „ihren" Laien verursachte, bis zu internen Kämpfen. Es herrschte oder sollte Einfachheit in allem, in Kleidung, Nahrung (Schwarzbrot und Gemüse statt Fleisch) und der Wohnung herrschen. Die Einfachheit galt selbst für den Gottesdienst mit einfachstem liturgischem Gerät. Die Zisterzienser wollten nicht einmal Kirchtürme. Auch deshalb sind selbst die späteren Zisterzienser-Kirchen im Vergleich mit den hochragenden Kirchen der Städte und der Bischöfe höchstens mit bescheidenen Dachreitern verziert worden, wie es in Heisterbach war und wie es heute noch in Marienstatt zu sehen ist. Ihre Kleidung fertigten sie aus ungefärbtem Wollstoff, woraus die noch heute übliche Ordenstracht entstand: ein weißes Gewand mit einem schwarzen Überwurf über Brust und Rücken (Skapulier). Der Orden wählte Maria als Schutzpatronin. Alle seine Kirchen sind ihr geweiht. Noch zu Lebzeiten des heiligen Bernhard hatte der Zisterzienser-Orden 350 Abteien. In England und Frankreich waren darunter große Abteien mit bis zu 700 Mönchen. Um die Mitte des 14. Jahrhunderts gab es weit über 700 Männerklöster. Noch mehr Frauen, die sich diesen Idealen verschrieben hatten oder aber Sicherheit in einer unwirtlichen Welt finden wollten, lebten in über tausend zisterziensischen Frauenklöstern. Bald war der Zisterzienserorden so wichtig geworden, daß Päpste aus seinen Reihen gewählt wurden: Eugen III. 1145—1153 und Benedikt XII. 1335—1342. Im Mittelalter sind 31 Kardinäle und 350 Bischöfe aus dem Orden hervorgegangen. Die Urbarmachung Europas ist ohne die Zisterzienser nicht denkbar. Aber diese Erfolge brachten stets Gefahren des Reichwerdens mit sich und als Gegenbewegung von Jahrhundert zu Jahrhundert die Notwendigkeit des Neubeginns. (Wer sich über das Weiterwirken des Bernhard von Clairvaux schnell informieren will, lese die Broschüre „Bernhard von Clairvaux und die Zisterzienser" (Sadifa, Postfach 1350, 7640 Kehl a. Rh.). Danach gibt es in Deutschland zur Zeit dreizehn Zisterzienser-Klöster, davon drei in der DDR.)

Der zu früh und plötzlich gestorbene Papst Johannes-Paul I. hat in unseren Tagen noch als Kardinal Albino Luciani in einem seiner berühmten „erfundenen" Briefe an die Größen der Christenheit auch an Bernhard von Clairvaux einen Brief geschrieben, der diesen für den Mönch von Heisterbach wichtigsten Zisterzienser mit Humor und zutreffend charakterisiert: „Oktober 1971. An den Abt von Clairvaux. Ihr wart ein großer Mönch und auf eine originelle Weise auch ein großer Staatsmann. Es gab einen Augenblick, in dem Clairvaux bedeutender war als Rom: Kaiser, Päpste, Könige, Lehnsherren und Vasallen wandten sich an Euch. Ihr habt einen Kreuzzug organisiert; er ist zwar heute sehr umstritten, aber damals war das eine große Sache. Ihr habt die Juden freimütig verteidigt und tratet wie ein Prophet gegen den Antisemitismus Eurer Zeit auf. Ihr nahmt kein Blatt vor den Mund. Einem Papst habt Ihr geschrieben: Ich fürchte für Dich nicht Eisen und Gift, sondern den Herrscherstolz. . . . Andere haben im Mittelalter Europa mit dem Schwert geleitet. Ihr tatet es mit der Feder." — Auch diese Passage gilt für Caesarius. Er leitete nicht nur seine Novizen mit der Feder.

Zisterziensische Wege: Himmerod.

Der von der Landstraße Wittlich-Kyllburg zum Kloster Himmerod im Salmtal in der Eifel abzweigende Weg führt zu einer geschlossenen Klosteranlage mit Mauern, Gärten und Weihern. Wer diese Landschaft erblickt, mag zunächst denken: welch ausgeprägten Sinn hatten doch die Mönche für eine ideale und schöne Landschaft. Wer es so wahrnimmt, hält den heutigen Eindruck als von Anfang an gegeben und vergißt, daß diese Landschaft so von Mönchen erst geformt und über die Jahrhunderte hin erhalten worden ist. Dies bemerkt mit Stolz der Abt Ambrosius Schneider in seinem im Selbstverlag der Abtei erschienenen Führer „Himmerod. Geschichte und Sendung". Himmerod gehört zum

zisterziensischen Uradel, da es seine Gründung auf Bernhard selbst zuführen kann. Bernhard von Clairvaux war mit dem Trierer Erzbischof Albero von Montreuil befreundet. Beide beschlossen die Ansiedlung der weißen Mönche im Herzen der Erzdiözese Trier. Im Frühling 1134 verließ der Gründerkonvent unter Führung des Abtes Randulf das Mutterkloster Clairvaux. Zunächst ging man zu der in Winterbach bereitgestellten Niederlassung (bei Kordel an der Kyll). Diese Ortswahl erwies sich als Fehlgriff. „Hatte man doch aus unerklärlichen Gründen eine wichtige Gewohnheit der Zisterzienserreform unbeachtet gelassen: Vor dem Einzug eines Gründerkonventes mußte der Abt des Mutterklosters persönlich die Ortsbesichtigung vornehmen, um eine gedeihliche Entwicklung seiner Neugründung zu sichern. Die Unterlassung rächte sich; das allzu enge und feuchte Kylltal bot wenig Möglichkeit für eine günstige wirtschaftliche Entfaltung." (So der heutige Abt von Himmerod, Ambrosius Schneider). Bernhard selbst ritt 1135 zum Reichstag nach Bamberg über Metz nach Trier und suchte bei dieser Gelegenheit mit Bischof Albero einen besseren Ort für die Klostergründung. „Als sie auf die Höhe des Salmtales zwischen den Dörfern Großlittgen und Eisenschmitt ankamen, war Bernhard von dem durch Höhenzüge eingeschlossenen, aber trotzdem weiträumigen Gelände derart begeistert, daß er ausrief: „Hic vere Claustrum beatae Mariae Virginis! — Das ist wirklich ein Eiland für die selige Jungfrau Maria." Daraufhin überließ der Bischof dieses in seinem Besitz stehende Land den Mönchen zur Kolonisation. Zunächst wurden — wie später in Heisterbach — primitive Holzbauten errichtet. Die Blütezeit der Abtei war von 1138 bis 1260. In dieser Zeit machte sich ein Teil der Mönche auf den Weg nach Heisterbach. 1188 folgten sie einem Ruf des Kölner Erzbischofs Philipp von Heinsberg, der von der vorbildlichen Ordnung im Himmerod beeindruckt war, wie sie Caesarius von Heisterbach in seinem Dialogus bestätigt hat. Der Abt Eustachius ist bereit, das verlassene Augustinerkloster auf dem Stromberg, dem heutigen Petersberg, im Siebengebirge zu übernehmen. Am 17. März 1189 verläßt der Gründerkonvent mit dem Gründungsabt Hermann das Salmtal. Hermann wird wohl auch der Führer auf dieser Wanderung und der Schiffahrt gewesen sein, da er als früherer Kanoniker des Cassiusstiftes in Bonn die Lage des künftigen Wirkungsortes kannte. Auch Himmerod erlebte Aufstieg und Niedergang, Blüte, Verfall und Wiederaufstieg in den Jahren seit seiner Gründung bis zur Klosteraufhebung am 26. Juli 1802. Nach der Blütezeit der Zisterzienser im hohen Mittelalter konkurrierten die neu entstehenden Orden der Franziskaner und Dominikaner mit ihm. Lieber betteln als ausbeuten war ihre Devise. Wirtschaftliche und soziale Umwälzungen hatten die Ergebnisse der in der Anfangszeit so rentablen Eigenwirtschaft der Mönche gemindert. Die meisten Besitzungen waren verpachtet worden. Oft war Himmerod in den Kriegen und Fehden des Spätmittelalters mit hohen Abgaben beschwert. Viele seiner Höfe wurden niedergebrannt oder enteignet.

Himmerod gilt als „Kloster der Heiligen“, dem auch Caesarius in seinen Wundererzählungen ein Denkmal gesetzt hat. Aus dieser Reihe vorbildlicher Mönche ragt David aus Florenz (gestorben 1179) hervor. Die baufällig gewordene romanische Kirche wurde in der Barockzeit (1731 bis 1750) durch einen Neubau ersetzt, der selbst noch in dieser Zeit kirchlicher Triumphbauten vom schlichten Geist der Ordensgründer geprägt ist. Als die französischen Truppen 1794 im Kurstaat Trier einrückten, floh der Himmeroder Konvent, der Abt mit 21 Mönchen, auf das rechte Rheinufer. Sie finden im Tochterkloster Heisterbach vorübergehend Zuflucht. Nach der Klosteraufhebung erleidet Himmerod ein ähnliches Schicksal wie Heisterbach. Ein Hüttenbesitzer erwirbt es. Nun wird die Barockkirche wie ein Steinbruch genutzt und ausgeplündert. „Die abgelegene Lage begünstigte das pietätlose Vorgehen des Käufers. Zunächst deckte man Kupferdach und Dachstuhl ab . . .“ 1816, als die Reichsgrafen von Kesselstatt das ehemalige Kloster kauften, war die Kirche schon Ruine. Schon im vorigen Jahrhundert beginnen die Bemühungen, das Kloster wiederaufzubauen und abermals Mönche anzusiedeln. Die preußische Regierung sträubt sich durchaus kulturkämpferisch und läßt erklären, „daß ein eventueller Antrag auf Errichtung einer Niederlassung des Zisterzienserordens von Marienstatt in Himmerod die staatliche Genehmigung nicht finden würde“. „Was in friedlichen Zeiten nicht möglich gewesen war, sollte der Erste Weltkrieg bewirken. Deutschen Zisterziensermönchen, die ihren Militärdienst geleistet hatten, versagte die jugoslawische Regierung die Rückkehr in ihr Kloster Mariastern in Bosnien.“ (Abt Schneider) Auf der Suche nach einer neuen Heimat entschieden sich die Mönche einstimmig für den Erwerb der historischen Stätte, obwohl in Süddeutschland guterhaltene Klosterbauten zu kaufen gewesen wären. Die Wiederbesiedlung erinnert an die Gründerzeit des Ordens im hohen Mittelalter. Abermals sind Zisterzienser Pioniere. Nachdem ihnen der Reichsgraf von Kesselstatt Himmerod und den Altenhof mit circa 88 Hektar für 500 000 Mark überlassen hatte, gelingt es den sieben Neugründern, 1920 wenigstens das Pfortengebäude wieder instandzusetzen und als vorläufiges Kloster einzurichten. 1922 übernimmt Marienstatt die offizielle Neugründung mit allen früheren Rechten. Damit schließt sich nach beinahe 900 Jahren ein zisterziensischer Weg, ein Kreislauf, der die Mönche einst von Clairvaux nach Himmerod, von Himmerod nach Heisterbach, von Heisterbach nach Marienstatt und von dort wieder nach Himmerod ziehen sah. Der Wiederaufbau wird nicht zuletzt durch den 1924 gegründeten Himmeroder Bauverein finanziert, der lange Zeit von Johannes Fuchs, dem Oberpräsidenten der Rheinprovinz, geleitet wurde. Im Zweiten Weltkrieg erleidet die Abtei erhebliche Bombenschäden, und erst von 1952 bis 1960 wird die Kirche in den alten Ausmaßen rekonstruiert. Seit 1971 steht Ambrosius Schneider aus Mainz an der Spitze dieses Konvents. Die Mönche von Himmerod leben nicht nur für sich allein in ihrem Dienst, der am frühen Morgen um 4.30 Uhr mit dem Lobgesang, den Laudes, beginnt und um 19.30 Uhr mit dem Abendgebet, der Complet, endet. Sie helfen in den Pfarreien der Umgebung aus und geben in Himmerod Exerzitien und Einkehrtage. In über hundert Jahreskursen wollen sie in ihrem Gästehaus zur Besinnung führen, neu mit den Fragen der Menschen nach dem Sinn ihres Lebens konfrontieren. Himmerod ist wieder ein Wallfahrtsort geworden, in den Sommermonaten zelten Jugendliche in der Nähe der Abtei. Dabei lernen sie ein Leben kennen, wie es schon vor eintausend Jahren aus einer Wildnis eine fruchtbare Rodung machte. Und manche der heute hier ausgeübten Handwerke waren schon damals in Himmerod, wenn auch nicht mit den Techniken von heute. Schlosserei, Klempnerei, Schneiderei, Schuhmacherei, Schreinerei, in diesen Werkstätten des Hauses sichern die Brüder ebenso wie durch Landwirtschaft und Viehzucht den sauberen Stallungen das Eigenleben und den Unterhalt der klösterlichen Gemeinschaft. Wer wissen will, wie die Zisterzienser einst lebten und wie sie heute leben, kann es in Himmerod erleben. Hunderte Jahre sind im Leben Gottes wie ein Tag. Beide, die Mutter von Heisterbach in der Eifel und die Tochter im Westerwald, leben wieder mit Zisterziensern. Aber auch Heisterbach ist nicht tot. Gehen wir diesen zisterziensischen Weg zuerst weiter nach Marienstatt, um dann nach Heisterbach zu gehen, das wegen des Caesarius im Mittelpunkt unserer Spurensuche steht.

In Marienstatt

Welchen Weg die Mönche aus dem „St. Peterstal“ im Siebengebirge in den Westerwald zogen, an die Nister, wo die Sprache schon rauher ist und nichts mehr mit rheinischem Singsang zu tun hat, weiß man nicht. Aber es wäre nicht der Konvent des Caesarius, wenn nicht auch dieser mühselige Weg über fünfzig Kilometer zur Gründung des nächsten Klosters der Zisterzienser mit einer Legende umrankt wäre. Wie in Himmerod und Heisterbach brauchten sie auch für die Gründung des heutigen Klosters Marienstatt einen zweiten Anlauf, um den richtigen Platz für ihr Kloster zu finden. Zunächst begannen die Heisterbacher bei Kirburg 1212 mit ihrer Gründungsarbeit. Noch heute gibt es dort ein „Altenkloster“. Wegen Erbstreitigkeiten und anderer Schwierigkeiten wollten die siedelnden Mönche beinahe wieder ins Siebengebirge zurückkehren. Die wundersame Wende: Die Gottesmutter erscheint dem Abt Hermann und empfiehlt ihm, das Kloster dort aufzubauen, wo er im Tal der Nister einen blühenden Dornenstrauch finden werde. Sogleich machte sich der Abt mit seinen Mönchen auf die Suche, und sie fanden mitten im Winter im Nistertal einen blühenden Dornenstrauch. Zur Erinnerung hat die Abtei bis heute einen blühenden Dornzweig auf ihrem Wappen. 1222 wurde der Grundstein gelegt. In mehreren Bauabschnitten wuchs die Kirche bis 1425 zum ersten rechtsrheinischen gotischen Bauwerk. Wer heute in der großen Hallenkirche steht, kann sich vorstellen, wie einst in Heisterbach die Kirche der Zisterzienser Raum für ein ganzes Volk hatte. Die Mönche von Marienstatt erlebten glanzvolle Zeiten, aber auch Pest und Krieg, Förderung durch die Grafen von Sayn, aber auch Bedrückung. Wieder ähnelt die Geschichte von Marienstatt der von Heisterbach: Um ihres Friedens willen kauften die Heisterbacher die Burg Rosenau, nur um sie zerstören zu können. Sie wollten keine Festung in der Nähe ihrer friedlichen Felder. Als die Marienstatter vom beabsichtigten Bau der Vroneck erfuhren, mit der 1344 Graf Johann von Sayn seine Macht über die Mönche demonstrieren wollte, beschwerten sie sich beim Erzbischof Walram von Köln und verhinderten den Bau der begonnenen Burg. Nach dem Dreißigjährigen Krieg begann im 18. Jahrhundert eine neue Blütezeit. Abt Emons (1734—1751) baute die neuen Klostergebäude mit der klaren Portalfront. Hier ist heute die Schule unterge-

bracht. Wie Heisterbach wurde auch Marienstatt 1803 aufgehoben. 1864 erwarb Bischof Blum von Limburg die verfallenden Klostergebäude und richtete darin eine „Rettungsanstalt“ für verwahrloste Knaben ein. Nach dem Ende des Kulturkampfes konnten wieder Zisterzienser in Marienstatt einziehen. Sie kamen 1888 aus der Abtei Mehrerau am Bodensee. Im Ersten Weltkrieg wurde der Südflügel angebaut, in dem die große Klosterbibliothek und das Gymnasium Raum fanden. Die junge Gemeinschaft am alten Platz fühlte sich bald stark genug, um 1922 die „Großmutter“ dieser Abtei, Himmerod in der Eifel, neu zu begründen.

Man erreicht die Kroppacher Schweiz von Heisterbach kommend über Oberpleis zur alten Köln-Frankfurter-Höhenstraße gelangend, der heutigen B 8. Man fährt knapp 50 Kilometer in Richtung Hachenburg, kurz vor Hachenburg biegt man nach links ab ins Tal der Nister. Vom Parkplatz nur wenige Schritte an den Flußlauf, über den eine mittelalterliche Steinbrücke führt. Forellen stehen zwischen den Steinen, Jungen versuchen, sie mit der Hand zu fangen. Die Glocken läuten zum sonntäglichen Gottesdienst. Durch eine Eschenallee, die vielleicht früher wie auch in Heisterbach eine Obstbaumallee gewesen sein mag, kommen die Kirchgänger. Alte und Junge, Familien, Einheimische und Fremde. An den Anschlagtafeln können sie den Zeitplan der Mönche lesen, Ora et labora. Die Zeit des Gebetes sind um 6 Uhr die Laudes, um 9.30 Uhr das Convent-Amt, um 12.30 die Non, um 15.30 die Vesper, 19 Uhr Matutin und Complet. So ist es am Sonntag. Werktags beginnen sie mit ihrem Lob Gottes im neuen Tag, mit den Laudes, schon 5.10 Uhr. Vor dem Kirchenportal, über dem eine freundlich lächelnde Madonna aus Stein ihr Kind der Menge zu zeigen scheint, ist im Schaukasten jener Satz zu lesen, der schon manchen zum Mönch gemacht hat: „Mein Herz ist unruhig, Herr, bis es Ruhe findet in Dir.“ Ein Satz, der aber auch manchen zum Abschied vom Mönchsein drängt. Längs der Klostermauer, die wie in Heisterbach in den Wald hineinführt, fließt die Nister. Am Waldrand tritt der eigene Mühlbach wieder in die Nister zurück, mit dem die Mönche schon immer ihre Mühle betreiben konnten. Heute gibt er ihnen elektrischen Strom. Der Gedanke der zisterziensischen Autarkie ist damit in die Moderne übertragen. Ein Mönch wundert sich, daß die zisterziensischen Schwestern in Lichtenthal bei Baden-Baden sich diese aus dem alten Wasserrecht herrührende eigene Elektrizitiätsproduktion von der Stadt abnehmen ließen. 28 Mönche leben zur Zeit in Marienstatt. Seit dem Ende des 15. Jahrhunderts führt hierhin eine populäre Wallfahrt. Marienstatt lebt so, wie es wohl einmal in Heisterbach gewesen ist.

Caesarius, sein Werk und Heisterbach

Wie kam es zu so vielen zisterziensischen Gründungen? Auch die Zisterzienser hatten begonnen, untereinander zu konkurrieren. Die Linien, die nicht von Clairvaux ausgingen sondern von der Abtei Morimond, erwiesen sich in den deutschen Gebieten als vitaler. In dieser Linie von Morimond steht zum Beispiel Altenberg. Von Altenberg gingen zahlreiche Neugründungen in Ostdeutschland aus. Eine Linie aus Clairvaux, jene über Himmerod und Heisterbach, endet dagegen schon im Westerwald. Ein weiterer Grund für Spannungen im späteren Mittelalter ist das Verhältnis zwischen den Mönchen und den angestellten Arbeitskräften, den „Konversen". Zwischen 1168 und 1308 gab es annähernd 123 Aufstände der Konversen im Orden. Deshalb veranlaßte der Zisterzienserpapst Benedict XII. eine Verminderung der Konventstärke, damit die Mönche und „ihre" Laien tatsächlich wieder von den eigenen Einkünften leben könnten. „Im Zuge dieser Reform sollte der Heisterbacher Konvent im Jahre 1357 auf 39 Mönche und 15 Konversen reduziert werden. Dieser Reformversuch blieb jedoch ohne den gewünschten Erfolg." (Markus Hoitz). Im 14. und 15. Jahrhundert verbesserte sich die Lage wieder. Den Zisterziensern kam ihr „Filiationsprinzip" zugute. Keine Abtei war auf sich selbst gestellt, sondern erfuhr gerade von den Vorläufer- oder Nachfolgeklöstern Hilfe, aber in Krisenzeiten auch Zurechtweisung. So zog mit dem Himmeroder Mönch Johann von St. Vith in der Zeit der Erneuerung der katholischen Kirche nach dem Trienter Konzil (1545 bis 1563) im Jahre 1566 nicht nur ein neuer Abt sondern auch ein neuer Geist in Heisterbach ein. Der Rückschlag kam wenig später. Im Truchsess'schen Krieg, der als „Wirren" zu harmlos bezeichnet wird, um die Konfession des Erzbischofs und damit um die damalige „Großmacht" im Reich, der Erzdiözese Köln, wurde der Abt von Heisterbach mit zwei Mönchen auf die Godesburg entführt und später wieder freigelassen. Am 22. Mai 1588 wurde Heisterbach überfallen, geplündert und niedergebrannt. Die bittere Ironie dieser Geschichte: Verursacher der Zerstörung waren katholische Söldner, obwohl Heisterbach auf katholischer Seite stand. In jener Zeit muß das Kloster schon einmal so ausgesehen haben wie zur Zeit des Abbruchs am Anfang des 19. Jahrhunderts. Und obwohl die Abtei einige Jahre ohne Dächer blieb und vieles einstürz-

Dieses Bild macht dem Betrachter die hohe Baukunst des Baumeisters einsichtig. Es galt, das Problem der Ableitung des Gewölbedruckes zu bewältigen. In der genialen Ausgestaltung einer mehrschaligen Bauweise ist es mit dieser Chorapsis gelöst worden. Zugleich wurde die Verbindung zur umgebenden Waldnatur hergestellt. Die zweireihige Säulenstellung ist das Hereinnehmen des Buchendomes in den Kirchenraum, womit die geistige Einstellung des Baumeisters erkennbar wird, der nach dem Vorbild der schlanken Stämme des Waldes die Verwirklichung seines Bauwerkes herleitete: begründet und sicher im Boden zu stehen mit dem Auftrag, dem Himmel ein Abbild in dieser Welt zu errichten.

te, erwies sich nur ihre Kirche wie bei der Sprengung im 19. Jahrhundert als standfest. Kein Wunder, daß man hier an Wunder glaubt. Der Zisterzienserchronist Jongelinus aus Altenberg berichtet über Heisterbach: „Es blieb von da an einige Jahre ohne Dach und den Himmelunbill ausgesetzt. Dann stürzten die Gewölbe des Dormitoriums, des Kreuzgangs, des Refektoriums und anderer Orte mit Ausnahme der Kirche ein, die, gottlob, wegen der Stärke ihrer Steine blieb . . ."

Nach dem Dreißigjährigen Krieg scheint sich der Heisterbacher Konvent dem Geist der Zeit hingegeben zu haben: Hier und heute wie in jeder Nachkriegszeit. Um 1686 muß es in Heisterbach keineswegs mehr klösterlich zugegangen sein. Das Generalkapitel der Zisterzienser griff ein, weil die Heisterbacher ein ziemlich ausgelassenes Leben führten, in ihren eigenen Wäldern große Jagden veranstalteten und diese mit zünftigen Gelagen abschlossen. „Da das Generalkapitel gehört hat, daß das Kloster Heisterbach in jeder Hinsicht stark in Unordnung geraten ist, wird ein anhaltendes Mittel angewendet werden müssen, um die gegenwärtige Gefahr zu bannen; es beauftragt die ehrwürdigen Herren von Altenberg und Himmerod, jenes Kloster innerhalb eines Monates zu visitieren und zu reformieren sowohl am Haupt als an den Gliedern."

Damals bildeten sich bei den Zisterziensern zwei Strömungen. Sie spalteten sich in Anhänger der alten und einer neuen strengeren Regel, für die der Abt von La Trappe eintrat. Diese strengeren Mönche sind bis heute als Trappisten bekannt. Der Streit zwischen beiden muß Heisterbach gespalten haben. Ein Teil wollte lieber lockerer leben und sich nicht unterwerfen. Um 1708 gab es im Kloster zwei Parteien. Eine um den Abt, der für Erneuerung und Strenge war, und eine um den Prior, der auf gute Eß- und Trinkgewohnheiten nicht verzichten wollte. Es ging so weit, daß 1709 der päpstliche Nuntius erschien, um den Konvent zu befrieden. Er bestimmte, die strengere Observanz in Heisterbach einzuführen. Dies scheint zeitweilig von Erfolg gewesen zu sein. Wie es 1718 in Heisterbach mit einer gemäßigt trappistischen Lebensweise aussah, schildert ein Werk von Martene und Durand „Voyage Literaire" (1724): Der Abt versuche die Ordenszucht in ihrer ganzen Reinheit wiederherzustellen. Diese Lebenshaltung könne als ein Wunder betrachtet werden. „Denn es ist fast kaum zu begreifen, daß Menschen eines Landes, in dem gut Essen und Trinken geradezu ein Beruf ist, ihr Leben der strengsten Buße weihen." Die Mahlzeit bestehe nur aus Gemüse. „Es waren insgesamt 23 oder 24 Mönche. Auf ihren Gesichtern spiegelte sich himmlischer Frieden." Was ist daran Ideal, was Wirklichkeit? Wirklichkeit zumindest ist und war jenes kritische Kompliment der damaligen Reiseschriftsteller für die „Lebensqualität" der Rheinlande. Bald kam es zum Ankauf der Burg Leubsdorf (1717) und des Frankenforster Hofes (1733). Den siebenjährigen Krieg (1756 bis 1763) schien die Abtei ohne inneren Schaden überstanden zu haben. Damals waren die Mönche und die Brüder vor den Soldaten geflohen. Ihr Wohlstand blieb so ungebrochen, daß sie, wie der damalige Oberdollendorfer Bürgermeister Christian Hülder beschrieben hat, der Bevölkerung „Essen und Trinken genug" geben konnten. Markus Hoitz faßt die Geschichte zwischen Klosterreform, französischer Revolution und Klosteraufhebung zutreffend zusammen: „Die Kritik am Klosterwesen war nicht unberechtigt, gefährlich und falsch war die Verallgemeinerung, die als Vorwand für den 1803 beschrittenen Weg zur Aufhebung benutzt wurde." „Wenn noch 1791 fünf junge Männer im Alter von 21 bis 24 Jahren in Heisterbach eintraten, kann angenommen werden, daß die Abtei bis in die letzte Zeit hinein ein anziehendes geistliches Zentrum im Siebengebirge war."

Ein Zeugnis aus dem 18. Jahrhundert beschwört den Geist unseres Ortes, den Genius loci. Es war nicht nur ein lieblicher Ort des Friedens und der Beschaulichkeit, als der er uns heute erscheinen kann. Das Kloster galt in jener „hellen" Zeit der Aufklärung als ungesund, auf einem krankmachenden Sumpfgebiet gebaut, also nicht als „Locus hamoenus". Manches aus dieser einem von der Stadt Königswinter herausgebrachten Buch entnommenen Reiseschilderung ist noch heute so zu erkennen. Anderes bleibt der Phantasie des Lesers überlassen, weil heute weder die damalige Abtei noch die Klosterräume, die Ausstattung und das Leben der Mönche an Ort und Stelle zu beobachten sind, auch nicht mehr der damalige Gegensatz zwischen einem weltfreudigen Prälaten und dem mönchischen Dienst der anderen. *Bey der Abtey Heisterbach auf dem Stenzelberge, werden auch Grabsteine gebrochen. Dieser Berg gehöret der Abtey zu, und der Prälat hat einen eigenen Bruch daselbst; die übrigen Brüche aber sind auf Jahre vermiethet. Die Heisterbacher Kirche ist aus Ducksteinen gebauet: Nun sagt man, die Mönche hätten einen verborgenen Ducksteinbruch, den sie aus verschiedenen Ursachen nicht anzeigten. Ich halte dieses aber für eine Fabel, und glaube, daß die Ducksteine aus der Gegend von Tönnisstein da-*

hin, eben so wie nach Köln und andere Orte, gebracht worden seyn.

Heisterbach ist ein anmuthiges Thal hinter den 7 Bergen, wo sich die Mönche Cistercienser-Ordens, welche im Jahre 1188 Erzbischof Philipp von Heinsberg aus dem Kloster Hemmenrode nahm, und auf den Strom nun Petersburg, pflanzte, nach vier Jahren angebauet haben. In der Kirche rechter Hand des Chores, vom Eingange an zu rechnen, sieht man drey längliche horizontale Grabsteine: auf dem linken steht: Anno Domini 1513. die — Januarii obiit nobilis vir Johannes Dominus in Drachenfelz, cuius anima requiescat in pace. Der mittlere hat folgende Aufschrift: Anno Domini 1530, die Maii obiit nobilis vir Henricus Dominus in Drachenfelz, cujus anima requiescat in pace. Auf diesen beyden Grabsteinen findet man das Familienwappen der Verstorbenen, einen geflügelten Drachen. Der dritte hat gar keine Aufschrift, sondern nur den Drachen, und scheint viel älter als die beyden andern zu seyn.

Diese Kirche ist ein altes Gebäude in gothischem Geschmacke, das Pflaster neu, und erst vor ungefähr 70 Jahren erbauet. Das merkwürdigste in jener ist ein Gemälde, das die Kreuzigung des Apostels Peter vorstellt, und an welchem die Theile des menschlichen Körpers überaus genau gezeichnet sind. Ferner ist da eine Geburt Christi, wegen der richtigen Darstellung der Leidenschaften schätzbar. Der hohe Altar ist prächtig: hinter demselben bilden sechs Säulen einen Halbzirkel. Im Sommer-Refektorium, das im Winter zur Orangerie dienet, sieht man die Porträte aller Prälaten, die dem Gotteshause von jeher vorgestanden haben. Doch sind darunter nur ohngefähr acht Urstücke, die übrigen waren vom Zahne der Zeit beinahe gefressen: Ein Mahler sollte sie kopiren; aber er machte neue Porträte, und nahm die Gesichter dazu, wie mir ein Mönch versicherte, von den Bauern auf dem Markte. In dem Kreuzgange, der noch der erste Bau zu seyn scheint, ist ein schöner, zum Gebrauche bequemer Springbrunnen mit einem geräumigen Lucken, in gothischem Geschmacke merkwürdig. Das Kapitelhaus ruhet auf zwo runden Säulen; in der Mitte ist ein Thron für den Prälaten, rundrum sind Bänke: Ich muß gestehen, daß mir das Kapitelhaus sehr wohl gefallen hat. Die Bibliothek ist zahlreich, und hat eine schöne Menge alter und seltener Werke, aber einen gänzlichen Mangel an neuern, die seit etwa 50 Jahren herausgekommen sind; zum Beweise, daß man in den Klöstern ehedem mehr studirte, als in diesem Jahrhundert: denn alle Klosterbibliotheken sehen eben so aus. Der Prälat allein hat den Schlüssel zu jener, und in deren Mitte seinen Hausaltar, woran er die Messe zu lesen pflegt. Der Garten ist zierlich, und mit ei-

nem Springbrunnen versehen; aber die Abtey selbst ist feucht, mithin ungesund. Man hat mich versichert, kein neuer Ankömmling komme im ersten Jahre ohne das kalte Fieber durch. Hinter dem Garten in einem Wäldchen ist der Spielplatz, wo an zwey Tagen in der Woche die Mönche sich mit Kegelschieben belustigen. Sonst sind diese Leute sehr eingeschränkt. Abends gegen halb 7 Uhr muß schon ein jeder auf seinem Zimmer seyn, und keiner darf den andern nach dieser Stunde sehen: Morgens um 3 Uhr geht es schon zum Gottesdienste. Dagegen lebt der Prälat immer prächtig, und speiset mit seinen Officianten, und den Fremden, welchen er die Ehre erweiset, allein. Der jetzige ist sehr artig, und macht durch seyn Betragen der Abtey wahre Ehre. — —"

Dies ist ein Bericht aus der Endzeit des Klosters. Es wird nicht lange mehr dauern und es wird nicht mehr sein. Aber selbst wenn bei Aufhebung und Zerstörung nicht einmal der Chorraum als Ruine am Waldrand geblieben und in den achtziger Jahren unseres Jahrhunderts vor weiterem Verfall gerettet worden wäre — ein einziger der Mönche, die hier lebten und starben, könnte den Namen Heisterbach vor dem Vergessen schützen: Caesarius von Heisterbach.

Wer sich heute vom Rheintale kommend, den malerischen Weinort Oberdollendorf mit dem nördlichsten Weinberg des Rheintales durchquerend, dem Kloster nähert, kann die Welt des Caesarius wie der Romantiker von einst erleben: „Da liegt die Stätte der alten Abtei vor mir ... der umfangreiche von einer hohen alten Mauer umgebene Raum lehnt sich an den nördlichen Fuß des Petersberges und ist hier von hohem Wald umgeben, während er nach der anderen Seite an das offene Feld grenzt. Die bewachsenen Hügel heißen der Heisterbacher Mantel. Sie sind sehr quellenreich und haben Veranlassung zur Anlage von einigen umfangreichen Teichen gegeben, in denen die Mönche Karpfen und andere Fische zogen, die sie an ihren Festtagen verschmausten. Vor Zeiten mag das Wasser hier auf blanken Spiegeln die anliegenden Baumgruppen wiedergegeben haben. Gegenwärtig sind die Weiher versumpft und voll von Schilf, so daß sie den scheuen Wasservögeln ein willkommenes Versteck bieten. Das ganze Tal des Heiligen Petrus ist auch heute noch wunderbar einsam und weltentlegen ... Die Mauer der Abteieinfriedung ist bald umgangen. Ich stehe vor einem Portalhause, das wahrscheinlich erst in dem Beginne des vorigen Jahrhunderts gebaut wurde und an dem der Heilige Benedikt und Bernhard im Zopfstyl aufgestellt sind. Eine lange Obstallee führt in den inneren Raum. Rechts dehnt sich eine Reihe von schlichten Gebäuden, in denen vor Zeit die Ackerwirtschaft getrieben wurde und die auch heute noch dem Pächter als Wohnung dient. Von dem alten umfangreichen Abteigebäude, das sich im Grunde erhob, ist keine Spur mehr vorhanden ...

Wenn man auch am Ende den Verlust der Abtei, die wahrscheinlich aus der späteren und reichen Zeit des Klosters stammte und schwerlich sehr bemerkenswert war, verschmerzen kann, so beschleicht uns doch ein tiefes Gefühl von Trauer, daß die herrliche Kirche bis auf wenige Trümmer in jener zerstörungssüchtigen Zeit vernichtet worden ist. Welch ein Kleinod der alten deutschen Baukunst hier verlorenging, gewahrt man an den Überbleibseln des Chorabschlusses, der sich nach Osten hin über dem langen Wiesenplatze erhebt. Freilich ist auch die Ruine, die sich hell gegen den dunklen Waldgrund absetzt, wunderschön, aber es war doch sicherlich ganz anders, als sich das herrliche Gebäude noch in seiner ganzen Pracht erhob, als die Glocken tönten und als die Orgelklänge und Chorgesänge mächtig dahinrauschten. Versunken und vergessen! Das Wasser des Springbrunnens, der in der Mitte des Platzes seinen klaren Strahl in die Luft treibt und dann in ein großes Becken fällt, scheint leise Trauerlieder über die vergangene Pracht zu singen. Wunderbar phantastisch macht sich der Bau namentlich, wenn der Vollmond hinter ihm steht, wo denn die reizenden Formen sich auf dem klaren Himmel absetzen und tiefe Schatten und helle Lichter ihr geheimnisvolles Spiel treiben."

Heute kann man fast alles aus dieser romantischen Wanderbeschreibung wiederfinden, ebenso Wandel und Wiederbelebung. Man parkt links vom Kloster an der Straße zwischen Oberdollendorf und Oberpleis vor der Wanderkarte des Verschönerungsvereins Siebengebirge (VVS), des ältesten Umweltvereins der Bundesrepublik. Man gelangt mit der Buslinie 521 an die Klosterpforte oder als Wanderer, dem mit R markierten Rheinhöhenweg von Nord nach Süd folgend. Rechts war im Sommer 1989 an der alten Mauer, die noch immer das Klostergelände einhegt, ein Bauschild angebracht. „Sanierung der Immunitätsmauer. Gefördert durch die Bundesrepublik Deutschland. Land Nordrhein-Westfalen. Arbeitsamt Bonn. Beratung: Rheinisches Amt für Denkmalpflege. Bauherr: Genossenschaft der Cellitinnen e.V. Köln." Diese Schwestern haben nach der Zwangspause des klösterlichen Lebens das Anwesen wiederbelebt. Heute ist dort ein Alters- und Pflegeheim untergebracht und die Sozialstation der Caritas. Das Klosterstübchen mit Selbstbedienung ist von 12.15 bis 17.30 Uhr für jedermann geöffnet. Montag ist Ruhetag. Vor den noch immer über dem Torgebäude wachenden Figuren des Benedictus und des Bernhard kann man lesen: „Betreten des privaten Klostergeländes auf eigene Gefahr. Parkplatz gegenüber." Aus der Obstallee ist unterdessen eine Pappelallee geworden. Rechterhand sind typische Klostergebäude, eine Gärtnerei, eine Zehntscheuer, welche die für die Erinnerung kostbaren Steinreste der jüngsten Ausgrabungen bergen soll, darunter ein Grabmalsrest eines Ritters vom Drachenfels, aus der Kirche, wie er in der Beschreibung aus dem 18. Jahrhundert geschildert wird. Geradeaus ein Wegweiser zur neuen Kirche aus der bundesrepublikanischen Zeit, zur Pflegestation und zum Brauhaus aus dem 18. Jahrhundert, in dem heute die Stiftung Heisterbach unter Leitung des Oberdollendorfer Pfarrers Kalckert ihren Sitz hat. Die Vortragssäle sind nach Caesarius, Bernhard und Augustinus genannt. Linkerhand eine Telefonzelle und ein Briefkasten. Eine blaue Eiscremefahne. Die neue Kirche erreicht man außerhalb der Gottesdienstzeiten über die Pforte der Schwestern. Glatte und saubere Fußböden. Es herrscht die hygienische Atmosphäre kirch-

In Heisterbach

licher Häuser. Ein kleines Bild neben der neuen Kirchentür erinnert an die ältere Geschichte: Ein Mönch in einem düsteren Wald. Darunter der Hinweis auf die populäre Legende des Mönches, der im Wald über den Satz meditierend, daß im Leben Gottes tausend Jahre wie ein Tag sind, bei der Rückkehr auf einen anderen Konvent trifft. Die Zeit war vergangen. „Gott ist erhaben über Ort und Zeit." Eine kurze Skizze der Geschichte: 1192 hat Abt Hermann, vorher Prior in Himmerod in der Eifel, das Zisterzienserkloster Heisterbach gegründet. 41 Äbte haben hier regiert bis zur Aufhebung im Jahre 1803. Der berühmteste Mönch des Klosters, Caesarius von Heisterbach, war in der Gründungszeit Novizenmeister und Prior. — Dann zur Ruine. Rechts vor der Apsis am Waldrand ein Denkmal für Caesarius, ein neugotisches Sakramentshäuschen ohne Bild und Bombast, dem kargen Stil dieses Reformordens entsprechend: „Dem Zisterziensermönch Caesarius von Heisterbach zur Anerkennung seiner Bedeutung für die heimische Geschichte und die Kunde des Volkslebens der Hohenstaufen-Zeit errichtet diesen Denkstein der Bergische Geschichtsverein 1897." Die Cellitinnen verzeichnen auch, daß der letzte Mönch nach der Vertreibung Aloys Olzem hieß und am 10. April 1859 gestorben und in Königswinter begraben ist. Statt Klausur heißt es heute weniger streng „Privatbereich".

Vor der Ruine sitzen an warmen Tagen die alten Hausbewohner in der Sonne und sinnen über den Lauf der Zeit nach. Sie freuen sich über den Gruß. Ab und zu kommen Wanderer, hin und wieder Familien mit Kindern. Der Ort ist still geblieben. Wie er früher als Wallfahrtsort das ganze Rheinland anzog, das erlebt man heute bei den Festen der Stiftung Heisterbach oder dem Himmelfahrtstreffen der Kirchengemeinden von Königswinter „Miteinander in Heisterbach". Kirche, Kuchen und Kölsch, eine rheinisch-katholische Mischung, sind keine Gegensätze. Auch der Brunnen, von dem der Romantiker Müller erzählt, sprudelt noch, aber in neuer Fassung und an anderer Stelle. Leider hat man die Geheimnisse des alten Brunnenhauses, der Treppen und Fundamente, der Pfeiler und des Aufgangs zum ehemaligen Schlafraum, dem Dormitorium, wieder mit Erde zugedeckt, damit sie so erhalten bleiben und der Phantasie des einsamen Spaziergängers den Lauf lassen. Im Schatten einer hohen Buche sitzt ein Herr und liest. Man ahnt das Ausmaß der Kirche. Dort, wo heute eine niedrige grüne Hecke wächst, war einst die westliche Außenwand. Auf knirschenden

Steinen ein Rundgang in der Apsis. Klar stehen die Bögen und Pfeiler gegen den Himmel vor dem Hintergrund des grünen Buchenwaldes. Hie und da noch Reste von Malerei. Ocker betont die Bögen, geometrische Figuren mit Blau getönt. Ein merkwürdig starrer Blick aus dem Fragment eines Gesichtes. Draußen, hinter der Apsis, war einst ein Friedhof. Eine Esche und ein Ahorn umkrallen Grabsteine aus dem 18. Jahrhundert, von denen die Hälfte schon von den Bäumen begraben worden ist. Es ist ein merkwürdiger Zusammenhang von Leben und Tod. Man liest im Wurzelwerk der Esche in den klaren großen Buchstaben der Steinmetze des 18. Jahrhunderts, wie man sie überall im Siebengebirge wiederfindet: „Anno 1773, den 30. Septembris starb der ehrsamme Junger Geselle Haeuslant zu . . .“ Mehr ist nicht mehr zu lesen.

Hier beginnt der Wald, in dessen Einsamkeit jene Legende spielt, die nicht vom Caesarius überliefert worden ist.

Der Mönch von Heisterbach:

Ein junger Mönch im Kloster Heisterbach
Lustwandelt an des Gartens fernstem Ort;
Der Ewigkeit sinnt still und tief er nach,
Und forscht dabei in Gottes heil'gem Wort.

Er liest, was Petrus der Apostel sprach:
Dem Herren ist ein Tag wie tausend Jahr,
Und tausend Jahre sind ihm wie ein Tag! –
Doch wie er sinnt, es wird ihm nimmer klar.

Und er verliert sich zweifelnd in den Wald;
Was um ihn vorgeht, hört und sieht er nicht.
Erst wie die fromme Vesperglocke schallt,
Gemahnt es ihn der ernsten Klosterpflicht.

Im Lauf erreichet er den Garten schnell,
Ein Unbekannter öffnet ihm das Thor;
Er stutzt, – doch sieh, schon glänzt die Kirche hell,
Und draus ertönt der Brüder heil'ger Chor.

Nach seinem Stuhle eilend tritt er ein —
Doch wunderbar — ein Andrer sitzet dort!
Er überblickt der Mönche lange Reihn,
Nur Unbekannte findet er am Ort.

Der Staunende wird angestaunt ringsum:
Man fragt nach Namen, fragt nach dem Begehr.
Er sagt's. — Da murmelt man durchs Heiligthum
„Dreihundert Jahre hieß so Niemand mehr!"

„Der Letzte dieses Namens", tönt es dann,
„Er war ein Zweifler und verschwand im Wald;
Man gab den Namen Keinem mehr fortan." —
Er hört das Wort — es überläuft ihn kalt.

Er nennt nur den Abt und nennt das Jahr,
Man nimmt das alte Klosterbuch zur Hand;
Da wird ein großes Gotteswunder klar:
Er ist's, der drei Jahrhunderte verschwand!

Ha, welche Lösung! Plötzlich graut sein Haar,
Er sinkt dahin und ist dem Tod geweiht,
Und sterbend mahnt er seiner Brüder Schaar:
„Gott ist erhaben über Ort und Zeit."

„Was er verhüllt, macht nur ein Wunder klar;
Drum grübelt nicht, denkt meinem Schicksal nach!
Ich weiß, ihm ist ein Tag wie tausend Jahr,
Und tausend Jahre sind ihm wie ein Tag!"

Von einem Mittellateiner der Bonner Universität, Könsgen, wissen wir, daß diese Legende vom Mönch, der die Aufhebung der Gesetze von Zeit und Raum und der Vergänglichkeit durch Gott erlebt, eine Wandergeschichte des Mittelalters ist, die in den verschiedensten Variationen vom Nordosten bis an den Bodensee gefunden worden und von Wolfgang Müller in Königswinter in dieser auch in Lesebüchern vorkommenden Gedichtsform niedergeschrieben worden ist. In seinem hübschen Buch „Sommertage am Siebengebirge" (1867) trägt der Erzähler dieses „Lied" vor und findet damit allgemeinen Beifall der Gesellschaft, mit Ausnahme eines kritischen Gelehrten, ausgestattet mit dem Dünkel eines Positivisten des 19. Jahrhunderts. Im Gespräch, an dem Caesarius seine Freude gehabt hätte, wird der Gelehrte mit Humor in seine Schranken gewiesen und gleichzeitig eine Sage erzählt, wie sie dem Wunderbuch des Caesarius entnommen sein könnte. Jener Gelehrte wird also gefragt, ob er diese Sage von dem Mönch von Heisterbach nicht poetisch fände. Der Gelehrte stimmt zu: „Aber man sollte heutzutage keine Verse mehr machen." „Und warum denn?" „Weil wir keine wahren Dichter mehr haben. Was man heute für Dichtung ausgibt, das sind doch nur Reime. Die Poeten sind tot. Neue werden schwerlich mehr entstehen. Goethe und Schiller waren die Letzten, die den hohen Namen verdienen." Dem trockenen Gelehrten wird entgegengehalten: „Wie schlimm, daß Du ein Enkel bist! Wenn es keine Poesie mehr gibt, so gibt es auch wohl keine Geschichten mehr, und sie sind wie Peter Schlemihl, der Mann ohne Schatten." „In der Tat", rief jetzt die Hofrätin, die in ihrem Leben vielfach mit Persönlichkeiten aus der jungen Literatur verkehrt hatte und etwas auf diese Bekanntschaften hielt. Unser gelehrter Doktor wandelt eigentlich wie ein Gespenst durch unsere Zeit, und so gleicht er dem Abt, der hier in stiller Nacht umgehen soll, an allen Gräbern herumsucht und sein eigenes Grab nicht finden kann, bis einst diese Ruinen spurlos vom Boden verschwunden sind. Wie aber der alte Mönch sein Grab verfehlt, so verfehlt der Doktor sein Leben.

Auch diese Sage ist bis in unsere Tage gewandert. Ihr hat der in Thomasberg lebende Liedermacher, der Senatsrat a. D. Dr. Wolf Mohr, unter seinem Pseudonym Thomas Berg eine neue Stimme verliehen. Wir geben diesen Text mit freundlicher Genehmigung des Autors wieder:

„Der letzte Abt von Heisterbach,
der trägt am Tode schwer.
Der letzte Abt von Heisterbach,
der geht des Nachts umher.

Der letzte Abt von Heisterbach,
das ist schon lange hin,
dem letzten Abt von Heisterbach
geht vieles durch den Sinn.

Der letzte Abt von Heisterbach
geht tiefgebückt am Stab,
der letzte Abt von Heisterbach,
der sucht des Nachts sein Grab.

Der letzte Abt von Heisterbach,
der findet Ruhe nicht,
bis daß das Kloster Heisterbach,
die Welt ihm neu erricht'.

Der letzte Abt von Heisterbach –
die Ewigkeit drückt schwer.
Sein altes Kloster Heisterbach,
das will die Welt nicht mehr."

Dieter Kühn, der dem Wolfram von Eschenbach (etwa 1180 bis 1220), dem Oswald von Wolkenstein (1377 bis 1445) und dem Neidhart aus dem Reuental (etwa 1180 bis 1240) eine literarische Vergegenwärtigung in unserer Zeit gegeben hat, hat in seinem Buch über Neidhart* auch den Mönch von Heisterbach beschrieben – er war offensichtlich selber in Heisterbach –, und bei diesem Porträt des Klosterlebens kann man sich nicht nur jenen legendären Mönch vorstellen, der im Wald über Zeit und Ewigkeit nachdachte, sondern auch den Alltag in Heisterbach als Caesarius dort lebte und lehrte.

Lilien, Bauernrosen, Pfingstrosen begießt der namenlose Mönch von Heisterbach im Kräutergarten des Klosters, bewässert Liebstöckel, Selleriekraut, Gartenkerbel, füllt den Bottich am Trog, beugt sich über Andorn, Zitronenmelisse, Eberraute an diesem frühen Sommermorgen, aber während er Lilie und Liebstöckel, Pfingstrose und Selleriekraut, Bauernrose und Zitronenmelisse Wasser gibt, hat er kein Auge für Bluten und Blätter, er denkt nach über die Frage, die ein Psalm, ja, die ein einziger Satz ausgelöst hat, dieser Satz zieht alle seine Gedanken an sich, von diesem Satz kommt er nicht los: Vor Gott sind tausend Jahre wie ein Tag. Während der Mönch den Holzbottich nachfüllt und Betonie, Muskateller-Salbei, Wermut begießt, wiederholen sich in seinem Kopf die Fragen, die ihn nachts für Stunden wachhalten, und früher als sonst ist er in den Kräutergarten gegangen: Was ist ein Jahrhundert? Was ist ein Jahrtausend? Was ist Zeit, das Vergehen von Zeit? Mit diesen Fragen ist seine Aufmerksamkeit so sehr nach innen gesogen, daß er nicht wahrnimmt, wie er den Klostergarten, den Klosterbereich verläßt, und er geht an der Außenmauer entlang, dann auf dem sacht bergauf führenden Pfad, und echohaft wiederholen sich in seinem Kopf die Fragen, weil er keine Antwort findet, nicht

* Dieter Kühn, Neidhart aus dem Reuental, 1988 Insel Verlag, S. 7–8.

in Büchern, die er gelesen hat, nicht in Texten, die in Kirche und Refektorium vorgelesen wurden, nicht in eigenen Gedanken. Und als wolle er schneller ans Ziel seiner Überlegungen kommen, schreitet der Mönch rascher aus, obwohl der Weg bald steiler wird, ein Weg, den er schon oft gegangen ist, Verbindungsweg zwischen dem Kloster in der Senke und dem alten Kloster auf dem Berg, ein Weg, der keine Aufmerksamkeit von ihm fordert, und so können sich die Fragen wiederholen: Was ist ein Jahrhundert? Was ist ein Jahrtausend? Was ist Zeit, das Vergehen von Zeit? Und nach recht kurzer Zeit, die er als Zeit nicht wahrnimmt, erreicht er die Kuppe des Petersberges, bleibt stehen, schaut hinunter auf den Rhein, der weite Mäander bildet, der sich in der Ebene begleiten läßt von Nebenläufen, der Sandbänke, Inseln, Auwälder umschließt; er sieht ein Boot mit Segel den Fluß hinabgleiten, sieht zwei Schiffe, die mit Pferden getreidelt werden, er hat scharfe Augen. Der Mönch setzt sich. Tausend Jahre sind vor Dir wie der Tag, der gestern vergangen ist. Jahrzehntelang, so denkt der Mönch, könnte er hier oben sitzen, auf die weitgeschwungene Mäanderlinie des Rheins blickend, und sie würde ihren Verlauf nicht ändern; zwar wird sich der Rhein zuweilen mächtig ausdehnen, wird seeweit in der Ebene nordwärts, aber er wird in sein Flußbett zurückkehren, wird sich darin schon mal zusammenziehen zu einer schmalen Fahrrinne, viel Sand, Kies, Fels wird man sehen, aber dann macht sich der Fluß wieder breit in seinem Bett, und er wird Eisschollen tragen, wird unsichtbar unter einem Eispanzer, aber der wird zerbrechen, Eisschollen, die sich am Ufer stauen, übereinanderschieben und all die Eisschollen werden zerbröckeln, zerbröseln. Könnte er – dies sehend, dies bedenkend, – erfahren, was Jahrhunderte sind, was ein Jahrtausend ist? Würde sich, was er hier in zehn Jahren sähe, in einem Jahrhundert nicht zehnfach wiederholen, würde sich, was er hier in einem Jahrhundert sähe, in einem Jahrtausend nicht ebenfalls zehnfach wiederholen? Wäre hier schon die Antwort auf die Fragen, die ihn auf diesen Berg geführt haben? Die Klosterruine hier oben, das Kloster unten in der Senke: eine Strecke Raum, eine Spanne Zeit. Aber was ist ein Jahrhundert, was ist Zeit? Es könnte durchaus ein Jahrzehnt geben, in dem sich nicht einmal die Ränder des Flusses verändern, zwischen denen er Sonnentag für Sonnentag eingeschmolzenem Silber gleicht, das stumpf wird in der Dämmerung. Oder: dieser Strom leuchtet auf wie ein Smaragd, und dieser Smaragd könnte eine solche Leuchtkraft entfalten, als wäre eine zweite Lichtquelle unter ihm, und dieses Grün wird in sich zusammensinken, um sich erneut zu entfalten.

In Heisterbach

Und Tag für Tag gleiten Schiffe stromab, werden von Menschen und Pferden stromauf gezogen, und die Wiederholungen werden sich wiederholen, und das Bild wird erstarren, und er wird keine Antwort finden auf seine Fragen. Aber vielleicht, so überlegt er, bringt ihn das Nachdenken nicht weiter, vielleicht müßte er selbst einmal erfahren, wenigstens in kleinstem oder kürzestem Ansatz, was Gottes Erfahrung ist: Tausend Jahre wie ein Tag.

Wege durch das Wunderbuch

Caesarius, der Mönch von Heisterbach und sein um 1220 geschriebenes Wunderbuch sind Stimmen aus einer uns fernen und fremden Welt, ein geheimnisvolles Buch mit sieben Siegeln. So scheint es. Aber wenn man sich in diese Welt hineinbegibt, dann läßt sie einen nicht los. Darunter sind Geschichten, wie sie Umberto Eco in seinem „Mittelalter-Krimi“ „Der Name der Rose“ erzählen könnte. Auch auf jenen Roman des Italieners muß man sich einlassen, dann wird man von ihm gefesselt. Vielleicht ist es kein Zufall, daß ein Teil der Kulissen zu Ecos Film in einem Zisterzienser-Kloster aufgebaut wurde, in Eberbach am Rhein, wo auch einmal Caesarius von Heisterbach zu Besuch war. Der *Dialogus Magnus Visionum Atque Miraculorum* (Großer Dialog von den Gesichten und Wundern) wirkt wie ein „Zauberspiegel“, in dem jene Zeit in ihrer „bunten Mannigfaltigkeit“ erscheint „mit allem, was sie an Alltäglichem und Hohem, Verwerflichem und Ehrwürdigem, Ablebendem und Hoffnungsgrünem besessen hat. Kaiser wie Päpste, Ketzer wie Gläubige, Schurken wie Edle — ein ganzes Leben zieht in diesem Werke an uns vorüber; im Vordergrund der Rhein und die von ihm durchflossenen Provinzen, im Mittelbilde Frankreich und das nördliche Italien, im Hintergrunde aber funkelt die wunderbare Welt des fernen Orients, wo sich Saladin als Heldengestalt voll Milde und Edelmut erhebt. Vielfach ist in dem weiten Rahmen Düsteres, Trübes, Verstimmendes das Vorwiegende. Zwietracht der Großen in Staat und Kirche, Drangsale des Krieges, wahnsinnige Heräsien, blutige Verfolgungen bilden nur zu häufig die den Totaleindruck bestimmenden Gruppen und glaubensfreudige, heitere, selbst humoristische Nebenszenen sind nicht immer stark genug, diesen Gesamteindruck zu „mildern“. So hat Alexander Kaufmann im vorigen Jahrhundert den Dialog des Caesarius von Heisterbach charakterisiert. Er hätte noch hinzufügen können: Die Geschichten des Caesarius reichen auch so weit wie die Kolonisationswanderungen der Zisterzienser nach Norden und Osten, bis ins ferne Livland. Kaufmann verdanken wir die umfangreichste Übersetzung „Wunderbare und denkwürdige Geschichten“, erschienen in den Annalen des historischen Vereins für den Niederrhein, Band 47 und Band 53.

Die historisch-kritische Ausgabe auf Latein mit entsprechend kommentierter deutscher Übersetzung fehlt bis heute. An einer historischkritischen Ausgabe arbeitet im Seminar für Mittellateinische Philologie des Instituts für Griechische und Lateinische Philologie der Freien Universität Berlin seit Jahren Professor F. Wagner. Auf unsere Anfrage hin teilte er mit, daß der Dialog des Caesarius in 124 Codices überliefert ist. Es ist ein Hinweis auf die Schwierigkeiten dieser Ausgabe.

Über das Leben des Caesarius von Heisterbach wissen wir nicht viel, manches können wir aus seinen Werken erschließen. Manchmal glaubt man, ihn aus seinem Wunderbuch heraus zu erkennen: Lächelnd, wissend, gelegentlich zornig, dennoch mehr Erzähler und Chronist als leidenschaftlicher Prediger, erkennbar ein rheinischer Mensch, ein „Kölscher", der sich bei aller Offenheit aufgrund eines lange eingegrabenen Erfahrungswissens und der stetigen Begegnung mit Fremden im Guten wie im Bösen nicht leicht ins Innere blicken läßt. Die Kölner als eigenes Volk, gemischt aus Kelten, Germanen, Römern und ihrem

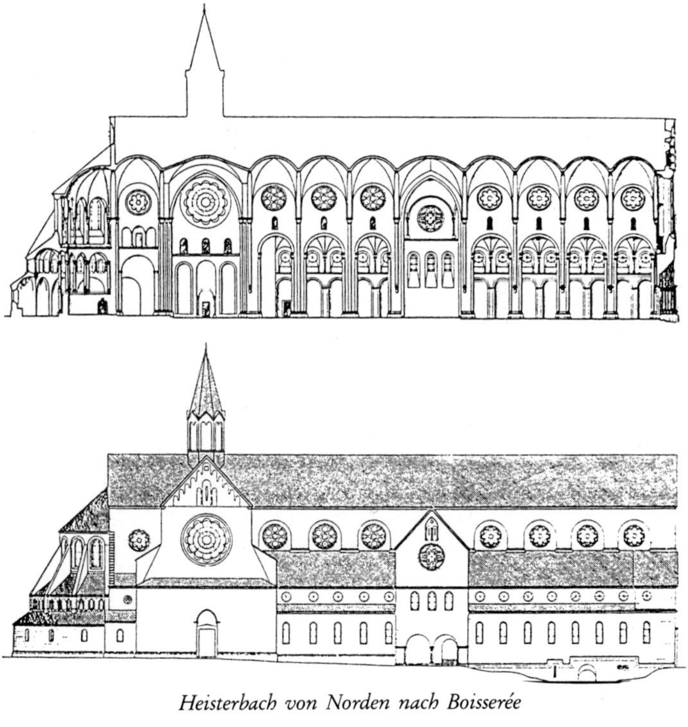

Heisterbach von Norden nach Boisserée

Gefolge, so wie es Carl Zuckmayer als den besonderen rheinischen Adel der Symbiose und der Vermischung beschrieben hat. Solch ein Mensch könnte Caesarius gewesen sein, zumal er nach den Berichten über sich im Wunderbuch durchaus zur gebildeten, wohlhabenden Schicht des urbanen Köln zählte. Er lebte um 1180 bis nach 1240. Das Wunderbuch entstand etwa um 1213/24, also in jener Zeit des Mittelalters, als das Nibelungenlied schon vorlag. Er ist Zeitgenosse Walters von der Vogelweide, des Gottfried von Straßburg, des Wolfram von Eschenbach. Daß er nicht so bekannt wurde wie jene liegt daran, was D. F. Strauss in der Einleitung zu seiner Übersetzung von Huttens Gesprächen beschrieben hatte: „Dem deutschen Volke mache ich einen seiner Klassiker zugänglich. Es hat solche bekanntlich auch in lateinischer Sprache." E. Müller-Holm, auf dessen Ausgabe aus dem Jahre 1910 wir uns stützen, schrieb dazu: „Diese armen mittelalterlichen Lateiner sind wahrlich übel dran. Die klassische Philologie kümmert sich natürlich gar nicht um das berüchtigte Mönchs-Latein, und die Germanistik auch nur sehr wenig. Jene läßt der Inhalt kalt, diese die Sprache."

Der Dialog ist der Form nach ein Zwiegespräch zwischen einem Mönch (M.) und einem Novizen (N.), der durch die Erzählungen des Mönches in die Welt und vor allem in das Ordensleben eingeführt werden soll. Caesarius führt dem Leser alle damals herrschenden Vorstellungen und Meinungen vor. Sein Dialog enthält damit mehr an Informationen als die bekannte klassische höfische Dichtung des Mittelalters. Das Buch ist auch eine Fundgrube für die Volkskunde, die Erzählforschung, die Theologie. Neben historischen Tatsachen werden Legenden, Sagen, Erzählungen, Volkswissen und Volksglauben, Heilkunde, Mythologisches, Geschichte, Träume und Prophezeiungen überliefert. Der Dialog ist in zwei Hauptteile zu je sechs „Distinctiones" eingeteilt, die wir Bücher nennen. Die ersten sechs Bücher sind systematischer aufgebaut als die letzten sechs Bücher. Sie handeln 1. von dem Eintritt ins Kloster (de conversione), 2. von der Reue (de contritione), 3. von der Beichte (de confessione), 4. von der Versuchung (de tentatione), 5. von den Dämonen (de daemonibus), 6. von der Einfalt (de simplicitate), — im zweiten Teil — 7. von der Jungfrau Maria (de Sancta Maria), 8. von verschiedenen Gesichten (de diversis versionibus), 9. vom Sakrament (de corpore Christi), 10. von Wundern (de mircaculis), 11. von Sterbenden (de morientibus) und 12. vom Lohn der Toten (de praemio mortuorum). Caesarius ist vor allem in den ersten Büchern Sprecher dieses damals noch radikalen Reformordens. Er geißelt Schäden, Mängel und Sünden weltlicher und geistlicher Herren.

Schon im Mittelalter war sein Buch eine Quelle, aus der andere schöpften. Der bayerische Hofdichter Johann Hartlieb hat etwa 250 Jahre später das Werk des Caesarius ins damalige Deutsch übertragen. Wie wichtig der Caesarius und seine Sprache waren, ist daraus zu schließen, daß dieser Hofdichter Hartlieb mit dem „Buch vom Großen Alexander" eines der wichtigsten Erzählbücher geschrieben hat, ein wahres Volksbuch, das über zweihundert Jahre lang seine Wirkung hatte. Demnach war für ihn der Mönch von Heisterbach von vergleichbarer Bedeutung, hätte er aus diesem Stoff ebenfalls gern einen „Bestseller" gemacht. Er widmete sich jedoch nur dem zweiten Teil des Caesarius, weil dieser dem Dämonen- und Teufelsglauben des späten Mittelalters mehr Stoff lieferte und der erste Teil mehr mit Land und Leuten vom Rhein zu tun hat, für Bayern vielleicht zu fremd war.

Caesarius hat seine Geschichten als Prior von Heisterbach erfahren, nach eigenen Angaben aus der Literatur, aus Erzählungen, in den Konventsversammlungen, durch eigene Erlebnisse, vom Hörensagen. Immer wieder einmal geht er auf die Distanz des Erzählers zurück, als scheine er selbst nicht alles zu glauben, was er wiedergibt. Manchmal verhält er sich fast wie ein Journalist des Mittelalters. Auch wir geben manches wieder, obwohl wir es nicht glauben.

Wiederentdeckt wurde Caesarius im 19. Jahrhundert durch die Romantik und eine andere Wertung des Mittelalters, welches für diese Wissenschaftler und Dichter keineswegs das finstere Mittelalter war, sondern eher eine Zeit des „Überlichts" (Novalis). Von jenem Geist ist ein kleines Werk von Alexander Kaufmann über unseren Mönch „Caesarius von Heisterbach" (1862 in der 2. Auflage bei Heberle in Köln) erschienen. Der romantische Dichter Wolfgang Müller von Königswinter, der 1867 seine „Sommertage am Siebengebirge" beschrieb, trug Kaufmanns Band mit sich, als er allein zum Petersberg hinaufwanderte und dann hinab ins Tal der Mönche. Diese romantische Welt ist uns fast so fern wie die der Mönche des Mittelalters und doch näher als die barbarische Zeit der Säkularisation, als das Kloster aufgehoben, verkauft und als Steinbruch mißbraucht wurde. Heute bemüht man sich, die Ruine zu erhalten, birgt die entdeckten Grundmauern wieder in der Erde, damit sie nicht weiter verwittern, sammelt die zerstreuten Steine. So liest man heute den Wolfgang Müller von Königswinter verständnisvoll, zumal sich die Natur in Heisterbach trotz aller Naturzerstörung unserer Zeit noch kaum von seiner Schilderung unterscheidet, selbst wenn man sich nicht mehr wie Müller oder der Taugenichts des Eichendorff „in der Mitte des Berges in das frische Gras" legt, „um die vielfältigen Bilder nochmals in Gedanken vorbeiziehen zu lassen". Auch das könnte man ungestört am Nonnenstromberg oder am Hang des Weilberges.

1. Von Mönchen und anderen Menschen

Wer sich darauf einläßt, den Caesarius von Heisterbach in deutscher Übersetzung zu lesen, dem wird manches fremd und verschlossen vorkommen. Anderes in den Legenden, Anekdoten und Novellen wird ihn plötzlich ansprechen, anrühren, weil es spüren läßt, wie sehr die Menschen in ihrer Suche nach sich selbst oder nach Gott über die Jahrhunderte hin dasselbe Geschlecht von Adam und Eva geblieben sind. Anders sind die Kulturen und der Alltag. Heute käme keiner mehr auf die Idee, seinen Bruder mit List, Tücke und Gewalt am Eintritt in einen Orden hindern zu wollen, wie jener Ritter, von dem die erste Geschichte über den Bonner Domherren Heinrich erzählt. Oder doch? Schon in dieser Geschichte findet sich die Erfahrung heutiger Menschen wieder, wenn sie die eingefahrenen Wege der Karriere oder der Erwartung an sie verlassen wollen. So ist schon diese erste Geschichte des Caesarius ein Gleichnis heutiger Erfahrungen, auch wenn es keine Ritter in Rüstungen mehr gibt. Das erste Buch im Dialog des Caesarius mit einem Novizen handelt vom Eintritt ins Kloster, von der Radikalität dieses Reformordens. Sie sind weder mit den in der Welt lebenden Priestern, noch mit den Rittern als den augenfälligsten Vertretern der damaligen Ordnung von Kirche und Welt im reinen. Caesarius schreibt Gegenliteratur zur höfischen Epik des hohen Mittelalters, wie sie bislang unsere Schulen und Universitäten beherrschte. Da ist nichts vom hohen Mut der Ritter oder von ihrer hohen Minne zu singen und zu sagen. Der eigene Orden ist das Gegenbild zu jener als Scheinwelt empfundenen Gesellschaft. Trotzdem leben auch die Mönche nicht auf einer Insel der Seligen und Gerechten.

Schon die zweite Geschichte erzählt vom Tod des ungetreuen Novizen Leonius, der in Köln als Domherr in der „Kirche der heiligen Maria zu den Stufen" das Mönchsgewand wählte, aber von seinen Brüdern überredet wurde, wieder das Kloster zu verlassen. Er wurde schwer krank und rief einige der Dirnen an sein Bett. Diese versuchten, mit Mitteln der Volksmedizin ihm zu helfen. Es ist eine schaurige Szene des Mittelalters: „Man zerstückelte Hündchen und legte ihr noch warmes Fleisch als Heilmittel ihm unter den bloßen Kopf. Aber es half nichts. Das Fleisch konnte nicht die Raserei stillen, die die Strafe für seinen Abfall war." Es ist nicht das einzige Mal, daß uns bei Caesarius die Strenge des Gerichts erschreckt und eine Sicherheit, mit der er auch das Unerklärbare zu erklären können meint. Es ist die Radikalität von „Aussteigern" aus der damaligen Gesellschaft. Sie empfanden ihren Ausstieg als neuen Beginn. Dies spürt man an der vierten Geschichte, wie er selbst, „wie der Verfasser dieses Werkes Mönch wurde". Caesarius war von der Vision des Bernhard von Clairvaux überzeugt worden, seine bisherige Welt zu verlassen.

Aber nicht nur in der Welt, auch in den Klöstern selbst herrschte immer wieder der Leichtsinn. Bei einer Totenwache waren die Schüler keineswegs andächtig: „Ihr habt gewürfelt; ihr habt einander an den Haaren gerissen, ihr habt fleißig gesungen" (9. Geschichte des 1. Buches). Vor dem Leser spielen sich nicht nur besinnliche, nachdenkliche, düstere und erschreckende Szenen ab, es gibt auch komische. Respektlos wird über das Los von Mächtigen dieser Welt berichtet, ihre Höllenqualen, wie sie später erst die spätmittelalterliche Malerei ausmalen wird. Caesarius erinnert an die in Stein gehauenen Darstellungen des Jüngsten Gerichts an mittelalterlichen Kirchenportalen oder am Lettner in Gelnhausen, wo Fürsten, Grafen, Kaiser und Papst unter den Verdammten sind, die einfachen Leute aber im Zug der Seligen. Einer, der den Landgrafen von Thüringen in einem schrecklichen Brunnen hatte versinken sehen, verzichtete auf sein Lehen: „Herr, behaltet Euren Hof. Ich werde tun, was meiner Seele gut ist. Er gab alles hin und ward Mönch im Zisterzienserorden, bereit, alle irdische Mühsal zu tragen, auf daß er nur den ewigen Strafen entginge." Auch die Weltgeistlichen werden zur Demut angehalten. Einer wird gelobt, weil er nicht einmal Mönch werden, sondern zur anderen Stufe im Orden, den Laienbrüdern (Conversi) gehören wollte. Diese „Conversen" waren ohne Gelehrsamkeit und hatten die praktischen Dinge zu tun: „So groß ist die Macht der Demut, daß um ihretwillen oft Geistliche sich für Laien ausgegeben haben. Sie wollten lieber das Vieh hüten als Bücher lesen, sie hielten für besser, Gott in Demut zu dienen, als wegen der heiligen Weihen oder der Gelehrsamkeit den anderen zu befehlen." Papst und Kaiser spielen in den Geschichten ebenso mit wie der Konflikt im Reich zwischen den Königen Philipp und Otto.

Der eigene Orden wird in jener Zeit als so anziehend empfunden, daß analog zur Legende von der Päpstin Jutta auch eine „Mönchin" auftaucht, eine Frau, die sich als Mann ausgibt. Es ist die „wunderbare Geschichte von der seligen Jungfrau Hildegundis aus Neuss, die sich für einen Mann ausgab". Sie lebt nicht ohne „Versuchung des Fleisches" für sich und die anderen. Diese Geschichte läßt die Spannungen ahnen, unter denen die Mönche lebten, wenn sie Frauen begegneten. Jene Szene zwischen Mönch und „Mönchin" lebt aus erotischer Spannung. Sie, die als Mann gilt, fragt einen Vierzehnjährigen: „Laßt uns in diesem Glase sehen, wer von uns schöner sei. Hermann, wie gefällt Dir mein Gesicht?" Er antwortete: „Dein Kinn scheint mir geformt wie das eines Weibes. Da ging sie unwillig davon." Aber schon der nächste Satz läßt die strenge Klosterzucht erkennen. Nach jenem kurzen Dialog zwischen dem Adam-Sohn und der Eva-Tochter im Mönchsgewand heißt es lakonisch: „Nachher bekamen sie beide Schläge, weil sie das Stillschweigen gebrochen hatten." Bei den Zisterziensern war die körperliche Züchtigung mit Schlägen auf den Rücken üblich, und im Volk wird noch heute von dunklen Verliesen und unterirdischen Strafgängen gemunkelt. Die Versuchung der Mönche, in den Frauen nicht zuerst die Schwester Marias zu sehen, die sie so sehr verehren, sondern die Lockspeise des Bösen, wird in dieser Geschichte der „Mönchin" Hildegundis sichtbar: Ein Mönch, der sie betrachtete, habe „laut" zu den Umstehenden gesagt: „Dieser Mensch ist entweder ein Weib oder ein Teufel, denn nie konnte ich ihn ansehen ohne Versuchung." Caesarius wäre jedoch nicht der Kenner der Natur und der Volksmedizin, der Volkskundler des Mittelalters, der er ist, wenn er nicht trocken anfügte: „Und dies beweist hinlänglich, wie stark die Natur ist."

2. Vom weichen Stein

Das zweite Buch ist überschrieben „Von der Reue". In ihm gehen die Dämonen um, ist aber auch manche novellistische Eigenart erkennbar, als habe Caesarius schon das Decamerone gelesen. In diesen Geschichten mischen sich für einen heutigen Christen abstruse oder weit entfernte Vorstellungen, ein Rechenwesen, mit wie vielen Messen man wie viele tausend Jahre Fegefeuer tilgen könne: zwei Jahre tägliche Messen heben zweitausend Jahre Fegefeuer auf. Was aber selbst in dieser Geschichte ansprechen kann, ist die Kraft der Reue, sind einfache Sätze: „Gottes Barmherzigkeit ist größer als seine Sünde." Oder: „Gott, der ein Herz von Stein zu entfernen und ein Herz von Fleisch zu verleihen Macht hat." (Erste Geschichte im Zweiten Buch). Von der sündigen Wirklichkeit der Menschen wird abermals der Klerus nicht ausgenommen. Ein Mönch legte die Kutte ab und wurde weltlicher Priester: „Er nahm, wie viele pflegen, eine Kebse ins Haus, mit der er auch Kinder zeugte." Selbst die Zölibatskritiker finden Stoff bei Caesarius. Aber selbst der Abtrünnige ist nicht der Aussichtslosigkeit unterworfen. Da vieles bei Caesarius als Wunder erklärt wird, wird auch ihm durch ein Wunder des Ordensgründers Bernhard geholfen. Er wird zur Reue bewegt. „Der Knabe aber war von Geburt an stumm. Den Auftrag gehorsam und die Kraft des Auftraggebers in sich fühlend, lief er zum Vater und wiederholte mit deutlichen Worten, die Worte des Heiligen, indem er sagte: Dies läßt der Abt Dir sagen. Der Vater, der zum ersten Mal die Stimme seines Sohnes hörte und vor Freude weinte, ließ ihn zwei- und dreimal dieselben Worte wiederholen. Daraufhin eilte der abtrünnige Mönch zum Ordensgründer und gestand ihm, daß er aus dem Kloster entwichen sei." In der so überlieferten Antwort des Bernhard von Clairvaux erkennt man einen anderen Grundzug der Zisterzienser: ihre Strenge unterwirft sich der Güte Gottes. Bernhard sagte zum ehemaligen Mönch: „Sei überzeugt, wenn Du in dieser Reue und mit diesem Vorsatz stirbst, so wirst Du bei Gott als Mönch erscheinen." Nun schreibt Caesarius etwas uns Befremdendes nieder, das aber der Wirklichkeitssuche und Wirklichkeitssucht des Mittelalters entspricht: Das Grab des Verstorbenen wird geöffnet, der dort als im weltlichen Gewande begraben worden war. „Alle sahen den Toten nicht in dem Gewande, womit er begraben war, sondern in Tonsur und Mönchsgewand. Und alle priesen Gott, der den Willen für die Tat ansieht." Ein Gegenbild dazu ist der unbußfertige Räuber Hildebrand aus einem Utrechter Dorf. Es ist ein abschreckendes Beispiel wegen des in der Überzeugung des Caesarius falschen Satzes des Räubers: „Meine Sünde ist zu groß, als daß ich Verzeihung finden könnte."

Liest man manche dieser Texte, meint man in einer düsteren, von Sünden- und Höllenangst gepeinigten und widerspruchsvollen Welt den Caesarius selbst zu erkennen, beispielsweise in der Geschichte von einem Schüler in Paris, das schon damals, 1199, als Stadt der Sünde galt, der vor übergroßer Reue nicht beichten konnte. In dieser Welt der Angst ruft Caesarius dem Geängstigten zu: „Der gütige Herr, dessen Natur die Liebe, dessen Wille Können, dessen Werk Barmherzigkeit ist . . ." Dieser Glaubenssatz wird abermals mit Glaubenspraxis verknüpft. Der so gepeinigte Schüler soll seine Sünden auf ein Blatt aufschreiben, also einen „Beichtzettel" verfassen, wie er bis in unsere Zeit üblich war. Diese Geschichte wird zum Bild der Güte Gottes: „Als nämlich der Abt das Blatt zum Lesen öffnete, fand er den ganzen Inhalt ausgelöscht."

Im Caesarius tauchen Motive auf, wie sie später im Teufelspakt der Faust-Sage wiederkehren, aber auch ältere wie das Ödipus-Motiv. Selbst der Inzest einer Frau, „die sich ihrem eigenen Sohn hingab, von dem sie schwanger wurde und einen anderen Sohn gebar", endet in diesem hoffnungsvollen zweiten Buch der Wundergeschichten mit der Heilung, weil die Frau gebüßt hatte. Der Papst verhält sich ihr gegenüber wie Jesus gegenüber der Sünderin: „Deine Sünde ist vergeben, geh' in Frieden, und nichts weiter legte er ihr auf." Mit der dialektischen Didaktik des Erziehers fügt Caesarius sofort das Gegenbild an: Einen Kardinal als Pharisäer, der gegen den Papst wegen dieses Urteils murrte. Worauf prompt der Teufel den Hartherzigen peinigt.

Eine Geschichte (6) in jenem Buch von der Reue — sie könnte als Mysterienspiel aufgeführt werden — läßt erkennen, wie stark diese Spiele des Mittelalters ihr Publikum gefesselt haben. Demnach muß sie auch Caesarius erlebt haben. Abermals werden die Ritter nicht als hochgemute Edle gesehen, sondern als besonders gefährdete Menschen. Wie stark die Mysterienspiele damals die Menschen beeindruckten, ist an der Baukunst abzulesen. Manche Darstellung des jüngsten Gerichts an den Pforten der Kirchen ist nichts anderes als Ausdruck dieses Dramas, in dem Jesus nicht als der gütige Erlöser, sondern als der strenge Weltenrichter erscheint, bei dem seine Mutter für die Sünder um Gnade bittet. Manches in dieser Gechichte ist wie ein Dialog der mittelalterlichen Spiele niedergeschrieben und inszeniert. Der Ritter hatte zwar Gott, aber nicht Maria verleugnet, und deshalb sagt sie: „Liebster Sohn, habe Mitleid mit diesem Menschen." Der Knabe aber antwortet der

Mutter nichts, sondern wendet sich ab. Sie bittet zum zweiten Mal. Jesus wendet der Mutter wieder den Rücken zu und sagt: „Dieser Mensch hat mich verleugnet, was soll ich mit ihm machen?" Daraufhin wirft sich die Mutter ihm zu Füßen und spricht: „Ich bitte Dich, Sohn, um meinetwillen, erlass' ihm diese Sünde." Sogleich hebt er die Mutter auf und antwortet: „Mutter, nie habe ich Dir etwas abschlagen können, siehe um Deinetwillen verzeihe ich ihm ganz und gar."

Am Ende des Buches von der Reue stehen Geschichten in dramatischem Gegensatz zueinander. Es ist der Gegensatz zwischen der Erweichung verhärteter Herzen auf der einen Seite und dunklen Geschichten über Juden, die man heute beklommener liest als im vorigen Jahrhundert, da der Caesarius ins Deutsche übersetzt wurde. Caesarius ist kein Prediger des Judenhasses wie im späteren Mittelalter die Geißler oder andere christliche Antisemiten, die von der Hostienschändung bis zur Brunnenvergiftung den Juden alles nur erdenklich Böse anhängten. Daß auch Mönche nicht vor Herzensverhärtung gefeit sind, erzählt die Geschichte vom Abt Walter, dem eine fromme Frau, eine Begine, die Gnade erwirkt, daß er seine Sünden beweinen kann. Sie erwirkt ihm die „Gnade der Tränen". Man erinnert sich an Friedrich Schillers Satz von den Tränen als „Schweiß der Seele". Wer nicht schwitzt, ist nicht gesund, wer nicht weinen kann, ist seelisch krank. Im Gegensatz dazu steht eine hartherzige Geschichte: In England hat ein Kleriker ein jüdisches Mädchen verführt. Der Vater entdeckt den jungen Verwandten des Bischofs im Bett seiner Tochter und schreit ihn voller Zorn an: „Was machst Du hier, du böser Christ . . . Scheute ich nicht meinen Herrn, den Bischof, ich würde Dich auf der Stelle töten." Dieser Satz bezeugt den Schutz, den Juden bei den Mächtigen von Kirche und Welt im Mittelalter finden konnten. Ob sie dabei Gerechtigkeit fanden, steht auf einem anderen Blatt: Jener Verwandte des Bischofs stand mit den heiligen Gewändern bekleidet neben dem Bischof beim Gottesdienst. Da trat der jüdische Vater lärmend in die Kirche, um vor dem Bischof Klage wegen seines Verwandten zu erheben. Da geschieht das Unglaubliche — ein Wunder wendet sich gegen die Juden, weil sie an einem Ort ihre Klage erheben wollen, an dem sie nichts zu suchen haben, da jener sündige Kleriker seine Tat bereut hat. Als sie den Kleriker anklagen wollten, „wurden sie der Stimme beraubt und standen alle stumm da".

Aus Worms, aus der Stadt der ältesten Synagoge in Deutschland, wird eine noch bedrückendere Geschichte erzählt „von einer hebräischen Jungfrau, die ein Kleriker schwängerte". Das Drama dieses Mädchens wird als mittelalterliche Komödie aufgefaßt, als Parodie auf den jüdischen Messiasglauben. Der Kleriker redet den Eltern ein, die jungfräuliche Tochter habe einen Sohn empfangen „und dieser wird der Befreier eures Volkes Israel sein". Zur Tochter hatte er zuvor gesagt, „Dein Bauch schwillt an, Du scheinst schwanger zu sein, dann antworte: Ob ich empfangen habe, weiß ich nicht; ich weiß aber, daß ich Jungfrau bin und noch keinen Mann gehabt habe. Ich werde schon machen, daß sie Dir glauben." Sicher haben die Mönche gelacht, als Caesarius von einer List erzählte: Der junge Kleriker nahm ein Rohr, ging in der Stille der Nacht an das Kammerfenster der Eltern und flüsterte ihnen jene Messiasbotschaft ein. Die Eltern glaubten es. Nun schlägt die Geschichte dergestalt um, daß wir Heutigen über die christliche Mitschuld am Antisemitismus nachdenken können: „Als die Zeit der Geburt nahte, strömten viele Juden zu des Mädchens Hause, um sich an der Erscheinung des lang ersehnten zu erquicken. Aber der gerechte Gott wandelte die Hoffnung der Bösen ins Gespött, ihre Freude in Trauer, die Erwartung in Beschämung." Noch werden in dieser Geschichte die Juden als bös empfunden und als ungläubig oder von einem falschen Glauben verführt. Man versteht, wie wichtig es im Sinn der christlichen Wiedergutmachung war, daß Johannes XXIII. die Fürbitte für die „ungläubigen Juden" aus der Karfreitags-Liturgie strich. Die Sünde des Christen, sein „frommer Betrug" (pia fraus) werden gerechtfertigt. Die Geschichte endet schrecklich. Das einzig Tröstliche ist, daß der gemeine Kleriker nicht als Held hingestellt wird. „Endlich gebar sie ein Kind, jedoch nicht den Messias, sondern ein Mädchen. Als die Juden das erfuhren, waren sie sehr beschämt und betrübt. Einer aber ergriff vor Unwillen das Kind beim Fuße und schleuderte es gegen die Wand." Der Novize fragt: „Was geschah darauf mit dem Mädchen?" Der Mönch antwortete: „Ihr Vater, ergrimmt über die ihm angetane Schmach, strafte sie und erpreßte durch Qualen von ihr das Geständnis des ganzen Anschlags." An dieser Stelle endet die Geschichte. Ist es ein offenes Ende? Ist es eine Novelle, wie sie Heine zu Ende erzählen könnte? Oder ist es damit abgetan? Trotzdem kann sich keiner in unserer Zeit über jenes finstere Mittelalter erheben. Im 20. Jahrhundert geschah von Staats wegen noch Schlimmeres, als das, was hier von einzelnen berichtet wird.

3. Die Confessionen des Caesarius: Von Feuer und Stroh

Das dritte Buch der Wundergeschichten handelt von der Beichte. Es wird von schlechten Beichtvätern, aber auch von bösen Beichtenden berichtet. Es wird ebenso die heilende Kraft der Beichtgespräche bezeugt. Man erfährt von einem Kleriker, der mit eines Ritters Frau die Ehe gebrochen hatte, von einem Dämon, der sich als Pseudo-Christ ausgibt — mittelalterliche Dramen bringen oft den Antichrist auf die Bühne, der in der Endzeit der Welt die Menschen durch seine Wunder verwirrt, aber als Inbegriff der Lüge schließlich entlarvt wird. Die Dämonen vermögen selbst verborgene Sünden aufzudecken. Sie können nur durch eine echte Beichte zum Verstummen gebracht werden oder durch das „Vater unser". Auch wenn sich heute keiner mehr Dämonen als „Wesen ohne Rücken" vorstellt, kann man dennoch darüber nachdenken, was es mit dem Dämonischen in unserem Leben auf sich hat: verborgene Schuld, die an den Tag kommt, Verdrängungen, die sich eines Tages rächen, Lebenslügen, die nie so fein gesponnen werden können, als daß sie einen nicht festhalten wie in einem Netz.

Aus Bonn wird übrigens auch eine dämonische Geschichte erzählt, vom Pfarrer Arnold in der Remigiuskirche, der seine schöne Tochter wegen der Jünglinge, besonders der Bonner Domherren, so streng hütete, daß er sie immer, wenn er ausging, im Söller seines Hauses einschloß. In diesen Geschichten spukt der Incubus, das verkörperlichte Böse, das einem Menschen beiwohnen kann, der Teufel, der eine Frau schänden kann, wie es auch dieser Tochter eines Priesters geschieht. „Sie war so geistesverwirrt und von Sinnen, daß sie Würmer in den Mund steckte und kaute. Der betrübte Vater schickte sie über den Rhein, in der Hoffnung, sie werde durch die Luftveränderung genesen und durch das Hindernis des Flusses von dem Incubus befreit werden." Was aus dem Mädchen geworden ist, wird nicht überliefert, wohl aber das Los des Vaters. Der Dämon erschien dem Priester und sagte: „Böser Priester, warum hast Du mir mein Weib geraubt? Das soll Dir übel bekommen. Und sogleich stieß er ihn so heftig vor die Brust, daß er Blut spie und am dritten Tage starb."

Caesarius scheint diese Geschichte nicht geheuer zu sein, weshalb er am Ende gleich zwei Zeugen dafür aufruft. Wir können schließen, daß das Böse darin bestand, daß der Vater das Mädchen einsperrte und es damit krank machte, weil er das wichtigste christliche Gebot, Liebe und Vertrauen, nicht kannte. Gerade diese düsteren und bedrückenden Geschichten im Dialog des Caesarius sind ein Dialog über die Möglichkeiten des Menschen zum Bösen und damit über das Gegenbild, die Möglichkeit, gut zu sein.

Auch in den Beichtgeschichten kommt manches Drastische und Anschauliche aus dem mittelalterlichen Alltagsleben zur Sprache, so aus der Stadt Soest, als sei es schon damals ein Stück von Grimmelshausen aus jener Stadt in Westfalen gewesen, wie er sie im Simplicissimus erzählt. Es ist ein verliebter Dämon in Weibsgestalt, der einen Bürger verführt und entführt. Abermals steht am Ende dieser Geschichte erzählerische Distanz des Caesarius: „Dies hat mir unser Mönch Dietrich aus Soest erzählt, der sagte, es sei dort allbekannt. Sein Bruder lebt noch in der Kirche des Heiligen Patroklus als Domherr." Erfährt man das Gewerbe dieses Bürgers Heinrich Gemma, kommt man zu einer weniger dämonischen Vermutung. „Sein Gewerbe war, Wein in den Schenken zu verkaufen . . . Als er nun eines Nachts nach seiner Gewohnheit spät von der Schänke heimkehrte, sah er eine weibliche Gestalt . . . Oh, Liebster, lange habe ich Dich hier erwartet, Du mußt mich lieben." Dieses Weib habe ihn dann, weil er ihr nicht zu Willen war, in die Luft gehoben, über das Kloster des Heiligen Patroklus, „das recht hoch ist", hinaus und ihn auf einer Weide niedergesetzt. „Dort ließ sie ihn bewußtlos liegen." — Für heutige Leser ist das die Phantasmagorie eines Betrunkenen; das Ende einer Sauftour.

In diesen Kapiteln von der Beichte wird aber auch Rechtsgeschichte des Mittelalters erzählt, von Feuerproben und Gottesurteilen, vom Scheiterhaufen. So von zehn Ketzern, die in Straßburg ergriffen und „geprüft" wurden. Ohne Mitleid wird ihr Ende berichtet. „Sie wurden verraten, in die Stadt zurückgeführt, in das noch glimmende Feuer geworfen und zu Asche verbrannt." Caesarius Erzählungen als Zeugnis einer Wirklichkeit, die nichts mit dem goldenen Hintergrund vieler Bilder des Mittelalters zu tun hat. Ironisch berichtet er aus Köln, einer damaligen Weltstadt: „Von den besonderen Sünden der Kaufleute." Aber auch hier soll das Exempel belehren, erschrecken, abschrecken und damit bessern. So von einem Abt im Kloster des Heiligen Panthaleon in Köln, der seinem Bruder heimlich Klostergeld zusteckte. Aber dieses veruntreute Geld schädigte den Handel des Bruders. „Ihm wurde, ohne daß er es merkte, das Klostergeld gleichsam zu Feuer und sein eigenes wie Stroh." Über die Beichte zweier Kölner Kaufleute heißt es in lebenskluger Psychologie: „Zwei Kölner Bürger beichteten Sünden, die zwar an sich schwer sind, aber wegen ihrer Häufigkeit, zumal bei Kaufleuten, klein erscheinen und kaum als Sünden gelten, nämlich Lüge und Meineid." Caesarius verbrüdert sich nicht, sondern erzählt von einem klugen Beichtvater, der ihnen rät: „Folgt meinem Rat und es wird Euch wohlergehen. Laßt das Lügen, laßt das Schwören, lobt Eure Ware so, wie Ihr sie geben wollt." Und — „oh Wunder"! — „die Menschen begannen sie mehr aufzusuchen als die anderen Kaufleute". Caesarius überliefert ebenso Beispiele einer sinnlosen Beichte, der formelhaften Aussprache, als Gegenteil des persönlichen Bekenntnisses: Einer, sterbenskrank, war zuvor nur an eine Bußfeier gewöhnt. Ein Pfarrer führte sechs bis acht seiner Pfarrkinder vor den Altar, bekleidete sie mit seiner Stola, sprach ihnen auf Deutsch eine allgemeine Beichte vor und ließ sie die einzelnen Worte wiederholen. Der so ins Beichten eingeübte Kranke sagte, als er am Krankenbett zur persönlichen Beichte aufgefordert wird: „Ich bekenne, daß ich gesündigt habe durch Ehebruch, Diebstahl, Raub, Mord, Meineid und viele andere Verbrechen." Darauf der Priester: „Das alles habt Ihr getan?" Er antwortete: „Nein, wahrlich Herr, nichts von diesem habe ich begangen." Er habe so nur aus alter Gewohnheit gebeichtet. „Und er war nicht dazu zu bringen, die wirklich begangenen Sünden zu beichten." Eine Ermahnung mit Humor erzählt. — Urtyp der Beichstuhlwitze und Kritik aus dem Mittelalter an mancher modernen Bußfeier?

4. Von den Abgründen der Vaganten, Mönche, Menschen und Leute

Das vierte Buch „Von der Versuchung" beginnt mit einem Vaganten und Joculator, einem in ganz Köln bekannten Spaßmacher, dem Wein und den Würfeln ganz „ergeben". Bevor dieser Vagant Mönch wurde, hatte ihn Caesarius oft nackt durch die Straßen Kölns schreiten sehen, sozusagen als „Flitzer" des Mittelalters. Zur Buße wollte er in Heisterbach die Lumpen waschen. Daraufhin habe ihn der Versucher mit dem Pfeil des Hochmuts getroffen — Caesarius gibt damit ein Lehrbeispiel der Dialektik zwischen übertriebener Demut und dem Hochmut: „Was tust Du? Wie kommt es Dir zu, die Unreinigkeiten dieser Menschen zu waschen, die vielleicht von schlechterer Herkunft sind als Du?" Um diesen Teufel des Hochmuts auszutreiben, wäscht der ehemalige Gaukler, Trinker und Spieler die Lumpen nun noch „sorgsamer als gewöhnlich" und steigert seine Demut ins Krankhafte, indem er das Spülicht trinkt. „Durch jenen unreinlichen und widerlichen Trunk empfand er so greuliche Qualen im Bauche, daß er meinte, alle seine Eingeweide würden bersten." Dieser geplagte, unglückliche Mensch erlebt Szenen, wie wir sie aus Ecos Film kennen, Obsessionen aus der Tiefe der Psyche: „Eines Nachts, als er ein Bedürfnis verspürt hatte, sah er zwei Menschen an einem Balken aufgehängt. Ihre Körper waren schwarz, ihre Gewänder zerrissen, ihre Gesichter verhüllt." Der Novize sei darüber fast von Sinnen gewesen, eilt in den Schlafsaal zurück und bricht neben dem Bett des Mönches Heinrich, des späteren Oberhaushofmeisters des Klosters, keuchend zusammen. Jener wirft ihm einen Teil seiner Decke über die Schulter und so erlaubt er ihm zu sitzen, „bis das Zeichen zum Morgengebet ertönte". Jener Novize scheitert am Mönchsein. Caesarius bricht nicht den Stab über ihn. „Er ging und kam wieder, dann wurde er abtrünnig und er starb außerhalb des Ordens. Wie uns ein fahrender Kleriker erzählte, hat er einem Weltpriester gebeichtet, ist von ihm gesalbt und mit dem Abendmahl versehen worden, und so ist er in tiefer Reue gestorben." Die Geschichten, die Caesarius selbst erlebt hat, werden warmherziger und anschaulicher zugleich erzählt als jene, die er von anderen übernimmt. Ob jener fahrende Kleriker, der Vagantendichter war, der Archipoeta, der in Heisterbach gewesen sein soll und von dem die bis heute populären lateinischen Lieder stammen? Mihi est propositum in taberna mori (Für mich ist vorgesehen, in einer Kneipe zu sterben).

Versuchungen quälen Priester in der Welt und Mönche im Kloster. Caesarius und die Zisterzienser haben es sich nicht leicht gemacht. Selbst bei der Liturgie sehen sie sich der Versuchung der Eitelkeit ausgesetzt, zu schön zu singen. Aber eitle Stimmen dringen nicht zu Gott. Caesarius stichelt gegen andere Orden: „Gut habt Ihr gesungen, aber Ihr habt einen Sack voll gesungen." Die Versuchung, die tentatio, gegen die der Mensch täglich im Gebet sich wehrte: „Und führe uns nicht in Versuchung", obsiegt auch dann, wenn jemand im Siebengebirge bei einem aufkommenden Gewitter im Zorn sagt: „Da steigt schon wieder der Teufel auf." Der Lästerer wird sofort bestraft. Caesarius erwähnt, daß bei diesem Gewitter ein Hof des Klosters in Oberkassel vom Blitz entzündet wurde. „Darum ist es töricht, daß ein sterblicher Mensch, der Asche und Wurm ist, gegen den Himmel seinen Mund auftut." Im Alltag der Mönche ist die Versuchung groß, beim Beten oder beim Gottesdienst einzuschlafen. Ein Mönch vom Kloster Himmerod überlistet seine Müdigkeit. Er stellt seinen Sitz im Chorgestühl so ein, „daß dieser sich, wenn er schlief, vornüber neigte und ihn hinausschleuderte". „List gegen den Dämon der Schlafsucht". Der Chronist kennt die Joca monachorum, die Scherze der Mönche.

Caesarius berichtet realistisch über Zweifel und Verzweiflung. Seine Botschaft heißt: zweifeln ja, aber nicht verzweifeln. In der 16. Geschichte jenes Buches erzählt er von einer Nonne, die am Glauben verzweifelte. Es ist abermals eine Geschichte, die vor dem Goldgrund der Heiligenbilder oder in den hochgemuten Ritterepen nicht vorkommt: ein Selbstmordversuch in der Mosel. Überträgt man diese Geschichte in unsere Sprache, dann ist, was Caesarius „Laster der Traurigkeit" nennt, die Krankheit der Depression, der Melancholie als Mutter des Krebses. Ehrlich und verantwortlich zugleich notiert er: „Viele Beispiele des Trübsinns könnte ich Dir aus neuerer Zeit berichten, doch fürchte ich, es sei den Kranken nicht dienlich, solches zu lesen oder zu hören." So schreibt er in der „Arkandisziplin" des Wissenden, wie sie heutige Chronisten (Journalisten) kaum kennen. Über unser journalistisches Berufsproblem schreibt er eine These, die für heutige Schreiber fremd oder befremdend klingt, über die nachzudenken dennoch lohnt: „Wenn ich über solche kläglichen Dinge rede oder schreibe, nenne ich nicht gern die Orte und Personen noch auch den Orden, um nicht frommen Leuten dadurch Beschämung zu bereiten." Erschütternd ist die Selbstmordgeschichte eines Laienbruders, der sich aus Verzweiflung ertränkte, der eines Morgens vom Krankensaal aus zum Vorsteher geht und sagt: „Ich kann nicht länger gegen Gott kämpfen." „Jener achtete nicht auf das Wort, er aber ging nach dem Teich, der nahe beim Kloster ist, und stürzte sich hinein." Es ist eine Szene aus der Nähe des Caesarius. War er selbst jener Vorsteher? Und es ist eine zeitlose Geschichte: Wie oft überhören wir ein hilfesuchendes Wort . . .

Für Caesarius zählt die übertriebene Selbstkasteiung zu den Versuchungen der Mönche. Er wäre nie zu den Geißlern gegangen, weil er von einem berichtet, dem durch „übertriebenes Wachen und Arbeiten das Gehirn ausgetrocknet sei". Dieser arme Irre wird in einer Szene geschildert, die trotz ihrer Tragik nicht ohne Komik ist. Jener erstieg im Betsaal die Bank der Novizen, band sich das Glockenseil um den Hals und sprang hinab, wobei er die Glocke zum Läuten brachte. Erschrocken eilte der Wächter in den Betsaal, „aber noch viel größer war sein Schreck, da er den Mönch so hängen sah". Er konnte zwar den Strick entzweischneiden und den fast Erwürgten ins Leben zurückrufen, den Verstand ihm jedoch nicht zurückgeben. Dennoch wird vor diesem Hintergrund der eigenen Versuchungen das Selbstbewußtsein des Mönchs gegenüber der Welt, den Rittern, den Kreuzfahrern und dem Weltklerus gekräftigt. Ein Mönch sagt zu einem Ritter, der aus Angst vor Läusen den Ort meidet: „Glaube mir, Bruder, und sei überzeugt, wenn alle Würmchen aller Mönche in einem Leib wären, sie sollten mich nicht aus dem Orden herausbeißen." Angefügt ist Realienkunde des Mittelalters: „Denn der Wollstoff ernährt viele Würmchen." Ein Novize erzählt ebenfalls realistisch von den Schwierigkeiten des Ordenslebens: „Die Schwere der Kleider, die langen Wachen, das Stillschweigen, die Hitze im Sommer und Kälte im Winter, das strenge Fasten, die magere Kost." Dagegen sieht dieser Neuling, der Scholasticus Gottfried in seiner Kirche Sankt Andreas in Köln das Leben als Saus und Braus: „Wenn ich zu Sankt Andreas zurückgehe, so werden meine Genossen, die Domherren, so oft sie im Vorhof ihrer Kirche sitzen, gegen mich sprechen. Sie werden mich richten und um mein Seelenheil streiten. Nachts aber, wenn sie am Feuer sitzen und sich mit Trinken ergötzen, werde ich ihr Lied sein." Aus dieser Geschichte spricht der Stolz der Mönche gegenüber dem Weltklerus. Caesarius schildert aber auch seine Welt nicht ideal.

Auch damals gab es Weinskandale und ungetreue Verwalter: „Ein Verwalter unseres Ordens, von der Habgier versucht, betrog eine Witwe . . . Der Herr aber dachte wohl an die Strafe und machte im nämlichen Jahr fast den ganzen Wein, der dem Kloster gewachsen war, so schlecht, daß er ohne Farbe war." Nicht genug der Strafe: „Im selben Jahr zündete ein Ritter fast die ganze Ernte des Klosters in der Scheune an." Im Buch der Versuchungen wird vor dem Ansammeln von Reichtum der Kirchen und Klöster in poetischer Sprache und Bildern gewarnt, dem Geiz und dem Erwerbssinn Grenzen gesetzt: „Wenn Du erst alles, was in dieser Provinz ist, gekauft hast, so wirst Du den Rheinstrom zu Fuß durchschreiten. Dann wirst Du weitergehen bis ans Gebirge und wirst nicht ruhen, bis Du ans Meer gelangst. Dort, meine ich, wirst Du Deinen Schritt hemmen, denn das Meer ist breit und gewaltig, Dein Weg aber ist beschränkt. Bleib also in Deinem Kloster, geh oft in den Betsaal, auf daß Du Tag und Nacht Deine Sünden beklagen kannst. Wart ein Weilchen, und Du wirst genug Erde unter Dir haben und über Dir und in Dir, denn Du bist Staub und zum Staub sollst Du zurückkehren."

Die Frauen werden auch im Dialog des Caesarius als Töchter der Eva, als Versucherinnen, hingestellt. Es wird aber auch mit Verständnis von der Psychologie der Versuchung berichtet, von der Wirkung von Verboten, die erst recht zur Übertretung reizen. Caesarius überliefert eine im Mittelalter populäre Novelle über eine Schöne, die im Gespräch mit ihrem Mann auf die Schuld der Eva zu schelten begann. „Der Gatte erwiderte: Richte nicht über jene. Du hättest vielleicht in solcher Versuchung ähnlich gehandelt. Ich will Dir etwas anbefehlen, was geringer ist, und Du wirst es nicht einhalten können. Was ist das für ein Befehl, fragte sie. Du sollst an dem Tage, wo Du gebadet hast, nicht barfuß in den Sumpf unseres Hofes hineintreten." Es handelte sich um ein „faules und schmutziges Gewässer", in das aller Schmutz des Schlosses zusammenfloß. „Sie lachte und schauderte vor der Übertretung des Befehls sogar zurück." Ihr Mann, Heinrich von Wida, ein reicher Ritter im Dienst des Sachsenherzogs Heinrich, setzte als Strafe 40 Mark Silber hinzu: „Gehorchst Du, so erhältst Du von mir 40 Mark Silbers. Wo nicht, mußt Du mir ebensoviel bezahlen." Nun setzt der Mechanismus von Versuchung und Verführung ein, erst der Druck des Verbotes verändert jene Frau: „Seit dieser Stunde konnte diese ehrbare und züchtige Dame nie über den Hof gehen, ohne nach jenem Sumpf zu blicken." Prompt geht sie eines Tages „bis zu den Knien in das stinkende Wasser hinein". Ihr Mann zahlt ihr die Arroganz gegenüber der Urmutter Eva heim: „Geringer als die Evas war Eure Versuchung, lauer Eurer Widerstand, schimpflicher Euer Fall." Da sie die 40 Mark nicht zahlen konnte, nahm er ihre kostbaren Gewänder und teilte sie unter den Leuten aus.

Es werden auch kuriose Geschichten der Versuchung erzählt, Beispiele aus der Kulturgeschichte des Alltags. Schon damals müssen die drei tollen Tage vor der Fastenzeit manchen am Rhein und in der Eifel um Sinn und Verstand gebracht haben. „Kürzlich geschah es, daß einige Mönche zu Prüm drei Tage vor Aschermittwoch bei einem Weltgeistlichen schmausten, wo sie bis fast Mitternacht Fleisch aßen und den köstlichsten Wein tranken." (Zisterzienser durften kein Fleisch essen). Als sie im Morgengrauen auch noch eine Henne schlachten ließen, folgt die Strafe auf dem Fuß. Der zum Schlachten geschickte Schüler zieht beim Ausnehmen der Henne eine große Kröte heraus. „Dies habe ich von einem, der dabei war und es mit angesehen hat."

Ein anderer Sünder wird durch Knoblauch zu Fall gebracht. Ein Verräter aus der Kölner Gegend, der den Schlüssel einer Festung herausgegeben hatte, bereut seine Untat, pilgert nach Rom und verlangt vom Papst eine schwere Buße. Er erliegt neuer Versuchung und vergißt die Buße. Deshalb kehrt er wieder nach Rom zurück, erneuert die Buße, bleibt aber nicht gehorsam. „Da er mehrmals so tat, bekam der Papst einen solchen Büßer satt, und um ihn loszuwerden, sagte er: Weißt Du irgendetwas, was Du zur Buße auf Dich nehmen und auch halten kannst? Er antwortete: Ich habe nie Knoblauch essen können." Abermals geht es um die Psychologie des Verbotes. Der Beichtvater kennt unterdessen seinen Sünder: „So geh und künftig sollst Du zur Strafe für Deine großen Sünden nie Knoblauch essen." Der Mechanismus der Versuchung funktioniert: „Als er aus der Stadt kam, erblickte er in einem Garten Knoblauch. Er stand still, sah den Knoblauch an und empfand heftige Versuchung . . ., kurz gesagt, endlich siegte die Eßlust über den Gehorsam. Er trat in den Garten und aß. Den Knoblauch, den er gekocht und sorglich bereitet, nie hatte kosten können, wenn er durfte, den aß er jetzt wider das Gebot roh und unreif. Als er so kläglich der Versuchung erlegen war, kehrt er beschämt zum päpstlichen Hofe zurück und erzählte, was er getan. Der Beichtvater jagte ihn entrüstet weg und sagte, er solle ihn nie wieder belästigen. Was aus dem Elenden geworden ist, habe ich nicht erfahren."

Nach solchen kuriosen Versuchungsgeschichten kehrt Caesarius zur Versucherin zurück, breitet Stoff für Kritik an Leib- und Frauenfeindlichkeit der Kirche aus: Ein Ritter war Mönch und verließ darüber seine Frau. Beide hatten sich „nach geistlicher Weise" voneinander getrennt, um jeweils in einem Kloster zu leben. „Als er Novize war, trieb der Teufel das Weib, daß sie ihren Vorsatz aufgab und den Gatten, der jetzt ihr Bruder war, zurückverlangte." Als der Ritter nach dem Ablauf des Probejahres wegen eines Geschäftes mit einem anderen Mönch in sein Haus kommt, trifft er dort seine Frau. „Sie tat, als wolle sie heimlich mit ihm reden, führte ihn in die Kammer, und nachdem sie die Tür verschlossen, begann sie ihn zu umarmen und zu küssen." Caesarius vermittelt nun ein Christusbild, das uns fremd ist und eher mit einem ritterlichen Christusbild des „Heliand“ zu tun hat: Christus selbst entreißt „diesen seinen Ritter“ den Umarmungen seiner Frau. „Er schüttelte sie ab, kam unverletzt heraus und war vom Feuer nicht gesengt worden.“ In Soest spielt eine Novelle, die ebenfalls der Kritik an der Verdrängung oder Unterdrückung von Sexualität in der Kirche dienen könnte: Ein Geistlicher aus Soest wird auf die Anklage einer Buhlerin hin, er habe sie vergewaltigt, verbrannt.

Nach dieser schrecklichen Geschichte wird erzählt, worüber wir heute lachen oder lächeln, was aber noch in unserem Jahrhundert manchmal „zur Abtötung“ der „Fleischeslust“ empfohlen worden ist: Man kühle sich im wahrsten Sinne des Wortes ab. Eine einsame Burgfrau konnte das Feuer der Liebe nicht ertragen. Sie ging hinab zum Torwächter, der aber wies ihr Begehren ab: „Was sprichst Du, Herrin? Wo ist Dein Verstand?“ So zurückgewiesen lief sie „auf Gottes Wink zu dem nahen Fluß, sprang in das kalte Wasser und blieb solange darin sitzen, bis sie die Glut der Leidenschaft gekühlt hatte. Dann ging sie zu dem Torwächter zurück und dankte ihm für seine Weigerung.“

5. Dämonium: Vom Scheitern der Scheiterhaufen

Das fünfte Buch „Von Dämonen“ versammelt ein wahres Dämonium des Mittelalters, seiner Besessenheiten, seiner Furcht und seiner Hoffnungen. Die Dämonen, der Einfluß des Bösen und der Bösen und das Böse im Menschen werden nicht abstrakt dargestellt. Sie prallen in Menschen aus Fleisch und Blut aufeinander. Nebenbei: Die Rheinländer scheinen schon damals auf Bayern und Schwaben herabgeblickt zu haben, denn Caesarius spricht von ihnen als wunderlichem Volk und fügt an: „Wie wild die Bayern sind.“ Der Mensch lebt in einem Condämonium, mit den Dämonen, jederzeit durch Ketzer und Ketzerei gefährdet. Es wird unbarmherzig über die Albigenser gesprochen. Sünden der Kirchengeschichte kehren zurück. Caesarius schreibt noch nicht vom Scheitern der Scheiterhaufen.

Der Dämon sitzt im eigenen Fleisch. In biblischer Sprache: Der Stachel, der Pfahl im eigenen Fleisch, vermutet im eigenen Phallus. Dieser Dämon geht in der Mittagszeit um, der daemonus meridianus: „Eines Tages zur Mittagszeit führte der Geistliche Philipp den Ritter an einen Kreuzweg, schlug mit dem Schwerte einen Kreis um ihn, sagte ihm, als er darin stand, das Gesetz des Kreises und sprach: Wenn Du, ehe ich zurückkomme, eines Deiner Glieder aus diesem Kreise herausstreckst, so bist Du des Todes, denn die Dämonen werden Dich sogleich herausziehen und umbringen."

Dämonen bemächtigen sich nicht nur der Menschen oder werden von ihnen mit Hilfe des Kreuzes oder des älteren magischen Kreises abgewehrt und beschworen, sie haben auch über Tiere Macht oder erscheinen in der Gestalt des Tieres. Deshalb sind im Buch über die Dämonen manche Tiergeschichten erzählt. Ein Dämon bittet einen Ritter um ein Schaf aus der Herde. „Da jener dies alles verweigerte, so bat er zuletzt um den Hahn des Hauses. Als der Ritter fragte: wozu brauchst Du meinen Hahn? erwiderte der Dämon: er soll mir singen." — Die Ethymologie des Wortes Hahn lautet nach dem Lateinischen „cantare" = singen. Über den Kuckuck heißt es, er sei der „Vogel, der nach seiner Stimme Kukuk heißt". Ein Laienbruder habe jeden Kuckucksruf gezählt. Als er 22 Rufe zählte, so habe er es als Vorbedeutung herausgerechnet, wie lange er noch lebe — bis heute Teil des Volksglaubens.

Von den Ketzern zu Verona wird ein Dämonen-Decamerone erzählt: „Dann wurden die Lichter gelöscht und jeder ergriff die ihm zunächst war und war kein Unterschied zwischen Eheweib und Kebse (im Mittelalter erlaubte Nebenfrau), zwischen Witwe und Jungfrau, zwischen Herrin und Magd und was noch entsetzlicher war zwischen Schwester und Tochter." Der Sünder gesteht: „Wisse Bruder, ich besuche die Versammlungen der Ketzer nicht wegen der Ketzereien, sondern wegen der Mädchen. Siehe, so ist das Leben und Gesetz der Ketzer."

Manchmal scheinen Caesarius die Zweifel zu kommen, die jeden Christen bedrängen, wenn er darüber nachdenkt, warum Gott das Böse in der Welt zuläßt. In seiner knappen Novelle „Wie eine Frau vom Teufel umarmt wurde" steht diese zweifelnde und bohrende Frage am Ende seiner Geschichte: „Eine Frau, die bei Schloß Are wohnte, hatte einen trunksüchtigen Mann. Deshalb wagte sie nachts nie schlafen zu gehen, ehe dieser von der Schenke zurück war. Eines Nachts, als sie Teig zum Brot bereitet hatte und nun müde vor der Tür ihres Hauses saß und auf den Mann wartete, sah sie zwei weiß gekleidete Männer herankommen. Der eine stürzte auf sie zu, um sie zu umarmen und drückte sie. Auf ihr Geschrei verschwanden beide. Sie floh ins Haus und so wie sie Licht sah, stürzte sie besinnungslos nieder, so daß ihre Tochter ein Geschrei anhob. Nach wenigen Tagen starb sie. Durch welches Urteil Gottes dergleichen geschieht, ist mir völlig unbekannt." Manche Dämonen dienen den Menschen, wie Mephisto dem Faust. Ein Dämon spricht zu seinem Ritter. „Wenn meine Herrin mit Löwenmilch gesalbt würde, würde sie sogleich genesen. Als der Ritter fragte, woher solche Milch bekommen, sagte er: ich werde sie holen." Er brachte sie von den Bergen Arabiens. Der Ritter war starr vor Staunen und fragte: Wer bist Du denn? Er sagte: Laß Dich das nicht kümmern. Dein Knecht bin ich. Da aber der Ritter nicht abließ, bekannte er endlich: ich bin ein Dämon von denen, die mit Lucifer gefallen sind." Zur erstaunten Frage des Ritters, warum einer von der Natur eines Teufels einem Menschen so treulich diene, wird der dämonische Zwiespalt erkennbar — der Böse als gefallener Guter: „Mir ist ein großer Trost, bei den Söhnen der Menschen zu sein." Dieser „gute" Dämon ist der sympathischste in dem ganzen dämonischen Buch des Caesarius, ein Sünder des Mittelalters. Er bittet den Ritter für seinen Dienst nur um fünf Schillinge. Als er diese erhalten hatte, gab er sie dem Ritter zurück und sagte: „Ich bitte Dich, kaufe dafür ein Glöckchen und hänge es über das Dach jener alten zerfallenen Kirche, damit an den Sonntagen die Gläubigen zum Gottesdienst gerufen werden." Und damit verschwand er aus seinen Augen.

In Himmerod ging der Dämon um, wie er nicht nur die Mönche des Mittelalters immer wieder versuchte, der „Teufel des Hochmuts". Einst pflanzten die Brüder in Himmerod in ihrem Garten Kohlpflanzen. Da stieg in einem der Mönche der Zweifel auf. Zuhause würde sich selbst seine Magd schämen, so niedrige Arbeit zu verrichten. Deshalb ging er in den Wald. Im Wald begegnet ihm eine Frau, die ihm erzählt, er müsse mit ihr nach Trier gehen, um ein Pferd zu kaufen. Mitten in der Wildnis entgeht er gerade noch der Versuchung und kehrt nach heftigem Sturm und Regen „von außen durchnäßt, von innen beschämt" nach Himmerod zurück.

6. Von der Einfalt und den Gauklern Gottes

Die Einfalt, die stultitia, ist für den mittelalterlichen Menschen keine Schande, sondern eine gerade von Intellektuellen bewußt angestrebte oder anerkannte Geisteshaltung. Auch die späteren Humanisten sangen die Laus stultitiae, das Lob der Einfalt. Davon ist das sechste Buch des Caesarius gefüllt. Nicht der wortgewaltige Mönch, sondern ein einfältiger Bruder luchst einem tyrannischen Landesherrn das unrecht genommene Klostergut wieder ab. „Wegen Eurer heiligen Einfalt, die mein Mitleid erweckt hat, will ich Eurem Kloster zurückgeben, was noch von dem Vieh übrig ist, will das zugefügte Unrecht nach Möglichkeit wieder gutmachen." Caesarius vergleicht die Einfältigen mit Gauklern, mit Joculatores. „Sie sind sozusagen die Gaukler Gottes und die Einfältigen der heiligen Engel." Diese Ohnmächtigen können oft sehr mächtig sein. So fängt der einfältige Engelbert aus Zülpich Diebe in einer großen Kiste mit Korn. Er ist mit der Gabe des Sehens ausgestattet: „Als er einst von der Herzogin von Sachsen . . . eingeladen war, weissagte er ihr unter anderem auch, einer ihrer Söhne würde Kaiser werden. Dies haben wir nachher an Otto, der Heinrich als Kaiser folgte, sich erfüllen sehen." Immer wieder wird in Caesarius' Werk der Kaiser-Konflikt des hohen Mittelalters sichtbar. Der Kampf zwischen Otto und seinem schwäbischen Gegenkönig Philipp. Frauen spielen bei Caesarius übrigens nicht nur als Versucherinnen eine Rolle, sondern auch als Seherinnen und Ratgeberinnen oder als weltkluge Frauen von Rittern. So im vierten Kapitel dieses Buches, wo eine Frau ihren Mann zur Wiedergutmachung bewegt: „ Betrügerisch hast Du gehandelt gegen den heiligen Abt. Die Strafe Gottes wird uns ereilen. Wenn Du nicht dem Kloster seine Güter zurückgibst, will ich keine Gemeinschaft mit Dir halten." — Lysistrata im Mittelalter, Eheverweigerung als weibliche Waffe.

7. Von der Macht und Minne Marias

Auch heute stehen über den Pforten der Zisterzienserklöster Marienstatuen. Die Zisterzienser verehren besonders Maria, die Mutter ihres Herrn. Dabei sehen sie in ihr die Helferin vor einem strengen Weltenrichter. Oft bittet sie bei ihrem Sohn um Gnade für die Sünder. Maria als Mittlerin. Wenn aber die Sünde zu groß ist, kann auch sie nicht mehr helfen: So bei der „Umweltkatastrophe" des Jahres 1218, als in Friesland ganze Inseln untergingen und laut Caesarius so viele Menschen vernichtet wurden, daß die Zahl Hunderttausende überstieg und

„die wütenden Wasser bis Köln gelangt wären, hätte nicht er, der sie erregt, sie wieder gebändigt, und zwar auf Bitten seiner Mutter". Der Novize fragt nach der Ursache. Der Meister, also Caesarius, gibt diesmal nichts vom Zweifel am Gutsein Gottes zu erkennen, sondern macht menschliche Schuld für die Naturkatastrophe verantwortlich — was uns Heutigen gar nicht so abwegig vorkommt. Wir empfinden wieder vielmehr als die fortschrittsgläubigen Menschen der älteren Neuzeit, daß wir Menschen Schuld haben können, wenn die Natur sich aufbäumt und zurückschlägt, uns zu vernichten droht. Eine Klima-Katastrophe als Menschen-Katastrophe. Caesarius hatte diese Ahnung noch nicht. Er sieht die Kausalkette zwischen Naturkatastrophe und Menschenschuld am Beispiel einer Hostienschändung: Ein Friese, der oft betrunken vom Wirtshaus heimkam, seine Frau schlug und auf jede Art peinigte, trat einem Priester, der seiner Frau die Kommunion reichen wollte, mit einem Becher voller Bier entgegen. Als der Priester sagte: „Ich trage den Leib des Herrn, jetzt trinke ich nicht", zerschlug der erzürnte Friese mit seinem Bierbecher die Hostienbüchse und warf alle Hostien, die darin waren, heraus, so daß sie über den Estrich gestreut wurden. Die Frauen, die zur Tröstung der Gepeinigten gekommen waren, sahen über jeder Hostie einen glänzenden Stern. Abermals ist es eine weise Frau, der dann die Ursache der Naturkatastrophe in Friesland offenbart wird. Maria erscheint der Tante des Herrn Wittbold und sagt ihr im Traum: „Wegen der Kränkung, die meinem Sohn und seinem heiligen Leib angetan worden ist, ist Friesland überschwemmt worden, und es wird auch ferner heimgesucht, wenn nicht hinreichend Buße erfolgt." Caesarius urteilt darüber aus der sicheren Distanz des Siebengebirges: „Daß die Buße nicht genügt hat, ergibt sich daraus, daß im vergangenen Jahr Friesland von neuem bestraft worden ist, wobei viele Tausende durch die Überschwemmung den Tod fanden." Maria kann auch bewirken, daß die Feinde der Klostergründung von Marienstatt bestraft werden. Der Edle von Zegenberg, der das Kloster viel geplagt hatte, wurde von seinem eigenen Knecht jämmerlich ermordet. Ein Dritter, der zur Beraubung eilte, „platzte unterwegs auseinander". Ein anderer Edler hörte von dieser Strafe, „kam zur Stätte und sprach, Herrin behalte das Deine, ich verzichte auf meinen Teil". Hinter dieser Geschichte steht die abenteuerliche Gründungsgeschichte von Marienstatt. Ein Herr von Helpenstein läßt die Mönche nicht in Ruhe. Über ihn heißt es: „Seid versichert, daß Euer Herr bald sterben wird wegen der Brüder von Marienstatt." Doch einer erwidert lachend: „Sorget nicht, wir möchten ihn gern lossein." Maria kann Wunder wirken bis in unsere Tage. Einem Kleriker, dem die Albigenser die Zunge abgeschnitten hatten, schenkt sie eine neue, einen Knaben heilt sie auf volksmedizinische Art vom Grint: „Nimm die Früchte des Spindelbaumes und lasse Dir damit heute vor der Messe dreimal den Kopf waschen im Namen des Vaters, des Sohnes und des Heiligen Geistes." Ähnliche Formeln findet man noch heute in bäuerlichen Segensbüchern. (Ich besaß eines aus dem vorigen Jahrhundert aus einem Dorf am Vogelsberg, welches in einer evangelischen Gegend diese alten Formeln in unsere Zeit weitergegeben hat.) Das Ave Maria, der englische Gruß, ist gegen das Böse genauso wirksam wie das Kreuzzeichen. Ein böser Geist wird nach dem Gegrüßet seist du Maria von einem Wirbelwind geschlagen und schreit: „Der Teufel schlage dem die Zähne aus, der Dich das gelehrt hat." Ein Ritter aus der Kölner Gegend wird durch die Anrufung der Heiligen Maria von Heisterbach seiner Fesseln ledig. Mit Hilfe Marias kann er sich mit einem Handtuch aus dem Burgfenster ablassen und fliehen. „Er kam zu uns, legte die Reifen zum Dank auf den Altar der Heiligen und erzählte uns, wie er durch ihren Verdienst befreit worden war. Dies ist geschehen im Jahre des Heils 1219."

Die Liebe zu Maria, die Marienminne, ist analog zu den ritterlichen Epen des Mittelalters stärker als die irdische Minne. Maria hilft einem Ritter bei seiner Versuchung wegen der Frau seines Herrn. Die Bewunderung für Maria ist nicht frei von erotischer Bewunderung. „Gefällt Dir mein Anblick?" Der Ritter sagte: „Ich habe nie eine schönere gesehen." Maria zwingt ihn sogar, ihr einen Kuß zu geben. „Von Stund an war er so völlig von jener Versuchung befreit, daß sogar seines Herrn Gattin sich wunderte." Maria hilft der jungen Hirtin Beatrix, die von einem Kleriker geschändet worden war und fünfzehn Jahre lang als Buhlerin lebte. Maria tritt an ihre Stelle und übte deren Hirtenamt aus, damit keiner ihre Sünde erkenne. Maria ist jedoch nicht nur die Gütige. Wie schon bei der Sintflut gegen Friesland werden diejenigen bestraft, die sie lästern. Maria zu verfluchen, scheint schlimmer zu sein als eine Gotteslästerung. Caesarius berichtet von einer direkten Zwiesprache mit Maria. Weil einer Mutter in Veldenz von einem Wolf das Kind entrissen worden ist und sie die Nachricht erhält, ein Wolf habe sie gefressen, ging sie in die Schloßkapelle, reißt das Bild des Heilands vom Schoß der Mutter und sagt von Mutter zu Mutter: „Herrin, Ihr bekommt Euren Knaben nie wieder, wenn Ihr mir nicht mein Kind unversehrt wiedergebt." Das Kind kommt tatsächlich zurück und sagt: „Mummard hat mich gebissen." Spuren der Wolfszähne seien an der Kehle zu sehen gewesen. Daraufhin gab die Mutter dankbar das Jesuskind in den Schoß Marias zurück. Maria hilft einem naturkundigen Mönch, der mehr vom Gewande als vom Wandel her ein Mönch war, der, um Kranke zu heilen, durch die Lande zieht und außer bei den Hauptfesten kaum im Kloster war, zur klösterlichen Disziplin und zur fleischlosen Kost zurück, indem sie ihn mit den anderen Mönchen einem Löffel Latwerge gibt. Als er davon kostete, empfand er solche Freude, daß er seidem ständig im Kloster blieb „und alle fleischliche Kost wie Kot achtete". Marias Güte geht so weit, daß sie einem Desperado hilft, der von sich behauptet, er fürchte für seine Seele „so wenig wie das Vieh". Der Räuber, der ein schreckliches Leben hinter sich gebracht hat, läßt sich von einem Mönch überzeugen, an einem Tag in der Woche zu Ehren Mariens zu fasten und keinem ein Leid zu tun, dann werde sie bei ihrem Sohne für ihn Gnade erwirken. Der Räuber wird in einer Stadt gefangen und enthauptet und an selbiger Stelle begraben. „In der Nacht darauf sahen die Torwächter um sein Grab Lichter brennen." Maria hat das Wunder gewirkt, daß dieser Räuber doch noch in einer Kirche ein Grab findet. „Von jener Zeit an bis heute ist in jener Gegend kaum ein Erwachsener, der nicht nach jenes Räubers Beispiel am Samstag zu Ehren unserer Frau fastet."

8. Gesichte und Erscheinungen: Glauben und Zweifel

Das achte Buch handelt von Gesichten und Erscheinungen, wobei Jesus und seine Mutter im Mittelpunkt der Visionen, der Hoffnungen und der Furcht dieser Menschen stehen. Und abermals können wir Heutigen beim Lesen empfinden, daß manche dieser Bilder auch uns unmittelbar ansprechen, zumindest nachdenklich machen, während vieles für uns verschlossen bleibt. Manches ist von heller Freundlichkeit, anderes wie aus einem Alptraum.

Eine junge Frau in Frankreich sieht ein dreijähriges Kind beim Altar umhergehen, das, wie sie meinte, von der Mutter vergessen war. In Wirklichkeit ist es das Jesuskind, das dieser Frau das Ave lehrt. Einem Mönch erscheint Christus am Kreuz. Vor einem Ritter verneigt sich das Kreuz, um die Demut Gottes zu offenbaren. Ein Glöckner, der sich abends mit Opferkerzen zum Privatverbrauch versieht, wird vom metallenen Kreuz in der Georgs-Kirche in Köln „unter Scheltworten" so heftig gestoßen, daß er krank wurde und viele Tage Blut spie. „Dieses Wunders entsinne ich mich noch gut, und es war berühmt in der ganzen Stadt, so daß seitdem diesem Kreuz noch größere Ehre erwiesen wurde." Auch in diesem Buch kommt das Alltagsleben, das Recht des Mittelalters zum Beispiel, zur Sprache. Wer sich in eine Kirche retten konnte, war von Verfolgungen frei, wer diese Immunität brach, war ein Kirchenfrevler; deshalb wurden einige Ritter, die ihre Feinde in der Kirche töteten, wegen der Kirchenschändung schwer bestraft. Auch eine Alte, welche die in die Kirche Geflüchteten verraten hatte, „ward zur Zeit der Ernte von der übermäßigen Hitze der Luft erstickt". Ein natürlicher Todesfall, die sehr reale Lebenserfahrung der schweren Arbeit bei großer Hitze, dient als Beispiel der Strafe Gottes. Einem Laienbruder des Ordens erscheint Christus in der Gestalt eines Armen. Jesus nimmt die Gestalt eines Aussätzigen an, dem ein Graf von Champagne die Füße wäscht.

Von der Godesburg und dem Petersberg, der damals noch Stromberg hieß, wird eine Erscheinung des Erzengels Michael berichtet. Als der Kölner Erzbischof Dietrich auf dem Godesberg seine Burg baute, habe ein frommer Priester gesehen, wie der Erzengel Michael „in wohlbekannter Gestalt" mit ausgebreiteten Flügeln nach dem benachbarten Stromberg hinüberflog, „wo der Apostelfürst Petrus in Ehren gehalten wird". In der Tat ist noch heute die Kirche in der Nähe des Hotels Petrus geweiht und die auf der Godesburg dem Erzengel Michael. Zur gleichen Zeit sah ein Mann in einem Nachbardorfe, wie von der Godesburg eine Reliquienkapsel durch die Luft zum Stromberg hinüberfuhr. Caesarius überliefert in dieser Geschichte auch den damals volkstümlichen Namen für die Godesburg: „Wudensberg", verballhornt vom germanischen Gott Wotan. Den Hintergrund dieser Geschichte könnte das Mißtrauen der Mönche gegen alle Burgen in ihrer Nähe bilden. Sie empfanden sie weniger als Schutz, denn als Bedrohung, weshalb sie sich die Rosenau in ihrer unmittelbaren Nähe kauften, nur um sie dem Erdboden gleichzumachen. Warum auf der Godesburg kein Segen lag, soll diese Erscheinung lehren. „Kein Wunder, wenn von diesem Schlosse die Hilfe des Engels wich, da fast alle seine Gebäude aus dem Wucher eines Juden erbaut wurden, den der Bischof gefangengenommen hatte."

Der im Mittelalter übliche Reliquienhandel bis hin zum Reliquienraub spielt ebenfalls eine Rolle in den Dialogen, wobei man zu spüren glaubt, daß Caesarius bei allem Wunderglauben eher für die immer in der Kirche auch vorhandene Skepsis und Kritik am Wunderglauben spricht. Der Schüler fragt den Meister: „Da man doch glaubt, daß kein Heiliger größer sei als der Heilige Johannes, wie kommt es, daß wir in seinem Leben von keinem Wunder lesen, das er getan hat?" Der Meister antwortet: „Der Herr wollte damit zeigen, daß Heiligkeit nicht in Wundern besteht, sondern im frommen Leben." Ähnlich „aufklärerisch" verhält er sich auch gegen den übertriebenen Reliquienkult, gegen das Reliquienunwesen. Ein betrügerischer Priester gibt einen Zügel fälschlich für einen Gegenstand aus, den der Heilige Thomas benutzt haben soll. Es sind durchaus die in der Scholastik des Mittelalters möglichen und in der Denkschulung eingeübten „methodischen Zweifel" erkennbar. Andererseits ist Caesarius ganz und gar Kind seiner Zeit und der Kirche seiner Zeit. Er mischt Volksmedizin und Volksglauben. Als das Bonner Münster erneuert wurde, seien einige Skelette der Märtyrer der römischen Heiligen Legion der Thebäer gefunden worden, wovon ein ganzer Körper und ein Teil eines anderen Märtyrers den Mönchen von Heisterbach übergeben wurde. Caesarius berichtet von einem Gesicht, welches jenen Märtyrer den Mönchen offenbart. Ein Jüngling sieht im Traum den Schrein jener Reliquie, jemand fragt ihn, was dieser Schrein enthalte. „Gewiß, sagte der Mönch, den Leib unseres Märtyrers." Jener erwiderte: „Du irrst, anderthalb Männer liegen darin. Dies wußte bis dahin keiner von uns. Diese heiligen Knochen sind von solcher Kraft, daß, wenn man Wasser darüber gießt, es allerlei Krankheiten heilt; besonders hilft es gegen Geschwüre und Anschwellungen."

Von den in Köln verehrten Heiligen Jungfrauen wird eine merkwürdige Geschichte erzählt. Ein Zisterzienser-Abt in Thüringen sieht im Traum, daß außerhalb der Kirche der 11000 Heiligen Jungfrauen zwei begraben seien. Der Abt mietet in Köln einen Ausgräber, der am bezeichneten Ort zwei Sarkophage findet. In dem einen fand er zwischen den Knochen einen sehr schönen Kamm und nahm ihn an sich. In einer Erscheinung wird dieser Raub offenbart. Damit nicht genug der Merkwürdigkeiten um diesen Reliquienfund. Zur Zeit des Bürgerkrieges zwischen den Königen Otto und Philipp, deren Kämpfe Thüringen besonders heimsuchten, brachte man aus Furcht die beiden Leiber mit anderen Reliquien und Schmucksachen in einen Schuppen an einem versteckten Ort. Man vergaß aber nach Wiederherstellung des Friedens den Schrein mit den Jungfrauen im Schuppen. Wegen dieser Mißachtung kehren die Jungfrauen nach Köln zurück, finden die Thüringer Zisterzienser nur noch einen leeren Schrein. Und abermals mischt sich Skepsis ein und die Warnung vor falschen Reliquien. Am Schluß dieses Buches berichtet Caesarius von einer falschen Reliquie im Kloster Altenberg, ein großer Pferdeknochen. Er sei vor aller Augen aus den Reliquien hervorgesprungen.

Aber nicht nur Jesus, Maria, die Heiligen können den Menschen erscheinen, auch der Teufel. Wieder wird eine Gechichte erzählt, deren Motive man im Faust wiederfindet. Der Teufel trägt einen Ritter aus dem fernen Indien im Nu nach Deutschland zurück, von Sonnenaufgang bis Sonnenuntergang, und setzte ihn „ohne Schaden" im eigenen Hofe nieder. Auch ein Motiv der Odysee wird aufgenommen: Nach jenen fünf Jahren trat er wie ein Fremder in sein Haus, „sah die eigene Gattin mit ihrem Bräutigam schmausen. Er trat näher, warf vor ihren Augen seine Ringhälfte in einen Becher und entfernte sich. Als sie das sah, zog sie sie heraus und wie sie ihre gelassene Hälfte daranfügte, erkannt sie, daß er ihr Gatte sei. Sie eilte sogleich hinaus, um in seine Arme zu stürzen, und rief, er sei ihr Mann Gerhard. Dem Bräutigam aber sagte sie Lebewohl. Doch behielt Gerhard ihn in dieser Nacht, um ihn zu ehren, bei sich." Die Moral dieser Geschichte: Gerhard war nach Indien geraten, weil er den Apostel Thomas verehrte. Thomas erweist sich als gütiger und mächtiger als der Teufel: „Siehe, so lieben und verherrlichen die seligen Apostel die, welche sie lieben."

9. Buch — Mehr als Brot und Wein

Das Sakrament aus Brot und Wein ist für Caesarius nicht nur ein Zeichen, sondern die Transsubstantiation, die Wesensverwandlung in den wirklichen Leib und das wirkliche Blut Christi. Die real denkenden Menschen des Mittelalters verknüpften damit Wunder: Christus erscheine manchmal wirklich bei der Wandlung. Es fließe wirklich Blut, es sei wirklich Blut zu sehen. Der Glauben wird materialisiert. Caesarius spricht von einem „schrecklichen Gesicht“ vom Blute des Herrn. In der Kirche der Heiligen Walburg in Hildesheim habe ein Bürger nicht geglaubt, was er vernommen habe. Daraufhin schäumte der Kelch über, der überfließende Wein sah aus wie Menschenblut. Da ein Priester in der Messe zweifelte, „zeigte der Herr ihm in der Hostie ein Stück rohes Fleisch“. Es werden Schaudergeschichten berichtet, für uns fremd und befremdend. Ein Priester behält eine Hostie, weil er sie zu einem Zauber mißbrauchen will. Als er darüber erschrickt und die Hostie in einem Winkel der Kirche vergräbt, beichtet er einem befreundeten Priester diese Schändung. Als sie die Erde aufwarfen, „fanden sie kein Brot, sondern eine wiewohl kleine menschliche Gestalt am Kreuze“. Die Tiere als unschuldige Kreaturen Gottes erkennen Jesus auch in der Hostie. Räuber vergraben eine Büchse mit dem Sakrament auf einem Feld. Ein pflügender Bauer mit Ochsen findet sie, weil die Tiere, sobald sie an die Büchse kommen, erschrocken stehenbleiben. Auch Bienen sühnen eine Hostienschändung, als eine Frau das massenhafte Sterben ihrer Bienen dadurch beenden will, daß sie den Leib des Herrn zu den Bienen legte. „Die Tierchen, ihren Schöpfer erkennend, bauten aus ihren köstlichsten Waben dem köstlichen Gast eine wunderbar zarte Kapelle und errichteten darin einen Altar aus demselben Stoff, worauf sie den heiligen Körper legten.“ Daß Hostien im Volksglauben und Volkszauber mißbraucht wurden, wird von Caesarius mehrfach belegt. Eine Frau wollte ihre Gemüsezucht verbessern, indem sie „den Höchsten über ihr Gemüse säte“. Damit sollte der Raupenfraß beendet werden. Zur Strafe ward diese Hartdyfa von Cochem mit Besessenheit „lange und grausam gequält“. Das Sakrament entlarvt Albingenser, die behaupten, wie Jesus über das Wasser wandeln zu können. Ein Priester berührt das Wasser mit dem Sakrament, da sei der Spuk gewichen. Jene falschen Heiligen seien wie Blei in der Tiefe versunken und ertrunken. Caesarius wahrt bei solchen Geschichten gelegentlich die Distanz des Erzählers: „Dies ist uns erzählt worden.“ Noch skeptischer ist er gegenüber seinem Heisterbacher Mitbruder Arnold. „Unser Mönch Arnold behauptet, bei diesem Wunder zugegen gewesen zu sein, als sich in Köln in der Kirche der Heiligen Columba beim Osterfeste eine Hostie auf dem mit Ziegeln bepflasterten Estrich so abdruckte, als sei ein Siegel in weiches Wachs gedrückt worden.“ In solchen Geschichten tritt Christus selbst als Kommunionspender auf, so bei der Witwe Hildegundis in Liblar.

Wie solche Wundergeschichten weitergegeben werden und wandern, ist von Caesarius überliefert. Damit ist er für Volkskundler und Erzählforscher interessant. Oft gehen solche Geschichten „von oben" ins Volk, wie im Falle eines Bischofs, der einem Kranken die Kommunionspende verweigerte. Jesus selbst versagt sich nicht. Der Bischof findet eine leere Kapsel vor, der Kranke findet die Hostie in seinem Munde. „Der Bischof aber erschrak und verbreitete überall das große Wunder und durch ihn ward es auch einigen Äbten unseres Ordens bekannt, die es vergangenes Jahr im Generalkapitel erzählten." — Dies ist der Weg einer Wundergeschichte.

Die heute übliche Kinderkommunion war damals eher ungewöhnlich, deshalb berichtet Caesarius von einem Knaben, der die Gabe der Unterscheidung hatte und eine ungeweihte Hostie erkennen konnte. Auch die tägliche Kommunion war noch nicht gang und gäbe, denn eine Frau mußte ausdrücklich die Erlaubnis erhalten, jeden Sonntag das Abendmahl zu nehmen. Die Kommunion ist Heilmittel für Seele und Körper. Ein anderer siegt im Zweikampf, weil er zuvor die Kommunion empfangen hat. Ein Ritter wirft sich in Verehrung vor dem Sakrament mit seinen kostbarsten Gewändern nieder. Die Macht des Sakraments ist so groß, daß kein Tropfen Schmutz an seinen Kleidern haften bleibt. In Himmerode empfängt ein Laienbruder statt des Sakraments schwarze Kohle, weil er sich vor der Kommunion nicht gebessert hatte — es sind religionspädagogische Geschichten. Ein Laienbruder konnte die Kommunion nicht empfangen, weil er den geöffneten Mund nicht schließen konnte. Als er starb, kam die Ursache zutage. Er hatte das zisterziensische Armutsgebot verletzt. „Fünf Schillinge, nicht silberne, sondern kupferne, wurden, da er gewaschen werden sollte, bei ihm gefunden. Er aber durfte kein Geld haben." Und wiederum wird die Erzähltradition, der Weg dieser Geschichte, von Caesarius offenbart. „Als der Abt dies auf dem nächsten Generalkapitel erzählte, fügte er hinzu: Und damit man nicht denke, irgendeine Körperschwäche habe ihn gehindert, den Leib des Herrn zu essen, so wisset, daß er am selben Tage ein ganzes Huhn verzehrt hatte."

10. Von Wundern an Mensch und Tier

Im zehnten Buch „Von Wundern“ werden Geschichten überliefert, die in ihrer Struktur denen in den vorausgegangenen Büchern ähneln oder gleichen, da dieses Motiv die ganze Wunderwelt des Werkes durchzieht. Aber auch in den Wundergeschichten wird die Wirklichkeit der Welt eingefangen, werden Geschichten aus dem Alltag, Naturbeobachtungen und Tiergeschichten überliefert.

Nicht nur der Teufel kann Menschen in kurzer Zeit von einem Ort zum anderen bringen. Ein frommer Mann wird, weil er Christus geehrt hat, in einer Stunde von Jerusalem in den Lütticher Sprengel gebracht. In Eberbach ist Caesarius selbst Zeuge für einen Laienbruder, einen einfältigen und braven Mann von gebrechlichem Alter. Als er, Caesarius, in Eberbach war, ging er zu jenem heiligen Mann, der im wahrsten Sinn des Wortes durch Behandeln heilte, indem er die Hände auflegte. Diese Geschichte unterscheidet sich im Ton und in der Erzählhaltung von den anderen Wundergeschichten in ihrer Zurückhaltung und Klarheit, und man glaubt, Caesarius vor sich zu sehen. „Ich ging zu dem heiligen Manne, und als ich ihn bat, für mich zu beten, antwortete er einfach: Täglich bete ich für Dich und für die ganze Welt.“ Im Wunder-Buch, das sonst gegen die Ritter so skeptisch ist, erzählt Caesarius lächelnd auch von einem hochgemuten ehemaligen Ritter, der viel Ruhm in Turnieren erreicht und durch einen Scherz einen Dämon ausgetrieben hatte. Er nimmt das Ordenskleid, nachdem er als Kreuzfahrer übers Meer gefahren war. Nach seiner Rückkehr baut er ein großes Hospital für Pilger und Kranke, worin er vor allem auch Zisterziensermönche aufnahm. Zu diesen pflegte er „im Scherz“ zu sagen: „Ihr Herren Äbte und Mönche seid nicht heilig. Wir Ritter, die wir der Turniere pflegen, sind heilig, denn uns gehorchen die Dämonen und wir treiben sie aus.“ Gelegentlich macht sich beim Erzähler Caesarius Ironie bemerkbar, so als er von einer wundersamen Weinvermehrung zugunsten eines guten Ritters berichtet: „Dies ward uns damals gleich erzählt, und ich bedauere, daß ich den Namen des Ritters und des Ortes nicht behalten habe.“ Ohne diese Distanz erzählt er, wie in Himmerod ein zerbrochener Topf durch Gebet wieder zusammengefügt wurde oder wie nach Ottos Bestätigung als Kaiser ein solcher Überfluß zurückkehrte, daß die Bäcker nicht mehr genug Gewinne hatten und eine Bäckerin verdrießlich zu ihren Knaben sagte:

„Laß uns diesen Dreck in den Ofen tun." Das Gottesurteil folgte auf dem Fuß. Der kostbare Teig verwandelt sich beim Backen in Kot. „Unser Mönch Markmann, damals Gutsverwalter, brachte uns ein Stück eines Brotes, das wir aufmerksam betrachteten und nichts sahen als festgewordenen Kot."

In einer Geschichte über einen Bonner Scholastikus, der von der Pariser Schule kommend eine Decamerone-Geschichte von einer Buhlerin erzählt, die einen Kleriker verleumdete, baut Caesarius gleich am Anfang mit seiner Erzählerhaltung vor, indem er einfügt: „Wie er versichert" oder „sagte er". Der Kleriker widersteht der Buhlerin durch ein „Wunder". Er befiehlt seinem Schüler, ein Lager zu bereiten, dürres Holz und Stroh darauf zu häufen und dann ein sauberes Leinen darüber zu breiten. „Am festgesetzten Tage kam der Kleriker, es kam das Weib. Der Kleriker aber, nachdem er zuvor einen Halm entzündet, bestieg das Lager und hieß sie es ebenfalls besteigen. Da sie Flammen überall hervorbrechen sah, wich sie zurück. Er rief sie wiederholt, sie aber weigerte sich, zu einer so entsetzlichen Umarmung zu kommen. Der Kleriker indessen, durch den Beistand der göttlichen Gnade, fühlte das Feuer nur wie einen erfrischenden Wind, und es ward ihm kein Haar gesengt, noch seine Kleider irgendwo beschädigt. Da dies die Elende sah, erschrak sie, und zur Stunde durch solch großes Wunder gerührt, bekannte sie öffentlich, daß sie den heiligen Mann ohne Grund verleumdet habe." Ein Fischer verbrannte sich an kaltem Wasser, weil er auf eine erzeigte Gnade hin unverdientermaßen zu stolz war. Einen Brandstifter brennt ein kaltes Eisen, das ihn so versengt, daß er es schreiend hinwirft. Ein mißgeborener Knabe wird durch die Taufe geheilt. Ein scheußliches Gewächs verschwindet, als der Knabe, wie damals üblich, bei der Taufe dreimal tief ins Wasser getaucht wird. Die Taufe als Heilmittel gilt auch für einen Heiden in Babylon. Caesarius berichtet von sich selbst ein Wunder, wobei er abermals ein Stück Volksmedizin überliefert, eine mittelalterliche „Kneippkur" oder einen Priesnitz-Wickel: Als kleiner Schüler lag er schwerkrank darnieder. Als er nach der Krisis wiederholt Rückfälle erlitten hatte, empfing ein heidnisches Mädchen, das seine Tante gekauft hatte, die Taufe. „Man riet meiner Mutter, in das noch nasse Linnen, worin jene aus der Taufe gestiegen war, mich einzuwickeln. Als man dies tat, geriet ich durch die Berührung des heiligen Wassers sogleich in Schweiß und genas." In die Wundergeschichten reiht er das Schicksal eines Bergmanns, der ein Jahr lang in einem Silberbergwerk in der Trierer Gegend überlebte, weil seine Frau täglich für ihn eine Messe lesen ließ.

Wunderkraft gilt auch den Tieren. Einer Frau wird von einem Habicht ein zahmer Vogel geraubt, sie ruft in ihrer Not den Heiligen Thomas an. Daraufhin läßt der Habicht das Vöglein los, das vergnügt zu seiner Herrin zurückkehrt. Der Habicht aber fällt zur Strafe für seinen Raub zu Boden. Ein Prior in Citeaux, dem Mutterkloster des Ordens, hatte viele Störche. Die Schwärme ordneten sich zur Reise. Sie umkreisten die Mönche, keiner wußte, was sie wollten. Da sagte der Prior: „Ich glaube, sie bitten um Erlaubnis, abzureisen." Er segnete sie. Daraufhin flogen sie „wie durch ein Wunder" ab. In dieser Wundergeschichte wird Naturkunde gelehrt: Der Novize fragt: „Wo wohnen diese Vögel im Winter?" Der Mönch: „Gewiß in warmen Gegenden." Naturkunde und Wunderglauben werden bei der Frage vermischt, warum die Schwalben immer wieder zur gewohnten Stätte zurückkehren. Ein Hausvater bindet einer Schwalbe ein Zettelchen um den Fuß: „Oh, Schwalbe, wo wohnst Du im Winter?" Er hatte das Erfahrungswissen, daß sie stets dieselben Gegenden und gewohnten Häuser wieder aufsuchen. Jene flog nach Asien und nistete im Haus eines Petrus. Der entdeckte die Schwalbe mit dem Zettel am Fuß, fing den Vogel, entfernte den Zettel und band einen anderen an den Fuß mit dem Text als Antwort auf die Frage des Deutschen: „In Asien, im Hause des Petrus." Der Hausvater erzählte diese Geschichte „als ein Wunder".

„Von den Störchen aber könnte ich hier viel Merkwürdiges erzählen, wenn ich nicht zu nützlicheren Dingen eilte. Die Männchen sind sehr eifersüchtig auf ihre Weibchen und bestrafen streng den Ehebruch. Doch hat das Weibchen ein seltsames Rettungsmittel. Wenn sie vor ihres Gatten Ankunft sich abwaschen kann, so merkt er den Ehebruch nicht und so entgeht sie der Todesstrafe." Da die Fabel stets mit erzieherischer Absicht erzählt wird, berichtet Caesarius in der nächsten Geschichte von einer Störchin, die sich nicht rechtzeitig ins Wasser begeben kann. Da der Storch sie allein nicht zu töten vermochte, flog er davon, kam nach einer Stunde von vielen Störchen begleitet zurück „und vor den Augen aller, die im Hofe anwesend waren, tötete er die Unglückliche". Caesarius nennt zur Vorsicht seine Quelle: „So hat mir ein frommer Mann wahrheitsgemäß erzählt".

Die Geschichte, die man bis heute immer wieder hört, daß man in Fischen Kostbarkeiten finden kann, überliefert Caesarius von einem

Hecht in Xanten: Ein hoher Kölner Kleriker wäscht sich die Hände im Fluß, ein schöner Goldring gleitet vom Finger und fällt in den Rhein. Ein Fisch wird gefangen. Beim Ausweiden findet der Koch den Ring. Unfälle mit Tieren werden als Wunder empfunden. Bei Rom hätten sich vier Büffel verabredet, ihren Herren zu töten. Während er auf dem Felde schlief, kamen die vier zusammen, „näherten die Stirnen einander wie zur Beredung, und nach einer Weile liefen sie zu dem Hüter, den sie mit Füßen traten und mit Hörnern hochwarfen, bis sie ihn zerstückelt und getötet hatten." — Das Wunder als Durchbrechung des Naturgesetzes.

Daß die Natur und die Tiere damals als Feinde des Menschen gesehen wurden, zeigen die Geschichten vom bösen Wolf. Es sind wundersame und tatsächliche Tiergeschichten. Bei Aachen verliert ein Mann nach und nach durch die Wölfe seine drei Kinder. Es gibt aber auch die Geschichte vom guten Wolf, wobei man daran denken kann, daß manchmal die Menschen zueinander wie die Wölfe sein müßten, wie es der Komödienautor Nestroy im 19. Jahrhundert geschrieben hat: Wenn sich zwei Menschen im Wald begegnen, denkt jeder vom anderen, das könnte ein Räuber sein. Begegnen sich zwei Wölfe, beschnuppern sie einander und stellen fest: Aha, ein Wolf. Solche „Wolfsgesinnung" wird auch von Caesarius positiv geschildert: In einem Dorf fällt ein Wolf ein erwachsenes Mädchen an, deren Arm er mit den Zähnen packte. Er reißt sie mit sich. So oft sie zu schreien anfängt, beißt er stärker zu. Wenn sie schweigt, tut er ihr nichts. „Kurz gesagt: Er brachte sie in den Wald zu einem anderen Wolf, dem ein Knochen in der Kehle saß und der heftige Qual empfand. Der sperrte den Rachen auf und jener erste Wolf brachte mit dem Maule des Mädchens Hand in die Kehle, so daß sie den Knochen herauszog. Der Geheilte brachte dann mit seinem Genossen das Mädchen in ihr Heimatdorf zurück." Wölfe gab es auch im Siebengebirge, und Erzählungen von Wölfen hatten einen wirklichen und einen Sagen-Hintergrund, weshalb der Novize an dieser Stelle anfügt: „Ich habe einen Jüngling gesehen, der als kleines Kind von Wölfen geraubt und bis zum Jünglingsalter erzogen war, so daß er nach der Art der Wölfe auf Händen und Füßen laufen und heulen konnte." All dies sind uns vertraute Motive aus späteren Sagen, Märchen, Fabeln.

Aus Kerpen überliefert Caesarius eine Geschichte von einer großen Kröte, die einen Mann verfolgt. Die Kröte ist im Mittelalter Verkörperung des Bösen, manche Abneigung gegen diese friedlichen und für den Menschen nützlichen Tiere rühren bis heute daher. Auch die Angst vor Schlangen wird überliefert — und ein Gegenbild: Eine Schlange heilt die Wunde eines Knappen. Über eine schwangere Frau, der im Schlaf eine Schlange in den Mund schlüpft, die sie aber bei der Niederkunft mit dem Kinde von sich gibt, heißt es: „Die Frau lebt noch heute". Dieses Kapitel der Wunder schließt Caesarius so ab, daß wir zu erkennen glauben, er wollte selbst das Motto über unser Buch setzen.

11. Im Totentanz vom Kottenforst bis nach Palermo

Das 11. Buch „Von Sterbenden" und das 12. Buch „Vom Lohn der Toten" — diese Themen sind für den mittelalterlichen Menschen kein Tabu. Der Tod war Teil des Lebens und allgegenwärtig, man lehrte die Kunst zu sterben, die Ars moriendi. Verdrängung und Abschiebung der Sterbenden war nicht Sache dieser Menschen. Der Tod war aber auch wegen der hohen Sterblichkeit, der Seuchen und Krankheiten allgegenwärtig. Der Tod wird nicht verklärt. Er ist nicht schön, weder im Totentanz der Kunst, noch im Totentanz der Wirklichkeit. Caesarius berichtet von Erfahrungen, die auch heute wieder erforscht werden, beispielsweise über die „Erlebnisse" und Bildwelt derjenigen, die klinisch tot waren und wiederbelebt worden sind. So in der Geschichte vom Tod eines Laienbruders, der in Himmerod auf Geheiß seines Abtes wieder auflebte. Nachdem der Priester ihn schon für tot erklärt hatte, beugte sich der herbeigeeilte Abt über den Toten und sagte mit lauter Stimme: „Bruder Mengoz!" Als er zum zweiten Mal den Namen rief, sagte der Prior: „Bemüht euch nicht, er ist verschieden." Da neigte sich der Abt dichter ans Ohr des Toten und rief: „Ich hatte dir befohlen, nicht zu sterben, ehe ich käme. Ich befehle dir wiederum, mir zu antworten." Bei diesem Wort erwachte jener wie aus tiefem Schlafe, öffnete die Augen und seufzte: „Ach Vater, was hast du getan? Mir war so wohl. Warum hast du mich zurückgerufen?" „Wo warst du?", fragte der Abt. Der Bruder antwortete: „Im Paradiese. Mir war ein goldener Sitz bereitet zu den Füßen unserer Herrin. Und als du mich zurückriefst, kam Herr Isenbard, unser Sakristan, der zog mich von diesem Sitz und sagte, hier sollst du nicht sitzen, du bist ungehorsam hergekommen. Kehre zurück zu deinem Abt. So kehrte ich zurück. Doch ist mir versprochen, daß der Sitz mir aufbewahrt werden sollte. Ich sah Isenbard in vielem Glanze, aber ein Flecken war an seinem Fuß zu sehen, weil er, als er bei uns war, ungern zu den Arbeiten ging." Als er dann um Erlaubnis bat, zurückzukehren, entließ ihn der Abt und segnete ihn. „Darauf schloß er sogleich die Augen und verschied." Abermals nimmt Caesarius eine „journalistische" Distanz ein: „Dies ist mir erzählt von unseren Reisen und von jenem Markmann, der bei dem großen Wunder gegenwärtig war."

Bei diesen Exempeln vom Tod ist die pädagogische Absicht des Novizenmeisters unüberhörbar. Ein Mönch hat bis in den Tod gehorsam zu sein, sich den Regeln zu fügen und sein Gewand zu tragen. Ein Wiederaufgelebter berichtet seinem Abt: „Als ich von den Engeln zum Paradies geführt ward und glaubte, ich könnte frei eintreten, trat mir an der Pforte der Heilige Benedikt entgegen und sprach: Wer bist denn Du? Als ich antwortete: Ich bin ein Zisterzienser-Mönch, sagte der Heilige: Mitnichten. Wenn Du ein Mönch bist, wo ist Dein Gewand?"

Caesarius gibt Geschichten wieder, die belegen sollen, wie schwer der Tod für Wucherer oder andere Missetäter ist. Einem Wucherer wurden in Metz zwei mit Münzen gefüllte Beutel mit ins Grab gelegt. Einige schlichen danach herbei, öffneten das Grab heimlich und erblickten neben den beiden Geldbeuteln zwei Kröten. Die eine in der Öffnung des Beutels, die andere auf des Toten Brust. Jene zog mit dem Maul die Münzen aus dem Beutel. Diese nahm sie und legte sie auf sein Herz. Es war, als sagten sie, wir werden Dein unersättliches Herz mit Geld sättigen. Dies ist ein Bild und Gleichnis, das für sich spricht und in seiner Kürze einprägsamer ist, als eine lange und wütende Predigt gegen den Wucher wirkt. Von ähnlicher Wirkung ist die kurze Geschichte vom Ritter Dietrich, einem berüchtigten Wucherer in der Kölner Gegend, der beim Sterben wahnsinnig wurde. Da er ständig Zähne und Mund bewegte, fragen ihn seine Diener: „Herr, was eßt Ihr?" Er erwiderte: „Ich kaue Denare." Ein Bauer hatte einem Ritter durch Versetzung eines Grenzpfahls Land genommen, deshalb erschien der Teufel dem sterbenden Bauern als Pfahl von jener Größe und Gestalt. Erst als der Ritter dem Bauern verzieh, schwand jener teuflische Schrecken.

Die bis heute volkstümliche Redensart, daß sich jemand im Grabe herumdrehe, wird belegt. Zwei Bauern stritten sich noch nach dem Tode weiter. Die Streithähne starben am gleichen Tage in der Pfarre

Neuenkirchen im Kölner Bistum und wurden in dieselbe Grube gelegt. Das Wunderbare und Unerhörte: „Vor aller Augen kehrten die Leichen einander den Rücken zu, und mit den Köpfen, den Fersen und dem Rücken selbst stießen sie sich gegenseitig so ungestüm, daß sie ungezähmten Gäulen glichen." Daraufhin nahm man den einen heraus und begrub ihn in einem anderen Grabe. Und nun geschieht ein reales Wunder. Da nicht nur die beiden Bauern, sondern ihre Sippen miteinander verfeindet waren, die manchen dörflichen Krieg zu verantworten hatten, heißt es nun: „Aus dem Streit der Toten erwuchs den Lebenden Friede und Eintracht."

Trotz der christlichen Lehre über den Tod hat sich über die christlichen Zeiten hin bis in unsere „aufgeklärte" Zeit der Glaube an den Zusammenhang von Tod und Geistererscheinungen und Gespenstern erhalten. So kommt im Dorf Stammheim bei Köln ein Weib im schneeweißen Gewande als Todesbotin vom Friedhofe, worauf eine ganze Familie stirbt. Im Bonner Münster sahen die Schüler aus einem der Gräber, in denen die Domherren begraben sind, „ein Gespenst von menschlicher Gestalt herauskommen, das über mehrere Gräber schritt und in sein Grab sich hinabließ". Nach kurzer Zeit sei ein Domherr gestorben und wurde in das Grab gelegt, aus dem das Gespenst herausgekommen war. Dann nach wenigen Tagen stirbt ein anderer Domherr und wird an der Stelle begraben, wo das Gespenst hineingegangen war. Caesarius kommentiert das Unerhörte ziemlich kühl, ohne zu verraten, ob er es für wahr hält: „Christian von Bonn, unser Mönch, ist bei diesem Gesicht zugegen gewesen."

In diesem Zusammenhang gehört auch die achte Geschichte des 12. Buches, wie der Ritter Heinrich im Trierer Bistum auf dem Mayenfeld vielen nach seinem Tode erschien. Abermals gelten nicht die Juden, sondern eher Ritter als Wucherer. Die 11. Geschichte handelt von einem Bayern, einem reichen Dienstmann des Herzogs von Bayern, der eines Nachts, als die Burg wie von einem Erdbeben erschüttert wird, seiner Frau erscheint, „geführt von einem pechschwarzen Riesen, der ihn an den Schultern gepackt hielt". Er gibt einen bedrückenden Bericht der Höllenqualen. „Wenn aber alle Blätter auf den Bäumen in Zungen verwandelt würden, sie könnten meine Qualen nicht ausdrücken."

Im Buch vom „Lohn der Toten" wird vom Ritter Walter aus Endenich (Enthenich), berichtet, das zu Bonn gehört. Er war ein Freund der Zisterzienser. Als jener einst schwer krank daniederlag, erschien der Teufel in schrecklicher Gestalt. Caesarius notiert einen Dialog, der aus einem Mysterienspiel stammen oder später als Text unter dem Bild Dürers von Ritter, Tod und Teufel stehen könnte. Kulisse dieses Theaters sind die Landschaft bei Bonn, die Wolkenburg, der Drachenfels und der Kottenforst. Mitspieler sind Größen des Mittelalters. Der Teufel verspricht, wie schon der Versucher von Jesus, Schätze und Reichtum. Der Ritter antwortet, er habe genug. An trügerischen Reichtümern liege ihm nichts. Caesarius Sympathie gehört jenem aufgeklärten Ritter: „Da den Ritter dies Gespräch ergötzte, frage er: Sage mir, wo ist die Seele meines jüngst verstorbenen Herrn, des Grafen Wilhelm von Jülich? Der Teufel antwortete: Kennst Du die benachbarten Schlösser Wolkenburg und Drachenfels? Ja, sagte der Ritter. Darauf jener: Ich gebe Dir mein Wort, wenn die Schlösser sowie ihre Berge von Eisen wären und sie kämen an den Ort, wo Wilhelms Seele ist: ehe noch das obere Augenlid sich mit dem unteren begegnete, würden sie schmelzen. Und kichernd fügte er hinzu: Diese Hitze ist ihm noch ein Milchbart. Künftig, wenn Leib und Seele sich wieder einen, wird er erst die rechte Strafe erhalten." Daraufhin fragt der Ritter nach der Seele des Grafen Heinrich von Sayn, eines der mächtigsten Herrn der damaligen Zeit. Abermals bemerkt man die Distanz der Zisterzienser zum Adel: „Gefragt nach der Seele des Grafen Heinrich von Sayn sagte er: Die haben wir. Über dessen Strafe jedoch äußerte er nichts." Der Ritter Walter setzt seine Forschungen fort. Diese Novelle als kleine Schwester des Dramas ist nicht ohne Humor. Der Ritter will wissen, ob und wieviele Dämonen beim Begräbnis einer bestimmten Äbtissin waren. „Der Dämon erwidert: Kennst Du den Wald im Kottenforst? Gewiß, sagte er. Und jener: Nicht sind soviele Blätter auf den Bäumen, wie wir dort versammelt waren." Caesarius fügt hier eine heimatkundliche Fußnote für seine fremden Leser ein: „Es ist aber kein Wald so groß in unserer Gegend. Und was, fragte er, habt Ihr dort ausgerichtet? Leider nichts, sagte er. Sie war eine fromme Frau. Der Erzengel Michael fiel über uns her mit eiserner Keule und hat uns so geprügelt und in die Flucht geschlagen, daß wir zerstreut wurden wie Staub vom Wirbelwind." Nun wird noch nach dem Tod des Zisterzienser-Abtes Gevard gefragt. Auch dort seien sie in großer Zahl erschienen. Es sei nicht soviel Sand am Meeresstrand wie ihre Zahl beim Tode des Abtes. Und nun erfährt man etwas vom Mönchswitz des Mittelalters, den

Joca Monachorum. Caesarius schildert das Klosterleben aus der Perspektive des dummen Teufels: „Aber wir konnten dort wenig ausrichten, weil jene Lausigen, die wie Schweine am Boden liegen und grunzen, uns nicht herankommen ließen. Sie haben auch ein Haus zum Summen, wo uns alles, was sündigt, entzogen wird." Caesarius läßt den Leser nicht unwissend. Mit dem Haus zum Summen habe der Teufel das Kapitel gemeint. Nach diesem augenzwinkernden Zwischenspiel nähert sich die Geschichte ihrem dramatischen Höhepunkt, kommt sie auf ihren abschreckenden Kern, den Bericht über den Grafen von Jülich, Wilhelm. Er wird zusammen mit dem verdammten römischen Kaiser Maxentius in einem schrecklichen Brunnen mit einem feurigen Deckel gesehen. Der Novize fragt, warum der Graf von Jülich die gleiche Qual wie jener Kaiser Maxentius erleiden müsse. Der Mönch antwortete: „Die in der Schuld gleich waren, sollten auch in der Strafe übereinstimmen." Caesarius läßt etwas von seiner Bildung erkennen, die auch auf dem Buchwissen über die Antike beruht und auf Überlieferungs- und Erfahrungswissen, dem alltäglichen Gespräch in seinem Konvent und mit dem Volk: „Beider Leben kenne ich das des Maxentius aus Büchern, das Wilhelms aus vieler Erzählung." „Maxentius hat die eigene Gattin ermordet. Dieser hat sie eingeschlossen. Jener hat die Kirche verfolgt, hat viele wegen ihres Glaubens getötet. Dieser hat, als der Bürgerkrieg im Römischen Reich war (gemeint ist der Kampf zwischen Philipp von Schwaben und Otto von Sachsen um die deutsche Kaiserkrone), die verfolgt, die dem apostolischen Stuhl gehorchten, hat Priester aus ihren Sitzen verjagt, hat manche verstümmelt und die Kirchengüter geraubt." In diesem Text wechselt der anekdotische Stil zu dem des großen Predigers, der Caesarius vermutlich ebenfalls gewesen ist, denn die Sätze werden nach den Regeln der klassischen Rhetorik aufgebaut: „War er ihm auch nicht gleich an Macht, so doch an bösem Willen." (Vierte Geschichte des 12. Buches).

Nicht nur antike Überlieferung, auch die Sagen um König Artus sind Caesarius bekannt, jener Stoff, aus dem die bekannteren „Konkurrenten" aus der höfischen Literatur, Wolfram von Eschenbach oder Gottfried von Straßburg ihre Epen machen. Aber König Artus ist für ihn kein Held, sondern gehört mit in die Reihe der Größen der Unterwelt. König Artus (hier Artur genannt) lebe im Berge „Gyber": „Dieser Berg speit Flammen aus wie der Vulcanus". König Artus läßt einen deutschen Dekan in der Kirche von Palermo auf Sizilien zu seiner Tafelrunde einladen: „Der Dekan, der hörte, daß er zu Arturs Hoftage eingeladen sei, spottete darob. Bald aber erkrankte er und starb am festgesetzten Tage. Dies hat uns Gottschalk, der Bonner Domherr, berichtet, der sagte, er sei zu jener Zeit dort gewesen." Im Hintergrund dieser sagenhaften Geschichte steht das damalige Reich von Norddeutschland bis Sizilien. Palermo war in jener Zeit für einen Bonner kein Ausland.

In diesen Geschichten von Hölle, Tod und Teufel werden Bilder und Worte überliefert, die keine Sicherheit über Heil oder Unheil verkünden, wie manche der Mirakel-Geschichten und deshalb heutige Leser eher erreichen. So ist der Bericht von einem schlechten Zisterzienser, dem römischen Kardinal Jordanus, ein Drama mit offenem Ausgang. Der zu Caesarius Lebzeiten in Rom gestorbene Kardinal war Zisterzienser geworden, „aber sein Leben stimmte schlecht zu dem Orden". „Denn er war sehr geizig, wie ich von einem Abt gehört habe." Sein endgültiges Schicksal bleibt in der Schwebe. Sein Notar Pandolfus erblickt ihn auf dem Feld „in einem kläglichen Zug". Auf Reitpferden saßen Menschen mit dem Kopf zum Schwanz der Tiere. Diesen folgte der Kardinal in Kapuze, mit bloßen Füßen und von zwei Dämonen geführt. Als er seinen Notar sah, rief er: „Pandolfus, Pandolfus!" Jener stand still und fragte: „Wer bist Du und was schreist Du?" Er antwortete: „Ich bin Jordanus, Dein Herr, und bin tot. Wohin werdet ihr geführt? Vor Christi Gericht. Wißt Ihr, was aus Euch wird? Ich weiß nicht. Gott weiß es. Wenn ich dort hinkomme, so wird der selige Petrus für mich wegen meines Kardinalamts Rechenschaft ablegen, der Heilige Benedikt aber wegen der Kapuze. Kann er mir die erhalten, so werde ich gerettet; wo nicht, verdammt." Und so entschwand er seinen Augen. Eine der Quellen des Caesarius ist der „Dialog" des für die mittelalterliche Welt wichtigen Papstes Gregor I. Auch daraus zitiert Caesarius einen Satz, der angesichts des Leidens vieler Menschen im 20. Jahrhundert von unmittelbarer Zeitgenossenschaft ist. Die zunächst scholastisch klingende Frage des Novizen nach der Aufforderung des Lehrers: „Laßt uns jetzt vom Fegefeuer reden." — „Wo ist das Fegefeuer?" Die Antwort: „Soweit man aus verschiedenen Gesichten schließen kann, an verschiedenen Orten dieser Welt." Das Fegefeuer wird in dieser 17. Geschichte des letzten Buches nicht nur mysteriös gesehen, sondern als Ort des Leidens, das Menschen Menschen antun. In Schottland gebe es einen Ort, ein niedriger Graben mit einer Mauer umgeben, von Mönchen bewacht: „Am Abend stellen sie ihn an den Graben und . . . schließen den Ort zu . . . Viele sind dort umgekommen, viele sind auch zurückgekehrt . . .“ Dies ist eine Inschrift über den Fegefeuern unserer Tage, aber nicht die Überschrift über das ganze Werk des Caesarius. Er überliefert nicht nur das Dunkle, Dämonische, Böse. Er hegt Hoffnung und gibt sie weiter in diesen Gesprächen zwischen dem Mönch (M.) und seinem Novizen (N.).

Aus dem Codex Caesarius von Heisterbach *(27 f. 2^r) Universitätsbibliothek Düsseldorf: Der Mönch im Dialog mit seinen Novizen — Caesarius bittet um den Segen für sein Werk.*

Erstes Buch: Vom Eintritt ins Kloster.

1. Wie Abt Heinrich Mönch wurde

In der Bonner Kirche war ein Domherr Heinrich, der reiche Einkünfte hatte. Durch die Eingebung des Herrn verließ er das trügerische Weltleben, und von Sehnsucht nach dem Zisterzienserorden ergriffen, kam er zu unserm Kloster und begehrte einzutreten. Als er noch in dem Gastraum des Klosters weilte, erfuhren seine zwei Brüder, die Ritter waren, von seiner Flucht, und nach der Weise der Weltlichen zogen sie das Fleischliche dem Geistigen, die Zeitlichkeit dem Ewigen vor und grämten sich über das, was sie hätte erfreuen sollen. Sie ritten eilends herbei und schickten einen Knaben voraus, der mit ihm, als käme er von seiner Mutter, sprechen sollte, auf daß er so dem Kloster entzogen werde. Der Knabe lockte ihn in einen Hinterhalt, die Ritter eilten herzu, hoben ihn auf ein Pferd, und wie er sich auch sträubte, führten sie ihn zum Kummer des ganzen Klosters hinweg; denn er trug noch nicht das Mönchsgewand. Als er einige Zeit bei ihnen verweilt hatte und sie nicht mehr um ihn sorgten, floh er aufs neue, und indem er das Gewand anlegte, machte er auf immer alle Hoffnung auf Rückkehr zuschanden.

2. Von dem elenden Tode des ungetreuen Novizen Leonius

Ehe ich zum Orden kam, war in Köln in der Kirche der heiligen Maria zu den Stufen ein Domherr, der der Weltlichkeit Lebewohl sagte und in Himmerod*) das Mönchsgewand anlegte. Der Name des Jünglings war Leonius, und ich kannte ihn wohl. Seine Brüder waren Ritter und unter den Weltleuten recht angesehen. Als sie von seinem Übertritt erfuhren, erschraken sie, kamen nach dem Kloster und redeten ihm eifrig zu, in die Weltlichkeit zurückzukehren, indem sie ihm die Strenge des Ordens vorstellten. Und weil er Schulden hatte, so sagten sie, es ziemte sich, daß er erst seine Schulden bezahle und dann willig wiederkäme, um dem Herrn zu dienen. Der Unselige, durch ihre Worte

*) Himmerod bei Manderscheid in der Eifel, das Mutterkloster von Heisterbach, oft kurzweg Kloster (Claustrum) genannt.

verführt und nicht achtend auf die Schlingen des Bösen, willigte ein, das Kloster zu verlassen. Als dies der Abt Herr Hermann sah, seufzte er und sprach kummervoll zu den Rittern: Heute werft ihr euren Bruder aus dem Paradiese und bringt ihn in die Hölle. Da er zu seiner Pfründe zurückkam, wurde er schlimmer als zuvor und bemühte sich mehr, seine Laster voll zu machen, als seine Schulden zu tilgen. Nach einigen Jahren erkrankte er schwer, und durch Gottes gerechtes Urteil führte die Krankheit zum Wahnsinn. Als die Seinen ihn an die Beichte und das heilige Abendmahl mahnten, achtete er nicht auf die Worte des Heils. Aber einige Dirnen, mit denen er, als er noch gesund war, sich vergangen hatte, rief er wiederholt mit Namen. Man zerstückelte Hündchen und legte ihr noch warmes Fleisch als Heilmittel ihm unter den bloßen Kopf, aber es half ihm nichts. Das Fleisch konnte nicht die Raserei stillen, die die Strafe für seinen Abfall war.

3. Wie Heinrich der Lahme von Clairvaux Mönch wurde

Zu Clairvaux ist vor elf Jahren ein Mönch namens Heinrich gestorben, ein heiliger Greis, von Körper lahm und gebrechlich, aber weiten und vielumfassenden Herzens. Viele Tröstungen empfing er von Gott, viele Offenbarungen, stark war er an prophetischem Geiste, und keine geistliche Gnade fehlte ihm. Zu diesem ehrwürdigen Manne kamen zur Zeit des Generalkapitels häufig die Äbte, die er durch seine Reden sehr erbaute. Herr Gevard, unser Abt, war ihm vertraut, und diesem hat er unter anderm den ganzen Hergang seines Eintritts erzählt. Als der heilige Bernhard im Konstanzer Sprengel das Kreuz predigte, da geschah es, daß Heinrich der Predigt beiwohnte. Da er ein reicher und mächtiger Mann war, der viele Schlösser hatte und mit den Reichtümern auch zahllose Sünden, so wurde er durch die Predigt des Gottesmannes ergriffen und sagte zu ihm: Herr, schreckte mich nicht jene Gewohnheit, die, wie ich höre, in eurem Orden besteht, daß ihr sie, die zu euch kommen, ohne Unterschied nach verschiedenen Gegenden sendet, so würde ich auf der Stelle mich euch ergeben. Der heilige Mann antwortete: Auf Bedingung nehme ich dich nicht; aber das verspreche ich dir: wenn du in Clairvaux Mönch wirst, so sollst du dort sterben. Auf dies Wort hin trat er sogleich ein und wurde Dolmetscher des Abtes, weil er in beiden Sprachen, der französischen und der deutschen, sehr gewandt war. Als dies einer seiner Knechte, ein Armbrustschütze, sah, der ein grausamer Mensch und zum Blutvergießen rasch bereit war, erboste er sich über seines Herrn Bekehrung und legte einen Pfeil auf die Armbrust, um den heiligen Abt zu erschießen. Sogleich wurde er von einem Engel des Herrn geschlagen, fiel rückwärts und starb. Über diesen plötzlichen Tod war Heinrich erschrocken und besonders über den Verlust der Seele betrübt, und da er wußte, wie heilig und in Wundern mächtig der Abt war, so fiel er ihm zu Füßen und bat demütig und inbrünstig, daß er den Unglücklichen erwecke und dem Höllenrachen entreiße. Der heilige Mann hatte Mitleid mit dem Schmerz des einen und dem Verderben des andern, er betete mit gebeugten Knieen und unter Tränen zu Gott und erweckte schnell den Toten. Dieser stürzte zu den Füßen des Erweckers und bat mit vielen Seufzern, ihn als Laienbruder aufzunehmen. Ihm erwiderte der Heilige: Ich weiß, wie wild und schlecht von Natur du bist; es tut nicht gut, daß du unter den Frommen seiest; aber du sollst das Kreuz nehmen, über das Meer gehen und im Kampfe mit den Sarazenen alsbald dein Ende finden. Er tat so, nahm das Kreuz, ging übers Meer, kämpfte mit den Feinden des Kreuzes, und im Treffen getötet, wanderte er zu Gott.

Zur selben Zeit schrie ein lahmes Weib hinter dem Manne Gottes her, Heilung von ihm fordernd. Und da sie ihm nicht folgen konnte, denn er war schon weit voraus, so erbarmte sich Heinrich ihrer, hob sie aufs Pferd und führte sie dem Heiligen zu. Als sie den Segen empfangen hatte, setzte er sie wieder ab. Sie stand gesund da, und auf ihren eigenen Füßen kehrte sie zur Heimat zurück. Dies habe ich aus dem Munde Herrn Gevards, des Abtes. Es ist dies derselbe Heinrich, dem einst, als er von eben jenem heiligen Vater in ferne Gegenden geschickt wurde, das Eis unter den Füßen brach, worauf er lange in der Flut hingerissen und durch den Segen des Heiligen wunderbar herausgeholt wurde.

4. Wie der Verfasser dieses Werkes Mönch wurde

Zur Zeit, als König Philipp zum erstenmal den Kölner Sprengel verwüstete, traf es sich, daß ich mit Herrn Gevard, dem Abt von Walberberg, nach Köln reiste. Und da er mich unterwegs dringend ermahnte,

Mönch zu werden, ohne daß ich darauf hörte, so erzählte er mir jene herrliche Vision von Clairvaux, wo man liest, daß einst zur Zeit der Ernte, als die Brüder im Tal mähten, die heilige Mutter Gottes, die heilige Anna, ihre Mutter, und die heilige Maria Magdalena vom Berge kamen (was ein Heiliger, der gegenüberstand, bemerkte), in großem Glanze ins Tal hinabstiegen, den Schweiß der Mönche abwischten, mit den Ärmeln fächelnd ihnen Kühlung zuwehten, und was sonst geschrieben steht. Durch die Erzählung von diesem Gesicht wurde ich so erschüttert, daß ich dem Abte versprach, wenn Gott mir den Willen eingebe, Mönch zu werden, so würde ich zu diesem Zwecke mich nur an sein Kloster wenden. Ich war damals durch ein Gelübde verpflichtet zu einer Pilgerfahrt nach Rocamadour*) und wurde dadurch lange aufgehalten. Als ich nach drei Monaten die Reise vollendet hatte, kam ich, ohne Wissen meiner Freunde, allein durch Gottes Barmherzigkeit gemahnt und angetrieben, nach St. Peterstal (Heisterbach), und was ich mit Worten versprochen, erfüllte ich durch die Tat, indem ich Novize wurde.

5. Wie Gerlach von Dinge bewogen ward, Mönch zu werden

Als vor drei Jahren Herr Heinrich, unser jetziger Abt, an Stelle des Abts von Clairvaux in Friesland visitierte, traf es sich, daß er Herberge nahm im Schlosse eines Ritters namens Suederi. Von diesem wurde er ehrerbietig aufgenommen, und wie er zu tun pflegt, erzählte er dort einige Wunder, die dem Orden geschehen waren. Dabei war Gerlach zugegen, jenes Ritters Brudersohn, Domherr der Hauptkirche zu Utrecht, und wie ein guter Acker empfing er den Samen des Wortes im Herzen, daß es nicht lange danach hundertfältige Frucht trug. Denn, wie er mir hernach in der Probezeit erzählte, fing er seit jener Stunde an, an den Eintritt in den Orden zu denken, und er dachte viel darüber nach, wie er diesen Eifer auslöschen könne. Als sich nun eine Gelegenheit bot, reiste er, damit er nicht auffalle, nach Paris, angeblich zum Studium. Nachdem er dort eine Weile geblieben, kam er zu uns, wurde Novize und kehrte sich zum geistigen Studium.

*) Rocamadour (Rupes Amatoris), berühmtes Benediktinerkloster bei Cahors in Südfrankreich.

6. Wie Heinrich, der Bruder des Königs von Frankreich, Mönch wurde

Einst geschah es, daß Heinrich, der Bruder des Königs von Frankreich, nach Clairvaux kam, um mit dem heiligen Bernhard irgend ein weltliches Geschäft zu besprechen. Auch besuchte der die ganze Brüderschaft und empfahl sich ihren Gebeten. Ihm antwortete der ehrwürdige Abt unter sonstigen Ermahnungen zum heilbringenden Leben: Ich vertraue auf den Herrn, daß du nicht in deinem jetzigen Stande sterben wirst, sondern bald wirst du durch die Tat erweisen, wie sehr dir das Gebet derer, die du aufgesucht hast, zum Nutzen gereicht. Noch am selben Tage ging dies in Erfüllung, zum Staunen vieler, die über die Bekehrung eines so mächtigen Jünglings frohlockten. Die Seinen betrauerten ihn und klagten so jämmerlich, als ob sie ihn tot erblickten. Es war aber in seinem Gefolge ein gewisser Andreas aus Paris, der vor übergroßem Schmerze wie rasend wurde, seinen Herrn einen Trunkenen, Wahnsinnigen, seiner Sinne Beraubten schallt und weder Schimpfworte noch Lästerreden sparte. Und als Heinrich den Heiligen bat, sich um dessen Bekehrung zu bemühen, antwortete er: Sorge nicht um ihn, seine Seele ist jetzt voll Bitterkeit, aber er gehört dir. Da er aber im Beisein des Andreas dies Wort wiederholte, da erwog jener, voll Abscheu gegen die heilige Religion, folgendes in seinem Herzen (wie er nachher gestanden hat): Hierin werde ich dich als falschen Propheten erweisen. Denn dessen bin ich gewiß, daß das Wort, daß du gesprochen hast, sich nicht erfüllen wird. Dies werde ich dir vor dem König und den Fürsten in feierlicher Versammlung vorhalten, auf daß deine Lüge allen offenbar werde. Und als er am nächsten Tage heimkehrte, dem Kloster alles Böse erflehend und von dem Wunsche erfüllt, das Tal möge von Grund auf zerstört werden, da wurde er noch in der Nacht bewältigt und wie gefesselt, die Gnade riß ihn fort und der Geist Gottes packte ihn mit Gewalt, er konnte kaum den Tag erwarten, und zum Kloster zurückgekehrt, zeigte er sich zum Staunen aller als ein zweiter Saulus und ergab sich dem heiligen Manne.

7. Wie der Kämmerer Heinrich Mönch wurde

Du kennst den Bruder Heinrich, unsern Kämmerer. Sein Eintritt geschah folgendermaßen. Er war Weltgeistlicher, Domherr der Hauptkirche in Trier und im Besitz vieler anderer Pfründen. Einst erkrankte er. Da er hoffte, wieder zu genesen, nahm er Geld mit sich und wollte zu Schiff nach Köln hinabfahren, teils um die Ärzte, deren dort viele sind, zu befragen, teils weil er von der Luftveränderung Besserung erwartete. Da er nun bei unserm Kloster vorbeifuhr, fragte er nach dem Namen des Ortes und erfuhr ihn. Er sagte, er wolle in dem Kloster Herberge nehmen, und schickte seine Knaben voraus zu dem Abt, um Pferde zu erbitten und hinaufzureiten. Diese erhielt er. In derselben Nacht, was er nun gesehen haben oder welche Eingebung ihm gekommen sein mag — kurz, am Morgen schickte er seine weinenden Diener mit dem Schiff zurück, legte das Ordensgewand an und blieb bei uns.

8. Von dem Irrtum des Landgrafen Ludwig

Aus dem Munde eines frommen Mannes habe ich erfahren, daß Landgraf Ludwig, der Vater des vor zwei Jahren verstorbenen Landgrafen Hermann, einen Irrtum hegte, der nicht nur seiner eigenen Seele, sondern auch der Habe seiner Untertanen gefährlich war. Dieser nämlich war ein Räuber und großer Tyrann, der das ihm anvertraute Volk oft und schwer mit Erpressungen heimsuchte und viele kirchliche Güter an sich riß. Wenn er aber wegen dieser und vieler anderer Schlechtigkeiten von frommen Männern getadelt wurde, die ihm in der Beichte die Strafe des Bösen und den Ruhm der Auserwählten vorenthielten, so antwortete er mit dem unseligen Wort: Wenn ich zur Seligkeit bestimmt bin, so können keine Sünden mir das himmlische Reich rauben; wenn zur Verdammnis, so können keine guten Taten es mir verschaffen. Und wie mir der greise Herr Konrad, einer unsrer Mönche, der aus Thüringen stammt, oft erzählt hat, pflegte er jenen Vers des Psalmisten (113, 16): Den Himmel hat er dem Herrn des Himmels gegeben, die Erde aber den Menschenkindern, als Sprichwort zu seiner Entschuldigung denen, die ihm zusetzten, entgegenzuhalten, denn er war schriftkundig und deshalb um so verstockter. Und wenn Ängstliche zu ihm sagten: Herr, schonet Eure Seele, hört auf zu sündigen, damit nicht Gott gereizt werde und den Sünder in seinen Sünden töte, so antwortete er wiederum: Wenn mein Todestag kommt, werde ich sterben, ich kann mein Leben nicht durch guten Wandel verlängern, noch durch schlechten abkürzen. Da nun der fromme Gott ihn von solchem Irrtum mitleidsvoll abbringen und zur Vernunft zurückführen wollte, fing er an, ihn mit einer gefährlichen Krankheit zu geißeln. Sein Arzt wurde gerufen, ein guter und verständiger Mann und nicht nur in der Physik, sondern auch in der Theologie nicht wenig belesen. Zu diesem sagte der Fürst: Wie du siehst, bin ich sehr krank; pflege mich, daß ich genese. Der Arzt gedachte jenes Irrtums und sagte: Herr, wenn Euer Todestag gekommen ist, so können meine Mittel Euch nicht dem Tode entreißen; wenn Ihr aber an dieser Krankheit nicht sterben sollt, so ist meine Kunst überflüssig. Jener darauf: Was redest du? Wenn mir nicht sorgsame Pflege und die vorgeschriebene Kost zuteil wird, so kann ich selbst oder können andere Unerfahrene etwas versehen, und ich kann vor der Zeit sterben. Als der Arzt dies Wort hörte, wurde er sehr heiter, er nahm die Gelegenheit wahr und sagte: Herr, wenn Ihr schon glaubt, Euer Leben könne durch ärztliche Kunst verlängert werden, warum weigert Ihr Euch, dies von der Buße und den gerechten Werken zu glauben, die doch die Arzneien der Seele sind? Ohne sie stirbt die Seele, ohne sie gelangt niemand zur Gesundheit des künftigen Lebens. Der Landgraf erwog die Schwere der Worte, und weil jener verständig gesprochen, erwiderte er: Künftig sollst du der Arzt meiner Seele sein, weil durch deine heilende Zunge Gott mich von schwerem Irrtum befreit hat. N: Hat dieser Fürst nachher tugendhaft gelebt? M: Keineswegs. Er hat es mit Worten versprochen, aber sein Versprechen nicht durch Taten wahr gemacht. Wie sein Ende gewesen, mit welcher Sündenlast er dahingeschieden ist, wird die ihm auferlegte Qual dir später zeigen.

9. Wie ein Edelmann durch seinen Übertritt der Todesstrafe entging

Als König Otto zur Kaiserkrönung nach Rom zog, übertrug er das Reich ob der Mosel seinem Bruder, dem Pfalzgrafen Heinrich. Dieser verurteilte einen Edelmann wegen Räuberei zum Tode. Da kam Daniel, der Abt von Schönau, und setzte es durch Bitten bei dem Pfalzgrafen durch, daß der Verurteilte am Leben blieb und für seine Sünden Gott im Zisterzienserorden Genugtuung gab. So entging ein Mensch, der für seine Verbrechen dem Tode geweiht war, dank seiner Bekehrung dem Verdammungsurteil. Oft habe ich ähnliches gehört, daß verruchte Menschen, die für ihre Schandtaten zu allerlei Strafen verurteilt waren, durch die Wohltat des Ordens befreit worden sind.

10. Von dem Abt von Morimond*), der gestorben war und wiederauflebte

Vor vierundzwanzig Jahren war ein Abt in Morimond, den folgende Not zum Orden trieb. Was ich von ihm sagen will, weiß ich aus der Erzählung Herrn Hermanns, des Abtes von Marienstatt**), der diesen Abt gesehen, ihn reden gehört und genau auf sein Benehmen achtgegeben hat, da er gestorben war und wiederaufgelebt ist. Als er noch jung war, studierte er mit andern Schülern in Paris. Da er nun einen harten Kopf und ein schwaches Gedächtnis hatte, so, daß er fast nichts begreifen noch behalten konnte, so wurde er von allen verspottet, von allen für einen Dummkopf erklärt. Das betrübte ihn und schmerzte ihn im tiefsten Herzen. Da geschah es, daß er erkrankte, und siehe, der Satan trat zu ihm und sprach: Willst du mir huldigen, so werde ich dir die Kenntnis aller Wissenschaften geben. Als der Jüngling das hörte, erschrak er und erwiderte dem Teufel: Weiche von mir, Satanas, denn nie wirst du mein Herr sein, noch ich dein Mann. Da er ihm nun nicht willfahren wollte, ergriff der Teufel gewaltsam die Hand des Jünglings, drückte ihm einen Stein hinein und sagte: Solange du diesen Stein in der Hand hältst, wirst du alles wissen. Der Feind wich von dannen, der Jüngling stand auf, ging in die Hörsäle, legte Fragen vor und überwand alle im Disputieren. Jeder wunderte sich, wie der Dummkopf zu solchen Kenntnissen, zu solcher Redegabe käme. Er aber hielt die Sache verborgen und wollte keinem Menschen die Quelle solcher Wissenschaft verraten. Nicht lange darauf erkrankte er auf den Tod. Ein Priester wurde gerufen, um seine Beichte zu hören, und er berichtete unter anderem, wie er von dem Teufel den Stein erhalten habe und mit dem Stein die Wissenschaft. Der Priester sagte: Unglücklicher, wirf die Kunst des Teufels von dir, damit du nicht der Wissenschaft Gottes verlustig gehest. Erschreckt warf jener den Stein weg, den er noch in der Hand hielt, und tat damit die trügerische Wissen-

*) Zisterzienserkloster in der Champagne.

**) Im Westerwald.

schaft von sich. Um kurz zu sein — der Kleriker starb, seine Leiche wurde in die Kirche gebracht und Schüler um die Bahre gereiht, um nach christlicher Sitte Psalmen zu singen. Indessen nahmen Dämonen die Seele und trugen sie nach einem tiefen, schrecklichen, Schwefeldämpfe aushauchenden Tal. Sie ordneten sich zu dessen beiden Seiten, und die auf der einen Seite standen, fingen an, die arme Seele wie beim Ballspiel zu werfen; die an der andern Seite fingen sie auf. Sie hatten aber so scharfe Krallen, daß sie spitze Nadeln und jede Eisenschärfe unendlich übertrafen. Von diesen wurde er so gepeinigt (wie er nachher erzählte), daß dieser Pein keine andere zu vergleichen war. Da erbarmte sich seiner der Herr und schickte einen Insassen des Himmels, einen ehrwürdigen Mann, der den Dämonen folgende Botschaft brachte: Höret, der Höchste befiehlt euch, daß ihr die von euch hintergangene Seele frei lasset. Sogleich verneigten sich alle und ließen die Seele, ohne sie länger zu berühren. Sie kehrte zum Körper zurück, belebte die entseelten Glieder, richtete sie auf und jagte die herumsitzenden Schüler in die Flucht. Dann stieg er von der Bahre, sagte, er sei am Leben, und gab, was er gesehen und gehört, mehr durch die Tat als durch Worte kund. Denn sogleich trat er in den Zisterzienserorden und war so streng gegen sich, kasteite seinen Leib so erbarmungslos, daß alle, die ihn sehen konnten, wohl merkten, er habe die Strafen des Fegefeuers empfunden oder vielmehr die der Hölle. Nachher wurde wegen seines verdienstvollen Lebens der Auferweckte Abt in Morimond, einem der vier Hauptklöster, ein heiliger und gerechter Mann. Als ich den erwähnten Abt Hermann fragte, ob er ihn je habe lachen sehen, weil es von den Wiederauflebenden heißt, sie pflegten nicht zu lachen, antwortete er: Wisse, daß ich selbst bei ihm hierauf geachtet habe, und ich konnte in seinem Betragen nie auch nur eine Regung des Leichtsinns entdecken, von solchem Ernst war er, von solcher Langmut. Nie sah ich ihn auch nur lächeln noch leichtsinnige Worte äußern. N: Ich möchte wissen, ob er etwas gesagt hat über die Gestalt und Art der Seele. M: Gewiß! Er behauptete, seine Seele sei gewesen wie ein gläsernes, rundes Gefäß, mit Augen hinten und vorn, habe das meiste gewußt, alles gesehen. Denn den Schülern, die um die Bahre gestanden, erzählte er alles, was sie getrieben hatten. Ihr, sagte er, habt gewürfelt; ihr habt einander an den Haaren gerissen; ihr habt fleißig gesungen.

11. Wie ein Kleriker die Strafe des Landgrafen Ludwig sah

Was ich jetzt berichten will, hat mir unser Mönch Konrad öfter erzählt, der fast hundertjährig ist und dessen ich schon früher erwähnt habe. Da er aus Thüringen stammt und, ehe er Mönch wurde, das Kriegshandwerk pflegte, so hat er viel von den Taten des Landgrafen Ludwig gehört, über den ich im 27. Kapitel eine lange Erzählung gebracht habe. Dieser hinterließ bei seinem Tode als Erben zwei Söhne, Ludwig, der auf dem ersten Kreuzzuge, der zu Kaiser Friedrichs Zeit stattfand*), starb, und Hermann, der diesem in der Herrrschaft folgte und kürzlich gestorben ist. Ludwig, der ziemlich sanft und menschlich, oder richtig gesagt, weniger schlecht als die übrigen Tyrannen war, erließ folgende Bekanntmachung: Wenn jemand ist, der nach wahren Anzeichen mir die Wahrheit über die Seele meines Vaters sagen kann, soll er einen schönen Hof von mir erhalten. Dies hörte ein armer Ritter, dessen Bruder, Kleriker, einst in der schwarzen Kunst recht bewandert gewesen war. Als er diesem des Fürsten Worte mitteilte, sagte der Kleriker: Guter Bruder, einst pflegte ich den Teufel herbeizuschwören; ich erfuhr von ihm, was ich wollte; aber längst habe ich auf seine Gespräche und Künste verzichtet. Da der Ritter aber nicht abließ, ihm die eigene Armut und die verheißene Ehre vorzustellen, gab er endlich den Bitten nach und beschwor einen Dämon. Dieser fragte, was er wolle. Der Kleriker sagte: Mich reut es, daß ich so lange mit dir nicht verkehrt habe. Teile mir um alles in der Welt mit, wo die Seele meines Herrn, des Landgrafen ist. Der Dämon sprach: Willst du mitkommen, so will ich sie dir zeigen. Drauf jener: Gern möchte ich sie sehen, wenn es ohne Gefahr meines Lebens geschehen könnte. Und der Teufel: Ich schwöre dir bei dem Höchsten und bei seinem furchtbaren Gericht, daß, wenn du dich mir anvertraust, ich dich unversehrt dorthin und wieder zurückbringen werde. Der Kleriker gab um des Bruders willen seine Seele in des Dämons Hand und stieg ihm auf den Hals, worauf jener ihn alsbald vor dem Höllentor niedersetzte. Hineinblickend, sah er fürchterliche Orte, die verschiedensten Arten von Qualen und sah einen Dämon von gräßlicher Gestalt, der auf einem verdeckten Brunnen saß. Bei diesem Anblick zitterte er am ganzen Lei-

*) Caesarius rechnet nur die bei seinen Lebzeiten unternommenen Kreuzzüge.

be. Und der Dämon schrie seinem Gefährten zu: Wer ist es, den du auf dem Rücken trägst? Bring ihn her! Der andre erwiderte: Es ist unser Freund, und ich habe ihm bei deiner großen Macht geschworen, ihm kein Leid zu tun, sondern ihm die Seele seines Herrn, des Landgrafen, zu zeigen und ihn wohlbehalten zurückzubringen, damit er allen deine unermeßliche Stärke verkünde. Sogleich schob jener den feurigen Deckel weg, worauf er saß, steckte eine eherne Posaune in den Brunnen und blies so gewaltig, daß der Kleriker die ganze Welt klingen zu hören meinte. Nach einer Stunde, die ihm recht lang vorkam, spie der Brunnen Schwefelflammen aus, und mit den aufsteigenden Funken stieg der Landgraf auf und zeigte sich dem Kleriker bis zum Halse. Er sagte zu ihm: Da bin ich, der unglückliche Landgraf, einst dein Herr, der jetzt wollte, er wäre nie geboren. Der Kleriker sagte: Mich schickt Euer Sohn, daß ich ihm von Euch berichte, und wenn Euch irgendwie geholfen werden kann, müßt Ihr es mir sagen. Jener antwortete: Meinen Zustand siehst du. Wisse jedoch, wenn meine Söhne die und die Besitzungen der und der Kirchen (er nannte sie mit Namen), die ich mir unrechtmäßig angeeignet und ihnen hinterlassen habe, zurückgeben wollten, so würden sie meiner Seele große Erleichterung verschaffen. Und da der Kleriker sagte: Herr, sie werden mir nicht glauben, antwortete er: Ich will dir ein Zeichen sagen, das niemand kennt als ich und meine Söhne. Nachdem er dieses erhalten und den Landgrafen wieder in den Brunnen hatte versinken sehen, ward er von dem Dämon zurückgeführt. Er behielt zwar das Leben, kehrte aber so blaß und schwach zurück, daß er kaum wiederzuerkennen war. Er berichtete den Söhnen die Worte ihres Vaters und nannte das Zeichen, aber jenem nützte es wenig; sie waren nicht zu bewegen, die Güter zurückzuerstatten. Landgraf Ludwig antwortete dem Kleriker: Das Zeichen erkenne ich; daß du meinen Vater gesehen hast, bezweifle ich nicht, den versprochenen Lohn will ich dir nicht verweigern. Jener aber sagte: Herr, behaltet Euren Hof; ich werde erwägen, was meiner Seele gut ist. Er gab alles hin und ward Mönch im Zisterzienserorden, bereit, alle irdische Mühsal zu tragen, auf daß er nur den ewigen Strafen entginge.

12. Daß einige bei ihrem Eintritt aus Demut Laienbrüder*) werden

So groß ist die Macht der Demut, daß um ihretwillen oft Geistliche, die zum Orden kamen, sich für Laien ausgegeben haben. Sie wollten lieber das Vieh hüten als Bücher lesen, sie hielten für besser, Gott in Demut zu dienen, als wegen der heiligen Weihen oder der Gelehrsamkeit den andern zu befehlen. Weil dies öfter im Orden geschah und sie dann aus Laienbrüdern zu Mönchen wurden, so ward, damit es künftig unterbliebe, vor vier Jahren im Generalkapitel beschlossen, die auf solche Weise Laienbrüder geworden seien, sollten es bleiben. Im selben Jahre kam einer, ich glaube ein Diakon, der sich für einen Laien ausgab, und wurde als Laienbruder aufgenommen. Da sein Abt nachher, ich weiß nicht, von wem, erfuhr, daß er die Weihe hatte, legte er dem nächsten Kapitel den Fall vor. Und weil es den weisen Männern gar zu töricht schien, daß ein Angehöriger eines so erhabenen Standes ohne das Kennzeichen der Tonsur sei und die heiligen Weihen nicht ausübe, so änderten sie den Beschluß. N: Mich wundert nicht, daß einige beim Eintritt ihre Weihen verhehlen, da wir lesen, daß vor alters Frauen wie die heilige Eugenia, die heilige Euphrosyne und die heilige Marina, aus Begier nach dem Eintritt sich für Männer ausgegeben haben. M: Was wunderst du dich, daß dies vor alters geschehen ist, da wir wissen, daß es noch vor kurzem in unserm Orden sich ereignet hat? N: Das möchte ich gar zu gern wissen, von wem, wo und wie ein so wunderbarer Übertritt geschehen ist. M: Wer das Weib, von dem ich erzählen will, gewesen sei, wie sie zum Orden kam, wie sie dort lebte, das werde ich dir, so wie es uns ein Mönch erzählt hat, der mit ihr als Novize die Probezeit durchgemacht hat, wahrheitsgetreu berichten.

13. Die wunderbare Geschichte von der seligen Jungfrau Hildegundis, die sich für einen Mann ausgab

In der Stadt Neuss, die fünf Meilensteine von der großen Stadt Köln ist, lebte ein Bürger, der eine schöne und geliebte Tochter hatte, mit

*) Bei den Zisterziensern unterschied man Mönche und Laienbrüder (conversi). Die letzteren waren ohne gelehrte Bildung und hatten die niederen Dienste zu verrichten.

dem Namen Hildegundis. Diese nahm er nach dem Tode der Gattin, als sie noch im zarten Alter war, mit nach Jerusalem, um dort zu beten. Auf der Rückreise aber erkrankte er und schied in Tyrus aus dem Leben. Sterbend empfahl er die Tochter und all das Seine der Treue eines Dieners. Aber dieser ungetreue Knecht, ohne Mitleid mit dem Verstorbenen und voll gottloser Habsucht, verließ das Mädchen nachts im Hause, fuhr heimlich ab und gab jene allem Elend preis. Als sie am Morgen aufstand und sah, daß der treulose Hüter mit ihres Vaters Habe verschwunden war, da war sie sehr betrübt und wußte nicht, was sie tun und wohin sie sich wenden solle. Unkundig der Landessprache, wie sie war, mußte sie Hunger leiden. Bettelnd besuchte sie ein Jahr lang die Schulen der Stadt. Darauf erzählte sie ihr Unglück Pilgern, die aus Deutschland kamen, und bat mit Tränen, daß sie sich ihrer erbarmten. Einer von diesen, der reicher als die andern war, ein braver und vornehmer Mann, tröstete die Waise, nahm sie in sein Schiff, versah sie mit dem Nötigen und brachte die Verlassene ins Vaterland zurück.

Zu dieser Zeit war in der Trierer Kirche ein Streit zwischen zwei Erwählten, Wolmar, dem Archidiakon dieser Kirche, und Rudolf, dem Oberpropst, und der Herr Papst Lucius begünstigte den ersteren, der Kaiser Friedrich den letzteren. Und es konnte keiner gefahrlos dem Papst, der damals in Verona war, Briefe bringen, wegen der Nachstellungen des Kaisers. Die Kölner Kirche neigte zu einer der Parteien und wollte deswegen einen Brief an den Papst schicken. Da aber der Bote, der den Brief trug, für sein Leben fürchtete, so bewog er jenes Mädchen, da er wegen der kurzgeschnittenen Haare und der Kleidung für einen Jüngling hielt, mit Geld und guten Worten, den in einem Stabe verborgenen Brief zu überbringen, da ein Fußgänger weniger Verdacht erregte als ein Reiter.

Schon war sie in die Nähe von Augsburg gekommen, als sie einen Dieb traf. Der erbot sich, ihr Reisegefährte zu sein, und sie, nichts ahnend, willigte gern ein. Als sie ein Stück gegangen waren, glaubte der Dieb, Verfolger zu hören. Er stellte die gestohlene Last neben das Mädchen, tat, als wolle er abseits gehen, und verbarg sich im Gebüsch. Kurz gesagt, jene wird von den Verfolgern ergriffen, mit dem Beutel vor den Richter geführt und zum Galgen verurteilt. Da das gestohlene Geld wider sie zeugte und sie sah, daß keine Beteuerung, kein Bitten ihr nütze, so verlangte sie einen Priester und erhielt ihn. Diesem beichtete sie ihr Vergehen und erzählte ihm schlicht alles nacheinander, den Anlaß ihrer Reise und die Schurkerei des Diebes. Und um dem Priester ihre Worte glaubhaft zu machen, zeigte sie ihm das Rohr, das den Brief an den Papst enthielt. Sie sagte ferner: Wenn man den Dieb suchen wollte, würde er sich bald finden. Sogleich wird auf des Priesters Rat der Wald mit Netzen und Hunden durchsucht, der Dieb wird gefunden und ergriffen, und beide werden vor Gericht geführt. Als jener Elende durch die Folter zum Geständnis gezwungen werden sollte, sagte er: Widerrechtlich zwingt man mich, zu gestehen, was ich nicht getan habe; diese, die mit dem Gestohlenen ergriffen worden ist, ist nach dem Landesrecht zu verurteilen. Als dagegen das Mädchen sagte, ihr sei die Last hinterlistigerweise übergeben worden, und das anvertraute Gut zurückgeben wollte, erwiderte er: Ich leugne, daß die Last mein sei; eines Zeugnis ist keines Zeugnis. Hierauf verstummte die Jungfrau. Der Priester aber trat hinzu, sprach für sie und versicherte, sie sei unschuldig, und der Mensch habe sie überlistet. Und, sagte er, wenn man meinen Worten nicht glaubt, so kann durch die Probe des glühenden Eisens leicht erwiesen werden, wer schuldig ist und wer unschuldig. Diesem stimmten alle zu, die Hand des Diebes wurde angesengt, die des Mädchens aber erschien unversehrt. Sogleich wurde der Dieb gehängt, der Beichtvater und Befreier des Mädchens aber führte sie voll Freude in sein Haus.

Aber auf Antrieb des Teufels, dem die Rettung der Jungfrau mißfiel, erschienen die Verwandten des Diebes, wütend über dessen schmählichen Tod, rissen die Unschuldige und durch Gottesurteil Befreite aus des Priesters Hause, nahmen den Verbrecher vom Galgen und hängten sie an seiner Stelle. Sogleich kam ein Engel des Herrn, der die Jungfrau emporhielt, daß sie den würgenden Strick nicht fühlte, und sie durch den herrlichen Duft seines Antlitzes erquickte. So empfand sie keinen Schmerz, glaubte vielmehr, der höchsten Wonne teilhaft zu sein, und dabei hörte sie in dieser Nacht eine so liebliche Melodie, so mannigfaltige, so köstliche Töne, daß kein Chor von Menschenstimmen noch von Instrumenten sich an Holdseligkeit damit vergleichen konnte. Als sie fragte, was es sei, sagte der Engel: Die Seele deiner Schwester Agnes wird mit diesem Engelsgesang in den Himmel getragen, und du wirst nach zwei Jahren beglückt ihr folgen. So hing sie zwei Tage voll Seligkeit, bis Hirten, die in der Nähe weideten, aus Mitleid beschlossen, den Körper abzunehmen und der Erde zu übergeben. Als aber der Strick abgeschnitten ward, fiel sie nicht, wie sonst die Leichen, mit Wucht herab, sondern von dem Engel gehalten, glitt sie sachte zur Erde und blieb stehen. Bei diesem Anblick flohen die Hirten erschrocken. Der Engel des Herrn aber sagte zu ihr: Nun bist du frei, geh, wohin es dir beliebt. Sie antwortete: Herr, nach Verona zu gehen, habe ich vor. Im Nu war sie in die Gegend von Verona versetzt, und der Engel sagte: Verona ist drei Meilensteine von hier. Man rechnet aber von Augsburg bis Verona sieben Tagereisen. Als sie aber in Verona ihr Geschäft glücklich verrichtet hatte und auf der Heimreise in den Wormser Sprengel kam, nicht undankbar für das göttliche Erbarmen, da erlangte sie durch die Fürsprache einer ehrwürdigen Klausnerin, daß Herr Theobald, der Abt von Schönau, sie als Novizin aufnahm. Schönau ist aber ein gar lieblicher Ort, der seinen Namen mit Recht trägt. Da der Abt sie für einen Jüngling hielt, ließ er sie hinter sich auf demselben Pferde sitzen. Und da sie mit weiblicher und zarter Stimme sprach, fragte sie der Abt: Bruder Joseph, hast du noch nicht deine Stimme gewechselt? Sie antwortete: Herr, ich werde sie niemals wechseln. Sie hatte, indem sie sich für einen Jüngling ausgab, sich den Namen des heiligen Joseph beigelegt, damit sie ihn, von dem sie wußte, daß er starke Versuchungen besiegt habe, besser sich ins Gedächtnis präge, da sie gegen einen zwiefachen Feind kämpfen wollte, das Fleisch und den Teufel, und damit sie seine Hilfe voller genöße. Und bei ihr scheint jenes Wort Salomos sich erfüllt zu haben: „Ein braves Weib, wer findet es?" (Proverb. 31, 10). Nie ist ähnliches in unserm Orden geschehen, und es ist ohne Beispiel. Sagt er doch: „Ein Weib unter allen habe ich nicht gefunden" (Eccles. 7, 29). Als sie die Probezeit antrat, „legte sie ihre Hand an starke Dinge" (Prov. 31, 19). Unter Männern schlief sie, mit Männern aß und trank sie, Männern entblößte sie zur Züchtigung ihren Rücken. Und wiewohl eine Jungfrau von vielem Ernste, gab sie doch manchmal ihren Gefährten in der Probezeit einige Zeichen von Leichtfertigkeit, damit ihr Geschlecht nicht erkannt werde. Denn in des Lehrers Abwesenheit führte sie den Mönch, der uns dies erzählt hat, Hermann mit Namen, damals einen Knaben von vierzehn Jahren, zu ihrem Becher und sagte: Laßt uns in diesem Glase sehen, wer von uns schöner sei. Und als er die darin sich spiegelnden Gesichter anschaute, sagte sie wiederum: Hermann, wie gefällt dir mein Gesicht? Er antwortete: Dein Kinn scheint mir geformt wie das eines Weibes. Da ging sie wie unwillig davon. Nachher bekamen sie beide Schläge, weil sie das Stillschweigen gebrochen hatten. N: Ich möchte wissen, ob sie im Kloster je Versuchungen gehabt hat. M: Von ihren Versuchungen habe ich nichts gehört; daß sie aber andern Anlaß zur Versuchung geworden ist, weiß ich wohl. Da die Zeit ihrer Auflösung nahte, erkrankte sie. Und als sie wegen großer Schwäche nach ihrem Bett getragen wurde, sagte ein Mönch, indem er sie betrachtete, laut zu den Beistehenden: Dieser Mensch ist entweder ein Weib oder ein Teufel, denn nie konnte ich ihn ansehen ohne Versuchung. Und dies beweist hinlänglich, wie stark die Natur ist. Sie rief dann den Prior, und als sie ihm einige leichte Vergehen beichtete und er fragte, ob sie je ein Weib erkannt habe, antwortete sie: Nie, Herr, habe ich mich vergangen mit einem Weibe — noch mit einem Manne, fügte sie, ihr Geschlecht bedenkend, hinzu. Dann erzählte sie ihm der Reihe nach, wie vorher berichtet ist, alles, was ihr geschehen war, nur ihr Geschlecht verschwieg sie. Erstaunt sprach der Prior: Bruder, was du sagst, überschreitet allen Glauben, womit soll ich beweisen, daß es wahr ist? Da antwortete das Mädchen: Heute sind zwei Jahre verflossen, seit der Engel Gottes mir, wie ich dahing, den Tag meiner Auflösung verkündet hat. Ich weiß, wem ich geglaubt habe, ich habe die Treue bewahrt, habe den Lauf vollendet; künftig harrt meiner die Krone der Gerechtigkeit. Wenn an dem Tage, den ich vorhergesagt, vor meinem Hingang ich nicht den Gebrauch der Sprache verlieren werde, in der Zeit, wo man kaum eine Messe liest, so sollt ihr mir nicht glauben. Sie fügte hinzu: Wenn ich dahin sein werde, so wird an mir erscheinen, worüber ihr staunet, und ihr werdet der göttlichen Macht danken nach Gebühr.

So sprach sie, und am vierten Wochentage der Osterwoche, am 20. April im Jahr des Herrn eintausendeinhundertundachtundachtzig, als die Sonne sich zum Abend neigte, entwich jene heilige Seele dem jungfräulichen Körper und wanderte zu Gott. Als der Abt und die übrigen Brüder zu ihrer Bestattung herbeieilten und die Leiche hinausgetragen und zum Waschen entblößt wurde, da zeigte sich das weibliche Geschlecht. Und wie alle staunten ob eines so unerhörten Wunders, wurde es dem Priester gemeldet, der die Leichenrede las. Als er es erfuhr, änderte er den Text, nannte sie Mönchin statt Mönch und Schwester statt Bruder. Nachher, da einiges einzutragen war und man ihren Namen nicht wußte, schrieb man: Am 20. April starb eine Magd Christi in Schönau. Nach einigen Tagen, da die Brüder den Namen jener

Seligen zu wissen begehrten, schickten sie in die Kölner Gegend, wo, wie sie gesagt hatte, ihre Heimat war, und da sie überall eifrig nach ihrer Verwandtschaft forschten, fand sich auf göttlichen Wink eine alte Frau, die sagte, sie sei ihre Verwandte gewesen und habe Hildegundis geheißen. Und als vor einigen Jahren ein neues Oratorium in Schönau geweiht wurde, da strömten aus allen Gegenden die Leute zur Einweihung herbei, und da sie von den Tugenden der seligen Hildegundis hörten, besuchten sie ihr Grab, besonders die Frauen, empfahlen sich ihren heiligen Gebeten und priesen Gott für solche Wunder. Und wir Brüder wollen mit ihnen unserm Heiland danken, der dies geschehen ließ zu unsrer Zeit in unserm Orden, zu seinem Ruhme und zu unsrer Erbauung, er, der da lebt und thront mit dem Vater und dem Heiligen Geiste von Ewigkeit zu Ewigkeit. Amen*).

14. Vom Eintritt der Äbtissin Helswindis von Burtscheid

Auf welche löbliche, ja wunderbare Weise Frau Helswindis, die Äbtissin von Burtscheid, Nonne geworden ist, will ich dir vermelden. Diese, eine Tochter des Aachener Schultheissen Arnold, eines mächtigen und reichen Mannes, war von Kindheit auf von so glühendem Eifer nach dem Kloster erfüllt, daß sie oft zu ihrer Mutter sagte: Mutter, mach mich zur Nonne. Sie pflegte aber mit der Mutter zu dem Berg des heiligen Salvator hinaufzugehen, auf dem damals die Nonnen von Burtscheid wohnten. Eines Tages drang sie heimlich durch das Fenster der Küche ein, ging nach dem Schlafsaal hinauf, legte die Kutte eines Mädchens an und trat so mit den andern in den Chor. Als dies der Mutter, die gehen wollte, von der Äbtissin mitgeteilt wurde, hielt sie es für Scherz und antwortete: Ruft das Kind, wir müssen gehen. Jene aber kam von drinnen ans Fenster und sagte: Ich bin Nonne, ich gehe nicht mit dir. Die Mutter fürchtete sich vor ihrem Manne und antwortete: Komm jetzt nur mit, ich werde den Vater bitten, daß er dich Nonne werden lasse. Und so ging sie, die Mutter aber sagte nichts. Als es sich traf, daß sie sie nicht fand, vermutete die Mutter, sie sei auf dem Berge, und ging ihr nach. Die stieg wieder durch jenes Fenster, tat das Gewand an, und als die Mutter sie bat, herauszukommen, erwiderte

*) Es folgen 6 stümperhafte leoninische Hexameter.

sie: Jetzt sollst du mich nicht wieder täuschen, und erinnerte sie an das ihr gegebene Versprechen. Die Mutter ging voll Furcht nach Hause, der Vater aber mit seinen Brüdern stieg wütend hinauf, erbrach die Tür, holte die jammernde Tochter heraus und übergab sie den Verwandten, die sie wegführten. Diesen antwortete jene, die, so meine ich, noch nicht neun Jahre alt war, mit so viel Weisheit, daß sie sich wunderten. Um es kurz zu sagen: Der Bischof von Lüttich bannte den Vater und die sie weggeführt hatten, und so ward sie dem Kloster zurückgegeben und nach wenigen Jahren dort zur Äbtissin gewählt. Vieles derart wirkt Christus bei seinen Erwählten, zum Ruhme seines Namens. Ihm mit dem Vater und dem Heiligen Geist sei Ehre und Macht von Ewigkeit zu Ewigkeit. Amen.

Zweites Buch: Von der Reue

1. Wie ein abtrünniger Mönch zweitausend Jahre im Fegefeuer erwählte

Ein vornehmer Jüngling wurde Mönch in einem Kloster unseres Ordens. Er hatte aber zum Verwandten einen Bischof, der ihn innig liebte. Als dieser erfuhr, daß er Mönch war, kam er nach dem Kloster und redete ihm eifrig zu, ins Weltleben zurückzukehren, aber vergeblich. Als das Probejahr abgelaufen, ward er zum Priester geweiht. Aber auf den Rat des Teufels, durch den der erste Mensch aus dem Paradiese vertrieben wurde, vergaß er des Gelübdes, vergaß des Priesteramtes, und was das Schlimmste ist, seines Schöpfers, und verließ den Orden. Und weil er sich schämte, zu den Verwandten zurückzukehren, so gesellte er sich zu einer Räuberbande. Er entartete aber so sehr, daß er, der vormals besser als die Guten war, hernach schlimmer wurde als die Bösen.

Es geschah, daß er bei der Belagerung einer Burg von einem Geschoß auf den Tod verwundet wurde. Die Gefährten trugen ihn in ein Dorf und ließen einige zu seiner Pflege zurück. Und da er keine Hoffnung hatte, dem zeitlichen Tod zu entgehen, so ermahnten sie ihn zur Beichte, damit er durch diese wenigstens dem ewigen Tode entginge. Er antwortete ihnen: Was könnte mir die Beichte helfen, der ich so unendlich Böses getan, so entsetzliche Verbrechen begangen habe? Darauf jene: Gottes Barmherzigkeit ist größer als deine Sünde. Endlich gab er ihren dringenden Bitten nach und sagte: So ruft einen Priester. Dieser erschien und setzte sich zu dem Kranken. Da gewährte der gütige Gott, der ein Herz von Stein zu entfernen und ein Herz von Fleisch zu verleihen Macht hat, seinem Herzen eine solche Reue, daß er wiederholt zu beichten begann und vor Schluchzen und Tränen jedesmal ihm die Stimme versagte. Endlich faßte er sich und brach in diese Worte aus: Herr, meine Sünden sind mehr als Sand am Meere. Ich war ein Zisterziensermönch und wurde im Orden zum Priester geweiht. Den Orden habe ich, von meinen Sünden getrieben, verlassen. Und nicht genügte es mir, ein Abtrünniger zu sein, sondern ich tat mich zu Räubern, die ich alle an Grausamkeit übertraf. Wenn jene die Habe raubten, nahm ich das Leben. Keinen schonte mein Auge. Wenn jene manchmal ein menschliches Gefühl empfanden und jemanden schonten, so vermochte ich in der Bosheit meines Herzens keinen, soviel an mir lag, zu schonen. Viele Frauen und Töchter habe ich geschändet, vieles auch mit Feuer verheert. So rechnete er noch vieles andere auf, was fast über die menschliche Natur hinausging.

Da der Priester das hörte, entsetzte er sich vor den ungeheuren Sünden, und töricht wie er war, gab er die törichte Antwort: Eure Sünde ist zu groß, als daß Ihr Verzeihung finden könntet. Jener erwiderte: Herr, ich bin schriftkundig. Oft habe ich gehört und gelesen, daß die menschliche Bosheit nicht zu vergleichen sei mit der göttlichen Güte. Denn Gott sagt durch den Propheten Ezechiel: „Zu welcher Stunde immer der Sünder aufseufzet wird er gerettet werden", und ferner: „Ich will nicht den Tod des Sünders, sondern daß er sich bekehre und lebe." Darum bitte ich Euch im Hinblick auf die göttliche Barmherzigkeit, Ihr wollet mir irgend eine Buße auferlegen. Drauf der Priester: Ich weiß dir nichts aufzuerlegen, da du ein verlorener Mensch bist. Der Mönch antwortete: Herr, da ich nicht würdig bin, von Euch eine Buße zu empfangen, so werde ich mir selbst eine auferlegen. So erwähle ich denn zweitausend Jahre im Fegefeuer, auf daß ich nach diesen Gnade finde vor Gott. Denn er war gleichsam zwischen zwei Mühlsteinen, der Furcht vor der Hölle und der Hoffnung auf das Heil. Wiederum sagte er zu dem Priester: Da Ihr mir die heilende Genugtuung verweigert habt, so bitte ich, versagt mir nicht die Wegzehrung des heiligen Abendmahls. Der törichte Priester antwortete: Wenn ich nicht gewagt habe, dir eine Buße aufzuerlegen, wie soll ich mich unterstehen, dir Christi Leib und Blut zu geben? Da er nun keins von beiden bewilligen wollte, tat jener nur noch eine Bitte und sagte: Ich will auf ein Blatt schreiben, wie es um mich steht, und das sollt Ihr zu dem und dem Bischof, meinem Verwandten, bringen (und er sagte den Namen), ich hoffe, er wird für mich beten. Das versprach der Priester.

Der Mönch starb und wurde nach dem Fegefeuer gebracht. Der Priester aber kam zu dem Bischof und brachte ihm den Brief des Verstorbenen. Als der Bischof den gelesen, weinte er bitterlich und sagte: Nie habe ich einen Menschen so sehr geliebt. Ich habe getrauert, als er ins Kloster trat, getrauert, als er abtrünnig wurde, ich traure um seinen Tod. Im Leben habe ich ihn geliebt, ich werde ihn auch im Tode lieben. Da ihm zu helfen ist und er in Reue dahingegangen ist, soll es ihm an den Gebeten meiner Kirche nicht fehlen. Drauf berief er die

Prälaten seines Bistums, Äbte, Dekane, Prioren, Pfarrer, alle, denen die Sorge der Seelen anvertraut war, er schickte auch zu den Nonnenklöstern und bat mit vieler Demut und Inbrunst, die Anwesenden mündlich, die Abwesenden durch Briefe, sie möchten alle die besonderen Gebete, die er selbst angab, in diesem Jahre an die Seele des Verstorbenen wenden, sowohl bei Messen wie bei Psalmen. Er selbst aber, nicht zufrieden mit Almosen und eigenen Gebeten, die er für ihn sagte, opferte täglich eine heilsame Hostie für die Befreiung der Seele. Und wenn er, durch dringende Umstände oder Krankheit gehindert, dies selbst nicht konnte, so ließ er sich durch einen andern vertreten. Als ein Jahr verflossen war, da erschien ihm am Ende der Messe hinter dem Altar stehend der Verstorbene, bleich, abgezehrt und mager, in düsterem Gewande, und an seinen Mienen und Gebärden konnte man sehen, wie es um ihn stände. Als der Bischof fragte, wie es ihm ginge und woher er käme, antwortete er: In der Pein bin ich, und aus der Pein komme ich. Aber Dank sei deiner Liebe, denn wegen deiner Almosen und Gebete und wegen der Wohltaten, die deine Kirche mir erwiesen hat, hat dies Jahr mir tausend Jahre der Pein hinweggenommen, die ich im Fegefeuer verharren sollte. Und wenn du noch ein Jahr ähnliche Hilfe an mich wendest, so werde ich völlig erlöst. Als dies der Bischof hörte, freute er sich, dankte Gott und schickte Briefe an Kirchen und Klöster, worin er ihnen dies Gesicht mitteilte, und er setzte durch, daß sie noch ein Jahr die ihnen aufgetragenen Gebete fortsetzten. Der Bischof aber tat im folgenden Jahre wie im vorangegangenen, um so eifriger, je größer seine Zuversicht war. Als das Jahr um war und der Bischof die Messe für ihn feierte, da erschien jener von neuem in schneeweißer Kutte und heitern Angesichts und sagte, alles sei ihm nach Wunsch gegangen. Und er sagte zum Bischof: Der allmächtige Gott belohne deine Liebe, heiligster Vater, denn durch deinen Eifer bin ich der Pein entrissen und gehe jetzt ein zur Freude meines Herrn. Siehe, diese zwei Jahre sind mir für zweitausend Jahre angerechnet worden. — Und der Bischof sah ihn nicht wieder.

2. Wie ein abtrünniger Mönch durch ein Wunder des Heiligen Bernhard zur Reue gebracht ward

Der heilige Bernhard, wie mir ein frommer Priester berichtet hat, hatte einen Mönch, an dem Gott die Kraft der Reue klar erwiesen hat. Noch jetzt pflegen Greise, die ihn gesehen haben und von denen noch einige in unserm Kloster am Leben sind, vieles von ihm zu erzählen, was nicht niedergeschrieben ist. Dieser Mönch legte, auf den Rat des bösen Feindes, sein Mönchsgewand ab und übernahm mit dessen Beihilfe eine Pfarre zu leiten; denn er war Priester. Und weil oft die eine Sünde durch eine andere bestraft wird, so verfiel der Abtrünnige dem Laster der Wollust. Er nahm, wie viele pflegen, eine Kebse ins Haus, mit der er auch Kinder zeugte. Nach mehreren Jahren geschah es durch das Mitleid Gottes, der niemandes Verderben will, daß der heilige Abt durch das Dorf kam, wo der Mönch wohnte, und in dessen Haus einkehrte. Jener erkannte ihn wohl, er nahm ihn gleich wie seinen eigenen Vater mit vieler Ehrfurcht auf, bediente ihn voll Eifer und schaffte sowohl für ihn selbst wie für seine Begleiter und seine Tiere das Nötige in Menge herbei. Der Abt aber erkannte ihn nicht. Am Morgen, als der Heilige nach der Frühmesse sich anschickte zu gehen und den Priester nicht mehr sprechen konnte, weil dieser früh aufgestanden und zur Kirche gegangen war, sagte er zu dem Sohn des Priesters: Geh und bestelle dies deinem Herrn. Der Knabe war aber von Geburt an stumm. Dem Auftrag gehorsam und die Kraft des Auftraggebers in sich fühlend, lief er zum Vater und wiederholte mit deutlichen Worten die Worte des heiligen Vaters, indem er sagte: Dies läßt der Abt dir sagen. Der Vater, der zum erstenmal die Stimme seines Sohnes hörte und vor Freude weinte, ließ ihn zwei- und dreimal dieselben Worte wiederholen und forschte eifrig, was der Abt mit ihm gemacht habe. Aber der Knabe sagte: Er hat mir sonst nichts getan, sondern nur gesagt: Geh und sage dies deinem Herrn. Ergriffen durch ein so offenbares Wunder, eilte der Priester zu dem Heiligen und warf sich unter Tränen ihm zu Füßen. Mein Herr und Vater, sagte er, ich bin Euer Mönch der und der gewesen und bin zu der und der Zeit aus dem Kloster entwichen. Drum bitte ich Eure Väterlichkeit um Erlaubnis, mit Euch zum Kloster zurückzukehren, da Gott bei Eurer Ankunft mein Herz gerührt hat. Der Heilige sagte: Erwarte mich hier, und wenn ich mein Geschäft getan habe, werde ich schnell zurückkehren und dich mitnehmen. Jener aber fürchtete sein Ende nahe, was er sonst nie getan hatte, und sagte: Herr, ich fürchte, ich werde inzwischen sterben. Und der Abt sagte: Sei überzeugt, wenn du in dieser Reue und mit diesem Vorsatz stirbst, so wirst du bei Gott als Mönch erscheinen. Er ging, kehrte zurück, und da er hörte, daß jener eben gestorben und begraben sei, ließ er das Grab öffnen. Als die Anwesenden fragten, was er vorhabe, sagte er: Ich will sehen, ob in dem Grabe ein Mönch liegt oder ein Weltgeistlicher. Einen Weltgeistlichen, sagten sie, in weltlichem Gewande haben wir begraben. Die Erde wurde aufgeworfen, und alle sahen den Toten, nicht in dem Gewande, womit er begraben war, sondern in Tonsur und Mönchsgewand. Und alle priesen Gott, der den Willen für die Tat ansieht.

3. Von dem unbußfertigen Räuber Hildebrand

Mir hat Bruder Bernhard, unser Mönch, von dem Meier eines reichen Mannes erzählt, der schwer fiel und nach dem Fall nicht aufstehen wollte. Vielleicht wollte er nicht, weil er nicht konnte. In der Tat konnte er nicht, weil die Gabe der Reue ihm nicht im Herzen war. Er hieß Hildebrand und wohnte in einem Dorfe des Utrechter Sprengels, das Holcheim heißt. Eines Tages ging er mit einem Mitbürger in den Wald, und auf Eingebung des Teufels tötete er den Mann, als sie allein waren. Zwischen ihnen war einst Feindschaft gewesen; aber damals war sie völlig beigelegt. Als Hildebrand ins Dorf zurückkam, fragten ihn die Freunde des Ermordeten, wo dieser sei. Er antwortete: Ich weiß nicht. Jene warteten von einem Tage zum andern, und da nicht wiederkam, der nicht mehr wiederkommen konnte, fiel wegen der alten Feindschaft ihr Verdacht auf Hildebrandt; sie schleppten ihn vor den Richter und beschuldigten ihn des Mordes. Er leugnete furchtsam, aber seine Miene verriet ihn, und da er auf ihr Drängen nicht länger leugnen konnte, gestand er, daß er den Mann erschlagen hatte. Sogleich war das Urteil gesprochen und er zur Strafe des Rades verdammt. Als er zum Tode geführt wurde, kam der Priester des Dorfes, Bertolf mit Namen, mit einem andern Priester namens Johannes, dem Bruder des erwähnten Bernhard, und mit dem Vogt des Dorfes, und da er sonst ein angesehener Mann gewesen war, so nahmen sie ihn bei Seite und ermahnten ihn dringend, zu beichten und zu bereuen. Und weil der Elende durch sich nicht aufstehen konnte und nicht die Hand fühlte, die ihn emporrichtete, so gab er die unselige Antwort: Was könnte mir das nützen? Ich bin ein Verdammter. In der Tat redete er wie ein verhärteter und verzweifelter Mensch, ähnlich jenem, der sagte: Meine Sünde ist zu groß, als daß ich Verzeihung finden könnte. Darauf sagte der

Priester: Ich beschwöre dich bei dem Vater, dem Sohn und dem Heiligen Geiste, daß du binnen dreißig Tagen mir erscheinest und ohne jede Gefahr meines Lebens mich wegen deines Zustandes vergewissert. Er antwortete: Wenn ich kann, will ich das gern tun. So wurde er aufs Rad geflochten und ging von der Qual des Körpers über zu der Qual der ewigen Verdammnis. Eines Nachts innerhalb der festgesetzten Zeit, als Bertolf auf seinem Lager schlief, erhob sich um das Haus ein solches Krachen der Bäume, ein so gewaltiger Sturmwind, daß selbst die Tiere erschraken und kaum durch ihre Stricke im Stalle zu halten waren. Bertolf erwachte, er schaute nach dem Eingang des Hauses, und siehe, die Tür, wie vom Sturm getrieben, tat sich auf, und er sah Hildebrand in einem feurigen Ofen sitzen und schnell auf ihn zukommen. Erschreckt über die Maßen, bekreuzigte er sich und befahl ihm unter Anrufung des göttlichen Namens stehen zu bleiben. Da bin ich, wie ich versprochen habe, sagte er. Als jener nach seinem Zustand fragte, antwortete er: Auf ewig bin ich verdammt, und vor allem wegen der Verzweiflung bin ich den ewigen Flammen überwiesen. Hätte ich nach deinem Rate Buße getan, so wäre ich durch die zeitliche Strafe der ewigen entgangen. Denn Gott straft nicht zweimal für dasselbe. Wisse aber, wäre ich nicht im Leben von dir beschworen worden, dir im Tode nicht zu schaden, so wäre ich zu deinem Urteil hergekommen. Ich rate dir, dein Leben zu bessern, damit du nicht nach diesem Leben eine ähnliche Strafe empfangest. Es war aber dieser Bertolf ein Priester dem Namen nach, nicht in Wahrheit. Denn bisher hatte er das Amt geübt, ohne zum Presbyter geweiht zu sein. Als er nun den Unglücklichen noch weiter fragen wollte, sagte dieser: Nicht länger darf ich hier verweilen, denn viele Dämonen warten draußen vor der Tür auf meine Rückkehr. Und sogleich ward er gepackt und weggetrieben und schied von ihm mit lautem Zischen und Heulen, und als er beim Stall vorbeikam, erregte er wieder bei den Tieren Furcht und Entsetzen. Bertolf aber, erschreckt durch ein so grausiges Gesicht, verließ die Weltlichkeit und nahm in Hersethusen, einem Kloster unseres Ordens, das Mönchsgewand. Der dortige Abt, der erfuhr, daß er ein schriftkundiger und beredter Mann sei, bemühte sich bei dem Herrn Papst Innozenz, ihm die Weihen zu verschaffen, konnte es aber nicht durchsetzen. Vor zwei Jahren, wie mir der Prior von Kloster Kamp erzählt hat, wurde er an der Hand, die er frevelhaft nach der Lade Gottes ausgestreckt hatte, mit einer Krankheit bestraft, die man Karbunkel heißt.

Als ihm diese zur Heilung, weil es eine fressende Krankheit ist, abgenommen wurde, half es ihm nichts, vielmehr wurde der Schmerz vermehrt und führte schnell den Tod herbei. Gott wollte ihn, wie ich hoffe, in der Gegenwart strafen, um ihn nicht in Zukunft zu strafen.

4. Wie ein Schüler zu Paris vor übergroßer Reue nicht beichten konnte

Vor ungefähr zweiundzwanzig Jahren, zu der Zeit, als ich zum Orden kam, was geschehen ist im Jahre des Herrn 1199, da ist, wie ich von frommen und gelehrten Männern, von Äbten und Scholastikern, wahrheitsgemäß erfahren habe, in Paris das Folgende geschehen. Es studierte dort ein Jüngling, der, aufgestachelt von dem Feinde des Menschengeschlechts, solche Sünden begangen hatte, daß er sie vor Scham keinem Menschen beichten konnte. Da er aber erwog, welche Qualen in der Hölle den Bösen bereitet sind und welche Freuden des ewigen Lebens der Guten harren, auch täglich Gottes Urteil über sich fürchtete, so ward er innerlich vom Biß des Gewissens gequält und schwand äußerlich dahin. Kurz gesagt: Durch Gottes Mitleid ward endlich in dem Jüngling die Scham besiegt durch die heilsame Scheu, die, wie die Seide den Faden, die himmlische Liebe aufzunehmen pflegt. Er ging zur Abtei Sankt Viktors, rief den Prior und sagte, er sei gekommen, um zu beichten. Der Prior, bereit zu diesem Dienste, wie alle Brüder dieses Klosters es sind, kam sogleich, nahm Platz an dem hierzu bestimmten Orte, und nach vorausgesandter Ermahnung harrte er der Beichte des Jünglings. Aber wunderbar! Der gütige Herr, dessen Natur die Liebe, dessen Wille Können, dessen Werk Barmherzigkeit ist, erregte zu dieser Stunde im Herzen des Sünders solche Reue, daß, so oft er auch die Beichte begann, ihm vor Schluchzen die Stimme versagte. Die Augen waren voll Tränen, die Brust voll Seufzer, die Kehle voll Schluchzen. Als der Prior dies sah, sagte er zu dem Schüler: Geh, schreibe deine Sünden auf ein Blatt und bring es mir. Der Rat gefiel dem Jüngling, er ging, schrieb, kam am andern Tage wieder, und da er von neuem zu beichten versuchte, ging es ihm wie zuvor. Da alles umsonst war, reichte er dem Prior das Blatt. Dieser las und entsetzte sich. Er sagte: Ich bin nicht zuständig, für mich allein dir zu raten; soll ich es dem Abte zeigen? Das erlaubte ihm der Jüngling. Der Prior ging zum

Abt, erklärte ihm die Sache und reichte ihm das Blatt zum Lesen. Was nun geschehen ist, das mögen hören die Sünder und sich trösten, mögen hören die Verzweifelnden und neuen Mut fassen. Als nämlich der Abt das Blatt zum Lesen öffnete, fand er den ganzen Inhalt ausgelöscht. Und es erfüllte sich hier, was Gott sagt durch Jesajas (44, 12): Ich habe ausgelöscht wie eine Wolke deine Ungerechtigkeit, und wie einen Nebel deine Sünden. Der Abt sagte zum Prior: Was soll ich auf diesem Blatte lesen? Es steht nichts darauf geschrieben. Als dies der Prior hörte, blickte er zugleich mit dem Abt auf das Blatt und sagte: Seid gewiß, ehrwürdiger Vater, daß jener Jüngling auf dies Blatt seine Sünden geschrieben hat, und nachdem ich es gelesen, habe ich es Euch zum Lesen gebracht. Aber wie ich sehe, hat der barmherzige Gott, aus Mitleid mit des Jünglings tiefer Reue, die Schuld schon für genügend bestraft erklärt und hat sie getilgt. Denn die Vernichtung der Schrift bedeutet die Auslöschung der Sünde. Sie riefen den Schüler, zeigten ihm das Blatt und sagten, daß seine Sünden von Gott getilgt seien. Als er das Blatt gesehen und die Bedeutung des Zeichens erkannt hatte, da wurde ihm das Herz vor großer Freude so weit, wie es vorher aus großer Traurigkeit eng gewesen war. Und ohne ihm eine Buße aufzuerlegen, ermahnten sie ihn, Gott für die empfangene Wohltat zu danken und künftig vorsichtiger zu leben.

5. Von einer Frau, die durch ihren Sohn schwanger wurde

Was ich jetzt erzählen will, habe ich an verschiedenen Orten und von verschiedenen Leuten gehört. Vor vier Jahren, in demselben Jahre, wenn ich mich recht entsinne, in dem Papst Innocentius gestorben ist, geschah es, daß eine Frau, vom Feuer der Wollust entbrannt, sich ihrem eigenen Sohn hingab, von dem sie schwanger wurde und einen anderen Sohn gebar. Erschreckt durch eine so entsetzliche Blutschuld, in Angst, sie könne jeden Augenblick dem Satan übergeben werden oder eines plötzlichen Todes sterben, begann sie durch Gottes Mitleid sich wegen der Buße Sorge zu machen. Nachdem sie mit ihrem Priester Rat gepflogen, nahm sie den Säugling (denn so, meine ich, ist mir erzählt worden) und ging mit ihm nach Rom, wo sie mit vielem Ungestüm sich vor das Antlitz des Papstes Innozenz drängte und mit so viel Tränen und Jammergeschrei vor aller Ohren beichtete, daß sie jedermann mit Erstaunen erfüllte. In den Armen trug sie das Kind, den Zeugen der Schandtat. Als der Herr Papst solche Reue bei dem Weibe sah und merkte, daß sie wahrhaft bußfertig war, ward sein Mitleid rege, und da er wie ein kluger Arzt die Kranke völlig und schnell heilen, zugleich auch die Heilsamkeit der Reue erweisen wollte, so befahl er ihr, in solcher Bekleidung vor ihm zu erscheinen, wie vor ihrem Sohne, als sie sündigte. Jene drauf, die zeitliche Beschämung geringer achtend als die ewige, ging hinaus, entkleidete sich, kehrte im Hemde zurück und bewies durch solchen Gehorsam hinreichend, wie sehr sie zu jeder Buße bereit sei. Da nun der hochgelehrte Mann erwog, daß solchem Gehorsam, solcher Beschämung, solcher Buße die Strafe keiner Sünde gleichkomme, so sagte er vor allen Anwesenden zu dem Weibe: Deine Sünde ist vergeben; geh in Frieden. Und nichts weiter legte er ihr auf. Dies hörte einer der Kardinäle, und wie der Pharisäer murrte er gegen den Papst, tadelte sein Urteil und sagte, für eine solche Schuld genüge eine so kurze Buße nicht. Der Papst aber erwiderte: Wenn ich ungerecht mit diesem Weibe verfahren habe und in Gottes Augen ihre Buße ungenügend ist, so soll der Teufel Macht haben, in meinen Leib zu fahren und vor euch allen mich zu peinigen; tadelst du mich aber ungerecht, so soll es dir so gehen. Sogleich begann der Teufel diesen Kardinal zu peinigen, wodurch Gott deutlich zeigt, daß des Weibes Buße vollkommen sei. Endlich wurde durch aller Gebet der Kardinal befreit und lernte aus seiner Heimsuchung, künftig nicht wider die göttliche Barmherzigkeit zu murren.

6. Wie ein vornehmer Jüngling das Christsein verleugnete

Vor etwa fünf Jahren wohnte bei Floreffe, einem Kloster des Prämonstratenserordens im Lütticher Sprengel, ein vornehmer Jüngling, dem sein Vater, ein mächtiger und angesehener Mann, sterbend große Reichtümer hinterlassen hatte. Der Jüngling, nach weltlichen Ehren lüstern, ward Ritter und geriet bald in große Armut. Denn um sich Ruhm bei den Menschen zu verschaffen, ergab er sich den Turnieren und teilte sein Gut freigebig an Gaukler aus. Und da zu solcher Verschwendung die jährlichen Einkünfte nicht reichten, so war er gezwungen, das väterliche Erbe zu verkaufen. Es wohnte aber in der Nähe ein reicher und angesehener Ritter, der jedoch Dienstmann war. Diesem mußte der Jüngling seine Allodien und Lehen teils verkaufen, teils verpfänden. Und als er nichts mehr zum Verkaufen oder Verpfänden hatte, dachte er daran, auszuwandern, weil es ihm erträglicher dünkte, bei Fremden zu betteln, als unter Verwandten und Bekannten die Schmach der Armut zu ertragen. Er hatte aber einen Meier, einen bösen Menschen, der nur dem Namen nach, nicht in Wahrheit Christ war und sich ganz dem Dienste der Dämonen ergeben hatte. Da der seinen Herrn traurig sah und den Grund der Trauer wohl wußte, sagte er zu ihm: Herr, wollt Ihr reich werden? Er antwortete: Gern möchte ich reich werden, wenn es nur mit Gottes Willen geschehen könnte. Drauf der Meier: Fürchtet nichts, folgt mir nur, und es wird Euer Glück sein. Sogleich folgte er dem Elenden, wie Eva der Stimme der Schlange, wie der Pfeife des Vogelfängers der Vogel, um schnell in des Teufels Stricke zu geraten.

Und jener führte ihn in selbiger Nacht durch einen Wald in eine sumpfige Gegend und fing an zu sprechen, als rede er mit jemandem. Der Jüngling fragte: Mit wem sprichst du? Und der schändliche Meier antwortete seinem Herrn: Schweigt Ihr nur und laßt es Euch nicht kümmern, mit wem ich rede. Und da er wiederum redete und der Jüngling von neuem fragte, antwortete er: Mit dem Teufel. Da begann's dem Jüngling zu grausen, denn wem sollte nicht ein Grausen ankommen an einem solchen Orte, zu solcher Stunde und bei solchen Worten? Und es sprach der Meier zum Teufel: Herr, da bringe ich Euer Gnaden einen vornehmen Mann, meinen Herrn, der Eure Majestät anfleht, daß er durch Eure Hilfe wieder zu den früheren Reichtümern und Ehren gelange. Drauf der Teufel: Wenn er mir treu und ergeben sein will, so will ich ihm großen Reichtum geben und noch so viel Ruhm und Ehre hinzufügen, wie seine Vater nie besessen haben. Der Meier antwortete: Gern wird er Euch treu und zu Willen sein, wenn er solches erlangt. Drauf jener: Soll ich ihm dies gewähren, so muß er jetzt augenblicks den Höchsten verleugnen. Als der Jüngling das hörte und zu tun verweigerte, sagte der verlorene Mensch zu ihm: Was fürchtet Ihr Euch, ein Wörtchen auszusprechen? Sagt's, verleugnet ihn! Endlich ließ der Unglückliche sich von dem Meier überreden, verleugnete seinen Schöpfer mit dem Munde und mit der Hand und huldigte dem Teufel. Als dieser Frevel vollbracht war, sprach der Teufel wiederum: Noch ist das Werk unvollkommen; Ihr müßt auch die Mutter des Höchsten verleugnen, denn die fügt uns den meisten Schaden zu. Die der Sohn aus Gerechtigkeit verwirft, die bringt die Mutter aus übergroßer Barmherzigkeit zur Gnade zurück. Bei diesem Wort erschrak der Jüngling, er entsetzte sich über die Maßen und erwiderte: Das werde ich niemals tun. Warum nicht? fragte der Teufel. Ihr habt das Größere getan, tut jetzt das Geringere. Denn größer ist der Schöpfer als das Geschöpf. Drauf jener: Nie werde ich sie verleugnen, und sollte ich auch alle Tage meines Lebens an den Türen betteln müssen. Und dabei blieb er. So kehrten beide unverrichteter Dinge zurück und hatten nichts an Ehren erlangt, wohl aber sich mit großer Sündenlast beschwert, der Meier durch seinen Rat, der Jüngling durch seine Zustimmung.

Da sie so zusammen des Weges ritten, kamen sie an eine Kirche, deren Tür der Glöckner beim Weggehen halboffen gelassen hatte. Da sprang der Jüngling vom Pferde, übergab dies dem Meier und sagte: Erwarte mich hier, bis ich wiederkomme. Er trat (es war noch vor Tagesanbruch) in die Kirche, warf sich vor dem Altare nieder und begann aus tiefster Seele die Mutter der Barmherzigkeit anzurufen. Über dem Altar aber war ein Bild der jungfräulichen Mutter, die den Jesusknaben im Arm hatte. Und siehe, durch die Gnade dieses herrlichen Sterns des Meeres begann der wahre Morgenstern im Herzen des Jünglings aufzugehen. Um der Ehre der Mutter willen, die er nicht verleugnet hatte, schenkte ihm der Herr eine solche Reue, daß er statt zu weinen heulte und statt der Klage mit lautem Jammergeschrei die Kirche erfüllte.

Zur nämlichen Stunde kam jener Ritter, der all seine Habe erworben hatte, vermutlich auf göttlichen Wink, zu eben dieser Kirche, und da er sie offen sah, so trat er, in der Meinung, es sei dort Gottesdienst, vor allem aber wegen des Geschreis, das er drinnen hörte, ganz allein hinein. Da er nun am Altar den ihm wohlbekannten Jüngling fand und glaubte, daß er nur über seine Armut weinte, so verbarg er sich hinter einer Säule, um den Ausgang der Sache abzuwarten. Und wie nun der Jüngling jene schreckliche Majestät, die er verleugnet hatte, nicht zu nennen noch anzurufen wagte, sondern nur zu der erbarmungsreichen Mutter mit klagenden Worten flehte, da sprach, von beiden gehört, durch den Mund ihres Bildes die selige und herrliche Fürsprecherin der Christen zu ihrem Sohne also: Liebster Sohn, habe Mitleid mit diesem Menschen. Der Knabe aber antwortete der Mutter nichts, sondern wandte das Antlitz ab. Und da sie wiederum bat und sagte, der Mensch sei verführt worden, wandte er der Mutter den Rücken und sagte: Dieser Mensch hat mich verleugnet, was soll ich mit ihm machen? Nach diesen Worten stand das Bild auf, setzte den Knaben auf den Altar und warf sich ihm zu Füßen. Und sie sprach: Ich bitte dich, Sohn, um meinetwillen, erlaß ihm diese Sünde. Sogleich hob das Kind die Mutter auf und antwortete: Mutter, nie habe ich dir etwas abschlagen können, siehe, um deinentwillen verzeihe ich ihm ganz und gar. Er hatte vorher die Schuld verziehen wegen der Reue, jetzt erließ er auch die Buße wegen der Fürsprache der Mutter.

Der Jüngling aber stand auf und ging aus der Kirche, zwar traurig ob seiner Sünde, aber doch heiter ob der Verzeihung. Danach ging heimlich auch der Ritter hinaus, und als wüßte er von nichts, fragte er ihn, warum er so feuchte und geschwollene Augen habe. Er antwortete: Es ist vom Wind. Drauf jener: Herr, mir ist die Ursache eures Kummers nicht verborgen. Ich habe aber eine einzige Tochter, und wenn ihr sie ehelichen wollt, so will ich Euch alles Eurige zurückgeben und obendrein Euch als Erben meiner Reichtümer einsetzen. Drauf erwiderte der Jüngling freudigen Herzens: Wenn Ihr das tun wollet, so würde es mir gar lieb sein. Der Ritter aber ging heim zu seiner Frau und erzählte ihr alles nacheinander. Sie stimmte bei; die Hochzeit wird gefeiert; dem Jüngling wird als Mitgift all sein Gut zurückerstattet. Noch heute, glaube ich, lebt er, es leben auch die Schwiegereltern, nach deren Tode ihr Erbe ihm zufallen wird.

7. Wie ein Ritter in Gegenwart des Heiligen Bernhard das Abendmahl empfing

Unser Mönch Godefrid, einst Scholastikus des heiligen Andreas zu Köln, hat mir folgendes erzählt, das sich in der Stadt Reims zugetragen hat. Zu der Zeit, sagte er, wo ich in Reims studierte mit Herrn Philipp, dem nachmaligen Kölner Erzbischof, dessen Lehrer und Begleiter ich war, geschah es, daß dort ein Ritter auf den Tod erkrankte. Durch Eingebung des Teufels hatte dieser, wenn ich mich recht entsinne, seines Oheims Tochter als Kebse. Dieser war er in solcher Liebe zugetan, daß er durch keine Ermahnung, keinen Bannfluch, keine Scheu vor den Menschen von ihr sich trennen konnte noch wollte. Aus Furcht vor dem Tode aber ließ er einen Priester kommen und beichtete ihm aufrichtig und unter Tränen alle seine Sünden. Als der Priester ihn ermahnte, eine so unerlaubte Gemeinschaft mit seiner Verwandten abzuschwören, erwiderte er: Herr ich kann nicht. Und jener: Wenn du in solchem Vorsatz stirbst, wirst du der Freuden des himmlischen Lebens verlustig gehen und ewige Qualen erwarten dich. Da der Ritter aber hartnäckig blieb, so ging der Priester mit dem Leibe des Herrn, den er für den Kranken mitgebracht hatte. Durch Gottes Wink begegnete dem Priester vor dem Hause der heilige Bernhard, der Abt von Clairvaux. Dieser fragte, warum er dem Kranken nicht das Abendmahl gereicht habe, und als er den allen bekannten Grund erfuhr, sagte er zum Priester: Komm mit mir zu dem Kranken zurück. Sie kehrten zurück, und als der Heilige dem schon sterbenden Ritter zu seinem Heile riet und jener in allem Gehorsam gelobte, außer in jener einen Sache, da sagte der Abt zuletzt: Bedauerst du nicht, daß du nicht den Willen fassen kannst, von ihr abzulassen? Er antwortete: Herr, sehr bedaure ich, daß ich dies nicht bedauern kann. Als er dies hörte, befahl der Abt sogleich dem Priester, dem Kranken den Leib des Herrn zu geben. Und, o Wunder! kaum war der Heiland eingetreten, da geschah jenem Hause großes Heil. Denn von Stund an ward sein schändlicher Wille so völlig umgewandelt, daß er die haßte, die er aus sündiger Neigung geliebt hatte, so daß er unter vielen Tränen zu dem heiligen Manne sagte: Dank sei dem Herrn, der mich befreit hat, denn jetzt möchte ich lieber eine Kröte sehen als sie. Und so, nach guter Beichte und in vollkommener Reue, wanderte er zu Gott.

8. Von der Reue Philipps des Grafen von Namur

Vor drei Jahren starb Philipp von Namur, ein mächtiger und vornehmer Mann, der Sohn des Grafen Baldewin von Flandern. Ehe er starb, gewährte ihm der Herr in seiner Krankheit solche Reue, wie sie zu unsern Zeiten nie bei einem Menschen erblickt worden ist. Vier Äbten unsres Klosters pflegte er zugleich und oftmals zu beichten, und so sehr klagte er sich an, so jammerte er, daß er alle zu Tränen rührte. Das genügte ihm noch nicht, er legte sich einen Strick um den Hals und bat seine Beichtväter, ihn auf die Straße zu führen, indem er sagte: Wie ein Hund habe ich gelebt, es gehört sich, daß ich sterbe wie ein Hund. Die Töchter seines Bruders, des Grafen Baldewin, der König von Griechenland geworden war, hatte er dem König von Frankreich übergeben, dessen Tochter er geheiratet hatte. Einige sagen, er habe sie verkauft. Hierüber grämte er sich am meisten. Er ließ sich in das ärmste Haus seiner Stadt bringen, worin er arm im Geiste zum Herrn wanderte. Da aber der gütige Herr solche Reue belohnen wollte, so erwies er ihm die Gnade, ihn durch Wunder zu verherrlichen, wie einen geliebten Bekenner. Er liegt begraben in der Kirche des heiligen Märtyrers Albanus, in der er selbst eine Brüderschaft von Kanonikern eingerichtet hatte, die er, als er noch gesund war, von seinen rechtmäßigen Einkünften ausstattete, und noch heute erglänzt er von solchen Wundern, daß aus fernen Gegenden Kranke zu seinem Grabe kommen und Genesung erlangen und daß sie selbst die Erde um das Grab aufgraben und zu ihrem Heil mitnehmen.

9. Wie eine Frau Herrn Walter, dem Abt von Weiler, die Gnade der Tränen auswirkte

(Dieser Abt erzählte): Bald nachdem ich Mönch geworden war, bat ich meinen Abt um Erlaubnis, fromme Frauen zu besuchen. Sogleich gewährte er es mir. Ich kam also nach dem Hause einer angesehenen Frau in Brabant, wo ich herbergen wollte. Als sie von meinem Wunsch hörte, sagte sie im Scherz zu mir: Was braucht Ihr jene Beginen zu sehen? Wollt Ihr, so zeige ich Euch eine gute Frau, die alles, was sie will, von Gott erlangt. Ich antwortete: Die möchte ich wohl sehen. Sogleich trat auf ihren Ruf eine Frau aus ihrer Kammer, kam auf mich zu und begann mit mir zu reden. Da ich bei ihrer Ankunft merkte, daß mir die Gnade komme, bat ich sie, für mich zu beten. Als sie fragte: Was soll ich für Euch erbitten? antwortete ich, daß ich meine Sünden nicht beweinen könne. Sie sagte: Seid Ihr nicht Mönch? Wer seine Sünden nicht beweinen kann, ist kein Mönch. Da ich aber nicht abließ zu bitten, daß sie mir diese Gunst auswirke, antwortete sie: Geht, Ihr sollt sie reichlich haben. In der nächsten Nacht, als ich vor meinem Bette betete und an meine Sünden dachte, ohne jedoch viel auf das Versprechen der Frau zu achten, begann ich so reichlich und über alles gewohnte Maß zu weinen, und das beinahe bis Mitternacht, daß ich endlich für meinen Kopf besorgt wurde und die Tränen nur mit Mühe zurückhalten konnte. Nachdem sie mir hatte sagen lassen, sie habe in dieser Nacht mir jene Gnade der Tränen erwirkt, ging ich wieder zu ihr, um sie auszufragen, und sagte: Sagt mir aus Liebe, wie Ihr jene Gnade für mich erhalten habt. Sie antwortete mir mit diesen Worten: Anfangs fand ich den Herrn hart. Aber ich sagte zu ihm: Herr, du kommst mir nicht aus den Händen, es sei denn, daß jener Mönch die Gnade der Tränen erlangt. Da bewilligte er sie dir sogleich.

10. Von einem Mönch, auf dessen Tränen der Teufel blickte

Ein Mönch von großem Rufe erzählte mir, als ich Novize war, von einem Mönch, daß eines Tages, als er im Gebet vor einem Altar lag und der Herr ihm die Gnade der Tränen so reichlich gewährte, daß er den Boden benetzte, durch Eingebung des Teufels, wie sich nachher erwies, in seinem Herzen sich die eitle Ruhmsucht regte, so daß er bei sich dachte: Könnte doch jetzt einer diese Gnade sehen! Sogleich erschien der Urheber der Eingebung, und neben den Tränen stehend schaute er von der Seite aufmerksam hin. Er hatte die Gestalt eines schwarzen Mönchs*) angenommen. Als der Mönch die Augen aufhob, teils aus Schrecken, teils wegen der Schwärze des Gewandes, entdeckte er, daß es ein Dämon sei, der Urheber des Hochmuts. Und den er durch das Laster der Ruhmsucht eingeladen hatte, den verscheuchte er durch die Tugend und das Zeichen des Kreuzes. Wegen solcher Gefahren heißt Gott die, welche beten wollen, in ihr Kämmerlein gehen und die Tür hinter sich schließen, das heißt das Lob der Menschen vermeiden.

11. Von einem Kleriker, der ein Judenmädchen verführte

In einer Stadt Englands lebte ein Mädchen, die Tochter eines Juden, die nach Art ihres Volkes sehr schön war. Ein junger Kleriker, ein Verwandter des Bischofs der Stadt und Kanoniker der Hauptkirche, sah das Mädchen, begehrte sie und setzte ihr viel mit Liebesworten zu, daß sie ihm zu Gefallen sei. Da er nach ihrer Umarmung verlangte und, von heftiger Glut entbrannt, sie täglich bestürmte, so antwortete

*) D. h. eines Cluniacensermönchs.

sie: Mein Vater liebt mich sehr und bewacht mich so streng, daß weder ich zu dir, noch du zu mir gelangen kannst, außer in der Samstagnacht, die eurem Passah vorgeht. Dann nämlich sollen die Juden an einer Krankheit leiden, die Blutfluß genannt wird, und durch diese gehindert, können sie nicht auf andere Dinge achten. Der Jüngling, der dies hörte und durch übermäßige Liebe fast um den Verstand gekommen war, vergaß der christlichen Religion, dachte nicht an das Leiden des Herrn, kam in dieser Nacht zu der Jungfrau und schlief bis zum Morgen mit ihr. Der Jude aber, des Mädchens Vater, trat vor Tag mit einem Licht in das Gemach, ging an das Bett seiner Tochter und wollte sehen, wie sie liege und ob er sie etwa zudecken müsse. Und als er neben ihr den Jüngling liegen sah, erschrak er und ergrimmte, und er gedachte beide zu töten. Da er jedoch erkannte, daß es des Bischofs Verwandter war, so hielt er aus Furcht vor jenem seine Hand zurück, und er schrie voll Zorn: Was machst du hier, du böser Christ? Wo ist dein Glaube, wo ist deine Frömmigkeit? Gottes gerechtes Gericht hat dich in meine Hände geliefert. Scheute ich nicht meinen Herrn, den Bischof, ich würde dich auf der Stelle töten. Jener bat voll Furcht um Verzeihung und wurde mit großer Schande zum Hause hinausgeworfen. Selbigen Tages, da der Bischof zur None das feierliche Hochamt halten wollte und der Jüngling, der die Woche hatte, die Epistel lesen sollte, fürchtete er, mit so unreinem Gewissen den heiligen Dienst zu vollziehen, fürchtete, wegen des Makels einem andern an einem solchen Tage sein Hochamt zu übergeben, fürchtete, eine so schimpfliche Sünde so bald durch die Beichte einem kundzutun. Und als er, der Scham nachgebend, mit den heiligen Gewändern bekleidet, neben dem Bischof an seinem Platz stand, da betrat jener Jude, von vielen andern Juden umgeben, mit lautem Lärm die Kirche, um vor dem Bischof wegen seines Verwandten Klage zu erheben. Der Jüngling sah ihn, und da er wohl merkte, weshalb er gekommen sei, begann er zu fürchten, zu erblassen, zu zittern, und sprach zu Gott in seinem Herzen: Herr Gott, befreie mich zu dieser Stunde, und ich verspreche dir, dich künftig nicht zu beleidigen und wegen dieser Sünde dir genugzutun. Und der gütige Schöpfer, der die Schuld haßt und die Natur liebt, wandte, sobald er den Menschen reuig sah, die Beschämung, die er gefürchtet hatte, auf das Haupt der Ungläubigen. Der Bischof, verwundert, was die Juden in der Kirche suchten, zumal an einem solchen Tag, wo die Christen das Leiden ihres Herrn darstellen, winkte ihnen zu, stehenzubleiben. Sie drängten sich indessen noch näher an ihn heran, aber sobald sie zur Anklage des Klerikers den Mund auftaten, wurden sie der Stimme beraubt und standen alle stumm da. Als der Bischof die Juden mit aufgesperrtem Munde dastehen sah, ohne daß sie ein Wort hören ließen, glaubte er, sie seien gekommen, um die göttlichen Mysterien zu verspotten, und befahl voll Unwillen, sie alle aus der Kirche zu vertreiben. Der Kleriker aber, der die göttliche Gnade an sich erfahren hatte, ging alsbald nach beendetem Gottesdienst zu dem Bischof, beichtete seine Schuld und empfing seine Buße. Der Bischof wunderte und rühmte Gottes Barmherzigkeit, und teils um der Größe des Wunders, teils um der Buße seines Verwandten willen, redete er ihm zu und brachte ihn dahin, daß er das von ihm geschändete Mädchen, nachdem es durch die Gnade der Taufe erneuert war, ehelichte. Denn als ein gerechter und frommer Mann wollte er lieber, daß jener der kirchlichen Lehen entbehre, als daß das Mädchen unter vielen Gefahren in den väterlichen Sünden verbleibe. Der Kleriker, nicht undankbar für die göttliche Wohltat und von dem Wunsch erfüllt, Gott für die Sünde genugzutun, trat später in unsern Orden, desgleichen auf seine Veranlassung das Mädchen. Dies hat mir ein frommer Abt unsres Ordens öfter erzählt.

12. Desgleichen von einer hebräischen Jungfrau, die ein Kleriker schwängerte

In einer Stadt, ich glaube in Worms, wohnte ein Jude, der eine schöne Tochter hatte. Ein junger Kleriker, der in der Nachbarschaft wohnte, gewann sie lieb, verführte und schwängerte sie. Denn ihre Häuser standen nahe beieinander, und der Kleriker konnte unbemerkt oft eintreten und nach Gefallen mit der Jungfrau reden. Als diese merkt, daß sie empfangen hatte, sagte sie zu dem Jüngling: Ich habe empfangen. Was soll ich tun? Wenn mein Vater es erfährt, wird er mich töten. Der Kleriker antwortete: Fürchte nichts, ich werde dich retten. Wenn der Vater und die Mutter zu dir sagen: Was ist, Tochter?, dein Bauch schwillt an, du scheinst schwanger zu sein; dann antworte: Ob ich empfangen habe, weiß ich nicht; das weiß ich, daß ich Jungfrau bin und noch keinen Mann erkannt habe. Ich werde schon machen, daß sie dir glauben. Da er nun eifrig nachsann, wie er das Mädchen retten könne, fand er folgende List. Er nahm ein Rohr, und im Schweigen der Nacht ging er an das Kammerfenster, bei dem die Eltern, wie er wußte, schliefen, und rief diese Worte durch das Rohr: O ihr Gerechten und Gottgeliebten (und er nannte sie mit Namen), freuet euch, denn siehe, eure jungfräuliche Tochter hat einen Sohn empfangen, und dieser wird der Befreier eures Volkes Israel sein. Und sogleich zog er das Rohr wieder zurück. Bei dieser Stimme erwachte der Jude, weckte sein Weib und sprach zu ihr: Hast du nicht gehört, was die himmlische Stimme zu uns geredet hat? Das Weib erwiderte: Nein. Und jener: Laßt uns beten, damit auch du begnadigt werdest, es zu hören. Während sie beteten, stand der Kleriker am Fenster und horchte genau, was sie sagten, und nach einer kleinen Weile wiederholte er dieselben Worte und fügte hinzu: Hohe Ehre müßt ihr eurer Tochter erweisen, viele Pflege ihr angedeihen lassen und gar sorglich den Knaben behüten, den ihr jungfräulicher Leib gebären wird, denn dieser ist der Messias, den ihr erharret. Jene freuten sich, und nach der Wiederholung schon ganz sicher, daß Gott zu ihnen gesprochen, konnten sie kaum den Tag erwarten. Sie betrachteten das Mädchen, und sie fanden, daß der Bauch ein wenig geschwollen war, und sprachen zu ihr: Sag uns, Tochter, von wem bist du schwanger? Sie antwortete, wie der Kleriker sie gelehrt hatte. Die Eltern aber wußten sich vor Freude kaum zu lassen und konnten sich nicht entbrechen, ihren Freunden zu sagen, was sie von dem Engel gehört hätten. Die erzählten es andern, das Gerücht verbreitete sich und lief durch die Städte und Schlösser, daß die und die Jungfrau den Messias gebären werde. Als die Zeit der Geburt nahte, strömten viele Juden zu des Mädchens Hause, um sich an der Erscheinung des lange Ersehnten zu erquicken. Aber der gerechte Gott wandelte die Hoffnung der Bösen in Gespött, ihre Freude in Trauer, die Erwartung in Beschämung. Und verdientermaßen; denn deren Väter einst mit Herodes durch die heilbringende Geburt des Sohnes Gottes erschreckt wurden, denen kam es zu, in unsern Zeiten durch ein solches Wahnbild getäuscht zu werden. Um es kurz zu sagen: Die Stunde erschien, wo die Unglückliche gebar, und siehe, nach Art der Weiber vernahm man Schmerz, Stöhnen, Geschrei. Endlich gebar sie ein Kind, jedoch nicht den Messias, sondern ein Mädchen. Als die Juden das erfuhren, waren sie sehr beschämt und betrübt. Einer aber ergriff voll Unwillen das Kind beim Fuße und schleuderte es gegen die Wand. N: Was geschah darauf mit dem Mädchen? M: Ihr Vater, ergrimmt über die ihm angetane Schmach, strafte sie und erpreßte durch Qualen von ihr das Geständnis des ganzen Anschlags.

13. Von der Reue eines Wucherers

In vieler Munde lebt noch heute, was einem Wucherer zu Köln geschah, der in der Kirche des heiligen Märtyrers Gereon begraben ist. Dieser, der reich und habgierig war, wurde endlich durch Gottes Erbarmen von seinem Gewissen geplagt, ging zu einem Priester, beichtete, und um Gott ob seiner Sünden zu beschwichtigen, versprach er, all das Seine in jenes Namen unter die Armen zu verteilen. Der Priester antwortete ihm: Schneide aus deinem Brot Almosen, fülle mit ihnen eine Truhe an und verschließe sie. Als er am andern Tage die Truhe öffnete, fand er statt der hineingelegten Almosen ebensoviele Kröten darin. Als der Priester zu ihm sagte: Siehst du jetzt, wie Gott erwucherte Almosen gefallen? fragte jener erschreckt: Herr, was soll ich tun? Wenn du gerettet werden willst, sagte der Priester, so mußt du diese Nacht über nackt zwischen diesen Würmern liegen. O wunderbare Reue! Jener, so sehr ihm vor einem solchen Lager graute, trotzte den sterblichen Würmern, um den unsterblichen zu entgehen, und aus Furcht vor der Hölle und aus Sehnsucht nach dem himmlischen Vaterlande warf er sich nackt über die Würmer. Der Priester kam zu der Truhe, verschloß sie und ging. Als er sie am nächsten Tage öffnete, fand er nichts als menschliche Gebeine darin. Diese wurden im Vorhof des genannten Märtyrers begraben und sollen von solcher Kraft sein, daß noch heute keine Kröte dessen Grenze lebend überschreiten kann.

14. Von dem Gelde eines Wucherers

Ein Wucherer übergab einem Schatzmeister unseres Ordens eine Geldsumme zur Aufbewahrung. Der Schatzmeister legte sie versiegelt an einem sichern Orte neben dem Gelde des Klosters nieder. Als nachher der Wucherer das Anvertraute zurückforderte, schloß der Schatzmeister die Truhe auf und fand weder jenes noch sein eigenes Geld. Da er die Schlösser der Truhe unberührt und die Siegel der Beute unversehrt sah, so daß an keinen Diebstahl zu denken war, so erkannte er, daß das Geld des Wucherers das Klostergeld verzehrt hatte. Hieraus folgt, daß durch erwuchertes Almosen die Habe eines Klosters nicht vermehrt, sondern vermindert wird.

Drittes Buch: Von der Beichte.

1. Von einem Kleriker, der mit eines Ritters Frau Ehebruch getrieben hatte

In einem Dorfe wohnte ein Ritter, dessen Gattin der Priester desselben Dorfes durch Ehebruch befleckte. Dem Ritter ward gesagt, der Priester halte es mit seiner Frau. Als ein kluger Mann, der nicht leicht Worten glaubt, tat er weder gegen das Weib noch gegen den Priester der Sache Erwähnung, sondern wollte erst erproben, was daran Wahres sei. Doch war er nicht ohne Argwohn. Nun traf es sich, daß in einem Dorfe, nicht weit von dem des Ritters, ein Besessener war, in dem ein so boshafter Dämon hauste, daß er allen Anwesenden ins Gesicht ihre Sünden vorwarf, außer wenn sie durch wahre Beichte verdeckt waren. Da dies der Ritter durch vieler Aussage erfuhr, so bat er den ihm verdächtigen Priester, ihn zu einer Unterredung zu begleiten. Der Priester willfahrte. Als sie zusammen in das Dorf kamen, wo der Besessene war, begann der schuldbewußte Priester den Ritter zu beargwöhnen, denn er wußte wohl, daß ein von einem so boshaften Dämon besessener Mensch in dem Dorfe wohnte. Und da er für sein Leben fürchtete, wenn er von dem Dämon verraten würde, so ging er, ein Bedürfnis vorschützend, in den Stall zu dem Knecht des Ritters, warf sich ihm zu Füßen und rief: Ich bitte dich um Gotteswillen, höre meine Beichte. Der Knecht hob ihn erschrocken auf und hörte, was er sagte. Als nach getaner Beichte der Priester bat, ihm eine Buße aufzulegen, sagte Knecht klugerweise: Was Ihr einem andern Priester für ein solches Verbrechen auflegen würdet, das sei Eure Buße. So ging er schon etwas beruhigt hinaus und kam mit dem Ritter zur Kirche. Hier trafen sie den Besessenen, den der Ritter fragte wie folgt: Weißt du etwas von mir? So tat er nämlich absichtlich, um dem Priester den Verdacht zu benehmen. Als ihm der Dämon irgend etwas antwortete: Von ihm weiß ich nichts. Und nachdem er dies auf deutsch gesagt hatte, fügte er sogleich auf lateinisch hinzu: Im Stall ist er gerechtfertigt worden. Es war aber gerade kein Kleriker zugegen. N: Ich denke mir, daß der Teufel nicht freiwillig bei dieser Gelegenheit zum Lateiner geworden ist. M: Er durfte nicht Deutsch sprechen, sonst hätte der Ritter das Wort verstanden und die Wahrheit erraten; er durfte aber auch nicht schweigen, sondern mußte er dem Priester die Kraft der Beichte dartun.

2. Wie ein Dämon um eine Jungfrau warb

Zur Zeit, da der Kölner Scholastikus Oliver in Brabant das Kreuz predigte, war dort, wie mir unser Mönch Bernhard erzählt hat, der damals mit ihm predigte, ein frommes Mädchen, ruhmreich durch das Gelübde der Jungfräulichkeit, gebürtig aus Nivelles. Der Teufel, neidisch auf solche Tugend, erschien ihr in Gestalt eines sehr schönen und prächtig gekleideten Mannes und fing an, sie mit verliebten Worten zu belästigen, ihr Kleinodien anzubieten, die Fruchtbarkeit der Ehe zu loben, die unfruchtbare Jungfrauenschaft zu tadeln. Ihm antwortete die Jungfrau, die nicht wußte, wer er war: Einen Mann zu heiraten bin ich nicht gesonnen, Christi Liebe ist mir mehr als die fleischliche Ehe, die ich verachte. Da aber jener lüsterne Greis ihr gar zu sehr zusetzte und an verschiedenen Orten zu ihr kam, so begann das Mädchen den gespenstischen Bewerber zu beargwohnen; denn sie wußte, daß viele Jungfrauen schöner, vornehmer und reicher waren als sie. Und sie sagte: Lieber Herr, wer und woher seid Ihr, daß Ihr so sehr nach der Ehe mit mir verlangt? Der Dämon wollte sich nicht gern zu erkennen geben, da aber die Jungfrau ernstlich in ihn drang, so gestand er endlich, in die Enge getrieben, und sagte: Ich bin der Teufel. Auf dies Wort erschrak sie und fragte: Wozu denn verlangst du nach fleischlicher Ehe, die deiner Natur entgegen ist? Darauf er: Stimme du mir nur zu, nichts weiter verlange ich von dir als die Einwilligung zum Bunde. Darauf das Mädchen: Jetzt will ich nichts mehr von dir wissen. Und sie verscheuchte ihn mit dem Zeichen des heiligen Kreuzes. Sie ging zu einem Priester und enthüllte ihm die Listen des Dämons. Von ihm wurde sie genau belehrt, wie sie den Bösen fernhielte, und kehrte nach Hause zurück. Der Dämon aber verschonte sie nach der Beichte keineswegs, sondern redete sie von ferne an und quälte sie, indem er allerlei Unreinlichkeiten in ihre Schüssel warf, wenn sie aß. Daher umgab sie sich mit Frauen zur Wache. In welchem Hause sie auch sein mochte, da gab der Dämon Antworten. Alle hörten ihn, aber nur das Mädchen konnte ihn sehen. Dieser Geist war so boshaft, daß er die Sünden der Anwesenden aufdeckte, ihre Verbrechen ihnen vorwarf, und keine Sünde blieb ihm verborgen, wenn nicht eine Beichte sie verhüllte. Er gab auch andere Zeichen seiner Bosheit. Mit Kot, mit zerbrochenen Töpfen voll Mist bewarf er die Zusammenkommenden. Einige fragten ihn: Teufel, kennst du das Gebet des Herrn? Da er antwortete: Ich kenne es sehr wohl. Da hießen sie ihn sagen, und er sagte: „Vater unser, der du bist in den Himmel, dein Name, dein Wille geschehe und auf Erden, unsern tägliche Brot gib uns heute, sondern befreie uns von dem Übel." Und als er in diesem Gebet mehr solche Schnitzer und Barbarismen gemacht hatte, fügte er kichernd hinzu: Seht, so pflegt ihr Laien euer Gebet zu sagen. Als er auch nach dem Symbolum gefragt wurde, sagte er, das wisse er ganz vortrefflich und fing an: „Ich glaube Gott, den allmächtigen Vater." Man sagte ihm: Du mußt sagen: Ich glaube an Gott; worauf er erwiderte: Ich glaube Gott*). Es waren gerade Schriftkundige zugegen und hörten des Teufels Wort, und da sie die Bedeutung des Akkussativs kannten, so bestanden sie darauf, er solle sagen: Ich glaube an Gott. Aber dazu war er nicht zu bringen. N: Ich möchte auch wissen, was heißt: an Gott glauben. M: An Gott glauben heißt: Durch Liebe an Gott herankommen. Deshalb sagt der Heiland: Jeder, der lebt und an mich glaubt, hat das ewige Leben (Joh. 11, 26). Der Dämon, wie der Apostel Jakob sagt (Jac. 2, 19), glaubt und zittert, aber er liebt nicht. Er glaubt, daß Gott ist, er glaubt, daß seine Worte wahr sind, aber er glaubt nicht an ihn, weil er ihn nicht liebt. Den englischen Gruß aber konnte dieser Dämon nicht einmal anfangen, obgleich er vorgab, ihn zu wissen. N: Da doch das Gebet des Herrn würdiger ist als der englische Gruß, so wundert es mich, daß er jenes sagen durfte und diesen nicht. M: Der Herr wollte es so, teils seiner Mutter zu Ehren, teils wegen der Herrlichkeit des Sakraments seiner Fleischwerdung. Wie kräftig dieser Gruß ist, mit dem die Erlösung des Menschengeschlechts ihren Anfang nahm, wirst du später noch besser erkennen. Als man diesen Dämon fragte, warum er eine so heisere Stimme habe, antwortete er: Weil ich immer glühe. Dasselbe Mädchen sagte auch: So oft er zu mir kam, hütete er sich, daß ich nicht seinen Rücken sähe. N: Warum denn das? M: Die Dämonen, wie ich aus einer Vision erfahren habe, haben keine Hinterseite. Ein Dämon, der einem Mädchen öfters erschien, ging,

*) Im Original der Dativ.

**) Per dilectionem ire in Deum.

wenn er sie verließ, immer rückwärts, und als sie fragte, warum er das tue, antwortete er: Wenn wir auch einen menschlichen Körper annehmen, so haben wir doch keinen Rücken.

N: Ich erwarte ein Beispiel, woraus ich den Unterschied zwischen falscher und echter Beichte erkennen kann. M: Sogleich. Es war in der Nähe ein Mann, der jenen Dämon sehr gern gehört hätte, aber wegen schimpflicher Sünden, die er begangen hatte, ihm nicht zu nahen wagte, aus Furcht, sie könnten ihm in aller Gegenwart vorgehalten werden. Er ging zu einem Priester und beichtete alles, ließ aber den Willen zu sündigen nicht fahren. Im Vertrauen auf diese Beichte ging er nach Hause. Aber denke nur: kaum hatte er die Schwelle betreten und hineingeschaut, als der Dämon in der Luft schrie: Freund, komm her, komm, du hast dich ja trefflich weißgewaschen. Und sogleich vor aller Ohren verriet er alle seine schändlichen Sünden und beschämte ihn so, daß er zu dieser Stunde sich tausend Meilen weit weg gewünscht hätte. Darob betrübt, hielt er, vom Gewissen verklagt, bei sich Einkehr, ging wieder zum Priester, erneuerte die Beichte und gelobte Gott und dem Priester von Herzen, künftig ein besseres Leben zu führen. Drauf sagte der Priester: Jetzt kehre unbesorgt zurück, er wird dich nicht wieder beschämen. Er tat so. Als er ins Haus trat, sagten einige Umhersitzende zu dem Dämon: Da kommt dein Freund wieder. Wer ist es? fragte er. Der, sagten sie, dem du vor kurzem so schändliche Dinge vorgeworfen hast. Der Dämon antwortete: Ich habe ihm nichts vorgeworfen und weiß nichts Böses von ihm. Die von der Beichte des Mannes nichts wußten, wunderten sich nun, daß der Dämon gelogen habe. So entging jener durch die Kraft der Beichte der ärgsten Schande.

In demselben Hause saß bei den andern eine Frau und hielt ihre junge Tochter, wie Mütter pflegen, unter dem Mantel. Da diese Frau den Dämon, ich weiß nicht womit, beleidigt hatte, schrie er: Glaubst du, daß deine Tochter, die unter deinem Mantel sitzt, noch Jungfer sei? Weh dir, du hast sie schlecht behütet. Die Mutter sagte: Du lügst. Er erwiderte: Ich lüge nicht. Wenn du mir nicht glaubst, so frage Petronilla. Die wird dir gewiß die Wahrheit sagen. Diese Petronilla war nämlich eine Frau, die um die Schande des Mädchens wußte. Als die Mutter das hörte, stieß sie die Tochter unwillig von sich und sagte: Weiche von mir, Unreine, nie soll dir von mir etwas Gutes kommen. Jene, ihrer Schuld bewußt, ging mit erheuchelten Tränen jammernd hinaus und versicherte, der Dämon habe gelogen. Auf Gottes Eingebung lief sie zu einem nahen Priester, bekannte die Sünde und gelobte, sich nie wieder unerlaubterweise zu beflecken. Dann, von dem Priester beraten und genau belehrt, was sie sagen müsse, kehrte sie zur Mutter zurück, die den Ort noch nicht verlassen hatte. Sie sagte zu ihr: Wahrlich, Mutter, du hast schwer gesündigt, daß du ohne Grund mich so arg beschimpft und so grausam verstoßen hast, wegen der Worte dieses Dämons, der durch und durch lügnerisch und der Vater der Lüge ist. Und sie fing an zu weinen. Die Mutter, gerührt durch ihre Worte und Tränen, sagte zum Dämon: Sprich, Schändlicher, warum hast du meiner Tochter so etwas vorgeworfen? Er antwortete: Was habe ich denn Böses von deiner Tochter gesagt? Sie ist gut und rein. Nichts Schlechtes weiß ich von ihr, noch habe ich geredet. So wurde das Mädchen, gleich jenem Manne, durch die Wohltat der Beichte vom Verdacht der Unzucht befreit und mit der Mutter wieder versöhnt.

3. Wie der Heilige Bernhard ein Weib von einem Incubus befreite

Ein Weib in der Gegend von Nantes wurde durch die Wollust eines frechen Dämons, da sie eingewilligt hatte, sechs Jahre lang in unglaublicher Weise geqäult. Dieser lüsterne Greis war ihr in Gestalt eines sehr schönen Ritters erschienen und mißbrauchte sie oft unsichtbar, während ihr Mann in demselben Bette lag. Im siebenten Jahre wurde sie von Furcht ergriffen, und da der heilige Bernhard von Clairvaux in jene Stadt kam, warf sich die Unglückliche ihm zu Füßen, beichtete unter Tränen das entsetzliche Leiden und den teuflischen Trug und flehte um Hilfe. Nachdem er sie getröstet und belehrt hatte, was sie tun müsse, konnte nach der Beichte der Teufel nicht an sie gelangen, schreckte sie aber doch mit Worten und drohte fürchterlich, er werde nach des Abtes Weggang zu ihrer Qual zurückkehren. Der vormalige Liebhaber wurde zum grausamsten Verfolger. Da sie dies dem Heiligen meldete, so verfluchte er am nächsten Sonntag den unzüchtigen Geist bei brennenden Kerzen, im Beisein zweier Bischöfe und unter Mitwirkung aller Gläubigen, die in der Kirche waren, und untersagte ihm im Namen Christi für die Zunkunft sowohl zu jenem Weibe wie zu den Weibern überhaupt den Zutritt. Mit dem Erlöschen der heiligen Lichter war alle Kraft des Dämons erloschen, das Weib empfing, nachdem sie alle ihre Sünden gebeichtet, das Abendmahl und war völlig befreit.

4. Wie ein Dämon die Tochter eines Priesters verführte

Zu Bonn in der Pfarre des heiligen Remigius war vor wenigen Jahren ein Priester namens Arnold, der eine schöne Tochter hatte. Diese liebte er sehr, und wegen der Jünglinge, besonders der Bonner Domherren, hütete er sie so streng, daß er sie, so oft er ausging, im Söller des Hauses einschloß. Eines Tages erschien ihr der Teufel in Gestalt eines Mannes, begann sie innerlich durch geheime Eingebung und von außen durch schmeichelnde Rede zur Sünde zu verlocken. Um es kurz zu sagen: Die Unglückliche ließ sich bereden, ward geschändet und gab sich nachher öfter zu ihrem Unheil dem Dämon preis. Einst ging der Priester nach dem Söller hinauf, fand die Tochter weinend und seufzend und konnte kaum den Grund ihres Kummers herausbringen. Sie gestand dem Vater, sie sei von einem Dämon betrogen und vergewaltigt, und also habe sie wohl Anlaß zur Trauer. Sie war so geistesverwirrt und von Sinnen, teils vor Kummer, teils durch die teuflische Einwirkung, daß sie Würmer, die sie von ihrem Busen sammelte, in den Mund steckte und kaute. Der betrübte Vater schickte sie über den Rhein, in der Hoffnung, sie werde durch die Luftveränderung genesen und durch das Hindernis des Flußes von dem Incubus befreit werden. Als das Mädchen weg war, erschien der Dämön dem Priester, drohte ihm und sagte: Böser Priester, warum hast du mir mein Weib geraubt? Das soll dir übel bekommen. Und sogleich stieß er ihn so heftig vor die Brust, daß er Blut spie und am dritten Tage starb. Zeuge dieser Geschichte ist unser Abt, desgleichen unser Mönch Gerhard, vormals Scholastikus in Bonn, die mit dem Vorfall wohl vertraut waren.

5. Wie ein Dämon in Weibesgestalt einen Bürger entführte

In der Stadt Soest war ein Bürger namens Heinrich, mit dem Beinamen Edelstein*). Sein Gewerbe war, Wein in den Schenken zu verkau-

*) Gemma.

fen. Er hatte aber eine Schenke, die ein Stück von seinem Hause entfernt war. Als er nun eines Nachts nach seiner Gewohnheit spät von der Schenke heimkehrte und mit dem Gelde, das er für den Wein eingenommen, nach Hause eilte, sah er eine weibliche Gestalt in weißem, leinenem Gewande an einem Orte stehen, wo die Bürger Gericht zu halten pflegen. Und als er, ohne Böses von ihr zu denken, hinzukam, zog sie ihn am Gewande und sagte: O Liebster, lange habe ich dich hier erwartet; du mußt mich lieben. Er riß ihr das Gewand aus den Händen und sagte: Laß mich, ich werde deiner Wollust nicht zu Diensten sein, sondern zu meinem Weibe gehen. Sie setzte ihm stärker zu und wollte ihn zur Unzucht verlocken. Da ihr Zureden nichts half, nahm sie den Mann in die Arme, und ihn heftig drückend, hob sie ihn in die Luft, trug ihn bis über das Kloster des heiligen Patroklus, das recht hoch ist, und setzte ihn auf einer Weide nieder. Dort ließ sie ihn bewußtlos liegen. Nach einer Stunde erholte er sich etwas, stand auf, kam mit vieler Mühe auf allen vieren kriechend zu dem Hause, das dem Kloster nahe war, und klopfte an. Als die Diener aufstanden, um Licht zu machen, schrie er: Steckt kein Licht an, es tut mir nicht gut, es zu sehen. Sie legten ihn ins Bett, denn er war sehr schwach, an Geist wie an Körper. Drei Nächte nacheinander bei stürmischem Wetter klopfte derselbe Dämon an die Tür, wobei Heinrich schrie: Ich weiß, er kommt meinetwegen; ich weiß, er klopft meinetwegen. Danach lebte er noch ein Jahr, schwach an Verstand. Dies hat mir unser Mönch Dietrich aus Soest erzählt, der sagte, es sei dort allbekannt. Sein Bruder lebt noch in der Kirche des heiligen Patroklus als Domherr.

6. Wie der Teufel einen Priester durch Ankündigung seines Todes täuschte

Ein Priester war und ist noch heute sehr fromm und allgemein beliebt wegen seines verdienstlichen Lebens. Er leitete eine Pfarre in unsrer Gegend. Seine Tugend beneidete der Herr der tausend Listen, wollte ihn aber nicht offen durch Versuchungen bedrängen, sondern hoffte ihn unter dem Schein des Guten wirksamer sich geneigt zu machen. In einen Engel des Lichts verstellt, zeigte jener Diener der Finsternis sich dem Priester und sprach: Freund Gottes, ich bin gesendet, um dir zu melden, was dir geschehen wird. Bereite dich, denn du wirst in diesem Jahre sterben. Der Priester, dem der böse Engel keinen Verdacht erweckte, sondern der glaubte, es werde so sein, wie er verkündet hatte, begann sich sorgsam zum Tode vorzubereiten, sein Gewissen durch Beichte zu reinigen, den Leib durch Fasten, Nachtwachen und beständiges Gebet zu kasteien, seine Ernte und seinen Haushalt an Bedürftige zu verteilen. Und da viele ihn fragten, warum er so unbesonnen sein Gut vergeude, eröffnete er nur einem in der Beichte die Ursache und sagte: Ein Engel des Herrn hat mir enthüllt, daß ich in diesem Jahr sterben werde. Jener aber konnte dies nicht bei sich behalten, sondern sagte es einem Freunde. Und so kam es durch ihn zur Kenntnis der ganzen Gemeinde. Als das Jahr um war, starb der Priester nicht und der Teufel ward als falscher Prophet erfunden. Weil aber den Erwählten alles zum Guten dienen muß, so ward der heilige Mann durch den Trug des Teufels gefördert. Denn er schämte sich, daß er sich so habe täuschen lassen, wegen der Menschen, zu denen das Wort gedrungen war, und da er auch nicht wußte, wovon er leben sollte, so verließ er Weltlichkeit und Pfarre und ward Mönch in einem Kloster unsres Ordens, dessen Name mir entfallen ist. Als er Novize geworden war, erschien der Teufel wiederum und suchte seine List mit solchen Worten zu beschönigen: Lass' dich's nicht beirren, Mann Gottes, sagte er, daß du nicht, wie ich vorausgesagt, gestorben bist, denn Gott hat in seiner Weisheit dein Leben verlängert zur Erbauung vieler. Ich bin von ihm gesandt, um dir beizustehen, dich zu belehren und zu behüten. Und jener glaubte ihm. Nun war der Teufel häufig um ihn, und immer, wie ihm nachträglich auffiel, ermahnte er ihn, es sich bequemer zu machen. Wenn ihn der Eifer manchmal trieb, länger zu beten, zu wachen, Handarbeit zu tun, so schalt ihn jener und sagte: Vorsicht ist die Mutter der Tugenden. Du kannst noch lange leben, deshalb mußt du dich schonen, auf daß du lange Gott dienen könntest. Wenn er einen größern Stein aufheben wollte, sagte der Teufel: Der ist zu groß, nimm diesen. Als er Mönch geworden war, sagte jener: Bitte den Prior um Erlaubnis, für dich allein zu arbeiten, damit du freier dich mit mir besprechen kannst und ich mit dir. Der Prior erlaubte es ihm, als er den Grund erfuhr. Eines Nachts wollte der Teufel die lange vorbereitete List zu Ende führen: er kam bei einem Unwetter an des Mönches Bett, weckte ihn und sagte: Steh auf, der Herr will deine großen Mühen belohnen. Geh auf den Abort, und dort an einem Balken hänge dich mit einem Gürtel auf, damit er dich als Märtyrer empfange. Bei diesem Worte erschrak der Mönch, und den Teufel wiederholt anspeiend, rief er: Weiche von mir, Schändlicher, weiche! Jetzt weiß ich, wer du bist. Und indem er sich bekreuzigte, verjagte er ihn. Sogleich stand er auf, ging an des Priors Bett, weckte den Schlafenden und machte ihm das Zeichen, daß er beichten wolle*). Jener winkte, er möge bis morgen warten, da er aber sich nicht beruhigte, stand der Prior auf und betrat mit ihm das Kapitel. Hier warf sich der Mönch dem Prior zu Füßen, beichtete, wie er vom Teufel unter der Gestalt eines Engels lange getäuscht worden sei und wie er an dem Rat des Erhängens ihn erkannt habe. Er beichtete auch seine andern Sünden. Nachdem ihm der Prior eine Buße auferlegt und für die Zukunft zu größerer Vorsicht ermahnt hatte, ging er wieder zu Bett. Der Mönch aber ging hinauf, um ein Bedürfnis zu befriedigen, und als er saß, erblickte er den durch die Beichte erbitterten Dämon, der mit gespanntem Bogen und aufgelegtem Pfeil ihm gegenüberstand und mit lauter Stimme sagte: Zu deinem Unheil hast du mich beschämt, jetzt will ich dich töten. Jener aber erwiderte: Geh, Verfluchter, ich fürchte dich nicht mehr. Auf das Kreuzzeichen verschwand er. So wurde der Mönch durch die Kraft der Beichte gerettet und sah den Dämon nicht wieder.

7. Wie Ketzer durch die Probe des glühenden Eisens überführt wurden

In der Bischofstadt Cambrai wurden vor fünf Jahren mehrere Ketzer ergriffen, die alle aus Furcht vor dem Tode ihre Treulosigkeit ableugneten. Der Bischof sandte einen Geistlichen, der die Leugnenden durch das glühende Eisen prüfen und sie, wenn sie angesengt würden, als Ketzer verurteilen sollte. Alle wurden geprüft, und alle wurden gesengt. Als sie zur Hinrichtung geführt wurden, wollte der Geistliche einem von ihnen, einem Mann von edlem Blut, das Leben retten, wenn er ihn irgendwie zur Buße bringen könnte. Er sprach zu ihm: Du bist ein Adliger, mich jammert dein, und ich habe Mitleid mit deiner Seele. Ich bitte und ermahne dich, daß du selbst jetzt noch die große Treulosigkeit abtuest, vom Irrtum zur Wahrheit zurückkehrest, auf daß du

*) Weil nämlich die Mönche nur zu gewissen Stunden sprechen durften.

nicht durch den zeitlichen Tod in den ewigen hineinstürzest. Darauf jener: Durch die Erfahrung habe ich meinen Irrtum eingesehen. Wenn die späte Buße mir nützen könnte, würde ich mich nicht weigern zu beichten. Da der Geistliche sagte, wahre Buße komme nie zu spät, so rief er einen Priester. Der Mann bekannte seinen Irrtum und versprach Gott aus ganzem Herzen Genugtuung, wenn ihm das Leben geschenkt würde. Damit aber der gütige Gott die Kraft der Beichte erweise, so begann, sowie der Büßer seine Sünden zu beichten anhub, die Brandwunde an der Hand des Beichtenden allmählich zu schwinden. Zusehends nahm sie ab, je weiter die Beichte vorschritt. Als die Beichte zur Hälfte vollendet war, war die halbe Wunde geheilt. Soweit er aber die ganze Beichte beendet hatte, da hatte die Kraft der Beichte so den Schmerz wie die Farbe des Brandes getilgt, und die Hand war gesund wie zuvor. Der Richter wollte den Mann zum Feuer führen lassen. Zu ihm sprach der Geistliche: Weshalb ruft Ihr ihn? Damit er brenne, sagte jener, weil er bei der Prüfung gebrannt worden ist. Da wies der Geistliche die gesunde Hand vor und befreite ihn vor der Strafe, während die übrigen das Feuer verzehrte.

8. Desgleichen von zehn Ketzern, die in Straßburg geprüft wurden

Zehn Ketzer wurden in Straßburg ergriffen. Da sie leugneten, wurden sie durch das Urteil des glühenden Eisens überführt und zum Feuertode verdammt. Am festgesetzten Tage, als sie zum Scheiterhaufen geführt wurden, sagte ein Begleiter zu ihrer einem: Unglücklicher, verurteilt bist du, tu wenigstens jetzt Buße, damit nicht nach dem Brande des Leibes, der vorübergehend ist, das Höllenfeuer deine Seele ewig brenne. Da jener sagte: Ich sehe wohl meinen Irrtum ein, aber ich fürchte, eine Buße in solcher Notlage wird Gott wenig lieb sein, erwiderte der andere: Beichte nur von Herzen, Gott ist gnädig und nimmt den Bußfertigen auf. Und wunderbar! Sobald der Mann die Treulosigkeit gebeichtet hatte, erhielt die Hand ihre volle Gesundheit wieder. Als er noch bei der Beichte zögerte und der Richter ihn zur Bestrafung rief, antwortete sein Beichtvater dem Richter: Es ist nicht gerecht, daß ein Unschuldiger verurteilt werde. Und da an seiner Hand keine Brandspur zu finden war, entließ man ihn. Es hatte aber dieser Mensch ein

Weib, das unfern der Stadt wohnte und nichts von dem Geschehenen wußte. Zu dieser kam er voll Freude und sagte: Gepriesen sei Gott, der mich heute vom Verderben des Leibes und der Seele gerettet hat. Und er erzählte ihr die Sache. Sie aber sprach: Unseliger, was hast du angerichtet? Wie konntest du wegen eines kurzen Schmerzes von deinem vernünftigen und heiligen Glauben abfallen? Eher hättest du, wenn es anginge, deinen Leib hundertmal den Flammen darbieten müssen, als von einem so erprobten Glauben einmal abzufallen. — Wen verlockt nicht die Stimme der Schlange? Er vergaß der Wohltat, die ihm Gott erwiesen, vergaß des offenbaren Wunders, folgte dem Rat des Weibes und fiel in den früheren Irrtum zurück. Gott aber vergaß nicht der Rache für solchen Undank und strafte beide an der Hand. Aufs neue zeigte sich der Brand an der Hand des Ketzers, und das Weib, als Urheberin des wiederaufgenommenen Irrtums, ward auch teilhaftig des neu erwachten Schmerzes. So heftig war das Brennen, daß es die Knochen der Hand durchdrang. Und da sie im Dorfe das Geschrei nicht laut werden zu lassen wagten, das die Gewalt des Schmerzes ihnen entpreßte, so flohen sie in den Wald, wo sie wie Wölfe heulten. Was bedarf es vieler Worte? Sie wurden verraten, in die Stadt zurückgeführt, in das noch glimmende Feuer geworfen und zu Asche verbrannt.

9. Wie ein Novize dem Abt im Traume beichtete

Ein Jüngling wurde in ein Haus unsres Ordens als Novize aufgenommen. Kurze Zeit darauf erkrankte er schwer und kam zum Sterben. Er hatte aber noch nicht nach dem Brauch des Ordens dem Abt eine Generalbeichte abgelegt, weil der Abt abwesend war. Diesen erwartete er mit großer Sehnsucht, da er aber nicht kam, beichtete er dem Prior, was er begangen hatte. Und so, bevor der Abt heimkehrte, schied er von hinnen. In derselben Nacht, während der Abt auf einem Gutshof des Klosters schlief, ohne von dem Hingang des Novizen etwas zu wissen, kam der Geist des Verstorbenen vor sein Bett und bat ihn demütig, er möge doch seine Beichte anhören. Dieser Abt soll der heilige Hugo von Bonnevaux sein, der schon durch Wunder zu glänzen beginnt. Er antwortete dem Novizen: Gern will ich dich hören. Und jener beichtete ihm alle seine Sünden in derselben Reihenfolge und

Weise wie dem Prior. So groß war seine Reue, daß sogar Tränen aus den Augen des Novizen, der gebückt dastand und beichtete, auf die Brust des Abtes zu fallen schienen. Nach vollendeter Beichte sprach er die Worte: Jetzt, Vater, gehe ich mit deinem Segen, denn ich hätte nicht gerettet werden können, wenn ich dir nicht die Beichte abgelegt hätte. Bei diesen Worten erwachte der Abt, und da er erproben wollte, ob es ein wahres Gesicht sei oder, wie es oft geschieht, ein Trugbild, so befühlte er die Kutte um seine Brust und fand sie ganz naß und mit Tränen besprengt. Darob wunderte er sich sehr, und als er heimkam und dem Prior den Traum erzählte, antwortete dieser: Wahr ist das Gesicht gewesen und völlig wahr die Beichte.

10. Von der Beichte eines Dämons

Als ein Priester zur Fastenzeit in seiner Kirche saß und die Beichte seiner Pfarrkinder anhörte, die da gingen und kamen, da stand unter den Wartenden einer, jung und kräftig an Körper, wie es schien, und harrte, daß an ihn die Reihe käme. Als alle abgefertigt waren, trat er als letzter heran, beugte die Knie vor dem Priester und öffnete den Mund zur Beichte. Er beichtete aber so viele und so entsetzliche Verbrechen, so viele Morde, Diebstähle, Gotteslästerungen, Meineide, Verleumdungen und dergleichen, als deren Urheber, Anstifter oder Ratgeber er sich bekannte, daß der Priester, von Grausen wie von Überdruß überkommen, zu ihm sagte: Wenn du tausend Jahre alt wärest, könntest du nicht so viele und so schwere Sünden begangen haben. Auf diese Worte erwiderte jener: Ich bin älter als tausend Jahre. Darauf fragte der Priester, noch mehr erschreckt: Wer bist du denn? Er antwortete: Ich bin ein Dämon, einer von denen, die mit Luzifer gefallen sind. Meine Sünden habe ich dir nur zum kleinsten Teil bekannt. Wolltest du die übrigen hören, die unzählbar sind, so wäre ich bereit zu beichten. Da der Priester wußte, daß des Teufels Sünde unheilbar ist, sagte er: Was soll dir die Beichte, o Teufel? Drauf der Dämon: Ich stand dir gegenüber, ich sah, wie die Sünder zu dir herantraten und gerecht zurückkehrten, ich horchte genau, was sie sagten und was du ihnen antwortetest und wie nach schweren Sünden ihnen Verzeihung versprochen ward und das ewige Leben. Da hoffte ich, gleiches erlangen zu können, und kam dir meine Sünden beichten. Der Priester aber, nach des heiligen Martins Vorgang, erwiderte dem Teufel voll Zuversicht: Wenn du meinen Rat befolgen und ob deiner Sünden aufrichtigen Herzens Buße tun willst, wie sie, die du von hier hast weggehen sehen, so wirst du ähnliche Verzeihung erlangen. Der Dämon antwortete: Wenn du mir eine erträgliche Buße auferlegst, so werde ich gehorchen. Ich werde, sagte der Priester, dir eine ganz mäßige Buße anbefehlen, geringer als denen, die vor dir gebeichtet haben. Geh und wirf dich dreimal des Tages zur Erde, und so liegend sprich: Herr Gott, mein Schöpfer, ich habe gegen dich gesündigt, vergib mir. Als der Teufel sagte: Das kann ich nicht, es ist zu schwer für mich, fragte der Priester: Warum sträubst du dich gegen etwas so Geringes? Er sagte: Ich kann mich nicht so vor ihm demütigen. Befiehl mir irgend etwas anderes, ich will es gern auf mich nehmen. Da erwiderte der Priester voll Unwillens: O Teufel, wenn deines Herzens Hochmut so groß ist, daß du nicht einmal so wenig vor deinem Schöpfer dich erniedrigen willst noch kannst, so weiche von mir, denn du wirst weder hier noch künftig Mitleid bei ihm finden. Auf dieses Wort hin verschwand jener sogleich.

11. Wie ein Abt seinem Bruder Kirchengelder zuwandte

Im Kloster des heiligen Pantaleon zu Köln war ein Abt, dessen fleischlicher Bruder ein Bürger dieser Stadt war. Da er ihn fleischlich liebte, so schenkte er ihm oft heimlich von dem Gelde des Klosters. Dies legte der Bürger zu seinem eigenen, trieb damit Handel, und wohin er auch ging, immer kehrte er mit Schaden zurück. Ihm wurde, ohne daß er es merkte, das Klostergeld gleichsam zu Feuer und sein eigenes wie Stroh. Und da er in Geschäften recht erfahren und umsichtiger als alle seine Genossen war, so konnte er sich über deren Erfolg und seine eigenen Verluste nicht genug wundern. Der Abt hatte Mitleid mit seinem Unglück und fuhr fort ihm zu geben, er geriet aber endlich selbst in Armut, da jener nicht weiterkam, vielmehr immer weniger hatte. Da sprach der Abt: Was tust du, Bruder? Warum vergeudest du so kläglich deine Habe zu deiner und meiner Schmach? Er antwortete: Ich lebe sehr sparsam, ich übe die größte Vorsicht bei meinem Handel, ich kann durchaus nicht begreifen, was mit mir vorgeht. Endlich ging er in sich, suchte einen Priester auf, und eröffnete ihm in der Beichte alles, was ihm geschehen war. Der Priester sagte zu ihm: Folge meinem Rat, und du wirst schnell reich werden. Deines Bruders Geld ist Diebstahl, und dies hat deine Habe aufgezehrt. Künftig nimm nichts von ihm an; mit dem wenigen, was noch übrig ist, treibe Handel, und du wirst sehen, daß die Hand des Herrn über dir ist. Was immer du aber gewinnst, davon gib die Hälfte deinem Bruder, von dem Rest lebe du, und dies tu so lange, bis du alles dir gegebene Klostergeld zurückerstattet hast. O wunderbare Gnade Gottes! Indem der Mann dem Rate seines Beichtvaters gehorchte, wurde er bald so bereichert, daß er selbst Überfluß hatte und dem Bruder das Empfangene zurückgeben konnte. Als der Abt ihn fragte: Woher hast du diesen Reichtum, Bruder? erwiderte er: Solange ich die Habe deiner Brüder erhielt, war ich immer arm und elend, und du hast schwer gesündigt, da du mir schenktest, was nicht dein war, ich aber, indem ich es annahm. Seitdem ich aber dies bereut habe und den Diebstahl verabscheue, habe ich durch den Segen des Herrn Überfluß erlangt.

12. Von zwei Kaufleuten in Köln

Zwei Kölner Bürger beichteten unter anderm zwei Arten von Sünden, die zwar an sich sehr schwer sind, aber wegen ihrer Häufigkeit, zumal bei Kaufleuten, klein erscheinen und kaum als Sünden gelten, nämlich Lüge und Meineid. Herr, sprachen sie, wir können fast nichts kaufen noch verkaufen, ohne daß wir lügen, schwören und oft falsch schwören müssen. Der Pfarrer sagte: Das sind sehr schwere Sünden, die der Heiland verboten hat, denn er sagt selbst: Eure Rede soll sein: ja ja, nein, nein. Sie antworteten: Wir können bei unseren Geschäften dies Gebot nicht beachten. Sprach der Priester: Folgt meinem Rat, und es wird euch wohl ergehen. Laßt das Lügen, laßt das Schwören, lobt eure Ware so, wie ihr sie geben wollt. Sie gelobten ihm, sie wollten es ein Jahr lang versuchen. Aber vom Satan gehindert, der immer dem Seelenheil der Menschen entgegen ist, konnten sie dies Jahr über fast nichts verkaufen. Als das Jahr um war, kehrten sie zu ihrem Pfarrer zurück und sagten: Daß wir in diesem Jahr gehorsam gewesen sind, hat uns viel Schaden getan, die Menschen verlassen uns, ohne Eid können wir nichts verkaufen. Drauf der Priester: Fürchtet nichts, es ist eine Versuchung. Haltet fest in eurem Herzen, daß kein Mißgeschick, keine Armut euch von diesem Vorsatz abbringen soll, und der Herr wird euch segnen. Sie versprachen ihm durch Eingebung des Herrn, daß sie seinen Rat und das göttliche Gebot alle Tage ihres Lebens beobachten wollten, und wenn sie auch betteln müßten. Und, o Wunder! Sogleich scheuchte der Herr die Versuchung, so daß die Menschen begannen, sie mehr aufzusuchen als die anderen Kaufleute, und binnen kurzem wurden sie so reich, daß jeder staunte. Da kehrten sie zu ihrem Beichtvater zurück und dankten ihm, daß sie durch seinen heilsamen Rat von so schweren Sünden entlastet und in äußeren Dingen bereichert seien.

13. Von einem habsüchtigen Beichtvater

Bei Soest, einer Stadt des Kölner Sprengels, leitet ein Priester eine Pfarre, Hegennaird mit Namen, in der Schrift wohlbewandert, aber wenig gottesfürchtig. Zu diesem kam einer aus der Zahl seiner Pfarrkinder zur Fastenzeit und beichtete unter anderm, daß er während jener heiligen Tage der Unenthaltsamkeit die Zügel habe schießen lassen. Der Priester schalt ihn hart, sagte, diese heilige Zeit sei zu Gebet, Fasten, Enthaltsamkeit und Werken der Barmherzigkeit bestimmt, und fügte hinzu: Zur Buße für diese Sünde lege ich dir auf, mir achtzehn Denare zu geben, auf daß dafür ebenso viele Messen gesungen und die Schuld deiner Unenthaltsamkeit getilgt werde. Jener versprach es zu geben. Als er gegangen war, kam ein anderer zur Beichte, und als er ihn befragte und erfuhr, er sei während der Fastenzeit enthaltsam gewesen, sagte er: Du hast sehr übel getan, daß du so lange deinem Weibe fern geblieben bist. Jene konnte von dir Nachkommenschaft empfangen, was du durch deine Enthaltsamkeit vereitelt hast. Der Mann ließ sich schrecken, wie es einfachen Leute zu gehen pflegt, und als er Hilfe erbat für dies Vergehen, sagte der Beichtvater: Du mußt mir achtzehn Denare geben, und ich werde durch ebenso viele Messen Gott mit dir versöhnen. Auch dieser versprach, zur bestimmten Zeit ihm das Geld zu geben. Nach wenigen Tagen geschah es durch den Wink Gottes, daß diese beiden zugleich zum Markte kamen, jeder mit seinem Beutel, und daß der Beutel des einen Pferdes infolge der weiten Reise in den Schmutz fiel. Als der andere hinzulief, um dem Gefährten zu helfen, rief dieser erzürnt: Der Teufel belohne unsern Priester, denn seinetwegen stehe ich diese Mühe aus. Als jener nach der Ursache fragte, erwiderte er: Ich habe ihm meine Unenthaltsamkeit gebeichtet, und er hat mir diese Buße auferlegt, so daß ich jetzt vor der Zeit meine Ernte verkaufen muß, um das verlangte Geld zu bringen. Hierauf rief der andere: Was höre ich? Ich habe ihm das Gegenteil gebeichtet und bin doch mit derselben Strafe belegt worden. Wisse, daß ich aus demselben Grunde jetzt zu Markte kommen muß. Wahrlich, wir haben einen sauberen Priester. Und als sie in die Stadt kamen, verklagten sie ihn beim Dekan und den Domherren des heiligen Patroklus und bereiteten ihm große Schande.

14. Von einem Pfarrer, der mehreren Beichtigern dieselbe Beichte vorsagte

Ein Pfarrer, wie ich von seinem Nachfolger gehört habe, hatte die Gewohnheit, daß, wenn zur Fastenzeit seine Pfarrkinder des Beichtens halber zur Kirche strömten, er sechs bis acht zugleich vor den Altar führte, sie mit der Stola bekleidete, ihnen auf deutsch eine allgemeine Beichte vorsprach und sie die einzelnen Worte wiederholen ließ. Dann legte er allen die nämliche Buße auf und hieß sie zusammen des Weges gehen. So tat er mit allen, ohne zu fragen, was sie getan, wer mehr, wer weniger gesündigt habe. Als er gestorben war, geschah es, daß einer aus der Pfarre, ein alter Mann und klug in weltlichen Dingen, nach seinem Nachfolger schickte und das heilige Abendmahl forderte, weil er auf den Tod krank war. Der Priester kam und sagte: Erst müßt Ihr Beichte tun. Jener antwortete: Macht Ihr mir die. Denn er hatte die erwähnte Gewohnheit im Sinne. Und da der Priester ihn mahnte und in ihn drang, sagte er ärgerlich: Wahrlich, Herr, Euer Vorgänger ist nie so mit mir verfahren. Als ihm nun der Priester die Kommunion verweigerte, brach er endlich in die Worte aus: Ich bekenne, daß ich gesündigt habe durch Ehebruch, Diebstahl, Raub, Mord, Meineid und viele andere Verbrechen. Drauf der Priester: Das alles habt Ihr getan? Er antwortete: Nein, wahrlich, Herr, nichts von diesem habe ich begangen. Er beichtete nur so aus alter Gewohnheit. Und er war nicht dazu zu bringen, die wirklich begangenen Sünden zu beichten.

Viertes Buch: Von der Versuchung

1. Wie der Notize Theobald die Regungen des Hochmuts unterdrückte

Bei uns war ein Mönch namens Theobald, der zuvor ein Spaßmacher gewesen war, dem Wein und den Würfeln ganz ergeben und wegen seiner Possen in der ganzen Stadt Köln bekannt. Oft habe ich ihn nackt durch die Straßen dieser Stadt einherschreiten sehen. Endlich bereute er seine Possen; auf die Fürbitten der Kölner Pröpste nahm ihn Herr Gevard, unser Abt, auf und er wurde Novize in unserm Kloster. Während seiner Probezeit, da er hoffte, daß Gott nichts angenehmer sei als Werke der Demut, bat er, ihn die Lumpen der . . . . .*) waschen zu lassen, und es wurde ihm gewährt. Als er dies einige Tage getan hatte, erschien der Versucher, verwundete sein Herz mit dem Pfeil des Hochmuts und gab ihm solche Gedanken ein: Was tust du, o Tor? Wie kommt es dir zu, die Unreinigkeiten dieser Menschen zu waschen, die vielleicht von schlechterer Herkunft sind als du? Nachdem er diese Gedanken eine Zeitlang im Herzen gehegt hatte, merkte er, daß sie vom Teufel stammten, der König ist über alle Söhne des Hochmuts. Drum wusch er eines Tages die Lumpen sorgsamer als gewöhnlich, und um den Teufel noch mehr zu ärgern und die Hochmutseingebungen zunichte zu machen, trank er das Spülicht aus. Der Teufel sah dies und ergrimmte, und da er ihn durch den Geist des Hochmuts nicht niederwerfen konnte, so suchte er ihn in Schrecken zu setzen. Dies Gesagte hat mir unser Abt Herr Heinrich erzählt, der versicherte, er habe es aus seinem eigenen Munde gehört unter dem Siegel der Beichte. Durch jenen unreinlichen und widerlichen Trunk nämlich empfand er so greuliche Qualen im Bauche, daß er meinte, alle seine Eingeweide würden bersten. Eines Nachts, als er ein Bedürfnis verspürt hatte, sah er zwei Menschen an einem Balken jener Kammer aufgehängt. Ihre Körper waren schwarz, ihre Gewänder zerrissen, ihre Gesichter verhüllt, so daß sie nichts anderes als Diebe schienen. Da diese der Novize unversehens erblickte, kam er vor großem Schrecken fast von Sin-

*) Das Original hat hier das unverständliche cauteriorum, das wahrscheinlich „verderbt" ist.

nen, er lief nach dem Schlafsaal zurück, und neben dem Bette des Mönches Heinrich, des nachmaligen Oberhaushofmeisters, brach er keuchend zusammen. Und wie mir dieser Heinrich erzählt hat, zitterte er so, bebte seine Brust so sehr von häufigem Stöhnen, daß er sich sehr wunderte, was ihm fehle und was er gesehen habe. Er bedeutete ihm, schlafen zu gehen, weil es kalt war und jener im bloßen Hemd saß, aber er wollte nicht. Da warf er ihm einen Teil seiner Decke über die Schultern, und so erlaubte er ihm zu sitzen, bis das Zeichen zum Morgengebet ertönte. N: Merkwürdig, daß eine noch neue Wand bei so heftiger Erschütterung stehen bleiben konnte. M: Sie stand auch nicht lange, durch die wiederholten Stöße der Versuchungen wankend gemacht, wurde er endlich durch den Schein des Guten betrogen und gab nach. Als er Mönch geworden war, bat er um Erlaubnis, seine Verwandten in Frankreich zu besuchen, die er vor seinem Eintritt in zwanzig Jahren nicht gesehen und ihnen auch nicht nachgefragt hatte, und dort ein Jahr lang in einem Kloster unseres Ordens zu bleiben, und er setzte dem Abt so lange zu, bis dieser es gewährte. Er ging und kam wieder, dann wurde er abtrünnig, und er starb außerhalb des Ordens. Wie uns ein fahrender Kleriker erzählt hat, hat er einem Weltpriester gebeichtet, ist von ihm gesalbt und mit dem Abendmahl versehen worden, und so ist er in tiefer Reue gestorben.

2. Wie ein Mönch zu Monte Cassino entrafft ward

Wie ich nicht durch Lesen erfahren habe, sondern aus dem Munde eines im Leben wie in der Lehre hervorragenden Mannes, war in Monte Cassino ein Mönch, der eine sehr angenehme Stimme hatte. Als dieser am Abend vor Ostern im Priestergewande eine Wachskerze weihte und mit lieblicher Stimme die liebliche Melodie des Segens ertönen ließ und seine Stimme in aller Ohren war wie Musik beim Weingelage (Eccl. 49, 2), da war er, als die Kerze geweiht war, verschwunden. Und bis auf den heutigen Tag weiß man nicht, von wem er entrückt, noch wohin er entführt worden sei. N: Wie, wenn ihn ein Engel des Herrn entrückt hätte? M: Das war nicht die Meinung seiner Brüder, die sein Leben kannten. Eher ist zu fürchten, die Ursache seiner Entrückung sei das Laster des in ihm aufgestiegenen Stolzes gewesen denn das Verdienst der inbrünstigen Frömmigkeit.

3. Von dem hochmütigen Gesang einiger Kleriker

Als einst einige Geistliche in einer weltlichen Kirche kräftig, das heißt lärmend, nicht andächtig sangen und das Getöse ihrer Stimmen hoch aufstieg, da sah ein frommer Mann, der gerade zugegen war, wie ein Dämon auf einem höher gelegenen Orte stand, mit einem großen und langen Sack in der Linken, während er mit der weit ausgestreckten Rechten die Stimmen der Sänger auffing und in den Sack tat. Als der Gesang zu Ende war und sie untereinander prahlten, als hätten sie den Herrn recht kräftig gelobt, da sagte jener, der die Erscheinung gesehen hatte: Gut habt ihr gesungen, aber ihr habt einen Sack voll gesungen. Und da sie verwundert fragten, warum er so spreche, erzählte er ihnen das Gesicht. Dies hat mir ein Abt des Zisterzienserordens, ein Mann von hohem Ernste, berichtet.

4. Wie einen Priester der Teufel anfiel

Zur Zeit da Oliver, der Kölner Scholastikus, zwischen den flandrischen Städten Brügge und Gent das Kreuz predigte, kam zu Bruder Bernhard, unserm Mönch, der damals Begleiter der Predigt und Genosse jenes Oliver war, ein Priester namens Siger, im Mönchsgewande, mit einer auf der Brust mit dem Kreuz bezeichneten Kapuze, wie die Templer sie tragen. Er war aber schön von Angesicht und von schlankem Wuchs, dazu in seiner Mundart recht beredt. Dieser bot jenem Bernhard einen Edelstein von mannigfaltigen Farben, den er, wie er sagte, aus Ceuta mitgebracht und der die Kraft haben sollte, den siegreich zu machen, der ihn trug. Bernhard erwiderte: Herr, das Eure nehme ich nicht. Kann ich Euch bei dem Meister auf redliche Weise dienen, so werdet Ihr es schon erfahren. Er schien darauf auszugehen, daß er von jenem Vollmacht erhalte zu predigen. Am selben Tage ward ihm erlaubt, eine Anrede an das Volk zu halten. Als am folgenden Tage Bernhard an der nächsten Haltestelle die Menge ermahnte, war Siger dabei. Dieser stürzte nach beendigter Predigt vornüber zu Boden und gebärdete sich mit schrecklichen Bewegungen wie ein Besessener, was er auch wirklich war. Sogleich eilte Meister Oliver mit den Geistlichen herbei, bekreuzigte den Menschen und ließ ihn in die Kirche schleppen und beim Altar niedersetzen, wo der Unglückliche viele Lästerungen und gräßliche Worte gegen Gott und Oliver ausstieß. Er wurde mit Riemen gebunden, auf einen Wagen gelegt und den Seinen zugeführt. Es heißt, der Dämon habe ihn am fünften Tag, wie er ihm gedroht hatte, getötet. Aus seiner Heimsuchung und seinem Tode ist hinreichend klar, daß seine Predigt nicht aus Frömmigkeit, sondern vielmehr aus Ehrgeiz entsprang. Er soll auch ein entlaufener Mönch gewesen sein und vom Herrn Papst einen Brief erlangt haben, daß die Provinz ihn dulden möge. Andere sagten, er sei auch in jenem exkommunizierten Schiff gewesen, das den Sarazenen in Ceuta Kriegswaffen verkauft hatte.

5. Wie eine Alte den Kreuzprediger Arnold verspottete

Als Arnold Prediger in Burgende, einem Dorfe in Twente, war und am Tage der Apostel Petrus und Paulus seine Pfarrkinder, wie alljährlich, ein Spiel mit Tänzen und Musik abhielten, kam er, der schon Vollmacht zur Kreuzpredigt hatte, mit dem Kreuz auf den Tanzplatz, um durch Ermahnungen, Bitten, Befehle alle von dem teuflischen Spiel abzubringen. Als er dort zu predigen begann, kamen einige gehorsam, um zuzuhören; andere wichen voll Unwillen vom Tanzplatz und stellten sich gegen diesen; manche aber blieben bei ihrer Verstocktheit. Unter diesen war eine törichte und stolze alte Frau, die, so oft sie beim Tanze umgehend zu dem Priester kam, ihn anblickte und mit ihrem Gesang verhöhnte. Binnen drei Tagen starb sie plötzlich. Der heilige Mann beweinte sie, als habe er sie mit eigener Hand getötet. So versucht der Teufel viele durch das Laster des Hochmuts.

6. Wie König Philipp von Frankreich einen Mönch tadelte

Ein Adliger plünderte ein Kloster in Frankreich. Es war vom Orden der schwarzen Brüder. Der Abt und die Mönche beschlossen, einer von ihnen solle zu König Philipp, der damals regierte, entsandt werden, um ihm die Gewalttaten des Ritters vorzustellen. Man sandte einen Jüngling aus edlem Blut, da man dachte, er werde beim König wegen seiner Verwandten mehr erreichen als die andern. Er kam zum König und sagte: Herr, jener Edelmann quält und schädigt unverdientermaßen unser Kloster gar sehr. Oft setzt er den Brüdern und unsern Dienern mit Drohungen und Schimpfreden zu. Unsre demütige Brüderschaft bittet Eure Majestät, daß Ihr, um des göttlichen Lohnes willen, jenem Edlen solches Unrecht verbietet und ihn zwinget, für das Geraubte gebührenden Ersatz zu leisten. Der König betrachtete das Auftreten und Gewand des Mönches und sagte: Herr, wer und woher seid Ihr? Der Jüngling erwiderte: Herr, ich bin der Sohn jenes (und nannte seinen Vater). Drauf der König: Da seid Ihr aus edlem Hause. Als der König hiernach ich weiß nicht was sagte, fügte der Mönch hinzu: Fürwahr, Herr, alles was wir haben, raubt er, fast nichts hat er uns gelassen. Hierauf erwiderte der König: In der Tat, Herr, man kann es an Euren Schuhen sehen. Hätte er Euch etwas Leder gelassen, so wären sie nicht so eng. Je vornehmer Ihr seid, desto demütiger müßt Ihr sein. Dann, um ihn nach dem Tadel zu begütigen, sprach er weiter: Laßt Euch meine Zurechtweisung nicht kränken, da sie zu Eurem Besten geschehen ist. Kehrt nach Eurem Kloster zurück, und künftig soll Euch jener Edle nicht mehr belästigen.

7. Von einem Ritter, dessen Sohn der Blitz tötete

Vor fünf Jahren, als jene heftigen Gewitter waren und beinahe durch das tägliche Unwetter die Ernte gehindert wurde, geschah es, daß ein Ritter unsrer Gegend, ein freier Mann aus einem Dorfe unsrer Nachbarschaft, wie er im Westen die Luft sich verdunkeln und Regenwolken aufsteigen sah, im Zorn sagte: Da steigt schon wieder der Teufel auf. Kaum hatte er es ausgesprochen, als die Blitze losbrachen und seinen Sohn im Schoß der Mutter töteten, während sie selbst unversehrt blieb. Aber auch sonst, an Gebäuden und Haustieren, ward jener Lästerer hinreichend gestraft, so daß er lernte, künftig nicht zu lästern. Dies geschah zur nämlichen Zeit, da unser Hof im Dorfe Oberkassel vom Blitz entzündet wurde. Drum ist es töricht, daß ein sterblicher Mensch, der Asche und Wurm ist, gegen den Himmel seinen Mund auftut.

8. Wie einen Mönch die Schwachgläubigkeit nicht aufstehen ließ

Einen Mönch hatte der Teufel, wie der Ausgang bewies, so schwachgläubig gemacht, daß er, so oft er zur Frühmesse aufstehen sollte, aus einer Art von Kleinmut und Furcht vor dem Wachen sogleich mit Schweiß überströmt wurde. Da er dies einer Krankheit zuschrieb, blieb er liegen, bedeckte sich mit seinen Gewändern, und wie die Tür, nach dem Sprichwort Salomonis, sich in ihrer Angel dreht, so drehte sich jener Träge in seinem Bette. Eines Nachts, da auf das Zeichen der Glocken alle andern aufstanden und zum Gottesdienst eilten, jener aber noch mit Aufstehen zögerte, da hörte er unter dem Bette, als er, durch die Kleingläubigkeit gehindert, sich wieder zurücklehnte, eine unbekannte Stimme ganz deutlich zu ihm sagen: Steh nicht auf, unterbrich nicht deinen Schweiß, es tut dir nicht gut. Da erst merkte er, daß der Teufel ihn durch das Laster der Kleingläubigkeit verlockt hatte, befreite sich von jenem spukhaften Schweiß und gab sich fortan nicht mehr so leicht einer solchen Schwäche hin. Du mußt wissen, daß der Teufel nicht Erlaubnis hat, uns zu versuchen, soviel er will und solange er will, denn sonst würden wir von ihm betrogen zu Grunde gehen. Oft muß er wider Willen, durch die göttliche Kraft gezwungen, denen, die er versucht, seine Tücke kundtun.

9. Wie ein Priester beim Beten schlief

Ein Priester aus der Zahl unsrer Mönche pflegte bei der Frühmette, während jener Zwischenzeit, wo die Brüder sich mit Gebet oder Psalmen zu beschäftigen pflegten, sich auf einem Sitz zu lagern und bei den Worten des Gebets zu schlafen. Da der Herr ihm zeigen wollte, daß man zu solcher Stunde und zumal an solchem Orte nicht zu schlafen hat, sondern beim Gebet zu wachen, so erschien er ihm am Kreuze, den Rücken ihm zugekehrt, als wollte er sagen: Weil du lau und kleingläubig bis, verdienst du nicht, mein Antlitz zu schauen. Und er versicherte, daß ihm dies öfter geschehen sei.

10. Von den Versuchungen und Gesichten des Mönches Christian von Kloster Heisterbach

Ein anderer unsrer Mönche, Christian mit Namen, war zwar jung an Jahren, aber von so heiligem Leben, daß man ihn für einen der Heiligen hielt, die im Lande des Herrn sind. Er war so schwach von Körper, daß es ihn verdroß, zu leben. Eines Nachts, als die Frühmette bis zu den Lobgesängen abgehalten war, legte er, um seinen Kopf zu schonen, sich über das Holz vor einem Altar, wo er scheinbar betend schlief. Kaum hatte er die Augen geschlossen, so erschien unsre ruhmreiche Frau, die Jungfrau Maria, berührte ihn mit dem Gewande und weckte ihn, indem sie sagte: Christian, dies ist nicht der Ort zum Schlafen, sondern zum Beten. Sogleich erwacht, sah er mit offenen Augen die Rückseite einer Frau, die sich entfernte, und hörte eine weibliche Stimme, wie sie die letzten Worte jener Ansprache sagte. Als er wegen übermäßiger Schwäche des Kopfes ein für allemal im Kapitel die Erlaubnis erhalten hatte, von den feierlichen Vigilien wegzubleiben, so oft er wollte, konnte man ihn kaum mit Gewalt vom Chor entfernen. Wenn aber die Frühmette der Kranken gesagt war, ging er in den Betsaal zurück und verweilte dort gewöhnlich länger, als der Orden erlaubte. Eines Tages sagte ihm Herr Heinrich, unser jetziger Abt, damals ein einfacher Mönch: Guter Bruder Christian, Ihr sprecht uns oft von der Schwäche Eures Kopfes, und doch wollt Ihr die Euch gewährte Gunst nicht gebrauchen. Er antwortete: Ich kann nicht wegbleiben. Stehe ich außerhalb des Chors und höre die andern singen, so empfinde ich Qual, daß ich nicht hinein kann, weil ich der Tröstungen gedenke, womit Gott bei jenen meine Seele erquickt. Als er das hörte, wünschte der Herr Abt aus besonderer Freundschaft zu hören, was das für Tröstungen seien, und durch viele Bitten brachte er ihn dahin, es ihm zu sagen. Er gestand ihm, er sehe oft im Chor während des Psalmensingens die seligen Engel umhergehen, und was noch viel herrlicher war, den König der Engel selbst, den Menschen Jesus Christus. N: Hohe Gnade ist diesem Jüngling widerfahren. M: Und mit Recht. Denn seit er zum Orden kam, war er nie ohne Versuchung, bald wegen der großen Kopfschwäche, bald wegen der Sehnsucht nach dem himmlischen Vaterlande. Die Geißel des Herrn ertrug er mit solcher Geduld, daß alle seine Brüder sich wunderten. Einst geschah es, daß der Herr, der die Leiden schickt, ihm die Gabe der Tränen entzog, die er ihm reichlich gewährt hatte. Über diesen Verlust, den er seinen Sünden zuschrieb, grämte sich Christian sehr, und da er Tag und Nacht betete, sie wiederzuerlangen, aber ohne Erfolg, so gedachte er des Holzes des Herrn, und er sagte bei sich: Könntest du das kostbare Holz küssen, an dem der Heiland sein Blut vergossen hat, es würde dir die Gabe der Tränen wiedergewinnen. Von diesem Verlangen erfüllt, trat er an einem Festtage nach der Messe an den Altar, und indem er das heilige Holz küßte, gewann er die entzogene Gunst vermehrt zurück. Oft nahm er an seinen Händen einen so köstlichen Wohlgeruch wahr, daß er sich wunderte und mit der Braut, deren Glied er war, sogar wörtlich sagen konnte: Meine Hände triefen von Myrrhen; meine Finger sind voll der erlesensten Myrrhen (Hohel. 5,5). N: Vielleicht hatte er unbefleckte Hände. M: Wisse, daß er nicht dem Fleische nach jungfräulich war. Jener Duft kam also mehr aus der Tugend des Geistes als aus der Reinheit des Körpers. Wenn er aber zum körperlichen Tische kam, verlor er die geistliche Gnade. Wiewohl er immer schwach und krank gewesen war, wurde er doch vor seinem Hingang viele Tage lang im Ofen des Leidens ausgekocht und wie das Gold im Feuer geläutert. Eines Nachts erschien ihm im Traum die heilige Märtyrerin und Jungfrau Agathe und sagte mit tröstenden Worten: Christian, diese Krankheit sei dir nicht zur Beschwerde, denn diese sechzig Tage sollen dir für sechzig Jahre angerechnet werden. Nachdem er erwacht war, erzählte er einigen das Gesicht, weil er es nicht verstehen konnte. Die einen legten es so aus, daß die Qual der Krankheit ihn so sehr von Sünden reinige wie sechzig Jahre im Fegefeuer. Andere meinten, was richtiger war, daß die Krankheit jener sechzig Tage wegen seiner Geduld ihm als ein Verdienst von sechzig Jahren sein solle. Denn in der Nacht der heiligen Agathe gab er den Geist auf, und dies war der sechzigste Tag nach der Nacht, worin er dies hörte. In kurzem vollendet, füllte er viele Zeit aus. Und auf daß du wissest, daß das Wort des Propheten wahr ist, der da sagt: Der Sohn soll nicht die Sünde des Vaters tragen (Ezech. 18, 20), so wisse, daß dieser Mönch der Sohn eines Geistlichen und Domherrn der Bonner Kirche gewesen ist.

11. Von dem Laienbruder Heinrich, der kein ehelicher Sohn war

Es war ein Laienbruder namens Heinrich, der in Villers das Gelübde abgelegt hatte, der Sohn Herrn Christians, eines Mönches in Himmerod. Es diente aber dieser Heinrich im Hospital den Armen, ein Mann reich an Demut, Geduld und Mitleid. Und je mehr er Gott fürchtete, desto mehr ängstigte er sich, von ihm getrennt zu werden. Denn der Teufel hatte ihm einen Zweifel ins Herz gegeben, so daß er sagte: Weil du nicht aus rechtem Ehebette bist, wirst du das himmlische Reich nicht erben. Dieser Gedanke war so in seinem Herzen gewachsen, daß er durchaus keinen Trost von den Beichtvätern annehmen wollte, nicht aus Schriftstellen noch aus Beispielen. Da erbarmte sich seiner der Herr, und eines Nachts, als die Versuchung sehr stark war, versetzte er ihn in ein weites und langes Haus, jedoch nur im Traume. Drin sah er eine große Zahl Menschen beiderlei Geschlechts. Und eine Stimme erklang ihm: Heinrich, siehst du diese Menge? Alle sind sie aus rechtem Ehebette geboren, aber alle sind verworfen außer dir. Sogleich erwachte er und war voll Freude, da er sah, daß das Gesicht seinetwegen geschehen sei. Von Stund an hörte die Versuchung auf, und er dankte Gott, solange er lebte, der die, die auf ihn hoffen, nicht zu Schanden werden läßt.

12. Wie einem Laienbruder eine Katze die Augen schloß

In Himmerod war ein Laienbruder sehr schwachgläubig, der im Chor fast immer schlief. Auf dessen Kopf sah ein anderer Laienbruder oft eine Katze sitzen, und sobald sie die Füße ihm auf die Augen setzte, begann der Laienbruder sogleich zu gähnen. Da er dies aus den Worten des andern erfuhr, der dies zu sehen begnadet ward, so richtete er, um fürderhin nicht vom Teufel betrogen zu werden, seinen Sitz so ein, daß dieser sich, wenn er schlief, vornüber neigte und ihn herausschleuderte. So wurde der Dämon der Schlafsucht durch List vertrieben, und der schwachmütige Bruder ward eifriger im Dienste des Herrn. Dies hat mir ein Laienbruder jenes Klosters erzählt.

13. Wie der Teufel einem Mönch einen Strohwisch in die Augen warf

Einer unsrer älteren Mönche, Friedrich mit Namen, der sonst ein wackerer Mann war, war doch berüchtigt wegen des Lasters der Schlafsucht. Als er eines Nachts, ehe unsre Brüderschaft entlassen war, beim Psalmengesang der Frühmette in Himmerod stand und schlief, sah er vor sich, jedoch im Traum, einen langen, häßlichen Mann stehen, der in der Hand einen schmutzigen Strohwisch hielt, wie man ihn zum Abwischen der Pferde nimmt. Der blickte den Mönch grimmig an und sagte: Was stehst du hier die ganze Nacht und schläfst? Und dabei warf er ihm das schmutzige Stroh ins Gesicht. Jener wachte sogleich voll Schrecken auf, und um dem Wurf auszuweichen, zog er den Kopf zurück und stieß sich recht derb an der Wand.

14. Von dem Ritter Heinrich, der bei uns die Fasten hielt

Ein Ritter aus Bonn, Heinrich mit Namen, hielt einst in der Fastenzeit bei uns die Büßungen ab. Als er wieder zu Hause war, traf er eines Tages den Abt Gevard und sagte zu ihm: Herr Abt, verkauft mir jenen Stein, der bei der und der Säule Eures Betsaals liegt, und ich will Euch dafür geben, was Ihr verlangt. Als der Abt fragte: Was wollt Ihr damit? antwortete er: Ich will ihn neben mein Bett setzen, denn er ist so beschaffen, daß, wer nicht schlafen kann und den Kopf auf ihn legt, sogleich einschläft. Diesen Streich hatte ihm der Teufel zur Zeit der Buße gespielt, daß, so oft er zur Kirche kam und sich zum Beten über jenen Stein neigte, ihn alsbald der Schlaf beschlich. Ein ähnliches Wort berichtet man von einem Adligen, der wegen einer ähnlichen Buße in Himmerod war. Weicher, sagte er, sind die Steine des Betsaals vom Kloster als alle Polster meines Schlosses. Er konnte nicht umhin, während des Betens auf ihnen zu schlafen.

15. Von einem Mönch, der öfter im Chor schlief

Vor kaum zwei Monaten erzählte uns der Herr Abt von Kloster Kamp von einem Mönch, der stets beim Chorgesang zu schlafen pflegte, eine ganz entsetzliche Begebenheit. Als er eines Nachts wie gewöhnlich schlief, während die andern Psalmen sangen, kam der Gekreuzigte vom Altar, weckte den Schläfer und schlug ihn so heftig auf die Kinnbacken, daß er binnen drei Tagen starb.

16. Von einer Nonne, die am Glauben zweifelte

Vor wenigen Monaten wurde eine Nonne, eine Frau von schon vorgerücktem Alter und, wie man glaubte, von großer Heiligkeit, derart vom Laster der Traurigkeit verwirrt, derart vom Geist der Lästerung, des Zweifels und des Mißtrauens gepeinigt, daß sie in Verzweiflung geriet. An allem, was sie von Kindheit an glaubte und glauben mußte, begann sie zu zweifeln, und niemand konnte sie bewegen, daß sie an den heiligen Sakramenten teilnahm. Wenn die Schwester oder auch ihre leibliche Nichte sie fragte, warum sie so verstockt sei, antwortete sie: Ich bin verworfen, bin eine von denen, die verdammt werden müssen. Eines Tages sagte der Priester im Zorn zu ihr: Schwester, wenn du nicht Vernunft annimmst und diesen Unglauben abtust, so werde ich dich nach deinem Tode auf dem Felde begraben. Auf dieses Wort schwieg sie damals, vergaß es aber nicht. Als bald darauf einige Schwestern ich weiß nicht wohin gehen sollten, schlich sie ihnen heimlich nach, kam ans Ufer der Mosel, über der das Kloster liegt, und als das Schiff, das die Schwestern trug, sich entfernt hatte, stürzte sie sich vom Ufer in den Fluß. Die im Schiffe waren, hörten das Klatschen des Wassers und blickten sich um, hielten aber ihren Körper für einen Hund. Doch auf Gottes Wink wollte einer genauer erkennen, was es sei, er lief schnell hinzu, und da er einen Menschen erblickte, sprang er in den Fluß und zog sie heraus. Als die dann erkannten, daß es jene Nonne sei, die schon fast erstickt war, erschraken sie alle. Sie bemühten sich um sie, und als sie das Wasser ausgespieen hatte und wieder sprechen konnte, fragten sie: Warum hast du so grausam gehandelt, Schwester? Sie antwortete: Dieser Herr (indem sie den Prior bezeichnete) hat mir gedroht, er werde mich nach meinem Tode auf dem Felde begraben lassen. Drum habe ich vorgezogen, mich in diesen Schlund zu stürzen, statt auf dem Felde eingescharrt zu werden wie ein Vieh. Drauf brachten sie sie nach dem Kloster zurück und bewachten sie sorgsamer. Sieh, welche Schlechtigkeit aus dem Trübsinn entspringt. Diese Frau war von Kindheit an im Kloster erzogen, eine keusche, heilige, strenge, fromme Jungfrau, und wie mir die Lehrerin des benachbarten Klosters berichtet, sind alle von ihr erzogenen Mädchen züchtiger, frömmer als die übrigen Jungfrauen. Doch hoffte ich, daß Gott, der so sehr barmherzig ist, der auf viele Weisen seine Auserwählten versucht, der sie so gnädig aus dem Fluße gerettet hat, ihrer früheren Anstrengungen gedenken und sie schließlich nicht wird umkommen lassen. Viele Beispiele des Trübsinns könnte ich dir aus neuerer Zeit berichten, doch fürchte ich, es sei den Kranken nicht dienlich, solches zu lesen oder zu hören.

17. Wie ein Laienbruder sich aus Verzweiflung ertränkte

Es ist kaum drei Jahre her, daß ein Laienbruder infolge übergroßen Trübsinns zuletzt elend in Verzweiflung geriet. Wenn ich über solche klägliche Dinge rede oder schreibe, nenne ich nicht gern die Orte und Personen noch auch den Orden, um nicht frommen Leuten dadurch Beschämung zu bereiten. Dieser Bruder war mir wohlbekannt, ein Mann, der von jung auf bis zum Greisenalter löblich und ohne Zank unter den Brüdern wandelte, so daß keiner in Beobachtung der Regeln strenger, keiner an Tugenden ihm überlegen schien. Selten sprach er, selten gebrauchte er die erlaubten Erleichterungen. Durch ich weiß nicht welches Urteil Gottes ward er so niedergeschlagen und kleinmütig, daß er immer nur wegen seiner Sünden fürchtete und völlig am ewigen Leben verzweifelte. Im Glauben wankte er nicht, sondern verzweifelte nur an seinem Heil. Durch keine Schriftstellen ließ er sich aufrichten, durch keine Beispiele zur Hoffnung auf Vergebung zurückbringen. Und doch meint man, er habe nur wenig gesündigt. Wenn die Brüder ihn fragten: Was habt Ihr zu fürchten, warum verzweifelt Ihr? so erwiderte er: Ich kann nicht mehr wie sonst meine Gebete sagen, deshalb fürchte ich die Hölle. Weil er an dem Fehler des Trübsinns litt, war er glaubensschwach, und aus beiden entsprang in seinem Herzen die Verzweiflung. Er wurde in den Krankensaal versetzt, und eines Morgens kam er, zum Sterben bereit, zu seinem Vorsteher und sagte: Ich kann nicht länger gegen Gott kämpfen. Jener achtete nicht auf das Wort, er aber ging nach dem Teich, der nahe beim Kloster ist, stürzte sich hinein und ertrank.

18. Von dem Mönch Baldewin

In der sächsischen Stadt Braunschweig war ein edler Ritter namens Baldewin, Vogt dieser Stadt. Dieser verließ durch Gottes Eingebung die

Weltlichkeit und empfing in einem Kloster unsres Ordens, Riddagshausen genannt, das Mönchsgewand. Während des ganzen Probejahrs war er so streng gegen sich, daß er vom Abt wie von seinem Lehrer oft getadelt ward. Als er aber Mönch geworden war, zeigte er solchen Eifer, daß ihm die gemeinsamen Übungen nicht genügten, er vielmehr eine Menge eigener hinzutat, auf die er mehr Gewicht legte. Wenn die andern ruhten, arbeitete er; wenn die andern schliefen, wachte er. Endlich ward durch das übertriebene Wachen und Arbeiten sein Gehirn ausgetrocknet, und sein Kopf ward so schwach, daß eines Nachts, ehe die Brüder zur Frühmette aufstanden, er in den Betsaal ging, die Bank der Novizen erstieg, sich das Glockenseil um den Hals band und hinabsprang, wobei er die Glocke, an der er mit der ganzen Last seines Körpers zog, zu wiederholtem Anschlagen brachte. Erschrocken eilte der Wächter in den Betsaal. Aber noch viel größer war sein Schreck, da er den Mönch so hängen sah. Er lief hin, schnitt den Strick entzwei, nahm den noch Zuckenden und fast Erwürgten ab und rief ihn ins Leben zurück. Seitdem hat jener nie seinen Verstand wiedererlangt. Er soll noch leben, es ist ihm aber einerlei, wann und was er ißt und wie lange er schläft. So entsteht manchmal aus unverständigem Eifer das Laster der Schwachgläubigkeit.

19. Wie ein Ritter aus Furcht vor Läusen den Orden mied

Mir hat der Abt Daniel von Schönau erzählt, daß ein angesehener und im Kriegsdienst viel genannter Ritter in Kloster Kamp Mönch wurde. Da dieser einen andern Ritter, der gleichfalls tapfer in den Waffen war, im Weltleben zum Freunde gehabt hatte und ihn eines Tages ermahnte, Mönch zu werden, gab jener eine überaus kleinmütige Antwort. Fürwahr, Freund, sagte er, ich würde vielleicht zum Orden kommen, wenn nicht eins wäre, was ich fürchte. Auf die Frage des Mönches, was das sei, antwortete der Ritter: Die Würmchen in den Gewändern. Denn der Wollenstoff ernährt viele Würmchen. Drauf sagte der andere lächelnd: Ei über den tapfern Ritter! Der im Kampfe des Teufels Schwerter nicht gefürchtet hat, der fürchtet in Christi Kriegsdienste die Läuse! Sollen dir jetzt die Läuse das Reich Gottes rauben? Jener schwieg auf diese Worte, kurze Zeit darauf aber zeigte sich ihre Wirkung. Denn durch des andern Wort und Beispiel bewogen, trat er in den Orden.

Es geschah, daß nachher die beiden zu Köln in der Kirche des heiligen Petrus zusammentrafen. Als der Mönch aus Kamp den andern nach der Regel begrüßt hatte, fragte er lächelnd: Wie ist's, Bruder? Fürchtest du noch die Würmchen? Jener sah wohl, worauf die Frage zielte, und gleichfalls lächelnd erwiderte er ein gutes Wort, ein Wort, das wert ist, aufbewahrt zu werden: Glaube mir, Bruder, und sei überzeugt, wenn alle Würmchen aller Mönche in einem Leibe wären, sie sollten mich nicht aus dem Orden herausbeißen. Durch dies Wort wurde der andere sehr erbaut und erzählte es vielen zur Erbauung.

20. Von den Versuchungen des Scholastikus Gottfried

Gottfried, der Schoastikus des heiligen Andreas zu Köln, der kränklich und schon von gebrechlichem Alter war, kam zum Orden mit großer Standhaftigkeit. Ich war mit ihm zusammen in der Probezeit und habe gesehen und gehört, auf welche mannigfaltigen Weisen er versucht wurde. Als er eines Tages eilig nach dem Chor wollte und seinen Mantel anzuziehen versuchte, hinderte ihn der Teufel daran und hielt den Mantel mit Gewalt fest. Endlich nach nicht geringer Anstrengung ging er in sich und sah, daß er vom Teufel gehindert wurde. Er hörte auf, den Mantel anzuziehen, schlug den Feind mit dem Kreuzzeichen in die Flucht und erfuhr nun kein weiteres Hindernis. Als das Probejahr sich schon seinem Ende näherte, begann der Teufel ihm vorzustellen, was er im Weltleben alles für Annehmlichkeiten gehabt habe, sowie auch die vielen Beschwerden, die im Orden zu sein schienen, die Schwere der Kleider, die langen Wachen, das Stillschweigen, die Hitze im Sommer und Kälte im Winter, das strenge Fasten, die magere Kost und dergleichen. Da er dies alles betrachtete, ward er so kleinmütig, daß er ganz an seinem Vorsatz verzweifelte. Er sagte zu mir: Ich dachte nicht, daß der Orden so streng sei. Bisher hatte ich geglaubt, daß sie etwas Fleisch äßen und daß die Mönche ohne ihre Kapuzen schliefen. Es reut mich, hergekommen zu sein. Meine Absicht ist, für mich allein zu singen in meiner Kirche in Herlisheim, deren Hirte ich bin und die jetzt recht übel dran ist; und ich hoffe von Gottes Gnade, daß ich dort das mir anvertraute Volk anständig und ohne Tadel leiten werde. Ich antwortete ihm: Das ist eine Versuchung des Teufels, der Euch unter dem Vorwand des Guten hinauszuwerfen sucht. Drauf er: Wenn das nicht gut ist, so will ich nach meiner Pfründe zurückkehren, will im Umkreis des Klosters mir eine Kammer aussuchen und dort so nach der Regel leben, daß andere an meinem Beispiel sich erbauen. Ich werde den Chor besuchen, und was ich mir entziehen kann, unter die Armen verteilen. Ich antwortete wiederum: Auch das ist ein Rat des Teufels. Wenn Ihr zurückkehrt, werden alle Euch auslachen, und der dies geraten hat, wird Euch selbst in die früheren Sünden zurückstürzen. Während er so schwankte und ich eines Tages neben ihm saß und tröstende Worte an ihn wandte, ergriff er einen Psalter, schlug ihn und sagte: Wir wollen sehen, was meine Brüder von mir sagen werden, wenn ich zurückkehre. Der erste Vers aber, der ihm in die Augen fiel, war dieser: Die am Tore saßen, sprachen gegen mich, und die Wein tranken, sangen Spottlieder auf mich (Ps. 68, 13). Sogleich rief er: Wahr gesprochen! Ich will dir diese Prophezeiung deuten. Wenn ich zu Sankt Andreas zurückgehe, so werden meine Genossen, die Domherren, so oft sie im Vorhof ihrer Kirche sitzen, gegen mich sprechen, sie werden mich richten und um mein Seelenheil streiten. Nachts aber, wenn sie am Feuer sitzen und sich mit Trinken ergötzen, werde ich ihr Lied sein. So durch Gottes Barmherzigkeit zur Vernunft zurückgebracht und von sich selbst gestärkt, ward er Mönch, und nicht lange nachher starb er in aufrichtiger Reue und wanderte zum Herrn.

21. Von der Versuchung seines Nachfolgers Rener

Rener, Scholastikus der genannten Kirche des heiligen Andreas und Bruder Gottfrieds Nachfolger, der nach dessen Tode bei uns Novize ward, erlitt so mannigfache Versuchungen, daß er kleinmütig wurde und eines Tages zu dem Abt Herrn Gevard sagte: Ich kann hier nicht mehr bleiben, ich kann den Orden nicht mehr ertragen. Als der Abt fragte: Wohin wollt Ihr gehen? antwortete er: Zu meiner Pfründe muß ich zurückkehren. Der Abt, als ein verständiger Mann, heuchelte Strenge und rief ich weiß nicht wem zu: Bringt mir ein Beil! Und als der Novize fragte: Was soll das Beil? antwortete er: Ich will Euch die Füße abhacken. Glaubt mir, lieber will ich Euch ohne Füße lebenslänglich füttern, als Euch gehen und unser Kloster beschimpfen lassen. Da sagte jener lächelnd: So will ich lieber bleiben. So wurde durch ein Scherzwort die recht arge Versuchung gestillt.

22. Wie eine Nonne ins Weltleben zurückkehren wollte

Eine Nonne wurde bald nach ihrem Eintritt, wie sie mir selbst erzählt hat, so schwer versucht, daß sie bereute, das heilige Leben gewählt zu haben. Der Teufel stellte ihr vor die geistigen Augen die Genüsse des Weltlebens, die sie verlassen hatte, die Dürftigkeit des Klosters, worunter sie litt. Da sie die Versuchungen nicht länger ertragen konnte, erhob sie sich eines Nachts, ihres Gelübdes nicht eingedenk, aus dem Bett, um aus dem Kloster zu entfliehen, kam an eine Tür, die nach dem Kirchhof führt, und wollte die Mauer überspringen und ins Weltleben zurück. Durch Gottes Wink geschah es, daß sie mit dem Kopf so heftig gegen das obere Gebälk schlug, daß sie mit erschüttertem Gehirn rückwärts fiel und lange wie leblos dalag. Als sie endlich wieder zu sich kam, sagte sie: Wohin willst du, Unselige? Was du dem Teufel schuldig warst, hast du bezahlt. Kehre jetzt in dein Kloster zurück, denn es ist nicht Gottes Wille, daß du irgendwohin gehest. Du siehst, wie gnädig Gott die Seinen erhält, bald durch Träume, bald durch gewisse Vorzeichen, bald durch Plagen.

23. Wie der Herr ein Kloster wegen des Betrugs seines Verwalters heimsuchte

Ein Verwalter unsres Ordens, von der Habgier versucht, betrog eine Witwe, ohne an das Sprichwort Salomos zu denken: Wer dem Geize nachgeht, verwirrt sein Haus (Prov. 15, 27). Der Herr aber dachte wohl an die Strafe und machte im nämlichen Jahre fast den ganzen Wein, der dem Kloster gewachsen war, so schlecht, daß er ohne Geschmack und Farbe war. Da der Abt einsah, daß eine solche Heimsuchung nicht ohne Grund sein könne, so wandte er sich voll Demut an die Jungfrau Christi Azalina, die zu meiner Zeit in Köln war, sie möge den Herrn bitten, ihr die Ursache dieser Geißel zu offenbaren. Dies tat sie und erhielt die Antwort, es liege an dem Betrug seines Verwalters, den er gegen die und die Witwe begangen hatte. Und der Herr fügte hinzu: Ich werde ihn mit einer noch größeren Plage treffen. Auch dies geschah; denn im selben Jahre zündete ein Ritter fast die ganze Ernte des Klosters in der Scheune an. Damit endete die Heimsuchung.

24. Von der Heimsuchung des Klosters Villers

In Brabant ist ein Kloster unsres Ordens, Villers genannt, wo den Gästen und Armen oft viel Gutes erwiesen worden ist und noch täglich erwiesen wird. Da dies Jahr in dieser Provinz eine teure Zeit war, so schätzten die Brüder des Klosters den Betrag ihrer Ernte, und, wie es der menschlichen Schwäche eigen ist, sie fürchteten einen Ausfall und beschlossen, durch Versuchung des Teufels, wie sich nachher herausstellte, den Armen die Unterstützung, die sie ihnen sonst reichlich zu gewähren pflegten, bis zur Ernte zu entziehen. In derselben Nacht, wie uns ein Mönch erzählt hat, der aus diesem Kloster kam, brach der Fischteich aus, der bei dem Kloster war, ergoß sich über mehrere Wirtschaftsgebäude und beschädigte sie schwer. Dies schrieben die Brüder, als gerechte und gottesfürchtige Männer, ihren Sünden zu und besonders dem beabsichtigten Geiz gegen die Armen, änderten ihren Entschluß und erwiesen jenen die Wohltat wie sonst.

25. Von Ulrich, dem Probst von Steinfeld

Im Kloster des heiligen Chrysanthus*) verweilte ein Scholastikus, ein Mann von großer Klugheit und Gelehrsamkeit, ein Franzose von Geburt, mit Namen Ulrich. Da ihm die Einkünfte seines Schulamts nicht genügten, mußte er Schulden machen. Einer der Brüder des Prämonstratenserklosters Steinfeld, da er sah, welche Schriftkenntnis jener besaß, mahnte ihn oft, in sein Kloster überzusiedeln, um Mönch zu werden. Endlich antwortete jener auf Gottes Eingebung folgendermaßen: Ich schulde eine kleine Summe, bezahlt sie, und ich komme zu euch. Als dies der Probst jenes Klosters erfuhr, bezahlte er das Geld sehr gern, und der Scholastikus nahm sogleich das Mönchsgewand. Nicht lange nachher wurde er Probst desselben Klosters. Es gab nämlich im Prämonstratenserorden noch keine Äbte. Da er wußte, daß er mit dem Amt die Leitung der Seelen übernommen hatte, nicht die des Viehs oder der Besitzungen, so bemühte er sich, Laster auszurotten, nicht Gelder aufzuhäufen, denn er sah, daß der Geiz die Wurzel aller Laster ist. Er hatte aber einen Laienbruder, der in der Verwaltung der äuße-

*) Zu Münstereifel.

ren Dinge so schlau und umsichtig, so sorgsam und ohne Tadel war, daß alles durch seine Hände ging, und er für die Gutshöfe der Kirche, was nötig war, sei es an Pflügen, an Vieh oder sonstigen Ausgaben, alles fast allein besorgte. Alles tat er selbst, nichts übersah er, reihte Acker an Acker, Weinberg an Weinberg. Da nun der Probst dies sah und da er in der Schrift las, nichts sei verruchter als der Geiz, so rief er eines Tages diesen Laienbruder zu sich und sagte: Weißt du, Bärtiger**), warum ich zum Orden gekommen bin? (Weil er die deutsche Sprache nicht gut handhabte, so konnte er keine schönen Worte machen, und daher schien den Laienbrüdern alles, was er sagte, falsch und verdreht.) Der Laienbruder antwortete: Ich weiß es nicht, Herr. Drauf jener: Ich will es dir sagen. Ich bin gekommen, um hier meine Sünden zu beweinen. Warum bist du denn gekommen? Er antwortete: Herr, aus ähnlichem Grunde. Drauf der Probst: Wenn du gekommen bist, deine Sünden zu beweinen, so müßtest du es nach Art eines Büßers tun, das heißt, oft im Betsaal sein, wachen, fasten, Gott wegen deiner Sünden unablässig anflehen. Nicht aber ist es die Art eines Büßenden, wie du tust, seine Nachbarn um ihr Erbe bringen und dichten Lehm gegen sich sammeln (Habac. 2, 6). Drauf erwiderte der Laienbruder: Herr, die Güter, die ich erwerbe, fügen sich zu den Äckern und Weinbergen unsrer Kirche. Drauf jener: Gut, wenn diese gekauft sind, wirst du auch die kaufen müssen, die sich an die gekauften reihen. Weißt du, was Jesajas sagt? Weh euch, sagt er, die ihr Haus an Haus fügt und Acker an Acker! Wollt ihr allein wohnen inmitten des Landes? (Jes. 5, 8). Du aber setztest deinem Geiz keine Grenze. Wenn du erst alles, was in dieser Provinz ist, gekauft hast, so wirst du den Rheinstrom zu Fuß durchschreiten. Dann wirst du weitergehen bis ans Gebirge und wirst nicht ruhen, bis du ans Meer gelangst. Dort, meine ich, wirst du deinen Schritt hemmen, denn das Meer ist breit und gewaltig, dein Weg aber ist beschränkt. Bleib also in deinem Kloster, geh oft in den Betsaal, auf daß du Tag und Nacht deine Sünden beklagen kannst. Warte ein Weilchen, und du wirst genug Erde unter dir haben und über dir und in dir, denn du bist Staub und zum Staub sollst du zurückkehren. Als dies einige der älteren Brüder hörten, sagten sie: Herr, Herr, wenn dieser Laienbruder entfernt wird, so kann unser Haus nicht bestehen.

**) So nannte man die Laienbrüder, da sie zum Unterschiede von den Mönchen den Bart stehen ließen.

Er antwortete: Besser ist es, daß ein Haus zugrunde gehe als eine Seele. Und er willfahrte ihrer Bitte nicht.

Zur Zeit als Reynald Erzbischof von Köln wurde*) und die Einkünfte des Bistums verpfändet und die Gutshöfe verödet waren, da riet man ihm, aus verschiedenen Zisterzienserklöstern seines Sprengels sich treue und erfahrene Laienbrüder kommen zu lassen, auf daß sie die Höfe leiten und die jährlichen Einkünfte durch ihren Fleiß erhöhten. Er befolgte den Rat, und als er aus Kloster Kamp und Altenberg einige Laienbrüder hergeholt hatte, riet man ihm, auch den eben erwähnten zu nehmen. Er schickte also einen angesehenen Mann als Boten, der grüßte den Probst vom Erzbischof und sagte: Mein Herr hat eine geringe Bitte an Euch, die Ihr ihm nicht abschlagen dürft. Der Probst erwiderte: Es kommt meinem Herrn nicht zu, mich zu bitten, sondern zu befehlen. Drauf jener: Er bittet inständig, daß Ihr den und den Laienbruder zu dem und dem Zweck ihm überlasset. Hierauf erwiderte der Probst voll Demut, Festigkeit und Milde: Ich habe zweihundert Schafe auf dem und dem Gut, auf andern so und soviel, so auch Rinder und Pferde. Mein Herr nehme von ihnen, soviel er will. Den Laienbruder aber, der meiner Seele anvertraut ist, soll er zu solchem Zweck nicht haben. Ich habe nicht über Schafe und Rinder, sondern über die mir vertrauten Seelen dem höchsten Hirten am Tage des Gerichts Rechenschaft abzulegen. Und er verweigerte es ihm.

Er gab auch ein anderes Beispiel seiner Freigiebigkeit, das sehr nützlich ist gegen den Geiz der Geistlichen. Eines Tages, ehe, wie erzählt, jener Laienbruder seines Amtes enthoben war, kam der Probst auf einen seiner Höfe, wo er ein sehr schönes Füllen sah. Er fragte jenen Bruder, wessen es sei und woher es komme. Dieser sagte: Der und der, ein braver Mann und unser treuer Freund, hat es uns sterbend überlassen. Drauf der Probst: Aus Frömmigkeit oder irgendwelchem Recht zufolge? Der Laienbruder sagte: Aus seinem Nachlaß ist es uns zugefallen. Da er zu unsern Hörigen gehörte, so hat sein Weib nach dem Recht der Kurmeide**) es uns dargebracht. Da schüttelte jener das Haupt und sprach das fromme Wort: Also weil er ein braver Mann und unser treuer Freund war, deshalb hast du sein Weib ausgeplün-

*) Gemeint ist der berühmte Rainald von Dassel, der Kanzler Friedrichs I.

**) Kurmeide, auch Besthaupt genannt, die Bestimmung, wonach beim Tode eines Hörigen sein bestes Besitzstück an den Herrn fiel.

dert? Gib der Frau ihr Pferd wieder, Raub ist es, Fremdes zu rauben und zu behalten. Denn es war zuvor nicht dein.

Da dieser Probst ein kluger Mann war, so nahm er, wenn er in Geschäften des Klosters ausging, nicht gern Jünglinge mit. Er wußte, daß ihnen dies nicht gut tat, wegen der teuflischen Versuchungen. Als er einst einen der Jünglinge mitgenommen hatte und sie beim Reiten ich weiß nicht was besprachen, kam ihnen ein schönes Mädchen entgegen. Da der Probst, absichtlich sein Pferd zurückziehend, sie höflich grüßte, stand sie still und grüßte ihn mit geneigtem Haupte wieder. Als sie ein wenig weiter waren, wollte der Probst den Jüngling versuchen und sagte: Das schien mir ein schönes Mädchen zu sein. Jener sagte: Wahrhaftig, Herr, das schien mir auch so. Drauf der Probst: Nur schade, daß sie einäugig ist. Nicht doch, Herr, sagte der Jüngling, sie hat beide Augen. Ich habe sie mir genau angesehen. Drauf rief erzürnt der Probst: Und ich werde mir deinen Rücken ansehen. Du müßtest von solcher Einfalt sein, daß du nicht weißt, ob sie männlich oder weiblich ist. Als sie nach dem Kloster zurückkamen, sagte er zu den Älteren: Ihr Herren, Ihr tadelt mich manchmal, daß ich die jungen Leute nicht mitnehme. Drauf erzählte er ihnen die Sache, schalt den Jüngling hart und züchtigte ihn.

26. Von der Gastlichkeit der Mönche zu Laach

In Mayenfeld, einer Gegend des Trierer Sprengels, liegt ein Kloster des schwarzen Ordens, Laach genannt, reich an Leuten und Besitztümern und an Frömmigkeit ausgezeichnet von den Klöstern unsres Landes. Hierhin kam einst ein Sachse, um zu herbergen, ward sehr gastlich aufgenommen und kehrte ganz erbaut zurück. Bald darauf lag in Sachsen ein reicher Freund von ihm im Sterben, und als er in jenes Beisein sein Testament machte, sagte er: Ich möchte wohl etwas wegen meiner Seele vermachen, wenn ich wüßte, wo es gut angebracht wäre. Der andere sagte: Bei Köln ist ein sehr frommes Kloster, dessen Mönche wahrhaft Männer Gottes und in der Gastlichkeit, wie ich bezeugen kann, allen voraus sind. Nirgends könnt Ihr Euer Almosen besser und mit mehr Nutzen für Eure Seele anlegen als an diesem Orte. Auf diesen Rat vermachte der Sachse, wie ich glaube, vierzig Mark Silbers und starb. Das Geld ward durch einen Knecht nach Köln geschickt, und weil der Zustand des Kölner Sprengels wegen des Zwistes zwischen den Königen Otto und Philipp schlimm war, so ließ er das Geld dort, kam zu Fuß nach Laach und gab dem Abt Bericht. Der schickte den Verwalter und erhob das Geld dort.

27. Von einem ungastlichen Probst des schwarzen Ordens

Ein Kloster desselben Ordens liegt im Kölner Sprengel (ich will es nicht nennen), unter einem so geizigen Probst, daß er keinen freiwillig nach der Regel beherbergt, obgleich er im Überfluß hat. Weil aber der Bischof, der zugleich die Oberaufsicht des Klosters hat, den Menschen als geldgierig und ungastlich kennt, so kommt er ein- oder zweimal jährlich mit vielen Pferden und einer Menge Ritter bei ihm zu Gaste. Für deren Bewirtung gibt der Probst so viel aus, daß er ein ganzes Jahr Gäste dafür verpflegen könnte. Andere Klöster aber, die viel reicher sind, verschont der Bischof und schenkt ihnen aus seinem Eigenen, auf daß erfüllt werde das Wort des Heilands: Wer hat, dem wird gegeben werden, und er wird überflüssig haben, wer aber nicht hat, dem soll auch, was er hat, genommen werden.

28. Wie die Gattin eines Ritters versucht ward

Heinrich von Wida war ein reicher Ritter, mächtig und angesehen, ein Dienstmann des Sachsenherzogs Heinrich. Noch leben manche, die ihn gekannt haben und sich vielleicht der Geschichte erinnern, die ich erzählen will. Er hatte eine edle und ihm teure Gattin. Einst kam unter ihnen die Rede auf die Schuld der Eva, und sie begann, wie die Weiber pflegen, auf jene zu schelten und sie der Schwäche anzuklagen, da sie um eines elenden Apfels willen, um ihrer Gier zu genügen, das ganze Menschengeschlecht solchen Leiden und Plagen überantwortet hätte. Der Gatte erwiderte: Richte nicht über jene. Du hättest vielleicht in solcher Versuchung ähnlich gehandelt. Ich will dir etwas anbefehlen, was geringer ist, und du wirst es nicht einhalten können. Was ist das für ein Befehl? fragte sie. Du sollst an dem Tage, wo du gebadet hast, nicht barfuß in den Sumpf unsres Hofes hineintreten. An andern Tagen magst du es immerhin tun. Es war aber dies ein faules und schmutziges Gewässer, in das aller Schmutz des Schlosses zusammenfloß. Sie lachte und schauderte vor der Übertretung des Befehls sogar zurück. Heinrich aber sprach weiter: Wir wollen eine Strafe hinzufügen: Gehorchst du, so erhältst du von mir vierzig Mark Silbers. Wo nicht, mußt du mir ebensoviel bezahlen. Sie stimmte zu. Aber, o Wunder! Seit dieser Stunde konnte diese ehrbare und züchtige Dame nie über den Hof gehen, ohne nach jenem Sumpf zu blicken. Und so oft sie badete, geriet sie in schwere Versuchung. Eines Tages, als sie aus dem Bade kam, sagte sie zu ihrer Magd: Wenn ich nicht in jenen Sumpf hinein kann, bin ich des Todes. Sogleich gürtete sie sich, und da sie sich umschaute und niemanden gewahr ward, verließ sie ihre Begleiterin, ging bis zu den Knieen in das stinkende Wasser hinein, und indem sie darin hin- und herging, büßte sie ihr Gelüste. Sogleich ward es dem Gatten gemeldet. Der freute sich, und sobald er sie sah, fragte er: Wie steht's, Herrin? Habt Ihr heute gut gebadet? Da sie bejahte, fragte er weiter: In der Wanne oder im Sumpf? Da schwieg sie verwirrt, denn sie merkte, daß er um ihren Fehltritt wußte. Drauf er: Frau, wo ist Eure Festigkeit, Euer Gehorsam, Euer Geprahl? Geringer als die Evas war Eure Versuchung, lauer Euer Widerstand, schimpflicher Euer Fall. Gebt her, was Ihr schuldet. Und da sie nicht zahlen konnte, so nahm er all ihre kostbaren Gewänder, teilte sie aus unter verschiedene Leute und bereitete ihr so für geraume Zeit viel Kummer.

29. Von einem büßenden Ritter, der durch einen Baum versucht starb

Ein Ritter, so habe ich von einem frommen Manne gehört, hatte viele Verbrechen begangen. Endlich kam er bußfertig zum Priester, beichtete und ließ sich eine Buße auferlegen, konnte diese aber nicht innehalten. Nachdem er dies mehrmals getan, sagte zuletzt der Priester: So geht es nicht weiter. Sage mir also, ist irgend eine Buße, die du einhalten kannst? Er erwiderte: Ich habe einen Apfelbaum, dessen Frucht so sauer und schlecht ist, daß ich niemals davon habe essen können. Gefällt's Euch, so sei meine Buße, daß ich mein Leben lang von diesen Äpfeln nicht koste. Der Priester, wohl wissend, daß nach dem Verbot das Fleisch oder der Teufel oder beide oft Versuchung erregen, sagte:

Ob deiner Sünden befehle ich dir, nie wissentlich von dieser Frucht zu essen. Drauf ging der Ritter, die Buße für nichts erachtend. Der Baum stand aber so, daß, so oft er aus seiner Burg kam oder hineinging, er ihn erblicken konnte. Der Anblick mahnte ihn immer an das Verbot, und bald empfand er die ärgste Versuchung. Als er einst vorüberging und die Äpfel betrachtete, ward er von dem, der den ersten Menschen durch das verbotene Holz versuchte und zu Fall brachte, so heftig versucht, daß er hinanging, jetzt die Hand nach dem Apfel ausstreckte, jetzt sie wieder zurückzog, und so fast den ganzen Tag unschlüssig dastand. Endlich siegte er mit Hilfe der Gnade, er widerstand der Begierde, aber das Herz krampfte sich ihm so zusammen, daß er unter dem Baume liegend den Geist aushauchte.

30. Von einer Henne, deren Eingeweide in eine Kröte verwandelt wurden

Kürzlich geschah es, daß einige Mönche zu Prüm drei Tage vor Aschermittwoch bei einem Weltgeistlichen schmausten, wo sie fast bis Mitternacht Fleisch aßen und den köstlichsten Wein tranken. Als sie schon ganz satt waren, rief gerade beim ersten Hahnenschrei der Priester einen erwachsenen Schüler namens Johannes, den ich gut kenne, und sagte: Wir wollen noch schmausen. Hol' uns die Henne, die du auf der Stange neben dem Hahn finden wirst, weil die am fettesten zu sein pflegt, und bereite sie uns. Der Schüler schlachtete sie, öffnete den Bauch, steckte die Hand hinein, und als er die Eingeweide herauszuwerfen dachte, zog er eine große Kröte heraus. Er fühlte diese in der Hand sich bewegen, warf sie weg und sah, was es war. Da begann er laut zu schreien, daß alle herbeieilten. Als sie die Eingeweide in eine Kröte verwandelt sahen, verließen sie erschreckt den Ort des Gelages, denn sie merkten, es sei ein Werk des Teufels. Dies habe ich von einem, der dabei war und es mit angesehen hat.

31. Von dem Verräter Steinhard, den der Knoblauch zu Fall brachte

Zwei ritterliche Familien sind im Bistum Köln, sowohl durch Menge als Reichtum und Rechtschaffenheit gar stark und wohlgemut. Die eine stammt vom Dorfe Bachem her, die andere von dem, das Gürzenich heißt. Einst war zwischen ihnen eine so tödliche Feindschaft, daß niemand, auch nicht der Bischof, ihr Herr, sie stillen konnte, sondern täglich ward sie durch Raub, Brand und Mord aufs neue entfacht. Da bauten die Gürzenicher sich in ihrem Gebiet ein festes Haus im Walde, nicht aus Furcht, sondern um sich dort zu versammeln, zu ruhen, und auch um von dort auszurücken und jene kräftiger zu bekämpfen. Sie hatten einen dort heimischen Knecht, namens Steinhard, dessen Treue übergaben sie die Schlüssel der Festung. Der aber, vom Teufel getrieben, schickte heimlich zu den Feinden und versprach, seine Herren und die Feste in ihre Gewalt zu liefern, wobei er ich weiß nicht welche Ursache gegen sie vorschützte. Die Ritter von Bachem fürchteten Verrat und hörten nicht auf ihn. Da er aber zwei- und dreimal denselben Boten schickte, so bewaffneten sie sich am bestimmten Tage, und indem sie aus Furcht vor einem Hinterhalt in großer Zahl kamen, erwarteten sie den Knecht nahe dem Hause. Der Verräter kam zu ihnen, und da sie noch zögerten, brachte er ihnen die Schwerter all der Herren, die in der Feste Mittagsschlaf hielten, und machte sie dadurch sicher. Nun drangen die Bewaffneten ein, töteten die Schläfer und nahmen den Knecht, wie sie geschworen, in ihren Dienst. Später empfand dieser Elende wegen einer so abscheulichen Tat Angst und Reue. Er ging nach Rom, wo er die Sünde beichtete und eine schwere Buße auf sich nahm. Aber er erlag der Versuchung und vergaß der Buße. Dann kehrte er zum Papst zurück, erneuerte die Buße, blieb aber auch jetzt nicht gehorsam. Da er mehrmals so tat, bekam der Papst einen solchen Büßer satt, und um ihn loszuwerden — denn er merkte, daß jener doch nichts davon hatte — sagte er: Weißt du irgend etwas, was du zur Buße auf dich nehmen und auch halten kannst? Er antwortete: Ich habe nie Knoblauch essen können. Ich bin gewiß, wenn mir auferlegt würde, mich dessen zu enthalten, so würde ich nie das Gebot übertreten. Drauf der Beichtvater: So geh, und künftig sollst du zur Strafe für deine großen Sünden nie Knoblauch essen. Als er aus der Stadt kam, erblickte er in einem Garten Knoblauch, den er auf Antrieb des Teufels sogleich begehrte. Er stand still, sah den Knoblauch an und empfand heftige Versuchung. Die wachsende Gier ließ den Unseligen nicht von der Stelle, und doch wagte er nicht den verbotenen Knoblauch zu berühren. Kurz gesagt: Endlich siegte die Eßlust über den Gehorsam, er trat in den Garten ein und aß. Und seltsam! Den

Knoblauch, den er gekocht und sorglich bereitet nie hatte kosten können, wenn er durfte, den aß er jetzt wider das Gebot roh und unreif. Als er so kläglich der Versuchung erlegen war, kehrte er beschämt zum päpstlichen Hofe zurück und erzählte, was er getan. Der Beichtvater jagte ihn entrüstet weg und sagte, er solle ihn nie wieder belästigen. Was aus dem Elenden geworden ist, habe ich nicht erfahren.

32. Von einem Ritter, der Mönch ward und den sein Weib wiederhaben wollte

Ein angesehener Ritter, der nach geistlicher Weise von seiner Gattin getrennt war, kam, um Mönch zu werden, zu einem Kloster unseres Ordens. Diesem übergab er all das Seine, doch sollte das Kloster seiner Gattin, die an einem heiligen Orte ein heiliges Leben zu führen gelobt hatte, lebenslänglich eine bestimmte Summe zahlen. Ich will das Haus und den Ritter nicht nennen; denn er lebt noch und könnte vielleicht hierüber Beschämung empfinden. Als er Novize war, trieb der Teufel das Weib, daß sie ihren Vorsatz aufgab und den Gatten, der jetzt ihr Bruder war, zurückverlangte. Da ihr dies nicht gelang, kam sie hinterlistig mit Freunden und erhielt die Erlaubnis, mit jenem außerhalb der Klostermauern zu sprechen. Die Ritter ergriffen ihn, wollten ihn mit Gewalt aufs Pferd setzen und hinwegführen. Er aber, soviel er auf der einen Seite hinaufgehoben ward, soviel glitt er auf der andern wieder hinab. Endlich, da sie nichts ausrichteten, kehrten sie mit der Frau um. Drauf schwieg jene das ganze Jahr. Nach Verlauf des Probejahrs aber kam er wegen eines Geschäfts mit einem andern Mönch in sein Haus, wo er die Frau fand. Sie tat, als wolle sie heimlich mit ihm reden, führte ihn in die Kammer, und nachdem sie die Tür verschlossen, begann sie ihn zu umarmen und zu küssen. Denn sie hoffte, wenn sie ihn zur Sünde verleiten könnte, würde er den Orden verlassen und zu ihr zurückkehren. Aber Christus, der Sohn der Reinheit, der den unschuldigen Knaben Joseph aus den Händen der Buhlerin befreit hat, entriß auch diesen seinen Ritter den Umarmungen seines Weibes. Er schüttelte sie ab, kam unverletzt heraus und war vom Feuer nicht gesengt worden.

33. Wie ein Geistlicher auf die Anklage einer Buhlerin verbrannt ward

Jüngst war in Soest ein fremder Geistlicher namens Hermann, jung von Alter, schlank von Wuchs, schön von Anblick. Eine Bürgersfrau warf die Augen auf ihn und war so voller Begierde, daß sie sagte: Willst du meine Umarmungen genießen, so soll all das Meine dein sein. Er aber, eingedenk des heiligen Joseph, verschmähte ihre Verheißungen, und da sie sah, daß alles umsonst war, verklagte sie ihn vor Gericht, er habe sie vergewaltigt. Da man seinem Leugnen nicht glaubte, ward er in den Kerker geworfen, den Ort der Verurteilten. Sie aber, von Begierde entflammt, indem sie sich stellte, als habe der Geistliche sie um den Verstand gebracht, erstieg die Mauer auf einer Leiter, warf sich hinab, umfing den Jüngling und wollte ihn zur Unzucht bereden. Doch auch jetzt gelang es ihr nicht. Als die Richter dies erfuhren, holten sie den Unschuldigen heraus und verdammten ihn als bösartigen Zauberer zum Scheiterhaufen. Als er in Flammen stand, sodaß schon die Rippen entblößt und die Lunge sichtbar war, sang er, daß alle es hörten, das Ave Maria. Da ergriff einer der Umstehenden, ein Verwandter des Weibes, eine glühende Kohle, stopfte sie ihm in den Mund und Beten austreiben. Und so erstickte er ihn. Kurz gesagt: er starb, und seine Gebeine wurden auf dem Felde verscharrt. An seinem Grabe hat man oft Lichter erblickt, und allerlei Wunder geschehen dort. Die erschreckten Verwandten der Buhlerin warfen sich vor dem Domherrn zu St. Patroklus nieder, baten um Verzeihung und nahmen Buße auf sich für die Ermordung des Gerechten. Auf dessen Grabe ward eine Kirche erbaut.

34. Wie eine Burgfrau das fleischliche Gelüste erstickte

Die Frau eines Adligen, so hat mir ein frommer Priester erzählt, war einst in der Burg, wo sie wohnte, allein, mit ich weiß nicht was beschäftigt, als der Geist der Unzucht sie nicht allein ließ. Denn plötzlich ward sie so in Glut versetzt, daß sie hin- und herrannte, nicht stehen noch sitzen konnte, als hätte sie glühendes Eisen im Schenkel. Da sie das Feuer der Liebe nicht ertragen konnte, ging sie, ihrer Keuschheit vergessen, hinab zu dem Torwächter und bat ihn flehentlich, ihr

Begehren zu erfüllen. Dieser, ein braver Mann, antwortete: Was sprichst du, Herrin? Wo ist dein Verstand? Denke an Gott, denke an deine Ehre. Sie achtete nicht darauf, und von ihm zurückgewiesen, lief sie, auf Gottes Wink, zu dem nahen Fluß, sprang in das kalte Wasser und blieb so lange darin sitzen, bis sie die Glut der Leidenschaft gekühlt hatte. Dann ging sie zu dem Torwächter zurück, dankte ihm für seine Weigerung und sagte: Wenn du mir tausend Mark Goldes gäbest, würde ich jetzt nicht dulden, um was ich dich vorher gebeten habe. Und sie kehrte zurück an ihren Ort.

Fünftes Buch: Von Dämonen

1. Von einem Ritter, der nicht an Dämonen glaubte

Ein Ritter Heinrich, von der Burg Falkenstein, war Mundschenk unsres Mönches Caesarius, der damals Abt von Prüm war. Da dieser Ritter (so glaube ich aus des Caesarius Munde erfahren) nicht an Dämonen glauben wollte und alles, was er über sie hörte, für eitel Geschwätz hielt, so ließ er einen Geistlichen namens Philipp kommen, der wegen seiner Kenntnis der schwarzen Kunst berüchtigt war, und bat ihn flehentlich, ihm Dämonen zu zeigen. Dieser erwiderte: Der Anblick der Dämonen ist grausig und gefährlich, und nicht allen tut es gut, sie zu sehen. Da aber der Ritter nicht abließ, so sagte er endlich: Willst du mir Sicherheit gewähren, daß mir durch deine Verwandten und Freunde kein Schaden daraus erwachse, wenn du etwa von den Dämonen getäuscht oder erschreckt oder verletzt werden solltest, so will ich deinen Wunsch erfüllen. Und jener gewährte ihm Sicherheit. Eines Tages zur Mittagszeit, weil dann der Mittagsdämon kräftiger ist, führte Philipp den Ritter an einen Kreuzweg, beschrieb mit dem Schwerte einen Kreis um ihn, sagte ihm, als er drin stand, das Gesetz des Kreises und sprach: Wenn du, ehe ich zurückkomme, eines deiner Glieder aus diesem Kreis herausstreckst, so bist du des Todes, denn die Dämonen werden dich sogleich herausziehen und umbringen. Er mahnte ihn auch, daß er, wenn sie bitten sollten, ihnen nichts gebe noch verspreche und sich nicht bekreuzige. Und er fügte hinzu: Auf mancherlei Weise werden sie dich versuchen und schrecken, doch können sie dir nicht schaden, wenn du meinen Rat beachtest. Und so verließ er ihn. Als jener allein in dem Kreise saß, siehe da sah er Wasserfluten gegen sich heranwogen, dann hörte er Grunzen von Schweinen, Brausen von Winden und viel ähnlichen Spuk, womit ihn die Dämonen zu schrecken suchten. Weil aber Spieße, die man kommen sieht, nicht so leicht treffen, so konnte er gegen diese Dinge sich selbst schützen. Zuletzt aber erblickte er im nahen Walde etwas wie einen grauenhaften menschlichen Schatten, höher als die Gipfel der Bäume, und dieser näherte sich ihm. Und er merkte gleich, es sei der Teufel, wie er es denn auch war. Er war aber wie ein großer Mann, ja der allergrößte und allerschwärzeste, mit schwärzlichem Gewande bekleidet, und so häßlich, daß der Ritter ihn nicht anzublicken vermochte. Dieser sagte zu ihm: Du hast wohl getan, zu kommen, denn ich wünschte dich zu sehen. Zu welchem Zweck? fragte der Teufel. Und jener drauf: Ich habe viel von dir gehört. Was hast du von mir gehört? fragte der Teufel, und der Ritter erwiderte: Wenig Gutes und viel Böses. Hierauf sagte der Teufel: Viele richten und verdammen mich ohne Ursache. Ich habe noch keinem geschadet, tue keinem ein Leid, wenn nicht gereizt. Dein Meister Philipp ist mein guter Freund und ich der seine. Frage ihn, ob ich ihn je gekränkt habe. Ich tue, was ihm gefällt, und er ist mir in allem zu willen. Auf seinen Ruf bin ich jetzt gekommen. Drauf der Ritter: Wo warst du, als er dich rief? Ich war, sprach der Dämon, so weit jenseits des Meeres, wie es hier bis zum Meere ist. Und deshalb ist es billig, daß du durch ein Geschenk mir meine Mühe vergeltest. Der Ritter fragte: Was willst du haben? Er sagte: Ich will und bitte, daß du mir deinen Mantel gebest. Da der Ritter dies abschlug, so forderte er den Gürtel, dann ein Schaf aus der Herde. Da jener dies alles verweigerte, so bat er zuletzt um den Hahn des Hauses. Als der Ritter fragte: Wozu brauchst du meinen Hahn? erwiderte der Dämon: Er soll mir singen. Drauf jener: Wie willst du ihn fangen? Der Dämon sprach wiederum: Sorge darum nicht, gib ihn mir nur. Der Ritter aber sagte: Ich gebe dir nichts. Und er fragte weiter: Sag mir, woher hast du soviel Wissen? Der Dämon sagte: Nichts Böses geschieht in der Welt, das mir verborgen bliebe. Und damit du wissest, daß ich die Wahrheit sage, siehe, in dem und dem Dorfe und dem und dem Hause hast du deine Unschuld verloren, da und da hast du die und die Sünden begangen. Als nun aufs neue der Teufel ich weiß nicht was forderte und jener es ihm wiederum abschlug, so streckte der Teufel, als wolle er ihn packen und herausziehen, die Hand aus und erschreckte ihn so, daß er rücklings niederfiel und schrie. Auf sein Geschrei eilte Philipp herbei, mit dessen Ankunft der Spuk sogleich verschwand. Von Stund an war der Ritter immer bleich, erhielt nie die frühere Farbe wieder, führte einen besseren Wandel und glaubte an die Dämonen. Vor noch nicht langer Zeit ist er gestorben.

2. Wie der Teufel einen Priester aus dem Kreise herauszog

Zur selben Zeit bat ein törichter Priester diesen Philipp und verhieß ihm Belohnungen, wenn er ihm Dämonen zeigte. Nachdem ihn dieser auf die oben beschriebene Weise in einen Kreis gestellt und belehrt hatte, ließ er sich vom Teufel erschrecken und herausziehen, worauf er, ehe Philipp herbeikommen konnte, so zerschmettert ward, daß er am dritten Tage starb. Sein Haus ward darauf von Waleram, dem Grafen von Lützelnburg, eingezogen. Ich selbst habe diesen Philipp gesehen, der vor wenigen Jahren, und zwar, wie man meint, auf Anstiften seines Meisters und Freundes, des Teufels, ermordet worden ist.

3. Wie ein Schüler zu Toledo durch den Teufel herausgelockt ward

Mir hat Godeskalk von Volmuntstein, unser Mönch seligen Angedenkens, etwas erzählt, was ich nicht verschweigen darf. Als er einst jenen Philipp bat, ihm einiges Wunderbare von seiner Kunst zu erzählen, sagte dieser: Ich will Euch eine erstaunliche Geschichte erzählen, die zu meiner Zeit in Toledo sich zugetragen hat. Als mehrere Schüler aus allerlei Gegenden in dieser Stadt die schwarze Kunst studierten, hörten einige Schwaben und Bayern von ihrem Lehrer seltsame und unglaubliche Dinge, und da sie erproben wollten, ob sie wahr seien, sagten sie zu ihm: Meister, du sollst uns, was du uns lehrst, mit Augen sehen lassen, damit wir etwas von dem Studium haben. Er sträubte sich, aber da sie nicht abließen (wie denn jenes Volk gar wunderlich ist), so führte er sie zur geeigneten Stunde auf ein Feld, zog mit dem Schwerte einen Kreis um sie und ermahnte sie, wenn ihnen ihr Leben lieb sei, in diesem zu bleiben, auch den Geistern nichts zu geben, noch von ihnen etwas anzunehmen. Dann entfernte er sich auf eine Weile und beschwor die Geister herbei. Bald erschienen sie in Gestalt schön gekleideter Ritter und führten Kriegsspiele um die Jünglinge auf. Jetzt stellten sie sich, als fielen sie, jetzt richteten sie Lanzen und Schwerter gegen sie, auf jede Weise bemüht, sie aus dem Kreise zu locken. Da es ihnen nicht gelang, verwandelten sie sich in wunderschöne Mädchen, umtanzten die Jünglinge und lockten sie mit allerlei Wendungen. Eine, die schöner als die anderen war, schien es auf einen der Schüler abgesehen zu haben. So oft sie beim Tanze ihm nahe kam, hielt sie ihm einen goldenen Ring hin, um ihn zu betören und durch die Bewegung ihn zur Liebe zu entflammen. Als sie das vielmals getan hatte, ließ der Jüngling sich verlocken und streckte den Finger aus dem Kreise heraus nach dem Ring. Sofort zog sie ihn bei dem Finger heraus und verschwand mit ihm. Nachdem der Fang gemacht war, zerstob die Schar der Bösen in einen Wirbelwind. Die Schüler schreien und lärmen, der Meister eilt herbei, und alle jammern über den Raub des Genossen. Der Meister sagte: Ich bin schuldlos, ihr habt mich gezwungen. Ich hatte euch gewarnt, ihr seht ihn nie wieder. Sie sagten: Wenn du ihn uns nicht wiederschaffst, töten wir dich. Da fürchtete er für sein Leben, denn er wußte, wie wild die Bayern sind, und sagte: Ich will es versuchen, wenn noch irgend Hoffnung ist. Er rief den Fürsten der Geister, erinnerte ihn an seine treuen Dienste und sagte, seiner (des Teufels) Lehre würde es großen Abbruch tun, und er würde von den Schülern ermordet werden, wenn der Jüngling nicht wiedergegeben würde. Der Teufel hatte Mitleid und sagte: Morgen will ich deinetwegen eine Beratung an dem und dem Orte abhalten, sei zugegen, und wenn du auf irgendwelche Weise ihn zugesprochen erhalten kannst, wird es mir lieb sein. Kurz gesagt, auf des Fürsten Befehl tritt der Rat der Bösen zusammen. Der Meister klagt, seinem Schüler sei Gewalt geschehen. Der Gegner erwidert: Herr, ich habe ihm kein Unrecht, keine Gewalt angetan, er war seinem Meister ungehorsam und hat das Gesetz des Kreises nicht beachtet. Als sie so hin und her stritten, fragte der Teufel einen, der ihm zur Seite saß, um seine Meinung mit den Worten: Oliver, du bist immer von edler Gesinnung gewesen, du kennst kein Ansehen der Person, entscheide du den Streit. Jener antwortete: Ich stimme dafür, den Jüngling seinem Meister zurückzugeben. Und zum Gegner gewandt, sprach er: Gib ihn heraus, du hast ihm allzusehr zugesetzt. Da die andern ihm zustimmen, so wird auf Befehl des Richters zur selben Stunde der Schüler aus der Hölle geholt und dem Meister übergeben; die Versammlung löst sich auf, und froh der erlangten Beute kehrt der Meister zu den Schülern zurück. Aber des Jünglings Antlitz war so blaß und mager, so verändert seine Farbe, daß er zur Stunde aus dem Grabe erstanden zu sein schien. Er erzählte den Gefährten, was er dort unten gesehen, wie Gott entgegengesetzt und abscheulich es dort zugehe, und bewies es mehr durch Beispiel als durch Worte. Dann verließ er den Ort und ward Mönch in einem Kloster unsres Ordens.

4. Wie ein Priester im Sterben viele Dämonen sah

In Dietkirchen, einem Nonnenkloster der Stadt Bonn, starb ein Priester namens Adolf, ein sehr weltlicher und leichtsinniger Mann, des genannten Klosters Pfarrer. Von diesem hat mir ein Priester, der zu Bonn Domherr gewesen war, folgendes erzählt. Als er einst mit einem Verwandten würfelte, kam einer aus seiner Gemeinde unter Tränen herbei und bat demütig, er möge doch die Gnade haben, die Beichte seiner Mutter zu hören und ihr das Abendmahl zu reichen. Der Priester sagte: Ich komme nicht eher, als das Spiel zu Ende ist. Da jener in ihn drang und versicherte, die Kranke könne nicht warten, so sagte der Priester erzürnt zu dem Mitspieler: Vetter, ich muß mich bei Euch beklagen über diesen Menschen, der mir keine Ruhe läßt. Da jener sah, er richtete nichts aus, so ging er betrübt und seufzend hinweg, und die Kranke mußte ohne Beichte und Wegzehrung aus diesem Leben scheiden. Am dritten Tage begegnete jener, der mit dem Priester gespielt hatte, dem Sohne der Verstorbenen, und, eingedenk der Klage des Priesters, erschlug er ihn ohne Anlaß. Nach dieser und vielen andern Sünden verfiel der Priester in seine letzte Krankheit. Er war schon aufgegeben, und eine Verwandte, die bei ihm saß und kein Zeichen der Reue bei ihm sah, sprach betrübt also: Herr, Ihr seid sehr schwach, bereitet Euch, vor Gott zu erscheinen. Ruft ihn an, daß er Euch Eure Sünden vergebe und Euch eine Frist gewähre zu fruchtbarer Buße. Drauf erwiderte jener verzweifelt: Siehst du jene große Scheune uns gegenüber? Auf ihrem Dach sind nicht soviel Halme, wie um mich Dämonen versammelt sind. Nach diesen Worten verfiel er bald in Todeskampf und gab den Geist auf, nachdem er die sterbend vor sich gesehen, nach deren Rat er gelebt hatte.

5. Wie ein Dämon die verlorene Herrlichkeit beklagte

Als in der Peterskirche zu Köln eine von einem Dämon besessene Frau jämmerlich gequält wurde, geschah es, daß eine andere Besessene hinzukam. Sogleich gingen beide aufeinander los, überschütteten sich gegenseitig derart mit Schmähungen und Schimpfreden, daß alle staunten. Der eine Dämon sprach zum andern: Elender, was mußten wir dem Luzifer zustimmen und aus der ewigen Herrlichkeit herabstürzen? Der andere erwiderte: Warum tatest du es? Und da jener nochmals etwas wie reuige Worte sprach, sagte der andere: Schweig, die Reue kommt zu spät, du kannst nicht zurückkehren. Derselbe böse Geist ward über die Rückkehr zur Herrlichkeit befragt und antwortete, wie ich selbst gehört habe: Wenn eine Säule aus glühendem Eisen wäre, die von der Erde bis zum Himmel reichte, bewehrt mit Messern und den schärfsten Klingen, so würde ich, wenn ich auch Fleisch hätte, an dem ich leiden könnte, gern bis zum Tage des Gerichts an ihr hinauf und hinabklettern, um nur zu der Herrlichkeit, darin ich gewesen bin, zurückzugelangen.

6. Wie ein Laienbruder durch das Versprechen, Bischof zu werden, getäuscht ward

Im Zisterzienserkloster Kamp, Niederrhein, das im Kölner Bistum gelegen ist (so habe ich gehört von einem Priester unsres Ordens, einem wahrheitsliebenden Manne, dem die Sache wohl bekannt war), lebte ein Laienbruder, der von den Mönchen, mit denen er sich unterhielt, so viel gelernt hatte, daß er einen Text lesen konnte. Durch solchen Anlaß verlockt und getäuscht, ließ er sich heimlich geeignete Bücher schreiben und begann am Laster des Eigentums Gefallen zu finden. Und da ihm dies Studium verboten ward, so entlief er aus Lernbegier dem Kloster. Doch machte er wegen seines Alters nur geringe Fortschritte. Dann kehrte er reuig zum Kloster zurück, und indem er dies bis zu drei Malen trieb, bald zu den weltlichen Schulen entweichend, bald zurückkehrend, verschaffte er dem Teufel reiche Gelegenheit, ihn zu betrügen. Denn der erschien ihm sichtbar in Engelsgestalt und sprach: Lerne nur brav, denn also wird es geschehen und ist von Gott bestimmt, daß du Bischof von Halberstadt werdest. Jener Tor, der des Teufels Listen nicht kannte, hoffte, an ihm würden sich die Wunder der Vorzeit erneuern. Kurz gesagt, eines Tages erscheint der Verführer dem Laienbruder und sagt mit lauter Stimme und heiterer Miene: Heute ist der Bischof von Halberstadt gestorben, eile, daß du nach der Stadt kommest, der du von Gott zum Bischof bestimmt bist. Denn sein Beschluß ist nicht zu ändern. Sogleich verließ der Unselige in der Stille das Kloster und fand in dieser Nacht bei einem angesehenen Priester nahe der Stadt Xanten Unterkunft. Um aber glanzvoll in seinem Bischofssitze anzukommen, stand er vor Tagesanbruch auf, zäumte ein schönes Pferd seines Wirtes, zog dessen Mantel an, stieg auf und ritt davon. Am Morgen bemerken die Knechte den Verlust, sie verfolgen den Ausreißer und ergreifen ihn. Von ihnen wird er mit dem gestohlenen Pferd vor das weltliche Gericht geschleppt und wird verurteilt, so daß er nicht den Thron als Bischof, sondern als Dieb den Galgen bestieg. Siehst du, wohin das Versprechen des Teufels führt?

7. Wie ein Laienbruder durch den Ruf des Kuckucks betrogen ward

Im vorigen Jahr erzählte uns Theobald, der Eberbacher Abt seligen Angedenkens, daß ein Laienbruder, der ich weiß nicht wohin wollte und den Vogel, der nach seiner Stimme Kuckuck heißt, oftmals rufen hörte, gezählt habe, wie er oft innehielt, und da er fand, es geschah zweiundzwanzigmal, so habe er es als eine Vorbedeutung betrachtet und sich daraus ebenso viele Jahre herausgerechnet. Heisa, rief er, also noch zweiundzwanzig Jahre soll ich leben? Was soll ich mich so lange im Orden abschinden? Ich werde ins Weltleben zurückkehren und zwanzig Jahre die Freuden der Welt genießen, die beiden letzten Jahre aber werde ich Buße tun. Kein Zweifel, daß der Teufel, der den oben erwähnten Laienbruder mit offenen Worten zu dem Wahn verführt hatte, er werde Bischof werden, durch geheime Eingebung auch diesem geraten hat, einem solchen Vorzeichen zu trauen. Aber der Herr, der jedes Vorzeichen haßt, fügte es anders, als jener sich vorgenommen hatte. Die zwei zur Buße bestimmten Jahre, die dem Wohlleben gewidmet waren, entzog er ihm durch gerechtes Urteil. Siehe, so sind die Verheißungen des Teufels.

8. Wie zwei Ketzer durch Wunder viele Menschen täuschten

Zwei Menschen, einfältig nicht im Geiste, aber im Gewande, nicht Schafe, sondern reißende Wölfe, kamen nach Besancon und heuchelten die größte Frömmigkeit. Sie waren bleich und mager, gingen barfuß und fasteten täglich. Bei der Frühmette der Hauptkirche fehlten sie nie, und von niemandem nahmen sie etwas an außer kärglicher Nahrung. Als sie durch Heuchelei sich die Zuneigung des ganzen Volkes erworben hatten, da begannen sie das verborgene Gift auszuspeien und neue und unerhörte Ketzereien den Unerfahrenen zu predigen. Damit aber das Volk an ihre Lehre glaube, ließen sie Mehl auf den Estrich sieben und gingen darüber weg, ohne eine Spur zu hinterlassen. Desgleichen gingen sie über Wasser, ohne unterzusinken. Sie ließen Hütten über sich anzünden, und wenn diese zu Asche verbrannt waren, gingen sie unversehrt hervor. Dann sagten sie zur Menge: Wenn ihr unsern Worten nicht glaubt, so glaubt unsern Wundern. Da der Bischof und die Geistlichen das hörten, erschraken sie sehr. Und da sie jenen entgegentraten und behaupteten, sie seien Ketzer und Betrüger und Teufelsdiener, so fehlte nicht viel, daß sie vom Volke gesteinigt worden wären. Es war aber der Bischof ein guter und gelehrter Mann und aus unsrer Provinz gebürtig. Unser greiser Mönch Konrad, der mir dies erzählt hat und der damals in jener Stadt war, kannte ihn wohl. Da nun der Bischof sah, daß seine Worte umsonst waren und daß durch die Teufelsdiener das ihm vertraute Volk vom Glauben abgewandt wurde, so rief er einen ihm bekannten Geistlichen, der in der schwarzen Kunst erfahren war, und sagte zu ihm: So und so ist durch jene Menschen in meiner Stadt geschehen. Ich bitte dich, suche durch deine Kunst vom Teufel zu erfahren, wer sie sind, woher sie kommen und durch welche Kraft sie so große und erstaunliche Wunder wirken. Denn unmöglich ist es, daß sie durch göttliche Kraft Zeichen tun, da ihre Lehre so gottlos ist. Als der Geistliche sagte: Herr, längst habe ich auf diese Kunst verzichtet, erwiderte der Bischof: Du siehst, in welcher Not ich bin. Entweder muß ich der Lehre jener Menschen zustimmen, oder ich werde vom Volke gesteinigt. Ich befehle dir also zur Vergebung deiner Sünden, daß du mir hierin willfahrest. Der Kleriker gehorchte, rief den Teufel, und da dieser fragte, weshalb er rufe, so antwortete er: Es reut mich, von dir abgefallen zu sein. Und weil ich in Zukunft dir gehorsamer sein will, so sage mir bitte, wer diese Menschen sind, wie ihre Lehre ist und durch welche Kraft sie solche Wunder tun. Der Teufel sagte: Sie sind die Meinen, von mir sind sie gesandt, und was ich ihnen in den Mund lege, das predigen sie. Drauf der Kleriker: Wie kommt es, daß nichts sie verletzen kann, daß sie im Wasser nicht untergehen und das Feuer sie nicht versengt? Wiederum sprach der Dämon: Meine Handschrift, worauf der Treueid, den sie mir geleistet, geschrieben steht, bewahren sie unter den Achseln zwischen Haut und Fleisch eingenäht, durch diese wirken sie solches, und nichts kann ihnen schaden. Drauf der Kleriker: Wenn nun die ihnen genommen würde? Dann, sagte der Teufel, wären sie schwach wie andre Menschen. Da der Kleriker dies hörte, dankte er dem Dämon und sagte: Jetzt geh, und wenn ich dich rufe, so komm wieder. Er kehrte zum Bischof zurück und erzählte ihm alles. Der war voll Freude, rief alles Volk zusammen an einen geeigneten Ort und sagte: Ich bin euer Hirt, ihr meine Schafe. Wenn diese Menschen, wie ihr sagt, ihre Lehre durch Zeichen bekräftigen, so will ich mit euch ihnen folgen. Wo nicht, so gebührt es sich, daß jene bestraft werden und ihr mit mir zu dem Glauben eurer Väter reuig zurückkehret. Das Volk erwiderte: Wir haben viele Zeichen von ihnen gesehen. Aber ich habe sie nicht gesehen, sagte der Bischof. Kurz gesagt, dem Volk gefiel der Rat. Die Ketzer wurde gerufen. Der Bischof war da. Ein Feuer ward inmitten der Stadt angezündet. Ehe sie jedoch hineingingen, wurden sie insgeheim zum Bischof befohlen. Er sagte zu ihnen: Laßt sehen, ob ihr Zaubermittel an euch habt. Da entkleideten sie sich sogleich und sagten voll Zuversicht: Sucht aufs genaueste so an unserm Leibe wie an unsern Kleidern. Die Krieger aber, wie ihnen vom Bischof geheißen war, hoben ihnen die Arme empor, und da sie unter den Achseln die Narben entdeckten, brachen sie diese mit Messern auf und zogen die eingenähten Blättchen heraus. Als der Bischof die empfangen hatte, ging er mit den Ketzern zum Volke hinaus, und nachdem Stillschweigen geboten, rief er laut: Jetzt sollen eure Propheten ins Feuer gehen, und wenn sie unverletzt bleiben, will ich ihnen glauben. Die Elenden sagten zitternd: Jetzt können wir nicht hineingehen. Der Bischof aber tat ihre Bosheit dem Volke kund und wies die Handschrift vor. Da ergrimmten alle, und sie warfen des Teufels Diener in das bereitete Feuer, auf daß sie beim Teufel im ewigen Feuer gepeinigt würden. So ward durch Gottes Gnade und des Bischofs Eifer der Keim der Ketzerei erstickt und das verführte und mißleitete Volk durch Buße gereinigt.

9. Von Ketzern, die in Köln verbrannt sind

Unter Erzbischof Rainald wurden in Köln mehrere Ketzer ergriffen, von gelehrten Männern geprüft und überführt und durch das weltliche Gericht verurteilt. Als nach gefälltem Urteil sie zum Scheiterhaufen geführt werden sollten, da (so erzählten, die dabei waren) bat einer von ihnen, namens Arnold, den die andern für ihren Meister erklärten, um ein Brot und eine Schüssel mit Wasser. Einige wollten es ihm gewähren, aber kluge Männer rieten ab und sagten: Er könnte mit Hilfe des Teufels etwas damit machen, was schwachen Gemütern zum Anstoß und Verderben gereichte. N: Was mag er mit dem Wasser und Brot vorgehabt haben? M: Wie ich aus den Worten eines andern Ketzers schließe, den vor drei Jahren der König von Spanien ergreifen und verbrennen ließ, wollte er daraus eine verruchte Kommunion machen, den Seinigen als Wegzehrung zur ewigen Verdammnis. Denn ein spanischer Abt unsres Ordens, der hier durchkam und der mit dem Bischof und den Kirchenfürsten die Irrtümer jenes Ketzers verdammt hatte, berichtete, er habe gesagt, daß der erste beste Bauer an seinem Tische und von dem Brot, das er esse, den Leib Christi machen könne. Jener Verfluchte war ein Schmied. N: Was also geschah mit den Kölner Ketzern? M: Sie wurden aus der Stadt geführt und neben dem Judenkirchhof zusammen verbrannt. Als sie hell brannten, legte Arnold, wie viele sahen und hörten, die Hand auf die halbverbrannten Häupter der Seinen und sagte: Seid standhaft in eurem Glauben, denn heute werdet ihr bei Laurentius sein; da sie doch wenig mit des Laurentius Glauben gemein hatten. Es war aber unter ihnen eine schöne, aber ketzerische Jungfrau, die durch das Mitleid einiger dem Feuer entzogen ward. Sie wollten sie entweder heiraten oder, wenn sie das vorzöge, in ein Jungfrauenkloster bringen, und sie willigte scheinbar ein. Als aber die Ketzer schon tot waren, fragte sie, die sie hielten: Sagt mir, wo liegt jener Verführer? Und als sie ihr den Meister Arnold zeigten, entwand sie sich ihren Händen, und das Gesicht mit den Händen bedeckend, warf sie sich auf die Leiche, um ewig mit ihm in der Hölle zu brennen.

10. Von der Ketzerei der Albigenser

Unter Papst Innocentius, dem Vorgänger des Honorius, der jetzt den päpstlichen Stuhl innehat, da noch der Streit zwischen den römischen Königen Philipp und Otto währte, begann durch den Neid des Teufels die Ketzerei der Albigenser zu wuchern oder vielmehr zu reifen. Und so mächtig war diese, daß aller Weizen des Glaubens bei jenem

Volke in den Dolch des Irrtums verwandelt schien. Man sandte Äbte unsres Ordens mit einigen Bischöfen, um das Unkraut mit dem Rechen der katholischen Predigt auszujäten. Aber durch den Widerstand des Feindes, der es gesät hatte, konnten sie nur wenig ausrichten. N: Wie war ihr Irrtum? M: Einiges hatte ihre Lehren dem Dogma des Manichäus entnommen, einiges den Irrtümern, die Origenes in dem Buche Periarchon geschrieben haben soll, das meiste hatten sie selbst hinzugefügt. Sie glauben mit Manichäus, es gebe zwei Prinzipien, einen guten Gott und einen bösen, das heißt den Teufel, von dem sie sagen, daß er alle Körper schaffe, wie der Gott alle Seelen. N: Moses bestätigt doch, daß Gott sowohl Körper wie Seelen geschaffen hat, da er sagt: Gott formte den Menschen, das ist der Körper, aus einem Erdenkloß und blies in sein Antlitz den Hauch des Lebens, das ist die Seele. M: Wenn sie auf Moses und die Propheten hörten, wären sie keine Ketzer. Sie leugnen die Auferstehung der Leiber. Was immer an Guttaten den Toten von den Lebenden erwiesen wird, das verlachen sie. In die Kirche zu gehen und dort zu beten, sei, so sagen sie, ohne Nutzen. Hierin sind sie schlimmer als Juden und Heiden, die daran glauben. Die Taufe haben sie abgetan. Das Sakrament des Leibes und Blutes Christi lästern sie. N: Wozu erdulden sie von den Gläubigen solche Verfolgungen, wenn sie dafür keinen Lohn im Jenseits erwarten? M: Sie erwarten die Verherrlichung des Geistes. Ein Mönch der vorhin erwähnten Äbte sah einst, wie ein Ritter zu Pferde saß und mit einem Ackersmann sprach. Und da er ihn für einen Ketzer hielt, was er auch war, so trat er naher und redete ihn an: Sagt mir, ehrlicher Mann, wessen ist dieser Acker? Da jener antwortete, er gehöre ihm, fragte er weiter: Und was tut Ihr mit den Früchten? Ich und die Meinen, sagte er, leben davon, auch spende ich einiges den Armen. Da nun der Mönch fragte: Was Gutes hofft Ihr von solchem Almosen? da antwortete der Ritter: Ich hoffe, daß mein Geist nach dem Tode zum Glanze gelange. Drauf der Mönch: Wohin wird er gelangen? Der Ritter sagte: Je nach Verdienst. Hat er gut gelebt und Gott gefallen, so wird er, wenn er meinen Körper verläßt, in den Leib irgend eines künftigen Königs oder Fürsten oder sonst eines angesehenen Menschen eingehen, wo er es gut hat. Hat er aber schlecht gelebt, so kommt er in den Körper eines Armen und Elenden, wo er viel leiden muß. Der Tor glaubte, wie auch die andern Albigenser, daß die Seele je nach Verdienst durch verschiedene Körper, selbst die von Tieren und Schlangen, hindurchgeht. N: Abscheuliche Ketzerei! M: So sehr aber breitete sich dieser Irrtum aus, daß in kurzem nicht weniger als tausend Städte davon ergriffen wurden, und wäre er nicht durch das Schwert der Gläubigen unterdrückt worden, er hätte vielleicht ganz Europa angesteckt. Im Jahre des Herrn zwölfhundertundzehn ward gegen die Albigenser in ganz Deutschland und Frankreich das Kreuz gepredigt, und es erhoben sich gegen sie im folgenden Jahre Herzog Leopold von Österreich, Engelbert, damals Probst, nachher Erzbischof von Köln, sein Bruder Adolf Graf von Berg, Graf Wilhelm von Jülich und viele andere von verschiedener Stellung und Würde. So auch in Frankreich, in der Normandie und in Poitou. Dieser aller Prediger und Haupt war Abt Arnold von Citeaux, nachmals Erzbischof von Narbonne. Sie kamen nach einer großen Stadt, geheißen Beziers, wo mehr als hunderttausend Menschen gewesen sein sollen, und belagerten sie. Als die Ketzer sie sahen, da pißten sie auf einen Band des heiligen Evangeliums, warfen ihn von der Mauer herab den Christen entgegen, schossen mit Pfeilen danach und schrieen: Das ist euer Gesetz, ihr Elenden. Christus aber, der das Evangelium ausgesät, ließ die ihm angetane Schmach nicht ungerächt. Denn einige der Kriegsknechte, von Glaubenseifer entflammt, gleich Löwen, nach dem Beispiel jener, von denen wir im Buch der Makkabäer lesen, setzten Leitern an und erkletterten furchtlos die Mauer. Während die Ketzer, von Gott geschreckt, zurückwichen, öffneten sie den folgenden die Tore und die nahmen die Stadt ein. Da sie aus ihren Geständnissen merkten, daß Katholiken unter den Ketzern waren, so fragten sie den Abt: Was tun, Herr? Wir können nicht unterscheiden zwischen Guten und Bösen. Der Abt aber, der, wie auch die übrigen, besorgte, daß sie nur aus Todesfurcht sich für Katholiken ausgäben und nach ihrem Abzuge wieder zu ihrer Treulosigkeit zurückkehrten, soll gesagt haben: Schlagt sie; Gott kennt die Seinen. Und so wurden unzählige in dieser Stadt getötet. Ebenso nahmen sie durch göttliche Kraft eine andre große Stadt, Pulchravallis genannt, gelegen bei Toulouse. Als hier das Volk geprüft wurde und alle gelobten, zum Glauben zurückzukehren, da waren ihrer vierhundertundfünfzig, die, vom Teufel verhärtet, bei ihrer Verstocktheit bleiben, wovon vierhundert verbrannt, die übrigen an Galgen gehangen wurden. Dasselbe geschah in andern Städten und Burgen, wo die Elenden sich freiwillig zum Tode drängten. Die Toulouser aber wurden bedrängt und gelobten jede Genugtuung, jedoch, wie sich nachher zeigte, aus

Hinterlist. Denn der ungläubige Graf von St. Gilles, das Oberhaupt aller Ketzer, da ihm auf dem lateranischen Konzil alles abgesprochen war, seine Lehen wie seine Allodien, Städte und Burgen, und diese größtenteils von Graf Simon von Montfort, einem guten Katholiken, nach Kriegsrecht erobert worden waren, begab sich nach Toulouse, von wo er bis auf diesen Tag die Gläubigen unablässig beunruhigt und bekämpft. Und, wie in diesem Jahre Herr Konrad, der Bischof von Portus und Kardinal, der als Legat gegen die Ketzer geschickt ist, dem Zisterzienserkapitel geschrieben hat, hat einer von den Mächtigen der Stadt Toulouse etwas so Entsetzliches aus Haß gegen Christentum und zum Schimpf unsres Glaubens verübt, daß es selbst Christi Feinde mit Recht erregen muß. Neben dem Altar der Hauptkirche hat er seinen Bauch entleert und mit dem Altartuch die Unreinigkeit abgewischt. Die andern aber, Wahnsinn zum Wahnsinn fügend, setzten eine Hure auf den heiligen Altar, die sie dort im Angesicht des Kruzifixes mißbrauchten. Dann rissen sie das heilige Bild herunter und hieben ihm die Arme ab, viel schlimmer als die Krieger des Herodes, die sich scheuten, dem Toten die Schenkel zu zerbrechen. Ehe das Heer des Herrn gegen sie zog, riefen die Albigenser Miralimonmelinus, den König von Marokko, zu Hilfe. Dieser kam aus Afrika nach Spanien mit einer so unglaublichen Menge, daß er ganz Europa zu gewinnen hoffte. Auch ließ der dem Papst Innozenz sagen, er werde die Peterskirche zum Stall für seine Pferde machen und darüber seine Fahne aufpflanzen. Dies ist zum Teil erfüllt worden, freilich anders, als er gedacht hatte. Und weil Gott allen Übermut bricht, so sind zur selben Zeit, im Jahre des Heils zwölfhundertundzwölf, am vierzehnten Juli, von seinem Heere vierzigtausend Reiter erschlagen worden. Er aber ist nach Sevilla gegangen und dort vor Kummer gestorben. Seine Hauptfahne ward im Kampf erbeutet und Innozenz überbracht, der sie in jener Kirche zu Christi Ruhme aufrichten ließ. Soviel über die Albigenser.

11. Von den Ketzern zu Verona

Als zur Zeit Kaiser Friedrichs Papst Lucius in der lombardischen Stadt Verona verweilte und viele geistliche und weltliche Fürsten dort versammelt waren, befand sich dort auch unser Mönch Gottschalk, damals Domherr von Sankt Gereon. Deren Wirt ging fast allnächtlich mit Weib und Tochter aus dem Hause. Da Eberhard dies merkte, frage er ihrer einen, wohin sie gingen und was sie trieben. Ihm ward erwidert: Komm und sieh. Da folgte er ihnen in ein großes unterirdisches Haus, wo viele beiderlei Geschlechts versammelt waren, und ein Oberketzer hielt, während alle schwiegen, eine Predigt voller Lästerungen und lehrte ihre Lebensweise. Dann wurden die Lichter gelöscht, und jeder ergriff, die ihm zunächst war, und war kein Unterschied zwischen Eheweib und Kebse, zwischen Witwe und Jungfrau, zwischen Herrin und Magd, und was noch entsetzlicher war, zwischen Schwester und Tochter. Als Eberhard, ein leichtsinniger und übermütiger Jüngling, dies sah, stellte er sich, als sei er ein Schüler, und gesellte sich während der Predigt zu der Tochter seines Wirtes oder irgend einem andern Mädchen, mit der er, wenn das Licht ausgelöscht war, sündigte. Als er dies fast ein halbes Jahr getrieben hatte, sagte der Meister in aller Gegenwart: Dieser Jüngling besucht unsre Versammlungen so fleißig, er wird bald tauglich sein, andere zu lehren. Als er das hörte, ging er nicht wieder hin. Und, wie mir jener Gottschalk erzählte, hat er, als er ihn deswegen schalt, erwidert: Wisse, Bruder, ich besuche die Versammlungen der Ketzer nicht wegen der Ketzereien, sondern wegen der Mädchen. — Sieh, so ist das Leben und Gesetz der Ketzer.

12. Von Dietrich, den der Teufel über die Stadt Lübeck trug

Von Dietrich aus Soest, unserm Laienbruder, habe ich gehört, daß, als er jung war, ein anderer Jüngling in der Stadt Lübeck für ihn um ein Mädchen warb, wie er jenem versprochen hatte. Das Weib willigte ein, und als Dietrich hoffte, er werde ihrer genießen, da betrog ihn sein Gefährte und ging zu ihr. Als er dies merkte, sagte er im Zorn: Der Teufel, der mich hergeführt hat, mag mich von hier zurückführen. Sogleich erschien der Eingeladene, packte den Menschen und hob ihn empor, und indem er ihn über die Stadt trug, setzte er ihn am Ufer eines Sees recht unsanft nieder. Und er sagte zu ihm: Hättest du dich nicht recht und schlecht bekreuzigt, so hätte ich dich jetzt getötet. Denn in dem Augenblick, wo er gepackt ward, hatte er, wiewohl unvollkommen, das Kreuzeszeichen gemacht. Vom Teufel losgelassen, fiel er so hart, daß er besinnungslos dalag und Blut spie. Endlich erholte er sich ein wenig, kroch auf allen vieren an das Wasser, wusch sich das Gesicht und trank, und so gelangte er mit viel Mühe zu seiner Herberge. Als er ins Haus trat, kam er, sobald er Licht erblickte, wieder von Sinnen. Man rief einen Priester, der den Anfang des Johannesevangeliums über ihm las und durch andere Gebete ihn gegen den Anfall des Teufels sicherte. Nachher war ein ganzes Jahr lang sein Körper so zitterig, daß er beim Trinken den Becher nicht halten konnte. Er versichert, er habe, als der Teufel ihn trug und stark drückte, die Nicolaikirche und alle Gebäude der Stadt beim Mondschein gesehen.

13. Von Albero, der erkrankte, als er den Teufel sah

Als unser Laienbruder Albero Novize war und eines Nachts mit einem andern Laienbruder aus Furcht vor der Nacht im Hofe wachte und, ehe das Zeichen zur Frühmette gegeben ward, das Kloster umwandelte, erblickte er von fern etwas wie einen menschlichen Schatten beim Waschplatz. Er glaubte, es sei unser Mönch Friedrich und trat näher, um ihm zuzunicken, er solle schlafen gehen. Und weil er wußte, daß jener nicht recht bei Sinnen war, zog er sich zurück, um nicht von ihm verletzt zu werden. Indem er so stand, wuchs der Schatten vor seinen Augen bis zum Dach des Hauses. Als dann im Schlafsaal geläutet ward, trat er ins Backhaus, wo der Ofen zum Backen hergerichtet war, und sobald er das Feuer erblickte, das er wie durch eine gläserne Wand zu sehen meinte, fühlte er eine Schwäche. Sogleich ging er hinaus und setzte sich unter einen Baum, war aber acht Tage lang so matt an Herz und Leib, daß er weder essen noch trinken noch schlafen konnte.

14. Wie zwei Jünglinge den Teufel in Weibesgestalt sahen

Zwei weltliche Jünglinge, die noch nicht Ritter waren (der eine war Truchsess des Abts von Prüm, der mir dies erzählt hat), ritten einst in der Johannisnacht nach Sonnenuntergang an dem Bach, der bei dem Kloster vorbeifließt, spazieren. Sie sahen am andern Ufer des Baches etwas wie eine weibliche Gestalt in linnenem Gewande, und da sie glaubten, sie treibe Zauberei, wie manche in jener Nacht pflegen, so ritten sie durch das Wasser, um sie zu fangen. Sie schien das Gewand aufzuheben und zu fliehen, jene folgten auf ihren pfeilschnellen Pferden, konnten aber die Flüchtige, die sie wie einen Schatten vor sich sahen, nicht ergreifen. Als die Pferde nicht mehr weiter konnten, sagte der eine: Was tun wir? Es ist der Teufel. Und als sie sich bekreuzigten, sahen sie das Gespenst nicht mehr. Von Stund an waren sowohl sie wie ihre Tiere lange Zeit schwach und kamen kaum mit dem Leben davon.

15. Von einer Frau, die der Teufel in Gestalt eines Knechtes drückte

In Kuninkskirgen, so hat der Priester dieses Dorfes unserm Mönch Lambert erzählt, kam eine angesehene Frau eines Nachts mit einer andern Frau irgendwoher und ging durch das Dorf, als der Teufel die Gestalt eines sehr spaßhaften Knechts annahm und ihre Hand ergriff, die er sanft drückte. Als sie sagte: Laß mich los! verschwand er. Sogleich fühlte sie sich unwohl und sagte zu ihrer Begleiterin: Jener Knecht hat mich gedrückt, und siehe, davon hat mich eine Herzschwäche angewandelt. Jene sagte: Er ist ja gar nicht hier gewesen. Gewiß! antwortete sie, er hat mich ganz grimmig angeblickt. Als sie nach Hause kam, legte sie sich zu Bett, und nach wenigen Tagen starb sie.

16. Wie eine Frau vom Teufel umrahmt wurde

Einer Frau, die bei Schloß Altenahr wohnte, ist es in diesem Jahre ähnlich ergangen. Da sie einen trunksüchtigen Mann hatte, wagte sie nachts nie schlafen zu gehen, ehe dieser von der Schenke zurück war. Eines Nachts, als sie Teig zum Brot bereitet hatte und nun müde vor der Tür ihres Hauses saß und auf den Mann wartete, sah sie zwei weißgekleidete Männer herankommen. Der eine stürzte auf sie zu, um sie zu umarmen, und drückte sie. Auf ihr Geschrei verschwanden beide. Sie floh ins Haus, und sowie sie Licht sah, stürzte sie besinnungslos nieder, so daß ihre Tochter ein Geschrei anhob. Nach wenigen Tagen starb sie. Durch welches Urteil Gottes dergleichen geschieht, ist mir völlig unbekannt.

17. Wie der Teufel mit einem Ritter würfelte

In Soest wohnte ein Ritter namens Thiemo, der so völlig dem Würfelspiel ergeben war, daß er weder bei Tage noch bei Nacht davon ließ. Immer trug er einen Beutel mit Geld bei sich, falls er Spiellustigen begegnete. Und so gewandt und glücklich war er im Spiel, daß kaum einer ohne Schaden davonkam. Damit aber die Nachwelt erführe, wie sehr Gott solche Spiele zuwider sind, durch die Zorn, Neid, Zank und Schaden entstehen, so erhielt der Teufel Erlaubnis, mit dem zu spielen, der so vielen übel mitgespielt hatte, und den der Eingeweide zu entleeren, der vieler Leute Säckel ausgeweidet hatte. Eines Nachts kam er in der Gestalt eines auf Spiel Erpichten in des Ritters Haus, einen Beutel voll Geld unter der Achsel, nahm am Tische Platz, setzte reichlich Münzen, würfelte und gewann. Da ihm jedes Spiel glückte und dem Ritter schon das Geld zum Setzen ausging, rief dieser zornig: Du bist doch nicht gar der Teufel? Drauf jener: Nun ist's genug, es geht schon auf Morgen, wir müssen gehen. Damit packte er ihn und fuhr mit ihm durchs Dach, daß ihm die Ziegel jämmerlich die Eingeweide herausrissen. Was mit der Leiche geschehen ist und wo er ihn hingeworfen hat, das konnte bis heute weder sein Sohn, noch wer ihn sonst gekannt hat, in Erfahrung bringen. Am Morgen fand man die Reste der Eingeweide, die an den Ziegeln hingen, und begrub sie auf dem Kirchhofe. Wohl gibt der Teufel seinen Dienern in dieser Welt Gedeihen, aber am Ende täuscht er sie immer.

18. Wie ein Mensch im Vertrauen auf den Teufel von einem Turm herabsprang

In dieselbe Stadt, so erzählte mir Meister Gozmar, ein frommer Mann und Domherr des heiligen Patroklus, kam ein Unbekannter und sagte, er werde vom Turm des heiligen Julianus herabspringen, wenn man ihm etwas dafür verehren wolle. Die Bürger, als verständige Männer, antworteten: Wir werden dir nichts dafür geben, daß du dich selber umbringst. Drauf sagte er: So will ich der Stadt zu Ehren springen. Während viel Volks sich auf dem Markte versammelte, dem jener Turm nahe ist, und andere aus den Fenstern schauten, erstieg er den Turm. Ein andrer rief hinter ihm her: Sag mir, Mensch, mit welchem Dämon tust du das? Da jener ihm ich weiß nicht welchen Dämon nannte, erwiderte er: Sei gewiß, er wird dich betrügen; denn er ist boshaft. Wenn du dich dem Oliver anvertrautest, der würde dich nicht betrügen, denn er ist höfisch und zuverlässig. Jener antwortete: Er wird mich nimmermehr betrügen, denn ich habe oft seine Treue erprobt. (Ich glaube, dieser Oliver war derselbe, der im vierten Kapitel vorkam.) Kurz, er bestieg den Turm, er sprang, konnte aber nach dem Sprung nicht aufstehen. Die Menge wunderte sich darob und wußte nicht die Ursache seines Todes wegen des weiten Mantels, den er angezogen hatte, um den Wind aufzufangen. Sie traten näher, hoben den Menschen vom Boden und fanden, daß ihm alle Eingeweide herausgedrungen waren. Sieh, so belohnt der Teufel seine Diener: die Leiber tötet er, die Seelen stößt er hinab zu den ewigen Strafen.

19. Wie ein Dämon einem Ritter treulich diente

Ein Dämon nahm die Gestalt eines anmutigen Jünglings an und kam zu einem Ritter, dem er seine Dienste anbot. Da diesem seine Gestalt wie seine Rede sehr gefiel, ward er gern von ihm angenommen. Sogleich trat er den Dienst an und war so eifrig und ergeben, so treu und so angenehm, daß jener sich nicht genug wundern konnte. Nie bestieg er sein Pferd, nie stieg er ab, ohne daß der Diener schon bereit gestanden und mit gebeugtem Knie den Steigbügel gehalten hätte. Stets erwies er sich bescheiden, umsichtig und heiter. Als sie einst zusammenritten und an einen großen Fluß kamen, sah der Ritter sich um und erblickte etliche seiner Todfeinde im Rücken. Er sagte zu seinem Knecht: Wir sind des Todes. Da eilen meine Feinde mir nach, vor uns ist der Fluß, keine Zuflucht zu finden. Sie werden mich töten oder gefangen nehmen. Jener erwiderte: Fürchte nichts, Herr, ich weiß eine Furt im Flusse, folge mir nur, wir werden schon entrinnen. Der Ritter sagte: Nie hat ein Mensch diesen Fluß hier durchwatet. Doch folgte er in der Hoffnung auf Rettung dem Knecht und kam ungefährdet ans Ufer. Als sie hinüber waren, standen die Feinde am andern Ufer und sprachen erstaunt: Wer hat je von einer Furt in diesem Fluße gehört? Niemand als der Teufel hat ihn hinübergebracht. Also kehrten sie voll Furcht um. Im Verlaufe der Zeit geschah es, daß des Ritters Weib auf den Tod erkrankte. Da alle ärztliche Kunst versagte, sprach wiederum der Dämon zu seinem Herrn: Wenn meine Herrin mit Löwenmilch gesalbt würde, würde sie sogleich genesen. Und als der Ritter fragte: Woher solche Milch bekommen? sagte er: Ich werde sie holen. Er ging und kam nach weniger als einer Stunde mit einem vollen Gefäß zurück. Als sie mit der Milch bestrichen war, fühlte sie sich alsbald besser und erhielt die Gesundheit wieder. Da der Ritter fragte: Wie hast du so schnell diese Milch bekommen? erwiderte er: Von den Bergen Arabiens habe ich sie geholt. Als ich dich verlassen, ging ich nach Arabien, trat in die Höhle einer Löwin, jagte die Jungen weg und melkte sie, und so bin ich zu dir zurückgekehrt. Der Ritter war starr vor Staunen und fragte: Wer bist du denn? Er sagte: Laß dich das nicht kümmern, dein Knecht bin ich. Da aber der Ritter nicht abließ, bekannte er endlich: Ich bin ein Dämon, von denen, die mit Luzifer gefallen sind. Der Ritter, noch mehr erstaunt, fragte: Wenn du von Natur ein Teufel bist, wie kommt es, daß du einem Menschen so treulich dienst? Er antwortete: Mir ist es ein großer Trost, bei den Söhnen der Menschen zu sein. Und als der Ritter sagte: Ich wage nicht, deine Dienste fürder zu gebrauchen, sagte er: Dessen sei gewiß, behältst du mich, so wird dir nie durch mich noch um meinetwillen ein Leid geschehen. Ich wage es nicht, sagte der Ritter. Aber was immer du als Lohn forderst, und wäre es mein halbes Gut, das will ich dir gern geben. Nie hat ein Mensch einem Menschen so treu und nützlich gedient. Durch deine Fürsorge bin ich am Fluß dem Tode entronnen, durch dich ist mein Weib genesen. Drauf sagte der Dämon: Da ich denn nicht bei dir bleiben kann, verlange ich nichts für meinen Dienst als fünf Schillinge. Als er diese erhielt, gab er sie dem Ritter zurück und sagte: Ich bitte dich, kaufe dafür ein Glöckchen und hänge es über das Dach jener alten, zerfallenen Kirche, damit wenigstens an den Sonntagen die Gläubigen zum Gottesdienst gerufen werden. Und damit verschwand er aus seinen Augen.

20. Wie ein Dämon einen Ritter durch die Dornen führte

Folgendes hat mir ein angesehener Priester erzählt, der jetzt Mönch in unserem Orden ist. Der Pfarrer eines Dorfes nahm seinen Pfarrkindern zu Gefallen an ihren weltlichen Festen teil, besuchte die Schenken und bequemte sich in allem ihren Sitten. So erfüllte sich an ihm jenes Wort des Propheten (Jes. 24, 2): Und wie das Volk, so wird der Priester sein. Er hatte aber im Dorfe einen Ritter zum Gevatter, der ihm ganz und gar in Lastern gleich war. Und beide hatten, nicht in Christo, sondern in der Welt, ein Herz und eine Seele. Oft ward der eine vom andern zu Spielen und Schmausereien geladen, oft zu den Schenken geschleppt. Da das der Teufel sah, der Meister aller Listen, beschloß er, ihre schändliche Liebe in verderblichen Haß zu verkehren. Also kam er eines Nachts, als der Ritter schlief, in Gestalt des Priesters an sein Bett und setzte ihm mit ungestümen Worten und Gebärden zu, er solle ihm folgen. Als der erschreckte Ritter halbnackt aufstand und barfuß folgte, ward er durch ein Feld voll Stacheln und Dornen geführt. Da die ihm die Sohlen zerrissen und das Blut herauslief, schrie er erzürnt: Böser Priester, das soll dir übel bekommen. Der Teufel schrie immerzu: Folge, folge! Der Ritter aber, ganz außer sich, nahm eine Hacke, die er zufällig fand, und zerspaltete, wie er meinte, dem Priester den Kopf. Der lag da, das Gesicht mit Blut überströmt, der Ritter aber kehrte mit Mühe und Qual nach Hause zurück. Dort klagte er seinem Weibe, seinen Dienern und Freunden, wie ihn der Priester verhöhnt hatte. Da sie ihm nicht glauben wollten, fügte er hinzu: Ich habe ihm Kopf und Krone nicht wenig verletzt. In derselben Nacht geschah es, daß der Priester, als er ging, um ein Bedürfnis zu befriedigen, mit dem Kopf so heftig an einen Balken stieß, daß ihm der Schädel arg verletzt und das ganze Gesicht mit Blut überströmt ward. Er ging wieder zu Bett, und als am Morgen zur Messe geläutet ward und das Volk in der Kirche harrte, konnte er wegen der schmerzhaften Wunde nicht kommen. Da nun der Ritter den Grund seines Ausbleibens erfuhr, sagte er: Seht ihr, was habe ich euch gesagt? Kurz gesagt: Die Verwandten und Freunde des Ritters wüteten, der Priester leugnete hartnäckig, sie glaubten ihm nicht, und so ward er auf zwei Jahre aus seiner Kirche ausgeschlossen, und nur mit Mühe versöhnte er sich wieder mit ihnen.

21. Wie der Teufel einen Ritter über den Estrich schleppte

Ein Ritter namens Mengoz war als Jüngling in Frankreich, um die französische Sprache zu lernen. Da erkrankte er schwer, und in der Hoffnung auf Genesung gelobte er, zum heiligen Remigius nach Reims zu pilgern, löste aber sein Gelübde nicht ein. Er kehrte in seine Heimat zurück, und als viele Tage verflossen waren und ein anderer Ritter, Gudolf mit Namen, ein vornehmer Mann aus dem Dorfe Seffelingen, nach Citeaux zu gehen vorhatte, weil er zur Zeit des Generalkapitels es auf sich genommen hatte, da erfuhr Mengoz dies und bat jenen, ihn als Gefährten auf der Pilgerfahrt anzunehmen. Der war's zufrieden. Sie kamen zusammen nach einem Dorfe namens Tricastrum bei Dijon, und als sie zum Frühstücken nach Art der Büßenden sich auf die Erde gesetzt hatten, da erschien der heilige Remigius, der Bischof von Reims, mit den priesterlichen Gewändern bekleidet, dem Wortbrüchigen und sagte: Mengoz, warum lösest du nicht dein Gelübde? Der Ritter erschrak über das Gesicht und über den Vorwurf, alsbald aber flog ein Teufel herbei, der der mahnenden Worten abratende hinzufügte und sagte: Beeile dich nicht, dein Gelübde magst du lösen, wann du kannst. Und ohne sonst etwas zu sagen, packte der den Mann bei den Füßen und zog ihn auf dem Bauch so unbarmherzig über den Estrich, daß sein Gesicht an vier Stellen verwundet ward und mit hervorströmendem Blut den Boden netzte. Als Gudolf sah, wie er geschleppt wurde, aber ohne zu sehen, von wem (so habe ich aus seinem Munde gehört), da stand er sogleich erschrocken auf, packte den Ritter bei den Armen, konnte ihn aber, so stark er war und noch ist, kaum halten. Als er die Ursache der Schuld wie auch der Strafe erfuhr, sagte er: Ich rate dir, dein Gelübde zu lösen. Und da jener erwiderte: Ich habe jetzt kein Geld, so gab er ihm einen Schilling Sterling, und jener löste das versäumte Gelübde.

22. Wie ein Dämon einen Weinberg bewachte

Im vorigen Jahr zur Zeit der Weinernte beauftragte der Gutsverwalter von Laach zwei Knechte, den Weinberg eines Klosterguts zu bewachen. Eines Nachts wünschte einer von diesen, sich die Wache zu erleichtern, er rief im Scherz den Teufel und sagte: Komm Teufel, bewache den Weinberg, und ich will dir Lohn geben. Kaum hatte er dies gesprochen, da erschien der Teufel und sagte: Da bin ich. Was gibst du mir, wenn ich die Wache übernehme? Der Knecht sagte: Einen Korb voll Trauben, unter der Bedingung, daß, wenn einer eindringt von Stunde an, wo Tag und Nacht sich trennen, bis Tagesanbruch (wobei er weder die eigene noch eine fremde Person ausnahm), du ihm den Hals brichst. Das versprach der Teufel. Als der Knecht abends, unbesorgt wegen des Weinbergs, nach Hause kam, sagte der Gutsverwalter zu ihm: Warum bist du nicht auf dem Weinberg? Er antwortete: Ich habe meinen Gefährten dort gelassen — er meinte nämlich den Teufel. Der Gutsverwalter aber, der dachte, er spreche von dem andern Knecht, sagte zornig: Schnell geh hin, der eine genügt nicht. Der Knecht ging, und als er die Warte, die außerhalb des Weinbergs ist, mit seinem Gefährten hinaufstieg, hörten sie um Mitternacht ein Geräusch, als ginge jemand zwischen den Reben hin und her. Der andre, der von dem Vertrag nichts wußte, sagte: Es ist jemand auf dem Weinberg. Jener antwortete: Bleib sitzen, ich will hinuntergehen und nachsehen. Er stieg hinab, umging den Weinberg von außen, und da er keine Spur eines Menschen an der Hecke fand, merkte er, sein Wächter sei da. Am Morgen entdeckte er alles seinem Gefährten, und da er dem Teufel den Korb voll Trauben zum Lohn geben wollte, schüttete er ihn neben einer Rebe hin. Dann ging er, und als er bald darauf mit dem Gefährten zurückkam, fand er dort auch nicht eine Beere.

23. Wie die Nonne Elisabeth vom Teufel geplagt ward

Im Kloster Hoven lebt eine Nonne namens Elisabeth, die der Teufel öfter quält. Einst sah sie ihn im Schlafsaal, und da sie wohl wußte, wer er sei, gab sie ihm eine Ohrfeige. Als er fragte: Warum schlägst du mich so grausam? erwiderte sie: Weil du mich oft erschreckst. Drauf der Teufel: Viel mehr habe ich gestern deine Schwester, die Sängerin, geschreckt, und sie hat mich doch nicht geschlagen. In der Tat war sie an jenem Tage recht unruhig gewesen. Hieraus folgt, daß Zorn, Haß, Ungeduld und ähnliche Laster oft von teuflischer Einwirkung herrühren. Ein andermal verspätete sich dieselbe Elisabeth bei der Frühmette, wie sich nachher zeigte, wegen des Teufels, und als sie mit einer brennenden Kerze in der Hand zur Glocke eilte und schon in den Betsaal treten wollte, sah sie einen Dämon in Mannesgestalt, mit einem ausgeschnittenen Hemd bekleidet, sich gegenüberstehen. Sie meinte, ein Mann sei eingetreten, und fiel erschreckt rückwärts über die Stufen des Schlafsaals, so daß sie etliche Tage sowohl durch den Schreck wie durch den Fall krank war. Auch die Äbtissin, durch denselben Hergang erschreckt, erkrankte. Als diese sie nach dem Grunde des Falls und des Geschreis fragte und jene ihr das Gesicht erzählte, fügte sie hinzu: Hätte ich gewußt, daß es der Teufel wäre und kein Mensch, ich hätte ihm eine tüchtige Ohrfeige gegeben. Denn schon hatte sie mit Kraft gegürtet ihre Lenden und gegen den Teufel ihren Arm gestärkt (Prov. 31, 17).

24. Von der Klausnerin Bertradis

Bei Schloß Volmuntstein in Westfalen wohnt eine Klausnerin namens Bertradis, eine heilige und fromme Frau und bekannt wegen der Offenbarungen, deren Gott sie würdigt. Wie ich höre, war sie unvorsichtig und nahm längere Zeit statt eines Engels des Lichts einen Engel der Finsternis auf. Denn der Teufel pflegte, mit spukhaftem Glanz umgeben, durch ein Fenster ihrer Zelle zu ihr einzudringen, ihr die Zukunft vorherzusagen und auf ihre Fragen sie zu belehren. Wenn nun jemand zu ihr kam und über den Zustand irgend eines verstorbenen Freundes oder sonst etwas Verborgenes sichere Auskunft wünschte, so bat sie um Aufschub bis zum folgenden Tage und befragte ihren Engel, von dem sie öfter betrogen ward und falschen Bescheid erteilte. Da dies Bruder Hermann, der Klausner von Arnsberg, erfuhr, der die Bosheiten der Dämonen kannte, ließ er der Klausnerin folgendes melden. Sei vorsichtig, Schwester, denn oft verstellt sich der Satansengel in einen Engel des Lichts, verführt viele und treibt seinen Spott mit den heiligsten Männern. So muß du tun. Auf das Fenster, wodurch er zu kommen pflegt, drücke ein Kreuz aus geweihtem Wachs, und wenn er beim Eintritt dies nicht vermeidet, so ist er ein Engel des Herrn, sonst ein Engel der Finsternis. Sie tat so, und als der Teufel zur Nachtzeit mit dem gewohnten Glanz ans Fenster kam, sein Licht hineinsandte, aber nicht eintrat, fragte sie: Was kommst du nicht herein? Er antwortete: Ich kann nicht, wenn du nicht das Wachs vom Fenster tust. Da merkte sie den Trug, spie ihn an, brach in Schmähreden aus und beschwor ihn unter Anrufung der heiligen Dreieinigkeit, daß er sich dergleichen nicht wieder herausnehme.

25. Wie ein Mönch keinen Kohl pflanzen wollte

Einst stand die Brüderschaft von Himmerod im Garten und setzte Kohlpflanzen ein. Da stand bei den andern auch ein Mönch namens Thomas, dem begann dieser Gedanke aufzusteigen: Wärest du jetzt in deines Vaters Hause, so würde deine Magd sich schämen, so niedrige Arbeit zu verrichten. Also ging er unwillig aus der Brüder Mitte, da der Hochmutsteufel ihn dorthin führte, wo er ihm noch kräftiger zusetzen konnte. Da er nun allein im Walde war, erschien der Versucher, und den er zuvor nur mit Gedanken heimgesucht hatte, den griff er jetzt offen und sichtbar an. Denn er erschien in Gestalt eines Weibes und redete ihn an. Der Mönch legte den Finger auf den Mund und bedeutete sie, er dürfe nicht sprechen. Aber der Quell und Vater aller Lügen antwortete sogleich durch den Mund jenes spukhaften Weibes, das er gebildet: Ich weiß nicht, was das soll. Ich komme von der Brüderschaft, und der Prior hat mir erlaubt, mit dir zu sprechen. Er glaubte ihr und sprach. Da erzählte sie, ihre Eltern hätten nach ihm geschickt, er müsse mit ihr nach Trier gehen, um ein Pferd zu kaufen. Also ging die Elende voran und führte den Elenden, wobei sie selbst durch das dichteste Gestrüpp ohne Hindernis dahinschritt, er aber nur mit großer Mühe folgen konnte. Endlich, durch den rauhen Weg und die Anstrengung außer sich, rief er: Im Namen des Vaters, was ist das für ein Weg! Da verschwand das boshafte Weib sogleich, und nachdem zuvor der Himmel heiter gewesen war, entstand zur Stunde um ihn ein heftiger Sturm und Regen, der ihn, von außen durchnäßt, von innen beschämt, zur Brüderschaft zurücktrieb. Er beichtete nachher, er habe, solange er mit jenem Weibe gegangen sei, den ärgsten fleischlichen Kitzel empfunden.

Sechstes Buch: Von der Einfalt

1. Wie ein einfältiger Mönch in einem Schlosse Fleisch aß

Als Herr Wido, der Abt von Citeaux und nachmalige Kardinal, nach Köln gesandt ward, um die Wahl zu bestätigen, die auf Philipps Gegenkönig Otto gefallen war, erzählte er dort ein Beispiel von heiliger Einfalt, recht ergötzlich und recht wunderbar. Ein Kloster unsres Ordens lag im Gebiet eines vornehmen und mächtigen Mannes. Dieser Tyrann, der Gott nicht fürchtete und keinen Menschen scheute, bedrängte es auf alle mögliche Weise. Von dem Korn, dem Wein, dem Vieh nahm er, so oft und soviel er wollte, und soviel er wollte, ließ er den Brüdern. Da ihm dies zur Gewohnheit und gleichsam zum Gesetz geworden war und die Brüderschaft, nach vielen vergeblichen Klagen, seufzend schwieg, so raubte er eines Tages den größten Teil der Herde und befahl, sie nach seiner Burg zu treiben. Bei dieser Nachricht erschraken der Abt und die Brüder sehr und überlegten lange, was zu tun sei. Sie meinten, es soll einer zur Burg gehen und ihn wenigstens auf den Lohn, der solcher Dinge harre, verweisen, womöglich der Abt. Dieser erwiderte: Ich gehe nicht, denn Ermahnungen nützen hier nichts, es ist alles in den Wind gesprochen. Da ebenso der Prior und der Gutsverwalter es ablehnten, fragte der Abt: Ist hier einer, der noch einmal gehen möchte? Alle schwiegen, nur einer, auf Gottes Eingebung, antwortete rasch: Jener Mönch soll gehen, und nannte einen sehr einfältigen Greis. Der Mönch wird gerufen; man fragt ihn, ob er zum Schlosse gehen will; er gehorcht, er wird abgesandt. Als er den Abt verließ, sprach er aus der großen Einfalt seines Herzens dies Wort: Vater, wenn irgend ein Teil mir zurückgegeben wird, soll ich ihn nehmen oder nicht? Der Abt erwiderte: Was immer du bekommen kannst, das nimm im Namen des Herrn. Besser etwas als gar nichts. Jener ging, kam nach der Burg, überbrachte Botschaft und Bitten des Abtes und der Brüder dem Tyrannen. Und weil die Einfalt des Gerechten, nach Hiob (12, 4. 5), eine verachtete Lampe in den Augen des Bösen ist, so achtete der Tyrann seiner Worte gering und sagte spottend: Herr wartet, bis Ihr gefrühstückt habt, dann soll Euch Antwort werden. Zur Frühstücksstunde setzte er sich an den gemeinsamen Tisch, und die gemeinsamen Speisen, nämlich Fleisch in gehöriger Menge, wurden ihm wie den andern vorgesetzt. Der fromme Mann gedachte der Worte seines Abtes, und da er nicht zweifelte, daß das Fleisch, das so reichlich aufgetragen ward, von dem Vieh seines Klosters sei, so aß er mit den andern, um nicht ungehorsam zu sein, soviel er von dem Fleisch bekommen konnte. Der Herr der Burg, der mit seiner Gemahlin gegenüber saß und wohl sah, wie der Mönch Fleisch aß, rief nach dem Frühstück den Mann bei Seite und sprach: Sagt mir, guter Herr, pflegt Eure Brüderschaft Fleisch zu essen? Da jener es verneinte, fragte er weiter: Etwa auf der Reise? Weder drinnen noch draußen, sagte er, essen sie Fleisch. Drauf der Tyrann: Und warum habt Ihr es heute gegessen? Der Mönch erwiderte: Als mein Abt mich herschickte, befahl er mir, was immer ich von dem Vieh zurückerhalten könnte, das sollte ich nicht ausschlagen. Und weil ich wußte, daß das vorgesetzte Fleisch meinem Kloster gehörte, und ich fürchtete, man würde mir sonst nichts geben, als was ich mit den Zähnen erfassen könnte, so aß ich es aus Gehorsam, um nicht ganz leer zurückzukehren. Und weil Gott den Einfältigen nicht verwirft und nicht den Gottlosen die Hand reicht (Hi. 8, 20), so ward der Vornehme durch diese Einfalt gerührt, oder vielmehr vom heiligen Geist, der durch den Mund des Greises sprach, gemahnt und antwortete: Harret hier meiner, ich werde mich mit meiner Gattin beraten, was ich tun soll. Als er zu dieser kam und ihr die Worte des Greises erzählt hatte, fügte er hinzu: Ich fürchte, Gott wird mich bald bestrafen, wenn ein so einfältiger und aufrichtiger Mann von mir zurückgewiesen wird. Ähnlich antwortete auch sie, da sie von demselben Geist ergriffen war. Er ging zu dem Greise zurück und sagte: Guter Vater, wegen Eurer heiligen Einfalt, die mein Mitleid erweckt hat, will ich Eurem Kloster, was noch von dem Vieh übrig ist, zurückgeben, will das zugefügte Unrecht nach Möglichkeit wieder gutmachen und Euch von heute an nie mehr beunruhigen. Der Greis sagte ihm Dank und kehrte froh mit der Beute nach dem Kloster zurück, wo er dem erstaunten Abt und den Brüdern die Worte des Vornehmen berichtete. Fortan hatten sie Frieden und lernten aus dem Beispiel, wie groß die Tugend der Einfalt ist.

2. Von der Einfalt des Verwalters Christian in Brauweiler

Im Kloster des heiligen Nikolaus im Dorfe Brauweiler war ein sehr einfältiger Mönch namens Christian. Diesem übertrug der Abt das Amt des Verwalters. Gott aber, der die rechte Einfalt liebt, leitete all seine Tätigkeit, so daß zur Zeit seiner Verwaltung das Kloster mit allem Nötigen reichlicher versehen war als vorher oder nachher. Oft stahlen ihm Knechte und Mietlinge Wein, Korn und vieles andere und brachten es ihren Weibern und Kindern. Und wiewohl er wußte und manchmal sah, tat er aus großer Frömmigkeit, als sehe er nichts, und sagte bei sich: Diese sind arm und bedürftig. Den Brüdern wird das Nötige nicht fehlen. Der Einfältige wird manchmal mit einem Mimen oder Gaukler verglichen. Wie dessen Worte und Gebärden im Munde und in der Hand dessen, der kein Gaukler ist, oft mißfallen und bei den Menschen strafwürdig sind, während sie doch, wenn von jenem gesagt und getan, gefallen: so ist es auch mit den Einfältigen. Sie sind sozusagen die Gaukler Gottes und die Einfältigen die heiligen Engel.

3. Das Leben des blinden Engelbert

Ein einfältiger Mensch namens Engelbert, aus der Gegend von Zülpich gebürtig, ist vor wenigen Jahren gestorben. Dieser, von Geburt blind, war wegen der mannigfaltigen Gaben, womit die göttliche Gnade seinen inneren Menschen erleuchtet hatte, in verschiedenen Gegenden bekannt und wurde von vielen und vornehmen Leuten beiderlei Geschlechts hoch geehrt. In schlichtem Mantel und wollenem Hemde und barfuß ging er im Sommer wie im Winter einher, und von einem Knaben geführt, besuchte er oft recht entfernte Stätten der Heiligen. Fleisch aß er nie, und nachts lag er nicht auf Betten, sondern nur auf etwas Stroh oder Heu. Viel Gutes habe ich an ihm gesehen, und er selbst hat viele durch Wort wie durch Beispiel erbaut.

Als er jung war und eines Nachts im Hause seiner Tante, einer reichen Frau, bei ihren andern Knechten sich schlafen gelegt hatte, untergruben in tiefer Nacht zwei Diebe die Wand und drangen ein. Sie deckten das Feuer auf, zündeten Licht an, öffneten die Truhen und unterhielten sich dreist miteinander. Engelbert hörte sie und zweifelte nicht, daß es Diebe seien, konnte aber die neben ihm schlafenden Knechte nicht wecken. Da schnitt er mit seinem Messer ein Loch in einen Stuhl, warf diesen über den Hals und bewaffnete die Hand mit einer Keule. Und weil er sie nicht sehen konnte, so ging er, von Gott geführt, nach dem Gehör auf sie los, und die Keule in beiden Händen schwingend und überall nach allem, was er erreichen konnte, wie ein Rasender losschlagend, jagte er sie aus dem Hause. Er folgte ihnen bis an das Loch und versperrte den Zugang mit einer Leiter. Jene standen draußen, und da sie merkten, daß niemand außer Engelbert wach sei, da schämten sie sich ihrer Flucht, hielten Rat und versuchten nochmals einzudringen. Da er dies an der Bewegung der Leiter spürte, so schob er deren eines Ende unter eine große Kiste, die mit Korn gefüllt war und nahe dem Loche stand, das andere Ende hielt er mit beiden Händen fest. Jene drangen bis zum Nabel ein, Engelbert aber drückte, da sie mit dem Gesicht nach unten lagen, ihren Rücken kräftig mit der Leiter und hielt sie so fest, daß sie weder vorwärts noch rückwärts konnten. Die Diebe, die wie in einer Kelter gepreßt waren und am Morgen gefangen zu werden fürchteten, baten um Gnade. Nachdem sie mit schrecklichen Eiden geschworen hatten,ihm nie etwas zu leide zu tun, noch in dies Haus einzudringen, ließ er sie frei. Als am Morgen Engelbert es erzählte und die Nachbarn durch kein Mittel die Schläfer ermuntern konnten, so suchte man im ganzen Hause nach Zaubereien, da man wußte, daß er durch deren Kraft bewirkt werde, und fand über dem Loch vom Dach herabhängend das Rückgrat eines toten Menschen. Nach dessen Entfernung wachten sogleich alle auf. N: Große Dinge sind das für einen blinden und einfältigen Menschen. M: Größer ist, was folgt, weil es sich auf das Heil der Seelen bezieht. Nach vielen Jahren wurden dieselben Diebe durch den Ruf der Tugenden Engelberts gerührt, vermutlich auch durch seine Gebete zur Reue gebracht; sie kamen zu ihm, gestanden, daß sie es seien, und führten fortan ein frommes Leben. Dies Wunder und manche andere, von denen ich noch erzählen werde, wurden mir von andern berichtet, und als ich ihn fragte, ob sie wahr seien, bezeugte er voll Einfalt, so sei es geschehen. Und weil mit den Einfältigen Gott spricht (Prov. 3, 32), so gab er ihm auch den prophetischen Geist, um den Verlust des äußern Auges durch die Klarheit des innern auszugleichen. Als er einst von der Herzogin von Sachsen, der Gemahlin Herzog Heinrichs, einer sehr frommen Frau, eingeladen war, weissagte er ihr unter anderm auch, einer ihrer Söhne würde Kaiser werden. Dies haben wir nachher an Otto, der Heinrich als Kaiser folgte, sich erfüllen sehen. Als dieser nach seiner Wahl in großer Bedrängnis und fast von allen aufgegeben war, ward er von demselben Blinden getröstet, der ihm versicherte, was von Gott bestimmt sei, werde sich ganz gewiß erfüllen.

Vor jener Zeit, als Helswindis von Giemenich, eine fromme Witwe, wegen der Zwietracht zweier Grafen unsres Landes für ihre Söhne, Arnold und seine Brüder, in Furcht war und ihn bat, Gott für ihre Sicherheit anzuflehen, da antwortete er: Sei nicht besorgt wegen diese Zwiespalts, der wird gestillt werden; denn ein anderer viel größerer ist schon vor der Tür, durch den nicht nur deine Söhne, sondern das ganze Land wird erschüttert werden. Das erfüllte sich unter Otto und seinem Gegenkönig Philipp.

Als er einst auf einer Straße in Köln ging, begegneten ihm mehrere angesehene Frauen dieser Stadt, die zur Kirche gingen. Während diese sich unterhielten, sagte er: Steht still, ihr Frauen. Als sie anhielten, sprach er weiter: Die eben gesprochen hat, soll noch einmal sprechen. Da die Frauen nicht wußten, welche er meinte, so sprach auf sein Wort jede einzelne, während die andern schwiegen. Als die Reihe an Astrada kam, die heute Nonne ist in Walberberg, da tat Engelbert, sobald er ihre Stimme hörte, vor aller Ohren den prophetischen Ausspruch: Diese mit ihrem ganzen Hause wird sich zu Christo bekehren. Was nicht lange darauf geschah. Denn mit Mann, Sohn und Tochter, die heute Äbtissin in jenem Kloster ist, mit Knecht und Magd trat sie in unsern Orden.

Vom Zustand der Seelen pflegte er viel zu sagen, und manchmal, wie es heißt, täuschte ihn der Geist des Irrtums oder der menschliche Geist. Kein Wunder. Nicht immer sprachen die Propheten aus prophetischem Geist, wie z. B. Nathan, der den David aus seinem Geiste dazu ermahnte, was nachher der Heilige Geist durch ihn verhinderte.

Bei einem Feste Unsrer Lieben Frau wollte jene seine Tante abends zum nächsten Dorf gehen wegen der Frühmette, und sagte zu ihm: Engelbert, komm morgen früh zu mir. In derselben Nacht vor Tagesanbruch hörte er, wie jemand an der Tür klopfte und sagte: Engelbert, komm, laß uns zur Frühmette gehen. Er erkannte die Stimme nicht, stand aber doch auf und folgte. Er ward geführt in eine Kirche, in der er die Frühmette, die Prim, Terz, Sext und None hörte. Als er darauf allein zurückkehrte und man ihn fragte, wo er gewesen sei, antwortete er: Nie hörte ich einen so schönen Gesang, eine so liebliche Melodie, eine so herrliche Messe, wie ich heute gehört habe. Und dies geschah ihm im folgenden Jahre wieder. Denn er hatte noch nicht das Mönchsgewand genommen.

Eines Nachts ward er von seinem Lager entführt und bei Schloß Molbach in eine schreckliche Einöde versetzt. Dort verließ seine Seele den Körper, durchsuchte und beschaute alle Ecken und Winkel dieser Einöde, so daß nachher, als er es erzählte, viele sich wunderten. Als die Seele zurückkehrte, begegnete ihr beim Umherirren der Teufel und sagte: Dein Körper ist mein. Da er sich bekreuzte und die heilige Mutter Gottes anrief, sprach der Teufel weiter: Die Hälfte deines Kopfes ist mein, weil sie nach dem Läuten der Sabbathsvesper gewaschen worden ist. Und sogleich warf er eine Masse Pech darauf, die nachher von vielen mit großer Mühe entfernt ward.

Als er im Sterben lag, sagte seine Mutter weinend: O liebster Sohn, jetzt gehst du und verlässest mich in schwerer Krankheit. Er antwortete: Die heilige Maria wird dies befreien, Mutter. Er verschied, und zur selben Stunde ward jene geheilt von der schlimmen Krankheit, woran sie neun Jahre gelitten. Ich habe im Buch der Geschichte der heiligen Acelina gelesen, sie habe in den himmlischen Wohnungen einen Sitz von wunderbarer Schönheit und Herrlichkeit leer gesehen, und ward ihr gesagt, er sei für einen Blinden aus Deutschland. Da verstand ich sogleich, daß dieser Bruder Engelbert gemeint sei.

4. Von Herrn Petrus, dem Abt von Clairvaux

Herr Petrus, der Abt von Clairvaux, einäugig infolge einer Krankheit, ein heiliger Mann, in Namen und Wandel ein Nachfolger des Apostels Petrus, ward der Sohn der Taube genannt, weil er von großer und reiner Einfalt war. Mit ihm und seinen Brüdern stritt ein Ritter wegen etlicher Güter. Ein Tag ward angesetzt, an dem entweder der Ritter sich mit dem Abt vergleichen oder vor dem Richter Klage erheben sollte. Der Ritter erschien mit seinen Freunden, es erschien auch der Abt, nur von einem einfältigen Mönch begleitet. Sie kamen jedoch nicht zu Pferde, sondern zu Fuß. Und da der ehrwürdige Abt den Frieden und die Armut liebte und die vergänglichen Dinge verachtete, so sprach er vor allen Zeugen zu dem Ritter: Du bist ein Christ. Wenn du in Wahrheit sagst, daß diese Güter, um die wir streiten, dein sind und dein sein müssen, so soll mir dein Zeugnis genügen. Jener, dem mehr an den Gütern gelegen war als an der Wahrheit, antwortete: Ich sage in Wahrheit, daß diese Güter mein sind. Drauf der Abt: So seien sie dein, ich werde sie fortan nicht mehr verlangen. Also kehrte er nach

Clairvaux zurück. Der Ritter kehrte siegesfroh heim zu seiner Gattin, und als er ihr alles erzählte, was der Abt gesagt und er selbst getan, da erschrak sie ob dieser reinen und einfältigen Worte und erwiderte: Betrügerisch hast du gehandelt gegen den heiligen Abt, die Strafe Gottes wird uns ereilen. Wenn du nicht dem Kloster seine Güter zurückgibst, will ich keine Gemeinschaft mit dir halten. Erschreckt ging jener nach Clairvaux, verzichtete auf die Güter und bat um Verzeihung, weil er den Abt ungerecht geplagt hatte. Dieser heilige Mann visitierte zur Zeit unsrer Älteren in Himmerod. Er war nach dem Fleische adlig, ein Verwandter König Philipps von Frankreich, der ein großer Freund der heiligen Einfalt war.

5. Wie König Philipp einen einfältigen Mönch zum Abt von St. Denis erhob

Als vor drei Jahren der Abt des heiligen Dionysius, des Apostels der Franzosen, gestorben und jene reiche Abtei erledigt war, und viele danach trachteten, da kam zu König Philipp der, welcher in der Kongregation der Erste schien, der Probst nämlich, bat ihn um die Abtswürde und sagte: Herr, hier biete ich Euch fünfhundert Pfund, auf daß Ihr mir geneigt seiet bei dieser Bewerbung. Der König versprach ihm nichts, bestärkte aber durch Annahme des Geschenks den Simonisten in seiner Hoffnung und sagte: Gebt das Geld heimlich meinem Kämmerer. Nachdem der Probst, wegen der königlichen Gunst versichert, gegangen war, kam der Gutsverwalter, der hiervon nichts wußte, ebenfalls zum König, bat um das gleiche wie der Probst, bot die gleiche Menge Geldes und erhielt die gleiche Antwort. Zuletzt kam der ungetreue Wächter des Schatzes und bot gleichfalls für die Abtei dem König fünfhundert Pfund. Ihm ward geantwortet wie seinen Vorgängern. Und wiewohl der König als kluger Mann nicht dergleichen tat, so mißfiel ihm doch höchlich jener drei Mönche Ehrgeiz, sowie das Laster des Eigentums, oder besser gesagt der abscheuliche Diebstahl, da er wußte, daß das angebotene Geld dem Kloster entzogen war. Doch bestimmte er einen Tag zur Versammlung, wo er ihnen einen Abt ernennen wollte, da die Abtei in seine Hände zurückgefallen war. Als nun der König im Kapitel saß und einige passende Worte gesprochen hatte, schaute er aufmerksam umher und betrachtete alle. Die drei genannten Mönche, der Probst, der Gutsverwalter und der Sakristan, waren in der höchsten Erwartung, und jeder gedachte jeden Augenblick, daß ihm die Abtei zugesprochen werden solle. Und ob auch die heilige Hoffnung nicht zuschanden werden läßt, so wurden doch alle in ihrer Erwartung betrogen. Denn da der König einen einfältigen Mönch in einer Ecke des Kapitels sitzen sah, der an nichts weniger als an die Abtswürde dachte, hieß er durch göttliche Eingebung ihn aufstehen. Als jener voll Ehrfurcht vor dem Herrscher stand, ward ihm vom König gesagt: Herr, hier übergebe ich Euch die Abtei des heiligen Dionysius. Da auf dies Wort jener Einfältige dem König nicht beistimmte, vielmehr sich heftig sträubte und versicherte, er sei ein demütiger, armer und verachteter Mensch, einer solchen Würde nicht würdig und ganz untauglich, so empfahl er, indem er sich so tadelte, sich dem König erst recht. Und er zwang ihn zur Annahme. Nachher sagte jener: Herr, diese Kirche ist sehr verschuldet und ist kein Geld da, die Schulden zu tilgen. Der König aber erwiderte lächelnd: Seht, da schenke ich Euch auf der Stelle fünfzehnhundert Pfund, und wenn es nötig ist, will ich Euch Geld leihen, will Euch auch sonst mit Rat und Tat beistehen. Und er befahl seinem Kämmerer, das Geld zu bringen. Ich glaube, er lebt noch heute, und vielleicht wird durch ihn jenes Haus besser geleitet, als jene getan hätten, die nach seiner Leitung strebten.

6. Wie ein Mensch durch eine Schlange bestraft ward

Ein Jüngling von weltlichem Stande, von der Mosel gebürtig, mit Namen, wenn ich mich recht entsinne, Heinrich, hatte eine einfältige Mutter, die er mit honigsüßen Worten, aber giftiger Absicht, folgendermaßen betrog. Mutter, sagte er, ich bitte dich, auf alle deine Güter, Lehen wie Allodien, feierlich zu verzichten und sie mir zu übertragen, damit ich durch den Reichtum eine angesehenere Gattin gewinne. All das Meine ist dein, und ich werde aufs ehrenvollste für dich sorgen. Die Mutter, die an dem Sohne die Schlangenlist nicht bemerkte, willfahrte seiner Bitte, verzichtete auf den Genuß aller ihrer Güter und gedachte nicht an das Wort des Weisen: Besser ist es, daß dich deine Söhne bitten, als daß du auf jener Hände schauest (Eccl. 33, 22). Mit einem Wort: Die Braut wird eingeführt und die Mutter ausgetrieben. Und da sie Mangel litt und täglich klagte, verstopfte jener seine Ohren, um die Seufzer der Mutter nicht zu hören. Eines Tages, als er mit seinem Weibe bei Tisch saß und die Stimme der Mutter vernahm, die an die Tür klopfte, sagte er: Sieh da, der Teufel schreit schon wieder. Er sagte zu einem Knaben: Geh, tu dies Küchlein in die Truhe, bis sie weggeht. Dies geschah, sie ward eingelassen, und als sie den Sohn bat, Mitleid zu haben, ward sie mit vielen groben Worten hinausgejagt. Drauf sagte jener zu dem Knaben: Bring uns jetzt das Küchlein wieder. Als aber der Knabe die Truhe öffnete, fand er in der Schüssel nicht das Küchlein, sondern eine zusammengerollte Schlange. Erschrocken ging er und meldete dem Herrn, was er gesehen. Drauf ward eine Magd geschickt und sagte, sie habe dasselbe gesehen. Jener meinte, man spotte seiner, und sagte unwillig: Und wenn es der Teufel ist, ich hole es. Er stand vom Tische auf, und kaum hatte er sich, um die Schüssel aufzuheben, über die Truhe geneigt, als die Schlange ihm an den Hals sprang und, um die Doppelzüngigkeit gebührend zu strafen, in doppelter Windung sich um seine Kehle legte. Wenn er aß, aß sie mit, und so oft man ihr die Speisen entzog oder Mittel anwandte, um sie zu entfernen, so preßte sie den Hals des Menschen so stark, daß ihm das Gesicht anschwoll und die Augen aus ihren Höhlen traten. Schon ungefähr dreizehn Jahre sind verflossen, seit dies geschehen ist. Dieser Heinrich wurde auf einem Wagen durch unsre Provinz zu verschiedenen heiligen Stätten gefahren, und viele haben ihn gesehen. Die Mutter, voll Mitleid mit seiner Strafe, folgte ihm in mütterlicher Zärtlichkeit.

7. Wie König Philipp einen Amtmann lebendig begraben ließ

König Philipp hatte in der Stadt Paris einen Amtmann, der nach dem Weinberg eines Mitbürgers Verlangen trug und jenem ungestüm zusetzte, daß er ihn ihm verkaufe. Der Bürger antwortete, wie wir lesen, daß Naboth dem Achab, dem König von Israel, geantwortet habe: So wahr der Herr lebt, ich werde dir meiner Väter Erbe nicht verkaufen; denn keine Not zwingt mich dazu. Der Amtmann griff zu Drohungen, aber umsonst. Indessen geschah es, daß der Mann starb. Als der Amtmann das erfuhr, war er sehr froh, und als ein gar schlauer Mann ersann er folgende List zu seinem eigenen Unheil. Zwei von den Schöffen bestach er mit Geld, falsches Zeugnis für ihn abzulegen. Mit diesen, nach Verabredung, ging er in einer stürmischen Nacht an des Verstorbenen Grab. Er warf die Erde heraus, stieg hinein, und den Beutel mit Geld, den er dem Lebenden für den Weinberg geboten hatte, legte er in des Toten Hand und sagte: Ihr Herren seid Zeugen, daß ich soviel Geld diesem Manne für seinen Weinberg gegeben habe, das er selbst, wie ihr seht, mit seiner Hand empfängt, ohne zu widersprechen. Da jene sagten: Wir sind Zeugen, nahm er das Geld wieder und schüttete das Grab wieder zu. Am Morgen, im Beisein jener Zeugen, sprach er sich den Weinberg zu. Als das die Witwe des Verstorbenen erfuhr, eilte sie erschrocken herbei, widersprach und erklärte, daß weder ihr Gatte noch sie dem Amtmann den Weinberg verkauft noch jemals Geld dafür empfangen habe. Jener erwiderte: Ich habe den Weinberg für soundso viel gekauft, das Geld habe ich im Beisein dieser Schöffen in deines Mannes Hände gelegt, und er hat nicht widersprochen. Da sie sah, daß alles umsonst war, eilte sie zum König und klagte ihm die Gewalttat des Amtmanns. Dieser widersprach unter Berufung auf die Zeugen, und da der König keine Zeit hatte, Gericht zu halten, übergab er etlichen die Sache. Die ließen sich durch das Zeugnis der Schöffen täuschen, neigten auf des Amtmanns Seite und entschieden für ihn und gegen die Witwe. Da war diese voll Trauer, und da sie mit Weinen und Klagen dem König arg zusetzte, ließ der König die Zeugen rufen. Als kluger Mann prüfte er sie klug, er rief zuerst den einen, sprach allein mit ihm und sagte: Kennst du das Gebet des Herrn? Er sagte: Ich kenne es, Herr. So sag es mir her, sprach der König. Als er dies getan, sagte ihm der König nichts weiter, sondern hieß ihn auf kurze Zeit in eine Nebenkammer treten. Dann rief er den andern, fuhr ihn hart an und sagte: Dein Genosse hat mir von dem Weinberg so reine Wahrheit berichtet, wie das heilige Vaterunser ist, das von allem Wahren das Wahrste ist. Weichst du von ihm ab, so wirst du bestraft. Jener dachte, er habe alles gestanden, er warf sich voll Furcht und Zittern dem König zu Füßen und sagte: Erbarmt Euch unser, Herr, denn so und so haben wir getan, von Eurem Amtmann verleitet. Da ergrimmte der König sehr, er gab der Witwe den Weinberg zurück, den Amtmann aber befahl er lebendig zu begraben.

8. Wie ein falscher Pilger gehangen ward

Jüngst geschah es, daß zu einigen Pilgern, die aus Deutschland zur Schwelle Sankt Jakobs wanderten, sich eines Nachts ein falscher Bruder gesellte. Als sie am Morgen die Herberge verließen, folgte er ihnen bis zum Tor der Stadt, legte dann auf ihrer einen die Hände und schrie, ihm sei von diesem sein Pferd gestohlen. Der Richter zwang sie, zur Herberge zurückzukehren. Da alle Pilger bezeugten, daß der, den jener Schändliche beschuldigte, ein einfältiger und wackerer Mann sei, so ließ der kluge Richter in Abwesenheit des Diebes allen Pferden Sattel und Zügel abnehmen und sie so in den Stall führen. Dann sagte er zu dem Diebe: Geh hinein und führe dein Pferd heraus. Er ging und brachte ein Pferd heraus, jedoch nicht das, wovon er am Tor gesagt hatte, es sei ihm gestohlen. Denn er hatte es dort nicht genau angesehen. Alle lachten, sie sagten dem Richter, wessen Pferd er herausgeholt habe, und der Betrüger ward an den Galgen gehängt.

9. Wie ein einfältiger Laienbruder Christo drohte

In Himmerod wurde ein einfältiger Laienbruder schwer versucht. Da sprach er im Gebet diese Worte: Wahrlich, Herr, wenn du mich nicht von dieser Versuchung befreist, so werde ich mich bei deiner Mutter über dich beklagen. Der fromme Gott, der Herr der Demut und Freund der Einfalt, als ob er fürchtete, bei der Mutter verklagt zu werden, kam der Klage des Laienbruders zuvor und linderte alsbald seine Versuchung. Ein anderer Laienbruder, der hinter jenem stand und dies Gebet gehört hatte, lächelte und erzählte es andern zur Erbauung.

10. Wie eine Klausnerin Christum in der Spalte suchte

Als Meister Johannes, jetzt Abt von Saint Trond, einst in Sachsen eine ihm bekannte Klausnerin besuchte und sie weinend antraf, fragte er: Was hast du, Weib, warum weinst du? Sie antwortete: Ich habe meinen Herrn verloren. Sie meinte die Inbrunst beim Beten. Da der Abt wußte, sie sei eine heilige Frau, erwiderte er im Scherz: Geh in alle Winkel deiner Zelle und sprich: Herr, wo bist du? Antworte mir! Vielleicht wirst du ihn in irgend einer Mauerspalte finden. Die einfältigen Worte verstand sie einfältig, sie durchsuchte nach jenes Weggang die Wände der Zelle, und indem sie, wie er sie angewiesen, den Geliebten rief, fand sie, den sie suchte, und erhielt zurück, was sie verloren. Oft entzieht Gott seine Gnade, damit wir sie eifriger suchen und, wenn gefunden, sorglicher behüten. Als nach einigen Jahren derselbe Johannes sie wieder besuchte und fragte, wie es ihr gehe, erwiderte sie vergnügt: Vortrefflich. Euch sage ich Dank, denn wie Ihr mich gelehrt habt, so habe ich meinen Herrn gefunden. Da er sie nicht verstand und sie ihm alles ins Gedächtnis zurückrief, lächelte er und rühmte Christum, der sich den Einfältigen anbequemt.

11. Von einer einfältigen Schwester in Kummede

In Kummede, einem Nonnenkloster unsres Ordens, war ein einfältiges Mädchen, die ein hölzernes Bild des Gekreuzigten hatte. Dies betete sie oft an und küßte es, und dann verbarg sie es in einem Säckchen unter dem Stroh ihres Lagers. Sie vergaß aber, wo sie es hingetan, und durchsuchte traurig alle Winkel des Klosters, ohne es zu finden. Als sie einst vor dem Altare hingestreckt betete, ihr das Bild wiederzugeben, und Christum mit vielen Tränen anrief, da fand Gottes Sohn Gefallen an der Sehnsucht des Mädchens und antwortete: Weine nicht, Tochter, ich liege in dem Säckchen unter dem Stroh deines Bettes. Sogleich stand das Mädchen auf, kehrte ihr Stroh um, und wie sie gehört hatte, so fand sie.

Siebentes Buch: Von der Mutter Maria

1. Von einem Marienbilde, das schwitzte

Als vor einigen Jahren jene gewaltigen Stürme und Gewitter waren, da geschah es, während in einer Kirche unsrer Gegend das Volk stand und der Priester den Gottesdienst hielt, daß das Bild der Mutter Gottes so heftig zu schwitzen begann, daß die Beistehenden es mit Staunen wahrnahmen und daß die Schweißtropfen von den Gewändern der Frauen abgewischt wurden. Durch Gottes Wink war gerade ein Besessener da. Nach der Ursache befragt, erwiderte er: Was steht ihr verwundert? Der Sohn Marias hatte die Hand ausgestreckt zum Schlagen, und wenn sie ihn nicht gehalten hätte, so stünde die Welt jetzt nicht mehr. Seht, das ist die Ursache des Schweißes. Und es erschraken alle, die so furchtbare Worte hörten. Dies ist mir erzählt von einem frommen Abt unsres Ordens, kurz nachdem es geschehen war.

2. Von der Heimsuchung Frieslands

Bald nachher, nämlich im Jahre des Heils zwölfhundertundachtzehn, trat in Friesland das Meer über seine Ufer, überschwemmte vielerorts das Land, zerstörte Dörfer, warf steinerne Kirchen um und vernichtete so viele Menschen, daß die Zahl die Hunderttausend überstieg. Derart schwollen die Fluten an, daß sie die Höhe der Türme zu bedecken schienen, Sturm entfachte Sturm, eine allgemeine Überschwemmung drohte den Landen. Und wie man unserm Abt sagte, der im selben Jahre zur Visitation nach Friesland kam, wären die wütenden Wasser bis Köln gelangt, hätte nicht Er, der sie erregt, sie wieder gebändigt, und zwar auf Bitten seiner Mutter, wie sich nachher zeigen wird. N: Kennst du die Ursache dieser Heimsuchung? M: Ja. Es lebte in jenem Lande ein Friese, seines Standes ein Fechter*), der, so oft er betrunken vom Wirtshause heimkam, seine Frau schlug und auf jede Art peinigte. Einst stellte sie aus Furcht vor dem Manne sich krank, und damit die Vorstellung nicht bemerkt werde, verlangte sie nach dem Leibe des

*) D. h. einer, der gewerbsmäßig für andere Zweikämpfe bestand.

Herrn. Als der Priester kam, ging der betrunkene Fechter ihm mit einem Becher voll Bier entgegen und hieß ihn trinken. Da jener erwiderte: Ich trage den Leib des Herrn, jetzt trinke ich nicht, da zerschlug der erzürnte Friese mit dem Becher die Büchse und warf alle Hostien, die darin waren, heraus, daß sie über den Estrich gestreut wurden. Die Frauen aber, die zur Tröstung gekommen waren, sahen über jeder Hostie einen glänzenden Stern. Der Priester sammelte sie seufzend und jammernd wieder in die Büchse und ging von dannen. Drauf ward der Friese vom Dekan der Provinz vorgeladen und mit dem Bann belegt, kümmerte sich aber nicht darum. Endlich zwang man ihn, für seine Heiligtumsschändung das Kreuz zu nehmen und mit jenem Priester, der es ebenfalls nahm, nach Rom zu gehen. Papst Honorius legte ihm, nachdem er seine Sünde gebeichtet, als Buße auf, übers Meer zu gehen und dort drei Jahre in Waffen Christo zu dienen. Kurz gesagt: Beide gingen übers Meer und vor Daniette sind beide gestorben. Nach ihrem Tode, als der Herr im nämlichen Jahre die Provinz, wie vorher erzählt, so schrecklich heimsuchte, war die Ursache dem Volke verborgen. Es war aber eine sehr fromme Frau, die dem Herrn mit Fasten, Gebet, Wachen und Almosen diente, die Tante des Herrn Witbold, des Abtes von Sankt Bernhard. Der erschien die selige Mutter Gottes, durch ihre Tränen gerührt und aus Mitleid mit dem Volke, und sagte: Wegen der Kränkung, die meinem Sohn und seinem heiligen Leibe angetan ist, ist Friesland überschwemmt worden, und es wird noch ferner heimgesucht werden, wenn nicht hinreichende Buße erfolgt. Hieraus ist zu schließen, daß nicht nur wegen der Sünde des Fechters, sondern wegen der gemeinsamen des Volkes dies geschehen sei. Drauf sprach die Mutter des Erbarmens weiter: Erhebe deine Augen nach dem Meere. Sie tat es und sah die vom Fechter zerschlagene Büchse, die oben auf den Fluten schwamm. Als diese so nahe war, daß man sie erkannte, sagte die Gottesmutter: Das ist der Leib meines Sohnes. An dem Orte, wo er zerstreut worden ist, muß eine Kirche gebaut werden, und der muß man soviel Ehre erweisen wie dem Grabe des Herrn. Wisse auch, daß beide tot sind, der Fechter und der Priester. Der Fechter, der ohne Reue dahingegangen ist, ist in der Hölle begraben; der Priester aber wird noch im Fegefeuer gehalten. (Freilich hat Dietrich, der Prior von Jesse, uns berichtet, daß der Fechter, nach äußeren Zeichen zu schließen, bei der Abreise recht reuig gewesen sei; zu glauben aber ist der seligen Gottesmutter.) Als dies Gesicht bekannt ward, schickte Herr Dietrich, der Bischof von Münster, zu dessen Sprengel Friesland größtenteils gehört, Briefe durch den Gutsverwalter von Sankt Bernhard, Ydida, wie er uns selbst erzählt hat, und befahl dem Lande die feierliche Buße. Daß sie aber nicht genügt hat, ergibt sich daraus, daß im vergangenen Jahr Friesland von neuem bestraft worden ist, wobei viele Tausende durch die Überschwemmung ihren Tod fanden. Eine reiche Frau hat aus jenes Fechters Hause die Kirche gebaut. Du siehst hieraus, wie sehr der seligen Jungfrau an dem Heil der Menschen gelegen ist, da sie solche Sorge wegen der Buße gezeigt hat.

3. Wie ein unwissender Priester durch die Heilige Maria sein Amt wiedererhielt

Mir hat ein Abt unsres Ordens von dem heiligen Thomas von Canterbury, der zu unserer Zeit das Martyrium erlitt, etwas Hocherfreuliches erzählt, was weder in seiner Leidensgeschichte zu lesen steht noch in den Büchern seiner Wunder. In seinem Sprengel war ein unwissender Priester, der keine Messe wußte als die von Unsrer Frau und diese täglich abhielt. Da er nun dieserhalb bei dem heiligen Bischof verklagt ward, so verbot ihm dieser, dem Sakrament zu Ehren, fürderhin Messen zu sagen. Dadurch geriet er in Mangel und große Not, und da er unablässig die heilige Jungfrau anrief, erschien sie ihm und sagte: Geh zum Bischof und bestellt ihm von mir, er solle dir dein Amt wiedergeben. Der Priester erwiderte: Herrin, ich bin arm und ein geringer Mann, er wird mich nicht hören, auch werde ich keinen Zutritt zu ihm erlangen. Die heilige Jungfrau drauf: Geh, ich werde dir den Weg bereiten. Er aber sagte: Herrin, er wird meinen Worten nicht glauben. Sie antwortete: Du sollst ihm als Zeichen sagen, daß, als zu der und der Stunde und an dem und dem Orte er sein zerrissenes härenes Hemd flickte, ich es an der einen Seite hielt, um ihm zu helfen. Dann wird er sogleich dir glauben. Am andern Morgen gelangte der Priester ungehindert zum Bischof und überbrachte ihm die Meldung der Mutter Gottes, und da jener sagte: Wie soll ich glauben, daß sie dich gesandt habe? erzählte er jenes Zeichen vom Hemde. Wie das der heilige Bischof hörte, geriet er in Staunen und Schrecken, und er sagte: Siehe, ich gebe dir dein Amt wieder und befehle dir, daß du nur die Messe von Unsrer Frau singest und feierst und daß du für mich betest.

4. Wie die Feinde von Marienstatt bestraft wurden

Als die Edelfrau Aleidis von Molsberg mit Einwilligung ihres Gatten, des Burggrafen Eberhard, einige ihrer Allodien durch göttliche Eingebung zum Bau einer neuen Abtei unsres Ordens in die Hände Herrn Heinrichs, unsres Abtes, frei und ohne Widerspruch übergeben hatte und vor ihrem Tode das Haus, das da heißt Marienstatt, gebaut worden war, da begannen einige Edelleute aus ihrer Verwandtschaft nach ihrem Tode, die neue Pflanzung mit Klagen, Drohungen, Raub und allen möglichen Plagen heimzusuchen. Die heilige Mutter Gottes aber, die Jungfrau Maria, dieses Klosters Herrin und Hüterin, wie sie von vielen genannt wurde, bewirkte bei ihrem Sohn, daß Heinrich von Molsberg, der für den Hauptfeind galt, belagert, über die Maßen geschädigt und aus dem eigenen Schlosse verjagt ward. Der Edle von Zegenberg, der das Kloster viel geplagt hatte, wurde von seinem eigenen Knecht jämmerlich ermordet. Ein dritter, der zu seiner Beraubung eilte, platzte unterwegs auseinander. Als ein anderer Edler, auch einer der Erben, von dieser Strafe hörte, kam er von Furcht ergriffen zur Stätte und sprach: Herrin, heilige Maria, behalte das Deine, ich verzichte auf mein Teil. Wilhelm Ritter von Helpenstein, aufgestachelt von seinem Weibe, die sich für die Erbin der übertragenen Güter hielt, nahm den besten Hof an sich und drückte die Brüder mit vielen Abgaben. Da sah ein frommer Priester, sein Beichtvater, eines Nachts durch ein Gesicht sich nach Marienstatt versetzt, und als einer der Priester die Messe feiern wollte und von jenem Wilhelm gehindert wurde, hieb ein pechschwarzer Mann mit einer Keule den Edlen nieder und tötete ihn. Als er ihm dies Gesicht erzählte und versicherte, er werde bald sterben, wenn er nicht aufhöre, die Mönche zu quälen, da klagte jener, daß seine Gattin ihn täglich aufhetze, und folgte dem Rate nicht. Er ward durch einen Brief vom Papste vorgeladen, da er in widerrechtlichem Besitz war, und nachdem die Richter mit den Vögten schon lange die Sache verhandelt hatten, setzten sie den Parteien endlich zwei Tage, einen zum freundschaftlichen Vergleich, den andern zum Prozeß. Und da sie sich nicht vergleichen konnten und nur noch drei Tage vor dem Prozeß fehlten, sah Johannes von Horcheim, ein Laienbruder in Altenberg, in der nächsten Nacht sich im Traum in Marienstatt und hörte, wie die ruhmreiche Jungfrau selbst mit lauter Stimme sagte: Ich muß hinweg von diesem Orte. Der Laienbruder fragte: Wohin gehst du, Herrin? Zu meinem Sohn, antwortete sie, um bei ihm zu klagen über Wilhelm von Helpenstein, der mir hier keine Ruhe läßt. Am Morgen erzählte er das Gesicht dem Gutsverwalter Wilhelms und fügte hinzu: Seid versichert, daß Euer Herr bald sterben wird wegen der Brüder von Marienstatt. Jener erwiderte lachend: Sorget nicht, wir möchten ihn gern los sein. Nach wenigen Tagen verlor er ein Bein, zur Strafe für die Spottrede. Am nämlichen Tage aber, als Wilhelm mit dem Falken auf der Faust im Walde spazieren ritt, traf er zwei Knechte des Grafen von Sayn, die einen ihm gehörigen Mann gefangen wegführten, und da er diesen zu befreien suchte, ward er von der Lanze durchbohrt und hauchte sogleich die Seele aus. Zur selben Stunde begann eine Besessene in einem Dorfe, das Trisch heißt und von Helpenstein weit entfernt ist, so zu tanzen, zu kichern und in die Hände zu klatschen, daß zwölf Männer sie kaum halten konnten. Befragt, was sie habe, antwortete sie: Soeben hat mein Meister drei Seelen erworben. Wisset, daß Wilhelm von Helpenstein ermordet ist. N: Wer waren die drei Seelen? M: Die des Ermordeten und die der Mörder, vermute ich. Erstere hatte er schon jetzt, auf letztere hatte er Aussicht. Bald darauf befragte man einen Teufel in Breisig über die Seele dieses Wilhelm, und er antwortete durch den Mund einer andern Frau: Mein Meister hat sie, und wegen der Mönche, die er beraubte, hat er sie von oben bis unten mit Pech und Schwefel getränkt. Seine Gattin aber, die ihn zum Bösen angestachelt hatte, ward bald darauf von ihrem Stiefsohn mit ihren Kindern aus dem Schlosse gejagt. Denn da es nicht zu erstürmen ist, so erstieg er es bei Nacht mit Leitern, trieb sie schimpflich hinaus und rächte die Kränkung der seligen Mutter Gottes. Seitdem bis heute besitzt das Kloster jenen Hof ungestört, durch das Verdienst der ruhmreichen Jungfrau.

5. Wie ein Domherr auf Verwendung der Heiligen Maria Mönch ward

Ein Domherr von Sankt Kunibert in Köln, Heinrich mit Namen, führte ein recht weltliches Leben. Als er eines Tages allein ritt, sah er ein lichtes Wölkchen über den Weg fliegen und hörte, wie es mit heller Stimme aus der Wolke sagte: Dein Wille geschehe, wie im Himmel, so auf Erden. Und die Stimme war von solcher Lieblichkeit, daß, so oft er nachher ihrer gedachte, er Tränen vergoß. Da er aber auf diese himmlische Stimme wenig achtgab oder vielmehr sie nicht verstand, so sah er sie eines Nachts im Traum in der Kapelle seines Hauses vor dem Altar stehen, neben dem Bilde der seligen Mutter Gottes. Er grüßte sie nach gewohnter Weise mit den Worten der Engel, sie aber erwiderte: Was grüßest du mich? Du bist ein verlorener Mensch. Und wenn du deinen Wandel nicht besserst, wirst du bald umkommen. Ich aber und Benedikt haben für dich gebetet. Da er, verführt durch die Süßigkeit des Weltlebens, auch diese zweite Mahnung vernachlässigte, so erkrankte er nach sechs Wochen so schwer, daß er die letzte Ölung empfing und man nicht mehr auf seine Genesung hoffte. Da erst ging er in sich, gedachte, was er gesehen und gehört, ließ einige Altenberger Brüder des Zisterzienserordens kommen und ergab sich ihnen. Am nächsten Osterfeste ward er Mönch, und noch heute rühmt er sich, daß die Verdienste und Bitten der heiligen Jungfrau ihn erleuchtet haben.

6. Wie die Heilige Maria einem Geistlichen eine neue Zunge verlieh

Als vor einigen Jahren die Katholiken den Kreuzzug gegen die albigensischen Ketzer unternommen hatten und die Ketzer schon nicht wenig gegen sie erbittert waren, da zogen zwei angesehene Geistliche durch jener Land, wo sie in eine verlassene Kirche traten und eine Messe sagten zu Ehren Unserer Lieben Frau. Denn sie trugen Buch, Kelch und priesterliche Gewänder bei sich. Ehe die Messe zu Ende war, wurden sie den Ketzern verraten. Die drangen mit bewaffneter Hand ein, rissen den Priester aus der Kirche und schnitten ihm die Zunge völlig ab. Sein Gefährte brachte ihn mit vieler Mühe nach Clugny und empfahl ihn den Mönchen. Diese, als fromme Katholiken, nahmen den wohlbekannten katholischen Priester, der ob des Glaubens an Christum und ob der seiner Mutter erwiesenen Ehre so grausam verstümmelt war, mit Ehrfurcht auf und ließen ihm alle Pflege angedeihen. In der Nacht vor Epiphanias, als die heiligen Vigilien gesungen wurden, klopfte er mit seinem Stock an die Wand und rief die Wärter. Da sie ihn fragten, was er wolle, und er sie bedeutete, ihn ins Oratorium zu tragen, wollten sie ihn schonen und willfahrten nicht. Endlich aber, seiner Bitten überdrüssig, brachten sie ihn in die Kirche und setzten ihn vor einem Altar nieder. Da er nun die Mutter des Erbarmens aus inbrünstigem Herzen anrief, erschien sie ihm, ein Stück Fleisch in Form einer Zunge in der Hand, und sprach zu dem Betenden: Weil du ob des Glaubens an meinen Sohn und ob der mir erzeugten Ehre deiner Zunge beraubt bist, so schenke ich dir eine neue. Tu deinen Mund auf. Er tat es, sie steckte ihm die Finger in den Mund, setzte das Fleisch an die Wurzel der abgeschnittenen Zunge und machte es fest, und dann verschwand sie. Alsbald brach er mit dem Engel in den Lobgesang aus und rief mit heller Stimme: Heil dir, Maria, reich an Gnaden, und so weiter bis zu Ende. Da er den Gruß öfter wiederholte, eilten die Wärter erstaunt herbei, es eilten die Mönche aus dem Chor und rühmten Gott und seine Mutter ob eines so reinen und so erfreulichen Wunders. Der Geistliche, dankbar für die erwiesene Wohltat, ward in demselben Kloster Mönch. Da der Scholastikus Johannes von Xanten um dieselbe Zeit mit dem Heere des Herrn im Lande der Albigenser war und von dem großen Wunder hörte, so kam er auf dem Rückwege nach Clugny, ließ sich jenen Mönch zeigen, sah die Zunge und vernahm aus seinem Munde das Geschehene. Wie uns dieser Johannes berichtet hat, ist sie weißer als das übrige Fleisch und zeigt noch die Narbe an der Schnittstelle. Zeuge dieses Wunders ist die gesamte Brüderschaft von Clugny bis auf den heutigen Tag.

7. Wie die Heilige Maria einen Knaben von der Kopfkrätze befreite

Adam, ein Priester und Mönch in Lucka, der merkte, daß ich an solchen Wundern Gefallen fand, hat mir aus großer Liebe eins erzählt, das ihm selbst geschehen ist und das ich jetzt erzählen will. Als Knabe, sagte er, hatte ich einen so grindigen Kopf, daß wegen des üblen Geruchs die Schüler sich weigerten, mit mir zu sitzen und zu lesen. Das erste Gebet, das ich lernte, war der Gruß der Engel, und schon als Knäblein sagte ich ihn oft. Als ich zu Münster in Westfalen auf die Schule kam, führte mein Weg mich täglich, wenn ich zum Unterricht oder zur Frühmette ging, bei einer Klosterkirche vorbei, und nie unterließ ich vor dem der Mutter Gottes geweihten Oratorium mit drei Bitten ebensoviele Grüße zu sprechen. Eines Nachts meinte ich, es sei zur Frühmette geläutet, ich stand zitternd auf, und als ich an jenes Kloster kam, dessen Oratorium verschlossen war, kniete ich nach meiner Gewohnheit dreimal nieder und grüßte Unsre Frau mit dem Vers der Engel. Als ich aber aufstand, fand ich die Tür offen, und es war eine solche Helle in der Kirche, daß sie dem Glanz des Mittags glich. Erstaunt trat ich ein und sah vor dem Hauptaltar sieben wunderschöne Frauen sitzen, eine in der Mitte, die heller als die andern war, und sechs an den Seiten, nämlich drei zur Rechten und drei zur Linken. Die mittlere rief mich, und als ich näher trat, sagte sie: Guter Knabe, warum geschieht nichts für deinen Kopf? Ich antwortete: Herrin, die Meinen haben sich viel Mühe damit gegeben, aber umsonst. Drauf fragte sie: Weißt du, wer ich bin? Nein, Herrin, sagte ich. Sie antwortete: Ich bin die Mutter Christi und die Herrin dieses Oratoriums. Weil du so eifrig meiner gedenkst, will ich dich heilen. Nimm die Früchte des Spindelbaums und laß dir damit heute vor der Messe dreimal den Kopf waschen, im Namen des Vaters, des Sohnes und des Heiligen Geistes, und du wirst sogleich geheilt sein. Und sie sagte: Tritt zu mir. Ich tat es. Als ich vor ihr niederkniete, legte sie mir die Hand auf den Kopf und sprach: Von Stund an bis zu deinem Todestage sollst du keinen Kopfschmerz haben. Am Morgen erzählte ich dies alles einer Frau, bei der ich in Pflege war. Die ging ins nächste Tal hinab, pflückte die bezeichneten Früchte, wusch meinen Kopf nach der Vorschrift, und sogleich genas ich. Am Kopfschmerz aber habe ich seit jener Stunde nie gelitten, was doch im Orden sehr merkwürdig ist.

8. Wie ein Laienbruder durch das Ave Maria den Teufel los wurde

Walter von Birbech, ein Mönch von Himmerod, hat mir erzählt, daß der Teufel einem Laienbruder unsres Ordens so feindlich war, daß er durch kein Kreuzeszeichen, durch kein Gebet sich von ihm befreien konnte. Sichtbar erschien er ihm und schreckte ihn auf viele Weisen. Ein frommer Mann riet ihm, den Gruß der Engel gegen den Angreifer zu gebrauchen. Als er dies tat, ward der böse Geist wie von einem Wirbelwind gepackt und schrie: Der Teufel schlage dem die Zähne aus, der dich das gelehrt hat. So ward er von ihm befreit.

9. Wie ein Ritter durch die Heilige Maria von Heisterbach der Fesseln ledig ward

Zur Zeit, wo Erzbischof Engelbert von Köln die Burg Fürstenberg über Rheindiebach gegen den Edlen Gerhard von Braubach (Marksburg) gebaut hatte, wollte ein junger Ritter aus seinem Heere, Dietrich genannt, sich einen Namen machen und ward vor dieser Burg gefangen. Lange war er dort eingekerkert, als er aber Lösegeld zu geben versprach, ward er aus dem Kerker genommen und im oberen Hause untergebracht. Ihm wurden Fesseln angelegt und Knechte zu seiner Bewachung bestellt. Er hatte aber um die Füße eiserne Ringe und um den Arm eine Fessel ähnlicher Art, die an einer Kette befestigt und sorgsam an die Wand geschlossen war. Eines Nachts, als er zwischen sechs Knechten saß, die ihn und die andern Gefangenen bewachten, und als er Unsre Frau wie auch die andern Heiligen wie gewöhnlich angerufen hatte, schlief er ein. Und siehe, im Traume sah er sich versetzt in unser Kloster. Da er aus diesem hinaus wollte, zu Pferde sitzend nach Art der Weiber wegen der Fesseln, sagten zu ihm zwei von unsern Mönchen, Manegold und Heinrich, seine Verwandten nach dem Fleische: Reitet nicht weg, sondern kehrt zurück, denn die heilige Maria von Heisterbach hat Euch befreit. Bei diesem Wort erwachte er und freute sich. Und indem er über das Gesicht nachdachte und wissen wollte, ob es ein Spuk sei, konnte er, sobald er die Finger dran legte, den einen Fuß ohne Mühe herausziehen. Ebenso leicht befreite er die Hand von der Kette. Oft hatte er dies versucht, aber vergebens. Da durch das Klirren der Fesseln der eine Knecht erwachte, erschrak der Ritter und wollte den Reif wieder anlegen, konnte es aber nicht. Nun erst merkte er, daß dies Wunder durch die Gottesmutter an ihm getan sei. Als der Knecht wieder schlief, stand er leise auf, und indem er an dem einen Fuß noch die Fessel trug, ließ er sich an einem Handtuch aus dem Fenster und floh. Als der Knecht dies merkte, meldete er mit Geschrei seine Flucht. Aber die menschliche Hand konnte nicht fangen, den die göttliche Kraft beschützte. Viele verfolgten ihn mit Hörnern und Hunden, aber obgleich er oft ganz nahe sich im Gebüsch verbarg, konnten sie ihn nicht finden. Er kam zu uns, legte die Reifen zum Dank auf den Altar der heiligen Jungfrau und erzählte uns, wie er durch ihr Verdienst befreit worden war. Dies ist geschehen im Jahre des Heils zwölfhundertundneunzehn.

10. Wie ein Ritter durch seines Herrn Gattin in Versuchung geriet

Ein Ritter von jugendlichem Alter wohnte bei einem andern reichen Ritter, der sein Herr war und von dem er Lehen hatte. Und ob er gleich in der Blüte der Jahre stand, so blühte er doch noch herrlicher durch die Tugend der Jungfräulichkeit. Der Neid des Teufels aber bewirkte, daß er durch seines Herrn Gattin in schwere Versuchung geriet. Da er nun ein Jahr lang unaufhörlich unter dieser Versuchung litt und sie nicht mehr ertragen konnte, ließ er die Scheu fahren und entdeckte seiner Herrin, was für Qualen er litt. Sie aber wies ihn ab, und sein Elend wuchs noch. Denn sie war eine züchtige Frau und treu ihrem Gatten. Er ging nun zu einem Einsiedler, auf dessen Rat er sich völlig verließ, und beichtete ihm mit Tränen sein Unglück. Der heilige Mann aber antwortete ihm voll Zuversicht: O, weiter fehlt dir nichts? Ich will dir einen Rat geben, auf daß dein Wunsch erhört werde. Du mußt an allen Tagen des Jahres, wenn es sein kann, in der Kirche Unsre Herrin, die Mutter Gottes, hundertmal mit den Worten der Engel und mit ebenso vielen Kniebeugungen begrüßen, und durch sie wirst du erlangen, was immer du begehrst. Denn er wußte, daß die Freundin der Keuschheit den Jüngling, der, wiewohl irrend, doch keusch war, nimmermehr verlassen würde. Der Jüngling erwies in vieler Einfalt Unsrer Frau den auferlegten Dienst, und als er einst am Tische seines Herrn saß, fiel ihm ein, daß an diesem Tage das Jahr um war. Sogleich stand er auf, stieg zu Pferde, trat in die nahe Kirche und verrichtete die gewohnten Gebete. Als er nun aus der Kirche kam, sah er, wie eine gar wunderholde Frau, die alle menschliche Schönheit weit übertraf, sein Roß am Zügel hielt. Er wunderte sich, wer sie sein könne; sie aber fragte: Gefällt dir mein Anblick? Der Ritter sagte: Ich habe nie eine Schönere gesehen. Sie fragte wiederum: Würdest du zufrieden sein, mich zur Gattin zu haben? Da er antwortete: Jedem König müßte deine Schönheit genügen, und man würde ihn selig preisen, dich zu besitzen, so erwiderte sie: So will ich deine Gattin sein. Tritt heran und gib mir einen Kuß! Und sie zwang ihn dazu. Dann sagte sie: Jetzt ist unser Ehebund geschlossen, und an dem und dem Tage soll er vor meinem Sohne vollzogen werden. Bei diesem Worte erkannte er, daß sie die Mutter des Herrn sei, deren Keuschheit an menschlicher Reinheit ihre Freude hat. Indem sie dann den Steigbügel seines Pferdes ergriff, hieß sie ihn aufsteigen, und der Ritter gehorchte ihrer Macht. Von Stund an war er so völlig von jeder Versuchung befreit, daß sogar seines Herrn Gattin sich wunderte. Als er dies alles dem Einsiedler erzählte, bewunderte dieser sowohl die Güte wie die Herablassung der Mutter Gottes, und antwortete: Ich will am Tage deiner Hochzeit zugegen sein. Inzwischen ordne deine Angelegenheiten. Als er das getan, kam der Einsiedler am festgesetzten Tage und fragte den Jüngling: Fühlst du irgend einen Schmerz? Nein, antwortete er. Als jener zum zweiten Male nach einer Stunde dieselbe Frage tat, antwortete er: Jetzt fühle ich ihn. Nach kurzer Zeit verließen ihn die Sinne, er hauchte den Geist aus und betrat das himmlische Brautgemach, um den verheißenen Ehebund zu feiern.

11. Von der Hüterin Beatrix

In einem Nonnenkloster, dessen Namen ich nicht weiß, lebte vor nicht vielen Jahren eine Jungfrau namens Beatrix. Sie war schön von Anblick, frommen Gemütes und im Dienste der Mutter Gottes unermüdlich. So oft sie dieser besondere Gebete oder Bittsagungen im geheimen darbringen konnte, war es ihr die höchste Wonne. Als sie aber Hüterin geworden war, tat sie dies um so inbrünstiger, da sie es mit mehr Freiheit konnte. Ein Kleriker sah und begehrte sie, und er fing an, um sie zu werben. Sie wies die lockenden Worte zurück, da er aber um so ungestümer drängte, so entflammte die alte Schlange ihre Brust so heftig, daß sie die Glut der Liebe nicht ertragen konnte. Sie ging an den Altar der seligen Jungfrau, der Schutzherrin des Oratoriums, und sprach: Herrin, so inbrünstig ich konnte, habe ich dir gedient, hier gebe ich dir deine Schlüssel zurück, ich vermag die Versuchung des Fleisches nicht länger zu ertragen. Sie legte die Schlüssel auf den Altar und folgte heimlich dem Kleriker. Als der Elende sie geschändet, verließ er sie nach wenigen Tagen. Sie wußte nicht, wovon leben, und da sie sich schämte, ins Kloster zurückzukehren, ward sie Buhlerin. Als sie dies Laster öffentlich fünfzehn Jahre geübt hatte, kam sie eines Tages in weltlichem Gewande an die Tür des Klosters. Sie fragte den Torwächter: Kennst du Beatrix, die einstige Hüterin dieses Oratoriums? Er antwortete: Gewiß kenn' ich sie, sie ist eine brave und heilige Frau, die ohne Tadel von Kindheit an bis auf diesen Tag in diesem Kloster gelebt hat. Sie hörte wohl die Worte des Mannes, verstand sie aber nicht. Als sie aber gehen wollte, erschien ihr die Mutter des Erbarmens in bekannter Gestalt und sprach: Ich habe während der fünfzehn Jahre, die du fern warst, deinen Dienst versehen. Kehre nun zurück an deinen Ort und tue Buße, denn kein Mensch kennt deine Sünde. In Gestalt und Kleidung jener hatte die Gottesmutter das Hüteramt geübt. Sie trat sogleich ein, war ihr Leben lang dankbar und enthüllte in der Beichte, was ihr widerfahren war.

12. Von der Strafe Sybodos und seiner Genossen

Im vergangenen Jahre kamen zwei Ritter, die Brüder waren, Dienstmannen des Pfalzgrafen bei Rhein, der eine Sybodo genannt, der andere Baldemar, mit vielem Gefolge und mit bewaffneter Hand in das Dorf Kusel, plünderten den Markt aus Haß gegen Graf Waleram von Luxemburg und führten viel Vieh und sonstige Beute mit sich hinweg. Es war aber an diesem Tage ein dreifaches Fest, nämlich der Tag des Herrn, der Geburtstag der heiligen Mutter Gottes und die Kirchweihe des Dorfes. In der Nacht zuvor hatte ein Ritter aus Sybodos Begleitung folgendes Gesicht. Er sah die selige Jungfrau zu Christi Füßen liegen und mit lauter Stimme sagen: Ich klage dir, Herr Sohn, über Sybodo und seine Genossen, denn sie haben die Weihe meiner Kirche gestört und die zu ihr strömenden Menschen beraubt, ohne weder deinem Tage noch meiner Geburt Ehre zu erweisen. Denn da sie wußte, es werde am selben Tage eintreten, so achtete sie es schon für geschehen. Der Ritter, erschreckt durch das Gesicht, erzählte es Sybodo, der aber achtete nicht darauf, sagte, er habe geträumt, und zwang den sich Sträubenden, ihm zu folgen. Der Herr der Macht aber, der aus Chaldäa den Nebukadnezar herbeiführte, um durch ihn der Juden Übermut zu demütigen, rief den jüngern Waleram herbei, um die Kränkung seiner Mutter zu rächen. Denn am nämlichen Tage um die neunte Stunde kam er unvermutet mit Bewaffneten nach Kusel. Er war aber ein halbes Jahr nicht dagewesen. Die ihre Habe verloren hatten, klagten über Sybodo, und da Waleram fragte, wohin er gegangen und wo er sei, erwiderten sie: Herr, beim vierten Meilenstein an dem und dem Orte ruht er sorglos. Jener verbarg seinen Grimm und sprach: Heute ist das Fest der heiligen Maria, wir dürfen nicht kämpfen. Doch hieß er den Schlachtrossen Futter zu reichen, damit sie durch kurze Ruhe stärker zum Kampfe würden. Vor Sonnenuntergang stieg er mit all den Seinen zu Pferde, und sie verfolgten die Feinde, und indem sie diese bei Nacht überraschten, fingen sie die einen, töteten die andern, und kaum einer entrann, außer dem Ritter, der jenes Gesicht gesehen. Hierauf sagte eine Frau zu Waleram: Herr, die Oberhäupter der Räuber ruhen an dem und dem Orte. Denn sie hatten sich ein wenig vom Dorfe entfernt und in einem Hof schlafen gelegt. Sogleich lenkten alle dorthin, schlugen den Zaun und das Tor des Hofes ein und schrien den Schlachtruf Walerams. Das ward dem Sybodo gemeldet. Als er aber erschrocken fliehen wollte, konnte er nicht aufstehen und nicht den Fuß von der Stelle bewegen. Baldemar sagte zu ihm: Steh auf, Bruder, laß uns fliehen. Er antwortete: Fliehe du, Bruder, ich kann nicht aufstehen, denn über meinen Knieen liegt es wie eine Bleimasse. Drauf jener: So will ich auch nicht fliehen, sondern bei dir bleiben. Also wurden beide gefangen und getötet und büßten so den Frevel, den sie gegen die Mutter Gottes begangen hatten.

13. Von der Strafe eines Spielers

Man liest im Buche der Wunder von Clairvaux etwas Schreckliches von zwei Spielern. Da der eine verlor und das Glück des andern beneidete, so begann er, um seine Wut zu befriedigen, Gott mit Schmähworten zu begeifern. Der Gefährte aber, von dem gleichen bösen Geist angehaucht, rief aus: Schweig still, du kannst nicht lästern. Und sogleich schmähte er Gott noch ärger. Als er aber auch auf dessen Mutter schimpfte, hörte man eine Stimme von oben: Meine Kränkung habe ich, so gut ich konnte, ertragen, die meiner Mutter aber kann ich nicht dulden. Alsbald ward der Lästerer am Tisch von sichtbarer Wunde unsichtbar geschlagen, der Schaum trat ihm vor den Mund, und er verschied.

14. Von der Bestrafung einer Frau in Veldenz

In der Kapelle des Schlosses Veldenz ist ein altes Bild der seligen Jungfrau, die den Sohn auf dem Schoße hält, nicht von kunstreicher Arbeit, aber mit großer Kraft begabt. Eine Frau dieses Schlosses, das gelegen ist im Trierer Sprengel, stand einst in der Kapelle, und da sie das Bild sah, ärgerte sie sich über die Arbeit und sagte: Wozu steht dies alte Gerümpel hier? Die heilige Maria aber, die Mutter des Erbarmens, verklagte das törichte Weib nicht bei ihrem Sohn, sondern verkündete die Strafe für die Schuld einer andern Frau und sprach: Weil jene Frau (sie nannte sie mit Namen) mich ein altes Gerümpel genannt hat, soll sie elend sein, solange sie lebt. Nach wenigen Tagen beraubte ihr eigener Sohn sie all ihrer Habe, der beweglichen und unbeweglichen, und bis heute muß sie elend betteln. So büßt sie die törichte Rede.

15. Von einer Frau, deren Tochter von einem Wolf geraubt ward

In der genannten Burg wohnt eine angesehene und fromme Frau namens Jutta. Sie ist es, der die heilige Jungfrau die gegen ihr Bild gesprochenen Schmähungen geklagt hat. Und mit Recht. Denn sie hält das Bild in hohen Ehren, bringt ihm oft Grüße, Gebete, Kniebeugungen dar. Als sie einst ihre kleine Tochter ins nächste Dorf zur Pflege gegeben hatte und das schon dreijährige Kind auf der Tenne spielte, kam ein Wolf, packte vor den Augen der Leute das Kind an der Kehle, warf es sich auf den Rücken und lief mit ihm dem nahen Walde zu. Einige verfolgten ihn mit Geschrei, mußten aber, ohne das Mägdlein gerettet zu haben, traurig umkehren. Ihrer einer lief auf die Burg und meldete der Mutter, die am Tische saß, den Raub der Tochter mit den Worten: Herrin, ein Wolf hat Eure Tochter gefressen. Sie erwiderte sehr erschrocken: Der Wolf hat mein Kind gewiß nicht gefressen. Doch stand sie sogleich vom Tische auf, ging in großer Bitterkeit des Herzens in die Kapelle und riß das Bild des Heilands vom Schoß der Mutter. Dann trat sie ihr entgegen und rief mit vielen Tränen die Worte: Herrin, Ihr bekommt Euren Knaben nie wieder, wenn Ihr mir nicht mein Kind unversehrt wiedergebt. O wunderbare Demut der Himmelskönigin! Als fürchte sie, um ihren Sohn zu kommen, wenn das Weib nicht ihre Tochter bekäme, befahl sie sogleich dem Wolfe, und er ließ das Kind frei. Mehrere aus dem Dorfe folgten den Spuren des Wolfes, um die Reste des Mädchens zu suchen und sie zu bestatten, und sie sahen das Kind bei einem Gebüsch einhergehen. Als sie fragten: Woher kommst du, liebes Kind? antwortete es: Mummart hat mich gebissen. Die Spur von des Wolfes Zähnen war an seiner Kehle zu sehen, und zum Zeugnis des Wunders ist sie geblieben. Drauf führten sie das Kind zur Mutter, und da sie es gesund erblickte, war sie sehr froh, lief voll Dankbarkeit zu dem heiligen Bilde, gab ihm den Knaben wieder in den Schoß und sagte: Weil du mir meine Tochter wiedergebracht hast, bringe ich dir deinen Sohn wieder. Dies ist mir erzählt von Hermann, dem Abt von Marienstatt, der das Mädchen gesehen und aus der Mutter Munde die Geschichte gehört hat.

16. Von einem heilkundigen Mönch

Es war in unserm Orden ein Naturkundiger, mehr dem Gewande als dem Wandel nach ein Mönch, der, um Kranke zu heilen, durch die Lande lief und kaum je außer an den Hauptfesten zum Kloster zurückkehrte. Bei einem Feste der heiligen Mutter Gottes, als er nachts mit den andern beim Psalmensingen stand, sah er, wie die seligste Jungfrau selbst, von vielem Glanz umflossen, den Chor betrat, bei den Sängern entlang ging, aus einer Büchse, die sie in der Hand trug, mit einem Löffel Latwerge nahm und sie jedem in den Mund steckte. Da sie aber zu ihm kam, ging sie an ihm vorüber und sagte: Du bedarfst meiner Latwerge nicht, denn du bist Arzt und reichst dir viele Tröstungen. Er folgte ihr traurig mit den Augen und sah seine Schuld ein. Seitdem willigte er nur aus Gehorsam darin, das Kloster zu verlassen, und aller leiblichen Tröstungen enthielt er sich. An ihrem nächsten Feste besuchte Unsre Liebe Frau ihre Diener auf die genannte Weise, und als sie zu dem Arzt kam, blieb sie stehen und sagte: Weil du dich gebessert hast und deinen Heilmitteln die meinen vorziehst, siehe, so gebe ich dir von meiner Latwerge wie den andern. Da er davon kostete, empfand er sogleich solche Wonne und Inbrunst, daß er seitdem ständig bei den Brüdern blieb und alle fleischlichen Mittel wie Kot achtete.

17. Wie ein Ritter durch die Heilige Jungfrau der Hölle entging

Ein vornehmer, aber ruchloser Ritter ward einst von seinen Feinden gefangen genommen. Und weil tödliche Feindschaft unter ihnen bestand, schien es ihnen das Beste, ihn auf der Stelle zu töten. Da der

Vornehme sah, daß ihm der Tod nahe war und nichts ihn retten konnte, sagte er mit flehender Stimme zu jenen: Ich bitte euch um Gottes willen, habt Erbarmen und verzieht noch ein wenig mit meinem Tode, damit ich einem Priester meine Sünden beichten kann. Sie erwiderten aber: Dies Zögern wäre für uns gefährlich. Es könnte sein, daß deine Verwandten und Freunde kämen und dich unsern Händen entrissen, und wäre der letzte Irrtum schlimmer als der frühere (Matth. 27, 64). Da sie ihn nun hießen sich niederwerfen, daß er enthauptet werde, sprach er das Wort: Gott, du weißt meinen Willen. Und er fügte hinzu: Meine Seele empfehle ich dem Sohne der Jungfrau. Also ward er enthauptet. Es war aber damals ein Besessener in der Gegend. Da zu diesem einige sagten, die von dem Tode dieses argen Tyrannen gehört hatten: Jetzt habt ihr wohl große Freude ob der Seele eines ruchlosen Ritters, da erwiderte er traurig: Ach nein. Er hat sterbend ein Wort gesprochen, und um dessen willen ist er gerettet worden. Kein Zweifel, daß durch die Hilfe der heiligen Jungfrau, deren Sohn er vor der Hinrichtung seine Seele empfahl, er der Höllenstrafen entzogen und mit dem bußfertigen Räuber den Freuden des Paradieses übergeben worden ist.

18. Wie ein Räuber in der Kirche begraben ward

In der Nähe der Stadt Trient, so hat mir ein Abt erzählt, hauste ein berüchtigter Räuber, der viele Menschen ausplünderte. Und die sich wehren wollten und nicht konnten, wurden ermordet. Als dieser einst einen Mönch unsres Ordens traf, sagte er zu ihm, in der Hoffnung, er habe Geld bei sich: Wenn du mir nicht gutwillig folgst, so töte ich dich. Der Mönch folgte ihm und fragte unterwegs, wer er sei und was für ein Gewerbe er habe. Er antwortete: Ich bin jener berüchtigte Räuber, und nannte seinen Namen. Und da der Mönch zu ihm sagte: Ihr werdet schon grau, fürchtet Ihr denn nicht für Eure Seele? erwiderte er: So wenig wie das Vieh. Der Mönch schwieg. Als er aber in des Räubers Höhle kam, sprach er bei sich: Könntest du diesen Menschen bekehren, so würdest du Gott einen großen Dienst erweisen. Und er sagte zu dem Räuber: Darf ich Euch etwas fragen? Das darfst du, antwortete er. Und der Mönch: Wie war Euer Leben von Anfang an? Er erwiderte: So schlimm wie nur möglich. Als ich Knabe war, zankte ich mit all meinen Altersgenossen. Als Jüngling legte ich mich auf Diebstähle. Dann zum Manne gereift, übte ich Räubereien und erlangte solche Meisterschaft, daß ich heute das Haupt und der Führer aller Räuber im Lande bin. Drauf sagte der Mönch: Fürchtet Ihr denn nicht die ewigen Strafen, die für solche Werke angedroht sind? Er sagte: Um meine Seele mache ich mir keine Gedanken, da sie doch verloren ist. Wie aber, sagte der Mönch, wenn ich Euch den Weg zur Rettung zeigte, würdet Ihr mir folgen wollen? Der Räuber sagte: Gewiß würde ich Euch folgen. Nun wohl, sagte der Mönch, fastet einen Tag in der Woche zu Ehren der heiligen Maria, der Mutter Gottes, tut an diesem Tage keinem ein Leid, und seid gewiß, daß sie bei ihrem Sohne Euch Gnade erwirken wird. Der Räuber antwortete: Das will ich gewiß tun und gelobe es hiermit. An diesem Tage werde ich nichts essen, werde keinen berauben und keinem ein Leid zufügen. Und er wählte den Samstag, an dem er nichts Böses tat, vielmehr manche, die beraubt oder getötet werden sollten, zu Ehren der heiligen Jungfrau den Händen seiner Gefährten entriß. Zur selben Zeit ward Trident von Feinden belagert und alles ringsum verheert, und da die Kriegsknechte der Stadt ausrückten, um an einem Samstage die Feinde zu verfolgen, nahmen sie den Räuber, der wegen des Samstags wehrlos war, mit den andern gefangen. Und so stark er auch war, so wehrte er sich doch nicht, als sie ihn fingen, entschuldigte sich auch nicht und beantwortete keine Frage, als sie ihn wegführten. Als er aber in die Stadt kam, ward er sogleich erkannt und zum Galgen verurteilt. Doch geschah es vermutlich durch den Wink der heiligen Jungfrau, daß die Richter ob der Schönheit seines Leibes Mitleid empfanden und übereinkamen, er solle der Provinz abschwören und am Leben bleiben. Aber er weigerte sich und sagte: Ich tue es nicht; es ist besser, daß ich hier meine Sünden büße als in Zukunft. Sie erwiderten: So laß dich enthaupten. Es ist mir gleich, sagte er, wie die Strafe sei, wenn ich nur getötet werde. Drauf jene: Willst du, daß ein Priester für dich gerufen werde? Er sagte: Es ist nicht nötig. Ihr alle seid Christen, euch allen werde ich meine Sünden beichten. Nachdem er dies mit vieler Reue getan hatte, erklärte er, nie habe er etwas Gutes getan, außer jenem Fasten, das er von dem Mönch gelernt hatte. Also ward er außerhalb der Stadt enthauptet und an selbiger Stelle begraben. In der Nacht drauf sahen die Torwächter um sein Grab Lichter brennen. Fünf Frauen gruben die Leiche aus, fügten das Haupt an den Körper, legten ihn auf eine Bahre und breiteten eine wunderbar gewebte Purpurdecke darüber. Ihrer vier hielten je eine brennende Kerze, und so kamen sie bis ans Tor und setzten dort die Leiche nieder. Als die Wächter das sahen, fürchteten sie sich, weil sie es für einen Spuk hielten. Jene aber sagte zu ihnen: Sagt eurem Bischof, er soll meinen Kapellan, der von euch enthauptet ist, an dem und dem Orte der Kirche ehrenvoll begraben. Und sie drohte ihm, falls er es versäumen sollte. Dann nannte sie ihren Namen. Am andern Morgen, als dem Bischof dies gemeldet ward, ging er mit den Geistlichen und dem Volke hinaus, nahm die Purpurdecke ab, und da er das abgeschlagene Haupt wieder mit dem Körper vereinigt sah, erschrak er. Und indem er das Purpurgewebe bewunderte, das schöner war als Menschenwerk, glaubte er dem Bericht und ließ den Menschen mit Furcht und vielen Ehrenbezeigungen, nicht wie einen Räuber, sondern wie einen Märtyrer Christi, am angegebenen Orte bestatten. Von jener Zeit an bis heute ist in jener Gegend kaum ein Erwachsener, der nicht nach jenes Räubers Vorgang am Samstag zu Ehren Unsrer Frau fastet.

Achtes Buch: Von allerlei Gesichten

1. Wie Christus einer Jungfrau als Dreijähriger erschien

In Frankreich begehrte eine Jungfrau Christum im Alter von drei Jahren, wo er von Natur schon sprechen konnte, zu sehen, und betete eifrig darum. Denn sie war von so vollkommenem Wandel, daß sie nicht mit Unrecht solches wagte und auf Erhörung hoffte. Einst, als nach der Messe alles Volk hinausgegangen war und sie allein noch in der Kirche verweilte und betete, sah sie ein etwa dreijähriges Kind beim Altar umhergehen, das, wie sie meinte, dort von der Mutter vergessen war. Es war aber so überaus schön und von so lieblicher Miene, daß sie, entzückt über den Anblick, es zu sich rief, es mit den Händen streichelte und sagte: Sag, liebes Knäblein, wo ist deine Mutter? Da es nichts erwiderte, dachte sie, es könne vielleicht, klein wie es war, noch nicht sprechen, und fuhr fort: Kannst du dein Vaterunser sagen? Da es auch hierauf nichts antwortete, sagte sie: Sprich mir nach: Heil dir, Maria voller Gnaden, der Herr ist mit dir. Und das Kind sprach ihr diese Worte so heiter und so deutlich nach, daß sie staunte. Ähnlich ging es mit dem zweiten Satz: Gesegnet bist du unter den Weibern. Als sie aber fortfuhr: Und gesegnet ist die Frucht deines Leibes, da wollte er, der Lehrer aller Demut, der da wußte, daß durch seine Eingebung geschrieben steht: Dein Mund soll dich nicht loben, sondern ein fremder (Prov. 27, 2), diesen Satz nicht sagen, sondern alsbald vor ihren Augen entschwand er in der ihr gewiesenen Gestalt zum Himmel. Da erst merkte die ehrwürdige Jungfrau, daß sie erhört war, und dankte Christo, der so schnell ihre Sehnsucht selber gestillt hatte.

2. Wie Christus dem Mönch Daniel am Kreuze erschien

Im Kloster starb vor wenigen Jahren ein Priester, ein einfältiger und gelehrter Mann, mit Namen Daniel, von strengem Wandel. Gebeten und Bittsagungen lag er unermüdlich ob. Alle ihm vorgesetzten Leckereien wies er zurück. Als er einst einen vom Abt ihm geschickten Fisch ausgeschlagen hatte, sah er in der folgenden Nacht den Teufel neben sich im Chor stehen und den Fisch essen, den er verschmäht hatte.

Für den Ungehorsam tat er zwar körperlich Buße, ließ aber doch nicht völlig von der Hartnäckigkeit. Als er im Todeskampfe lag und schon allen Sinnen abgestorben war, bewegte er im Gebet nur die Lippen, ohne daß man seine Stimme hörte, und so gab er psalmensingend den Geist auf. Dieser Daniel hatte viele Offenbarungen, sah vieles, machte aber weniges bekannt. Doch gestand er, daß ihm dreimal der Herr erschienen sei: das erste Mal am Kreuz vor der Stufe des Presbyteriums; das zweite Mal in weißen Gewändern vor dem Hauptaltar, das dritte Mal in feuriger Gestalt über dem Altar. Als der Heiland zu ihm kam, sagte er, vermutlich bei der ersten Erscheinung: Herr, mir genügt deine Gnade, ich erbitte weiter nichts, als daß ich Tränen haben kann, so oft ich deines Leidens gedenke. Und der Herr sprach: Du sollst diese Gnade haben. Seit dieser Stunde, wie ich gehört habe, so oft er an Christi Leiden zu denken oder davon zu reden begann, entströmten ihm sogleich die Tränen. Kein Wunder. Jesus Christus selbst ist der Stein, der den Kindern Israels in der Wüste die unerschöpflichen Wasser gespendet hat.

3. Wie sich vor einem Ritter das Kreuz verneigte

Zu unsern Zeiten und in unsrer Gegend, so habe ich gehört, hatte ein Ritter eines andern Ritters Vater getötet. Zufällig ward er von dem Sohne des Getöteten gefangen. Als dieser zur Rache für den Vater das Schwert zog und ihn umbringen wollte, warf jener sich ihm zu Füßen und sagte: Ich bitte Euch, Herr, um des heiligen Kreuzes willen, an dem sich Gott der Welt erbarmt hat, daß Ihr Euch meiner erbarmet. Durch diese Worte ward jener getroffen, und da er stand und überlegte, was er tun solle, gewann das Mitleid die Oberhand, er hob den Mann auf und sprach: Siehe, dem heiligen Kreuze zu Ehren, auf daß Er, der daran litt, mir meine Sünden vergebe, erlasse ich dir nicht nur die Schuld, sondern will auch dein Freund sein. Und er gab ihm den Friedenskuß. Bald darauf fuhr derselbe Ritter als Kreuzfahrer übers Meer, und als er mit andern Pilgern, angesehenen Männern seiner Gegend, in die Kirche des heiligen Grabes kam und vor dem nächsten Altar vorüberging, da verneigte sich das Bild des Herrn vom Kreuze herab tief vor ihm. Da dies einige von ihnen merkten, jedoch ohne zu wissen, wem so hohe Ehre erwiesen werde, so kehrten sie nach Verabredung einzeln zurück, aber vor ihrer keinem neigte es sich außer vor jenem. Als sie ihn nach der Ursache fragten und er sagte, er sei einer solche Ehre unwürdig, fiel ihm das oben Erzählte ein. Er berichtete es den Brüdern, und sie bewunderten Gottes Demut, da sie wußten, daß die Verneigung des Bildes zur Danksagung geschehen war.

4. Von einem Maler, der am Karfreitag starb

Ein Mönch des schwarzen Ordens im Mainzer Bistum ist vor wenigen Jahren gestorben. Er war aber ein guter Maler und unserm Orden so ergeben, daß er umsonst, nur gegen Erstattung der Kosten, in mehreren Klöstern für mehrere Altäre wunderschöne Kruzifixe malte. Unsre Kruzifixe hat er fast alle gemalt, ohne Bezahlung von uns zu verlangen. Da jener höchste Gekreuzigte, nach dessen Bilde wir alle gemacht sind, seinem Bildner zeigen wollte, wie wohlgefällig ihm jene heilige Mühe sei, so würdigte er ihn, am Karfreitag, dem Tage, wo sein Leiden besonders dargestellt wird, ihn, nicht ohne vieler Verwunderung, aus dieser Welt zu nehmen; als wollte der Herr sagen: Weil du um mein Leiden mit Geist und Leib dich immer fromm bemüht hast, an jenes gedacht, jenes in Bildern andern gezeigt hast, siehe, so nehme ich am Tage meines Leidens dich von der Arbeit zur Ruhe, in der du nicht mehr geistig oder im Bilde, sondern gegenwärtig, von Angesicht, zu Angesicht, mich betrachten sollst.

5. Wie ein Kruzifix einen Glöckner stieß

Zu Köln in der Kirche des heiligen Märtyrers Georg ist ein metallenes Kreuz mit dem Bilde des Erlösers, das schon viele Wunder und Heilungen bewirkt hat. Deshalb pflegen die Frauen der Stadt viele Lichte davor anzuzünden. Die Hauptursache jedoch seiner Wunderkraft war, so glaubt man, ein Teil vom Holze des Herrn, das darin eingeschlossen war, jetzt aber herausgenommen und mit Edelsteinen und Gold umgeben ist. Es war aber ein Glöckner in der Kirche, der ihm keine Ehrfurcht erwies, sondern oft, wenn er zu Bett ging, Lichte davon nahm und zu seinem Gebrauch verwandte. Eines Nachts, als er im Bett lag und noch wachte, kam das Kreuz auf ihn zu, und unter Scheltworten stieß es ihn so heftig, daß er krank ward und viele Tage Blut spie. Dieses Wunders entsinne ich mich noch gut, und es war berühmt in der ganzen Stadt, so daß seitdem diesem Kreuze noch größere Ehre erwiesen ward.

6. Wie einige Ritter bestraft wurden, die ihre Feinde in der Kirche töteten

In der Grafschaft Berg entstand vor einigen Jahren zwischen zwei ritterlichen Familien eine so heftige Feindschaft, daß sie sich gegenseitig fingen und töteten. Eines Tages, als etliche von der einen Partei in der Kirche des Dorfes Weskupe versammelt waren, wurden sie den Gegnern durch eine alte Frau verraten. Denn sie hatte ihnen ein Zeichen gegeben, indem sie sagte: So viele ihrer hineingehen, so oft werde ich die Glocke ziehen. Als sie dies tat, drangen sie in Menge in die Kirche und fielen bewaffnet über die Wehrlosen her. Bei diesem Anblick ergriffen jene die heiligen Bilder und hielten sie den Schwertern entgegen, in der Hoffnung, man werde um dieser willen sie verschonen. Die Mörder aber, ohne Rücksicht auf den Ort, ohne Ehrfurcht vor den heiligen Bildern, dürsteten so sehr nach Feindesblut, daß sie die entgegengehaltenen Bilder verstümmelten, dem Kruzifix selber die Arme abhieben und ungefähr acht Ritter in der Kirche erschlugen. Diese Kirchenschändung ward schwer bestraft. Denn binnen kurzem ward von den Verwandten der Erschlagenen die zahlreiche Menge der Mörder mit dem Schwerte so vertilgt, daß kaum zwei übrigblieben. Die Alte aber, die jene verraten hatte, ward zur Zeit der Ernte von der übermäßigen Hitze der Luft erstickt.

7. Wie Christus in Gestalt eines Armen einem Laienbruder erschien

Es ist nicht lange her, daß ein Armer, ich weiß nicht aus welchem Anlaß, mit Herzog Heinrich von Löwen, der noch am Leben ist, sprechen wollte und zu ihm zu gelangen suchte. Als einer der Kämmerer, darob erzürnt, ihm bei den Schultern packte und mit seinem Stock unbarmherzig auf ihn einhieb, da sah dies ein Laienbruder unsres Ordens und seufzte, vor Mitleid mit dem Armen bis zu Tränen gerührt. In der folgenden Nacht erschien ihm im Schlafe der Heiland über dem Altar in großem Glanze und sagte: Dank dir, daß du mich gestern bemitleidet hast, als des Herzogs Kämmerer mich ohne Ursache so erbarmungslos schlug. Bei diesen Worten erwachte der Laienbruder und merkte, daß Christus in seinen Gliedern noch heute leidet.

8. Wie Heinrich der Lahme von Clairvaux Christum an seiner Brust einschlafen sah

Heinrich der Lahme, Mönch in Clairvaux, der vor wenigen Jahren gestorben ist, war in jenem Kloster eine Zeitlang Krankenwärter. Er hatte einst einen Schwerkranken, der schon dem Tode nahe war. In der Nacht stand er auf beim Zeichen der Frühmette, und da er den Kranken betrachtete, hoffte er, dieser könne noch eine Weile leben, und betrat beruhigt den Chor. Als er dort sitzend ein wenig geschlafen hatte, siehe, da erschien der Heiland in Gestalt des Kranken, und sich an seine Brust lehnend, ruhte er. Heinrich, darob erschrocken, wollte aufstehen, der Herr aber hinderte ihn und sprach: Lieber, laß mich ruhen. Bei diesem Wort erwachte er, gedachte sogleich seines Kranken, und als er aufstand und in den Krankensaal eilte, fand er ihn im Sterben. Er wollte ihn auf die Erde legen, aber der Kranke verschied an seiner Brust, wie er es in dem Gesicht gesehen hatte.

9. Wie Christus in Gestalt eines Aussätzigen sich die Füße waschen ließ

Ein hochedler Fürst, Theobald Graf von Champagne, von dessen unbarmherzigen Werken im Leben des heiligen Bernhard von Clairvaux Wunderbares zu lesen ist, war so demütig, daß er persönlich die Hütten der Aussätzigen besuchte. Noch leben einige, die ihn im Fleische gesehen haben. Er hatte aber vor einem seiner Schlösser einen Aussätzigen wohnen, vor dessen Häuschen er, so oft er vorbeikam, vom Pferde stieg und hineinging. Wenn er ihm dann die Füße gewaschen, gab er ein Almosen und ritt weiter. Nun geschah es, daß dieser Aussätzige ohne Wissen des Grafen starb und begraben ward. Eines Tages kam der Graf wieder des Weges, und sobald er zu der ihm bekannten Hütte kam, stieg er ab und sagte: Ich muß meinen Vater besuchen. Als er eintrat, erblickte er nicht den Aussätzigen, sondern in des Aussätzigen Gestalt und Kleidung den Herrn. Nachdem er diesem die gewohnten barmherzigen Werke erwiesen hatte, und um so andächtiger, je stärker er von der Erscheinung sich erhoben fühlte, ging er froh hinaus. Er sagte zu den Seinen: Ich freue mich, meinen Aussätzigen gesehen zu haben. Drauf erwiderten einige: Herr, seid gewiß, daß er längst gestorben und an dem und dem Orte begraben ist. Da das der fromme Fürst erfuhr, frohlockte er im Geiste, daß er begnadet worden war, den leibhaftig zu sehen und zu bedienen, den er schon lange in seinen Gliedern verehrt hatte. Der Herr Jesus aber hatte sich ihm gezeigt, um solche Demut eines solchen Fürsten schon in diesem Leben zu belohnen und um die Wahrheit seines Wortes zu erweisen, das da lautet: Was ihr einem von meinen Geringsten getan habt, das habt ihr mir getan (Matth. 24, 45).

10. Wie eine Jungfrau durch einen Engel von fleischlicher Versuchung befreit ward

Eine fromme Jungfrau und Klausnerin in Frankreich peinigte der Satan aufs schwerste durch den Stachel des Fleisches. Da sie nicht wußte, daß die Kraft in der Krankheit sich bewährt, so bat sie Gott beständig mit vielen Tränen, sie von einer so unreinen Versuchung zu befreien. Als sie einst betete, erschien ihr ein Engel des Herrn sichtbar und fragte: Willst du von dieser Versuchung frei werden? Sie antwortete: Das will ich, Herr, das will ich. Drauf der himmlische Bote: Sag diesen Psalmvers: Befestige in deiner Furcht mein Fleisch, denn ich habe deine Gerichte gefürchtet, und du wirst befreit werden. Als der Engel gegangen oder vielmehr verschwunden war, sang sie den Vers, und sogleich hörte die Versuchung auf. Aber, o Wunder! Als der Geist der Unzucht verjagt war, nahte alsbald der Geist der Lästerung, von dem sie um so stärker, weil gefährlicher, versucht ward. Denn sie begann an Gott und dem christlichen Glauben zu zweifeln. Nun rief sie noch dringender das göttliche Erbarmen an und bat mit Tränen um Befreiung von einer so entsetzlichen Versuchung. Der Engel des Herrn erschien ihr zum zweitenmal und fragte: Wie ist dir, Schwester? Nie war mir schlimmer, Herr, antwortete sie. Und der Engel: Glaubst du, du könnest ohne Versuchung leben? Eine von diesen mußt du haben, wähle, welche du willst. Drauf erwiderte die Jungfrau: Herr, wenn es so sein muß, so wähle ich die erste. Denn ob sie auch unrein war, so war sie doch menschlich. Diese aber, die ich jetzt leide, ist geradezu teuflisch. Und der Engel: Sag diesen Vers: Ich habe Recht und Gerechtigkeit getan, du wirst mich nicht meinen Verleumdern übergeben, und du wirst frei werden. Als sie dies nach dem Weggang des Engels tat, verließ sie der Geist der Lästerung, und der Stachel des Fleisches kehrte zurück.

11. Wie die Reliquien von Godesberg nach Stromberg übersiedelten

Als der Kölner Erzbischof Herr Dietrich, der noch am Leben ist, auf dem Godesberge eine Burg baute, sah ein frommer Priester, der von Köln zurückkehrte und sich diesem Berge näherte, wie der heilige Erzengel Michael in wohlbekannter Gestalt von diesem Berge mit ausgebreiteten Flügeln nach dem benachbarten Stromberge hinüberflog, wo der Apostelfürst Petrus in Ehren gehalten wird. Zur selben Zeit sah ein Mann namens Dietrich, der mit seinem Weibe vom nächsten Dorfe zur Kirche eilte, wie vom erstgenannten Berge eine Reliquienkapsel, die er oft gesehen hatte, durch die Luft auf Stromberg zu fuhr. Beide haben sie gesehen, und noch heute sind beide Zeugen eines so wunderbaren Gesichts. Wenn du mir nicht glaubst, so frage Herrn Wilhelm, den Priester von Stromberg, der bezeugt, daß er es aus dem Munde derer gehört hat, die es sahen, und er wird es dir sagen. Denn es hatte und hat noch jetzt der heiligen Erzengel auf dem Godesberg, oder, wie andere sagen, Wudensberg*), eine seinem Namen geweihte Kirche. Und wiewohl dieser Berg sehr stark und zum Schutz der Gegend wohl gelegen war, so wagte doch keiner auf ihm eine Burg zu bauen, weil die Einwohner sagten, es ginge nicht wegen jener Gedächtnisstätte. Dietrich aber, der auf diese Worte nicht achtgab und eine Burg drauf baute, ward abgesetzt, ehe er ihre Mauern vollendet hatte. Und kein Wunder, wenn von diesem Schlosse die Hilfe des Engels wich, da fast

*) D. h. Wodansberg.

alle seine Gebäude aus dem Wucher eines Juden erbaut wurden, den der Bischof gefangen genommen hatte.

12. Wie zwei Nonnen wegen Johannes des Täufers und Johannes des Evangelisten stritten

In Lautern, einem Kloster des Trierer Sprengels, waren zwei Nonnen und sind dort vermutlich noch heute, von denen die eine den heiligen Johannes den Täufer vor allen liebte, die andere aber den heiligen Johannes den Evangelisten. So oft sie zusammenkamen, stritten sie, wer von beiden größer sei, so daß die Meisterin sie manchmal kaum beruhigen konnte. Jene rühmte alle Vorzüge ihres Geliebten, worauf diese mit den Tugenden des ihrigen ihr kräftig entgegentrat. Eines Nachts vor der Frühmette erschien der heilige Johannes der Täufer seiner Verehrerin im Traum und sprach: Wisse, Schwester, daß der heilige Johannes der Evangelist größer ist als ich. Nie war ein Mensch keuscher als er, der jungfräulich war an Geist wie an Leib. Ihn hat Christus zum Apostelamt erkoren. Ihn hat er mehr als die andern Apostel geliebt. Ihm hat er den Glanz seiner Verwandlung gezeigt. Er, der Seligste, ruhte beim Abendmahl an der Brust Jesu. Er stand neben dem Sterbenden. Ihm, dem Jungfräulichen, empfahl der jungfräuliche Christus die jungfräuliche Mutter. Er fliegt höher als die andern Evangelisten, und die geistigen Augen völliger auf das Rad der Gottheit richtend, hat er sein Evangelium so begonnen: Im Anfang war das Wort, und so weiter. Er hat auch die Apokalypse geschrieben, der keins der himmlischen Worte an Dunkelheit gleichkommt. Auch hat er für Christum die meisten Qualen erduldet, Geißeln, glühendes Öl, Verbannung. Siehe, ob dieser und vieler anderer Vorzüge ist er größer und würdiger als ich. Morgen also rufe deine Schwester vor die Meisterin, falle ihr zu Füßen und bitte sie um Verzeihung, daß du sie so oft meinetwegen gekränkt hast. Als zur Frühmette geläutet ward, erwachte die Nonne und begann über ein so deutliches Gesicht nachzudenken. Nach der Frühmette aber, als die andere sich schlummern gelegt hatte, erschien der heilige Johannes der Evangelist und redete seine Verehrerin etwa mit diesen Worten an: Schwester, wisse, daß der selige Johannes der Täufer weitaus größer ist als ich. Unter den Söhnen der Weiber, wie Christus bezeugt, stand kein größerer auf als er (Matth. 11, 11). Er ist Prophet und mehr als Prophet. Von einem Engel ward er verkündet, von einer unfruchtbaren Mutter wider die Natur empfangen, im Mutterleibe über die Natur geheiligt, in der Wüste lebte er ohne Sünde. Das kann ich von mir nicht sagen, der ich nach Gewinn trachtete, unter Weltkindern ein Weltkind weltlich lebte. Den Heiland, den er im Mutterleibe erkannte, bezeichnete er in der Menge, da er zu ihm kam, mit dem Finger, und taufte ihn mit heiligen Händen im Jordan. Er sah die Himmel offen, hörte des Vaters Stimme, sah den Sohn im Menschen, den Heiligen Geist in Gestalt der Taube. Endlich litt er für die Gerechtigkeit den Märtyrertod. Also ist er größer als ich. Du mußt daher morgen deine Schwester vor die Meisterin rufen, dich ihr zu Füßen werfen und sie bitten, dir zu verzeihen, daß du sie so oft gekränkt und mich aus Zanksucht dem Vorläufer des Herrn vorgezogen hast. — Am Morgen kommt jede für sich zur Meisterin, erzählt ihr, was sie gesehen hat. Als sie dann zugleich sich niederwarfen und, wie ihnen befohlen, um Verzeihung baten, wurden sie von ihrer geistlichen Mutter versöhnt, die sie ermahnte, künftig nicht über die Verdienste der Heiligen zu streiten, da diese nur Gott bekannt sind.

13. Wie ein Kaufmann einen Arm Johannes des Täufers kaufte

Vor kurzem geschah es, daß ein Kaufmann unsres Landes, der übers Meer fuhr, einen Arm des heiligen Johannes des Täufers in dessen Hospital sah und danach Verlangen trug. Nun erfuhr er, daß der Wächter der Reliquien sich um ein Weib bewarb, und da er wußte, daß es nichts gibt, was solche Weiber nicht von den Männern erlangen konnen, so rief er sie herbei und sagte: Wenn du mir die Reliquien des heiligen Täufers verschaffst, die in deines Geliebten Hut sind, so gebe ich dir hundertundfünfzig Pfund Silbers. Sie, nach dem verheißenen Gelde lüstern, weigerte sich, dem Hospitaliter zu willen zu sein, bis sie den heiligen Arm erhielte. Diesen übergab sie sogleich dem Händler und empfing die versprochene Summe. Merkst du den Hohn? So wie einst das Haupt des heiligen Johannes von Herodes für einen Tanz dem üppigen Mädchen übergeben und von ihr der ehebrecherischen Mutter geschenkt ward, so ward zu unsrer Zeit desselben Johannes Arm von dem Hospitaliter, der nicht weniger schlecht als Herodes war, als Hurenlohn dem schändlichen Weibe übergeben und von ihr an den Kaufmann verhandelt. Dieser übergab ihn nicht der Erde wie Herodias, sondern hüllte ihn in Purpur, und dann floh er fast bis ans äußerste Ende der Erde und kam nach der Stadt Groningen, die am Eingang Frieslands liegt. Dort kaufte er ein Haus, und nachdem er den Arm in einer Säule des Hauses verborgen hatte, ward er sehr reich. Eine Tages, als er in der Schenke saß und einer zu ihm sagte: Siehe, die Stadt steht in Flammen, und das Feuer naht schon deinem Hause, erwiderte er: Ich fürchte nicht für mein Haus, ich habe dort einen guten Hüter zurückgelassen. Doch stand er auf und ging ins Haus, und da er die Säule unversehrt fand, kehrte er nach der Schenke zurück, zum Staunen aller, die eine solche Sorglosigkeit nicht begreifen konnten. Da man ihn wegen des Hüters in seinem Hause befragte, antwortete er ausweichend, da er aber merkte, daß die Bürger Verdacht schöpften, und fürchtete, sie möchten ihm Gewalt antun, so nahm er den Arm heraus und vertraute ihn einer Klausnerin zur Beachtung. Die konnte das Geheimnis nicht wahren, sie verriet einem, was ihr übergeben war, und der verriet es den Bürgern. Sogleich nahmen sie die Reliquie und brachten sie nach der Kirche, und da der Eigentümer mit Tränen sein Gut zurückforderte, antworteten sie ihm mit harten Worten. Befragt, von welchem Heiligen die Reliquie sei, sagte er, er wisse es nicht, da er jenen ihnen nicht preisgeben wollte. Vor Kummer jedoch verließ er die Stadt, geriet in Armut und erkrankte bald darauf schwer. Da er zu sterben fürchtete, enthüllte er seinem Beichtvater, wessen Reliquie es sei und wie er sie erlangt habe. Als das die Bürger hörten, fertigten sie einen silbernen und vergoldeten Behälter, geschmückt mit köstlichen Edelsteinen, nach der Gestalt des Arms, und taten die Reliquie hinein. Ich habe vor zwei Jahren diesen Arm gesehen, und er ist mit Haut und Fleisch bekleidet. Dort sah ich auch ein kleines goldenes, mit Reliquien angefülltes Kreuz, dem Kaiser Friedrich gehörig, das jenem Menschen zusammen mit dem Arm gegeben worden war. N: Da man doch glaubt, daß kein Heiliger größer sei als der heilige Johannes, wie kommt es, daß wir in seinem Leben von keinem Wunder lesen, das er getan hat? M: Der Herr wollte damit zeigen, daß die Heiligkeit nicht in Wundern besteht, sondern im frommen Leben. Denn nach dem Tode glänzte er von zahllosen und großen Wundern. Jene Bürger, aus Sorge um die Reliquie des heiligen Johannes, bauten hinter dem Altar ein sehr festes Häuschen aus Brettern, in dessen oberen Teil sie den Priester nachts schlafen ließen. Unter diesem ward in der ersten Nacht das Haus so erschüttert, daß er in nicht geringen Schrecken geriet. In der zweiten Nacht ward der Schläfer herausgeschleudert und auf den Estrich geworfen. Da aber einer der Vornehmen in der Stadt erkrankte und Dietrich, der Priester jener Kirche, auf seine Bitte ihm den Arm ins Haus brachte und entblößte, fand er sowohl den Arm wie den Purpur, worin er gehüllt war, mit frischem Blute befleckt. Als von demselben Arm der Priester ein Stückchen Fleisch abgeschnitten hatte und es heimlich in der Hand wegtragen wollte, fühlte er solche Hitze, als trüge er glühende Kohlen. Viele Wunder und Heilungen aber geschehen durch diese Reliquie in der Stadt, ob der Verdienste des heiligen Johannes des Täufers.

14. Von einem Bärenfell, das für den Heiligen Andreas gekauft ward

Nahe der Kirche des heiligen Andreas wohnten zwei Jünglinge, die wegen ihrer Waren entfernte Gegenden aufzusuchen pflegten. Als sie einst nach Norwegen reisen wollten, gab Bruder Rener, unser Mönch, damals Domherr des heiligen Andreas in Köln, wie er mir selbst erzählt hat, ihnen fünf Schillinge und bat sie, ihm dafür ein weißes Bärenfell zu kaufen, wie es sie in jener Gegend gibt, als Fußdecke für den Altar des heiligen Andreas. Dies taten sie, und als sie heimkehrten, entstand auf dem Meere ein solcher Sturm, daß alle in Verzweiflung gerieten. Ich glaube, dies geschah, damit der Herr die Macht seines Apostels zeigte. Die Jünglinge aber gedachten des Fells des heiligen Andreas, und gegen den wütenden Sturm und die brausenden Winde hoben sie es voll Glaubens empor. Und siehe, der Herr, durch die Verdienste des Apostels, den er vom Meere gerufen, befahl dem Meer und den Winden, und zur Stunde trat solche Ruhe ein, daß alle im Schiffe erstaunten. Als sie aber nach Köln kamen, gaben sie das Geld zurück und boten das Fell dem heiligen Andreas umsonst, eingedenk der erwiesenen Wohltat.

15. Wie der Teufel einen Ritter im Augenblick in sein Land zurücktrug

In dem Dorfe Holenbach wohnte ein Ritter namens Gerhard. Seine Enkel leben noch, und kaum einem in jenem Dorfe ist das Wunder unbekannt, das ich von ihm erzählen will. Dieser liebte den heiligen Apostel Thomas mit solcher Glut, ehrte ihn so besonders vor allen andern Heiligen, daß er keinem Armen, der in dessen Namen bat, ein Almosen versagte. Auch pflegte er viele besondere Dienstleistungen, wie Gebete, Fasten und Messen, jenem zu erweisen. Eines Tages erlaubte Gott, daß der Teufel, der Feind aller Guten, an des Ritters Tür klopfte und, in der Gestalt und Tracht eines Pilgers, im Namen des heiligen Thomas um ein Obdach bat. In aller Eile ward er eingelassen, und da es kalt war und er vorgab, ihn friere, so reichte ihm Gerhard seinen sehr schönen Pelzmantel, womit er beim Schlafengehen sich bedecken sollte. Am Morgen, da der angebliche Pilger nicht erschien und man den Mantel suchte und nicht fand, sagte des Ritters Weib zornig zu ihm: Schon oft seid Ihr von solchen Spitzbuben betrogen worden, und noch immer laßt Ihr nicht von Eurem Aberglauben. Er aber sagte mit Seelenruhe: Gräme dich darob nicht, gewiß wird uns der heilige Thomas den Schaden ersetzen. Dies tat der Teufel, um den Ritter durch den Verlust zur Ungeduld zu reizen und die Liebe zu dem Apostel in seinem Herzen zu vertilgen. Aber dem Ritter geriet zum Ruhme, was der Teufel ihm zum Verderben ersonnen hatte, und er ward dadurch nur noch mehr entflammt, jener aber beschämt und bestraft. Denn kurz darauf wollte Gerhard die Schwelle des heiligen Thomas besuchen, und als er nun in seinem Vorhofe stand, teilte er vor seiner Frau Augen einen goldenen Ring in zwei Teile, fügte sie in ihrem Beisein wieder zusammen, gab ihr den einen und behielt den andern, wobei er sprach: Diesem Zeichen sollst du glauben. Ich bitte aber, daß du fünf Jahre auf meine Rückkehr wartest, wenn die um sind, so heirate, wen du willst. Und sie versprach es. Nun ging er einen sehr weiten Weg und kam endlich mit vielen Kosten und großen Beschwerden nach der Stadt des heiligen Thomas. Dort ward er von den Bürgern aufs freundlichste begrüßt und mit solcher Liebe aufgenommen, als wäre er einer der Ihrigen und ihr bester Bekannter. Indem er diese Gunst dem seligen Apostel zuschrieb, trat er in dessen Oratorium, um sich, sein Weib und was ihm gehörte, dem Heiligen zu empfehlen. Da er darauf sich der festgesetzten Zeit entsann und bemerkte, daß gerade an diesem Tage die fünf Jahre abgelaufen waren, so seufzte er und sagte: Weh, jetzt wird mein Weib einen andern heiraten. Gott hatte nämlich seine Reise verzögert wegen dessen, was nun folgt. Als er sich nun traurig umsah, bemerkte er den vorher genannten Dämon, der mit seinem Mantel einherging. Und der Dämon fragte: Kennst du mich, Gerhard? Er erwiderte: Dich kenne ich nicht, aber meinen Mantel. Jener antwortete: Ich bin es, der im Namen des Apostels dich um ein Obdach gebeten und dir deinen Mantel genommen hat, wofür ich schwer bestraft worden bin. Und er sagte weiter: Ich bin der Teufel, und mir ist befohlen, dich, ehe noch die Menschen schlafen gehen, in dein Haus zu versetzen, weil dein Weib einen andern Mann geheiratet hat und schon mit ihm beim Hochzeitsmahle sitzt. Und er hob ihn auf und trug ihn während eines Teils des Tages von Indien nach Deutschland, von Sonnenaufgang bis Sonnenuntergang, und setzte ihn um die Dämmerung ohne Schaden in seinem eigenen Hofe nieder. Da er nun wie ein Fremder in sein Haus trat und die eigene Gattin mit ihrem Bräutigam schmausen sah, trat er näher, warf vor ihren Augen seine Ringhälfte in einen Becher und entfernte sich. Als sie das sah, zog sie die sogleich heraus, und wie sie die ihr gelassene Hälfte daran fügte, erkannte sie, daß er ihr Gatte sei. Sie eilte sogleich hinaus, um in seine Arme zu stürzen, und rief, er sei ihr Mann Gerhard, dem Bräutigam aber sagte sie Lebewohl. Doch behielt Gerhard diesen in dieser Nacht, um ihn zu ehren, bei sich. Siehe, so lieben und verherrlichen die seligen Apostel die, welche sie lieben.

16. Wie ein Bürger Steine zum Kirchenbau schenkte

In Köln war ein reicher und mächtiger Bürger namens Karl, der Vater Herrn Karls, des einstigen Abtes von Weiler. Da dieser hörte, die Apostel würden die Welt richten, so überlegte er bei sich und sagte: Die Sünde ist schwer, und Wackersteine haben ein gutes Gewicht. Ich will also solche Steine kaufen für den Bau der heiligen Apostel, damit, wenn am Tage des Gerichts meine guten Werke und auch die schlechten auf die Waage gelegt werden, die Apostel, die da Richter sein werden, diese Steine auf die Schale legen, die meine guten Werke enthält, und sie die Schale zum Sinken bringen. Somit kaufte er ein Schiff voll Steine, die er auf Wagen laden und neben der Apostelkirche niederlegen ließ. Und da ihn die Domherren fragten, was diese Steine sollten, antwortete er: Über kurz oder lang muß die Kirche erneuert werden, und dann werden sie euch nötig sein. Bald darauf, als die Kirche erneuert ward, vermutlich auf Anlaß eben dieser Steine, nahm man sie zu Grundsteinen.

17. Wie einer unsrer Märtyrer uns offenbart ward

Als die Bonner Kirche erneuert ward, wurden die Leiber einiger Märtyrer aus der heiligen Legion der Thebäer dort gefunden, wovon ein ganzer Körper und außerdem ein Teil eines andern Märtyrers uns übergeben ward. Hierauf hatte ein Jüngling folgendes Gesicht. Er glaubte im Traum neben dem Schreine dieser Reliquien zu stehen, und jemand fragte ihn: Weißt du, was dieser Schrein enthält? Gewiß, sagte der Mönch, den Leib unsres Märtyrers. Jener erwiderte: Du irrst, anderthalb Männer liegen drin. Dies wußte bis dahin keiner von uns. Diese heiligen Knochen sind von solcher Kraft, daß, wenn man Wasser drüber gießt, es allerlei Krankheiten heilt. Besonders hilft es gegen Geschwüre und Anschwellungen.

18. Vom Zahn des Heiligen Nikolaus in Brauweiler

Als die Mönche von Brauweiler ihre Kirche erweitern wollten, schickten sie den Zahn ihres Schutzherrn, des heiligen Priesters Nikolaus, mit einigen Weltpriestern, die sich aufs Reden verstanden und Geld herauszulocken wußten, in verschiedene Gegenden. Er war in einen Kristall eingeschlossen. Als eines Tages diese gemieteten Prediger beim Umhertragen des Reliquienbehälters sich unehrerbietig benahmen, da platzte der Kristall, als könnte der ehrwürdige Bischof ihre Lästerungen nicht ertragen. Als die Mönche dies Wunder sahen, brachten sie den Zahn zurück und litten seitdem nicht wieder, daß er zu solchem Zweck ausgesandt würde. Ich habe den Riß im Kristall gesehen.

19. Von einem Zügel, der fälschlich für eine Reliquie galt

Ein Ritter liebte innig den seligen Märtyrer Thomas von Canterbury und forschte überall, ob er eine Reliquie von ihm erhalten könne. Dies hörte ein betrügerischer Priester, in dessen Hause er herbergte, und sagte zu ihm: Ich habe einen Zügel, den der heilige Thomas lange benutzt hat, und oft habe ich seine Wunderkraft erprobt. Da der Ritter dies hörte und für wahr hielt, so brachte er froh dem Priester das verlangte Geld und empfing mit vieler Andacht den Zügel. Gott aber, dem nichts unmöglich ist, wollte des Ritters Glauben belohnen und wirkte zur Ehre seines Märtyrers durch diesen Zügel viele Wunder. Da der Ritter dies sah, gründete er dem Märtyrer zu Ehren eine Kirche und legte den Zügel des schlechten Priesters als Reliquie dort nieder.

20. Wie der Heilige Nikolaus einem Knaben seinen Tod vorhersagte

Im Dorfe Leichlingen, ungefähr zwei Meilensteine von Köln, ist vor sieben Jahren geschehen, was ich erzählten will. Ein einfacher Knabe hütete dort das Vieh einer Frau. Dieser liebte den heiligen Nikolaus so sehr, daß er täglich die Hälfte seines Brots ihm zu Ehren an die Armen verteilte. Auch rief er fortwährend im Gebet sein Erbarmen an. Da der heilige Bischof an diesem frommen Dienst Gefallen fand, erschien er ihm eines Tages auf dem Felde, in Gestalt und Kleidung eines ehrwürdigen Greises, und sagte: Lieber Knabe, führe die Herde heim. Er antwortete: Herr, es ist noch zu früh, täte ich es, so würde meine Herrin schelten. Drauf der Heilige: Tu, wie ich gesagt habe, denn heute vor Sonnenuntergang wirst du sterben. Der Knabe erschrak bei diesem Wort und fragte ihn: Herr, wer bist du? Er antwortete: Ich bin der Bischof Nikolaus, zu dem du immer betest und mit dem du dein Frühstück zu teilen pflegst. Ich bin gekommen, um dich zu belohnen. Geh also nach deiner Herberge, nimm den Leib des Herrn und bereite dich, denn heute, wie gesagt, wirst du sterben. Drauf verschwand er. Als der Knabe mit den Schafen heimkam und seine Herrin fragte, warum er so früh komme, antwortete er: Ich mußte, denn vor der Nacht soll ich sterben. Drauf jene: Du faselst. Führe die Herde wieder auf die Weide, du wirst nicht sterben. Er aber legte sich gleich zu Bett und verlangte nach einem Priester. Dieser kam, und die Frau sagte zu ihm: Ich fürchte, dieser Knabe hat irgend einen Spuk gesehen, fragt ihn sorglich, was er gesehen hat, was ihm fehlt und warum er so redet. Der Priester tat so, und der Knabe erzählte ihm das Gesicht. Er empfing aus seinen Händen das Abendmahl und starb zur vorhergesagten Stunde.

21. Von dem Bilde des Heiligen Nikolaus zu Burtscheid

Im Kloster Burtscheid bei Aachen ist ein ellengroßes Bild, das den seligen Bischof Nikolaus vom Nabel an aufwärts darstellt. Der selige Gregorius, der Sohn des Königs von Griechenland, jenes Klosters erster Abt und Gründer, hat es hingebracht. Es soll dasselbe Bild sein, das ein Barbar, wie man in den Wundern des heiligen Nikolaus liest, raubte und zur Behütung seines Zollhauses bestimmte, wodurch er dann zum Glauben bekehrt ward, da er seine Habe verlor und sie, als er das Bild schlug, wiedererhielt. Oft hat sich seine Kraft gezeigt, besonders bei Schwangeren. Als es einst in das Haus einer angesehenen Frau, die in Wehen lag, gebracht ward, wo man es ihr gegenüber an die Wand hängte, da sahen alle Anwesenden, wie im Augenblick der Geburt das Bild, um die Gebärende nicht zu betrachten, sich umdrehte. Es ist auf diesem Bilde das Antlitz lang und mager, sehr ernst und ehrwürdig. Die Stirn ist kahl, die Haare des Kopfes wie des Bartes grau. Als jüngst die Mönche den Ort verließen, erhielten ihn Nonnen unsres Ordens zugleich mit dem Bilde.

22. Wie zwei Heilige Jungfrauen aus Thüringen nach Köln zurückgekehrt sind

In Volckenrode, einem Zisterzienserkloster in Thüringen, starb vor einigen Jahren ein Abt, der den Reliquien der Heiligen große Verehrung erwies. Deshalb würdigte ihn der Herr des folgenden Gesichts. Eines Nachts sah er sich im Traum nach Köln in die Kirche der elftausend Jungfrauen versetzt, wo er fand, daß außerhalb ihres Geheges an einer Mauer zwei Leiber von Jungfrauen begraben seien. Sogleich ging er nach Köln, und da er den ihm gewiesenen Ort an sicheren Anzeichen erkannte, begab er sich zur Äbtissin, erzählte ihr das Gesicht und erlangte die Erlaubnis, nach den Jungfrauen, die er gesehen hatte, zu suchen. Man wies ihm einen gewissen Ulrich, der die Gewohnheit hatte, Leiber dieser heiligen Märtyrerinnen auszugraben. Der Abt mietete ihn, und er fand am bezeichneten Orte zwei Sarkophage. Da er in dem einen, der offen war, zwischen den heiligen Knochen einen sehr schönen Kamm sah, so bekam er Lust danach und nahm ihn weg, steckte ihn in seinen Handschuh und schob ihn in den Busen. Da er ihn aber beim Graben hinderte, so nahm er ihn wieder heraus und legte ihn an eine höhere Stelle über der Grube. Nun kam eine der Schwestern hinzu, und gelockt sowohl durch die Zierlichkeit wie die Heiligkeit des Kamms, nahm sie ihn heimlich und ging weg. Die Körper wurden ausgegraben und sorglich in einen Schrein getan, denn der Abt wollte am Morgen mit ihnen abreisen. Aber in der Nacht erschienen sie ihm in jungfräulicher Gestalt und Kleidung im Traum und sagten: Wir können nicht mit dir gehen. Warum nicht, geliebte Herrinnen? fragte er. Die eine antwortete: Weil ich meinen Kamm verloren habe, den mir meine Mutter gab, als ich mein Vaterland verließ. Und jener: Wer hat ihn, Herrin? Sie antwortete: Als Ulrich mein Grab öffnete und ihn sah, tat er ihn in seinen Handschuh und verbarg ihn mit diesem in seinem Busen. Als er ihn dann herausnahm und auf den Rand der Grube legte, kam eine Nonne namens Friderun hinzu und stahl ihn. Am Morgen ging er zur Äbtissin und fragte: Wie heißt der Mann, der die Jungfrauen ausgegraben hat? Sie erwiderte: Ulrich. Er fragte weiter: Ist hier eine Nonne, die Friderun heißt? Da sie bejahte, sagte er: Ich bitte, beide zu rufen. Als dies geschah, sagte er zu Ulrich: Als du die heiligen Leiber ausgrubst, fandest du einen Kamm, und weiter wie oben. Da jener antwortete: Herr, es ist wahr, wandte er sich an Friderun und sagte: Und Ihr, Herrin, habt ihn genommen. Da sie es eingestand, sagte er: Bitte, gebt den Kamm zurück, denn ohne ihn wollen sie mir nicht folgen. Sie gab ihn sogleich heraus, der Abt tat ihn in den Schrein und führte die Jungfrauen nach seinem Kloster, wo sie mit vielem Glanze empfangen und an einem ehrenvollen Orte untergebracht wurden. Sie genossen dort hohe Verehrung, aber nur solange jener Abt lebte, dem sie sich offenbart hatten. Zur Zeit des Bürgerkrieges zwischen den römischen Königen Otto und Philipp, da allerlei Kämpfe Thüringen heimsuchten, brachte man aus Furcht vor Gefahr die heiligen Leiber mit den andern Reliquien und Schmucksachen in eine Art von Schuppen, einen recht versteckten Ort. Als der Friede wiederkehrte und alles wieder an seinen Ort gestellt wurde, vergaß man den Schrein mit den Jungfrauen in dem Schuppen. Darüber unwillig, erschütterten sie zweimal ihr Gehäuse so schrecklich, daß alle es hören konnten. Auch erschienen sie zweimal dem Sakristan im Traum und sagten, sie wollten einen Ort verlassen, wo sie so verächtlich behandelt würden. Da sie aber weder durch die Erschütterung noch die Erscheinung etwas ausrichteten, so standen sie in einer Festnacht vor der Frühmette an der Stufe des Presbyteriums, und in prächtigem Gewande allen erscheinend, neigten sie sich erst gegen den Altar, dann wandten sie sich nach Art derer, die eine Reise antreten wollen, neigten sich vor dem Abt und allen andern und gingen zu einer Tür hinaus, die fast immer verschlossen war. Und obwohl alle sie gesehen hatten, meinte doch jeder sie allein gesehen zu haben. Nach der Frühmette zog einer der Mönche den Abt beiseite und gestand, wie er vor der Stufe zur gesagten Stunde und auf besagte Weise zwei wunderschöne Jungfrauen gesehen habe. Der Abt erwiderte: Ich auch. Es kamen andere und erzählten dasselbe. Da der Abt merkte, daß alle sie gesehen hätten, begann er mit allen zu forschen, wer sie gewesen sein mochten und was die Ursache der Erscheinung sei. Die einen meinten dies, die andern das, einer aber sagte, wohl auf Gottes Eingebung: Ich denke, es waren die heiligen Jungfrauen, die uns von Köln gekommen sind und die wir solange in jenem Schuppen haben liegen lassen. Sogleich gingen sie an den Schrein, und da sie ihn leer fanden, erschraken sie und sandten den Abt nach Köln, um sie zurückzuholen. Er kam nach Köln, er erzählte der Äbtissin und der Schwesterschaft die Begebenheit, und sie fanden die Jungfrauen an der Stelle, von wo sie genommen waren. Als aber der Abt bat, sie ihm wiederzugeben, antworteten alle Schwestern: Willkommen seien uns unsre geliebten Fräulein, willkommen. Wahrlich, da sie bei euch nicht sein wollten, werden wir sie auch nicht zurücksenden. Und man gab ihm das Haupt einer andern Jungfrau, womit er traurig heimkehrte. Jene Friderun soll noch heute leben, und kaum ist eine Schwester in jener Kirche, der eine so ergötzliche Geschichte unbekannt wäre.

23. Von zwei andern Jungfrauen aus der Zahl der Elftausend

Bei uns sind aus derselben heiligen Genossenschaft zwei Jungfrauen, die auch durch Offenbarung gefunden sind. Als die vor wenigen Jahren verstorbene Äbtissin Frau Eufemia noch Schulmädchen war, erschienen ihr im Traum zwei Jungfrauen, die ihr klagten, sie lägen unwürdig unter dem Ende des Schlafsaals, der an den Keller stieß. Jene, als ein Kind, achtete nicht auf das Gesicht und schwieg. Als sie erwachsen war, zeigten sie sich ihr zum zweiten Male am gleichen Ort in Gestalt und Gewand sehr schöner Jungfrauen bis zum Gürtel, als wollten sie sagen: Wir können nur durch dich von diesem Ort hinweg. Da gedachte sie des ersten Gesichts und fragte die, welche die Vornehmere schien: Wie ist dein Name? Athanasia, antwortete sie. Seitdem drang Eufemia unablässig in die Schwestern, sie sollten den Keller bis zum Ende des Schlafsaals erweitern, denn ganz sicher würde man dort die Jungfrauen finden. Sie versprach auch, drei Schillinge zu den gemeinsamen Kosten hinzuzufügen. Endlich gaben die Schwestern nach — so hat mir unser Laienbruder Renbodo erzählt, dem diese Arbeit übertragen wurde. Als die ganze Erde im Beisein der Nonne ausgeworfen war, fand man unter dem Fundament der Mauer die heiligen Leiber. Diese schenkte uns Eufemia, ehe sie Äbtissin ward, und ihretwegen ward am selben Tage eine feierliche Messe im Kloster gehalten.

24. Wie ein Wanderbruder Reliquien erlangte

Ein frommer Mann vom Orden der Wanderbrüder, der einst bei einer Frau in Deutz herbergte, klagte ihr, er habe zehn Jahre lang sich um Reliquien der elftausend heiligen Jungfrauen bemüht und nichts von ihnen erlangen können. Da er ihre Hilfe anflehte, so hatte sie Mitleid mit dem Manne und ging in die Kirche der Jungfrauen, um die Schwestern für ihn zu bitten. Und als sie am Grabe einer Jungfrau betete, stemmte sie das Knie gegen den aufliegenden schweren Stein und versuchte, was sie freilich für unmöglich hielt. Wunderbare Güte der heiligen Märtyrerinnen! Sobald das schwache Weib den Stein ein wenig drückte, gab er nach, so daß sie sah, was drinnen war. Da sie keinen Zeugen erblickte, steckte sie die Hand hinein, nahm, so viel sie wollte, von den Knochen und gab sie dem Bruder. Sogleich wälzte der Stein, der kaum von sechs Männern ohne Werkzeuge zu bewegen war, sich ebenso leicht wie zuvor wieder zurück, und nachdem er den heiligen Jungfrauen gedankt, kehrte er fröhlich heim.

25. Wie ein Pferdeknochen bei Reliquien lag

Als einst viele heilige Leiber nach Altenberg gekommen waren, wuschen die Mönche sie. Dann legten sie sie zum Trocknen auf die Sitze des Kapitels, nachdem sie saubere Laken darüber gebreitet hatten. Plötzlich nahmen sie einen ganz unerträglichen Gestank wahr, der aus den Knochen aufzusteigen schien. Da der Abt Herr Goswin fürchtete, diesen Gestank habe der Teufel zum Hohn bewirkt, um die Andacht der Brüder gegen die Reliquien der Märtyrer zunichte zu machen, so nahm er einige Priester, legte die heiligen Gewänder an, trat mit ihnen an die Tür des Kapitels und sprach: Ich beschwöre dich, unreiner Geist, bei dem, der kommen wird, zu richten die Lebendigen und die Toten und die Weltlichkeit durch Feuer: wenn dieser Gestank irgend dein Werk ist, so soll es sich kundgeben und zunichte werden, und du sollst Gott und diesen Heiligen die Ehre geben. Wunderbar! Kaum hatte er ausgeredet, und siehe, ein großer Pferdeknochen sprang vor aller Augen aus den Reliquien hervor und flog wie von Sturm gejagt aus dem Kapitel. Mit ihm entschwand aller Gestank, und der lieblichste Duft stellte sich ein. Da dankten alle Gott, der den Teufel bei seinem Werke zuschanden gemacht und seine Heiligen verherrlicht hatte.

Neuntes Buch: Vom Leibe und Blute Christi

1. Wie der Bischof von Livland Christum am Altar sah

Als der ehrwürdige Bischof von Livland und Meister Lambert, der Dekan der heiligen Apostel in Köln, vor einigen Jahren zusammen zum kaiserlichen Hofe reisten und unterwegs über Schriftstellen sich unterhielten, kam auch die Rede auf den Leib des Herrn. Da der Dekan bei diesem Sakrament den christlichen Glauben pries, erwiderte der Bischof: Ich weiß einen Priester, der neulich mit leiblichen Augen Christum am Altar gesehen hat. Der Dekan konnte damals aus ihm nicht herausbringen, wer es sei, dem ein so herrliches Gesicht widerfahren war. Aber am letzten Tage, ehe sie sich trennten, gestand ihm der Bischof, er sei es selbst. Dies hat der Dekan dem Probst von Pleis erzählt, und dieser mir.

2. Von einem Priester, der beim Messkanon zweifelte

Ich glaube, es sind noch keine zwei Jahre vergangen, seit ein Priester, der an dem Sakrament des Leibes Christi zweifelte, auf einem Schlosse namens Wickindesburg die Messe hielt. Als beim Messkanon die wunderbare Verwandlung des Brotes in den Leib Christi ihn zögern machte, zeigte der Herr ihm in der Hostie ein Stück rohes Fleisch. Da der edle Herr Widekin, der hinter ihm stand, es gleichfalls sah, so nahm er nach der Messe den Priester beiseite und befragte ihn ernstlich, was er beim Kanon getan oder gedacht habe. Jener aber, sowohl ob des Gesichts wie ob der Frage erschrocken, gestand und leugnete nicht, daß er in diesem Augenblick an dem Sakrament gezweifelt habe. Und der eine berichtete dem andern, er habe rohes Fleisch in der Hostie gesehen.

3. Wie ein Priester die Hostie als Zauber verwenden wollte

Ein lüsterner Priester warb um ein Weib. Da er sie nicht überreden konnte, so behielt er nach der Messe den reinen Leib des Herrn im

Munde. Denn er hoffte, wenn er sie so küßte, so würde sie durch die Kraft des Sakraments dazu gebracht werden, seinem Gelüste zu willfahren. Aber der Herr, der durch den Propheten Zacharias über solche Priester klagt und spricht: Und ihr kreuzigt mich den ganzen Tag, hinderte folgendermaßen seinen Zauber. Als er aus der Kirchentür treten wollte, glaubte er so zu wachsen, daß er mit dem Scheitel an die Decke des Oratoriums stieß. Erschrocken nahm der Unselige die Hostie aus dem Munde, und weil er nicht bei Sinnen war, vergrub er sie in einem Winkel der Kirche. Aus Furcht aber, ihn werde bald die göttliche Rache ereilen, beichtete er einem befreundeten Priester die Schändung. Sie gingen zusammen an den Ort, als sie aber die Erde aufwarfen, fanden sie kein Brot, sondern eine, wiewohl kleine, menschliche Gestalt am Kreuze hängend. Sie war von Fleisch und blutig. Was nachher daraus geworden und was der Priester getan hat, ist mir nicht erinnerlich, denn es ist lange her, daß unser Kantor Hermann, dem die Geschichte wohlbekannt war, sie erzählt hat.

4. Wie Ochsen den Leib des Herrn entdeckten

Im Dorfe Komele erbrachen bei Nacht Diebe die Kirche und entnahmen ihr unter anderm einen Schrein mit dem Leibe des Herrn. Da sie darin nichts als Reliquien und eine Büchse mit dem Sakrament fanden, woran ihnen nichts lag, so legten sie die Büchse in eine Furche des nächsten Feldes und gingen verdrießlich von dannen. Am Morgen, als ein Bauer mit Ochsen auf diesem Felde pflügte und die Tiere an die Büchse kamen, blieben sie erschrocken stehen. Da der Pflüger sie antrieb und sie nicht vorwärts gingen, sondern bald ausschlugen, bald zur Seite bogen, so rief er erzürnt: Welcher Teufel steckte in den Ochsen? Denn er konnte nicht deutlich sehen, weil er bei Tagesanbruch pflügte. Als er aber genauer zusah, fand er zu den Füßen der Ochsen die Büchse und daneben den Schrein seiner Kirche. Da merkte er die Ursache der Widerspenstigkeit. Er ließ alles auf dem Felde, wie es war, lief ins Dorf zurück und erzählte dem Priester und den andern das Geschehene. Drauf zogen alle aufs Feld mit Kreuz, Weihrauchgefäß und Kerzen und brachten den Leib des Herrn in die Kirche zurück. An diesem Zuge nahm Gottfried, der Prior von Hovenne, teil, der mir dies erzählt hat.

5. Wie Bienen dem Leibe des Herrn eine Kirche bauten

Ein Weib züchtete viele Bienen, die aber nicht gediehen, sondern massenhaft starben. Sie forschte überall nach einem Heilmittel, und ihr ward gesagt, wenn sie den Leib des Herrn zu den Bienen legte, so würde die Seuche aufhören. Sie ging zur Kirche, tat, als wolle sie das Abendmahl nehmen, und empfing den Leib des Herrn. Diesen nahm sie, als sie vom Priester kam, sogleich aus dem Munde und tat ihn in einen ihrer Bienenkörbe. Wunderbar ist die Macht Gottes. Die Tierchen, ihren Schöpfer erkennend, bauten aus ihren köstlichsten Waben dem köstlichen Gast eine wunderbar zarte Kapelle und errichteten einen Altar aus demselben Stoff, worauf sie den heiligen Körper legten. Und Gott segnete ihr Werk. Als nach einiger Zeit die Frau den Bienenkorb öffnete und das Gotteshaus erblickte, erschrak sie, eilte zum Priester und gestand ihm alles, was sie getan und gesehen hatte. Der Priester kam mit etlichen seiner Pfarrkinder herbei, sie jagten die umherfliegenden und zum Lobe Gottes summenden Bienen weg, bewunderten die Fenster, das Dach, den Turm, die Tür, den Altar der Kapelle und trugen den Leib des Herrn unter Lobpreisungen in die Kirche zurück.

6. Von der Bestrafung eines lahmen Weibes

Auf der Insel des heiligen Nikolaus war ein besessenes Mädchen von weltlichem Stande, das auch ich dort gesehen habe. Ein Priester fragte den Teufel, warum Hartdyfa von Kochem so lange und so grausam gequält werde, und er antwortete durch den Mund des Mädchens: Warum? Sie hat es vollauf verdient. Sie hat den Höchsten über ihr Gemüse gesät. Da der Priester dies nicht verstand und der Dämon es ihm nicht erklären wollte, wandte sich jener an das Weib, sagte ihr, was der Teufel von ihr ausgesagt habe, und mahnte sie, wenn sie es verstehe, solle sie es nicht leugnen. Sie gestand sogleich die Sünde und sagte: Wohl verstehe ich es, was ich doch nie einem Menschen vertraut habe. Als ich jung war und einen Garten zu pflegen hatte, nahm ich eines Nachts ein umherstreifendes Weib auf. Ihr erzählte ich von dem Schaden meines Gartens, wo alles Gemüse von den Raupen gefressen ward. Sie antwortete: Ich will dich ein gutes Mittel lehren. Nimm den Leib des Herrn und stoße ihn klein, dann streue ihn über das Gemüse, und sogleich wird die Seuche nachlassen. Mir Unseligen lag mehr an dem Garten als an dem Sakrament. Als ich zu Ostern den Leib des Herrn empfangen hatte, nahm ich ihn heraus und tat mit ihm, wie mir gesagt worden war, was dem Gemüse zwar half, mir aber, wie der Teufel bezeugt, zur Qual geriet.

7. Wie durch den Leib des Herrn Ketzer ertränkt wurden

Zur Zeit da die albigensischen Ketzereien zuerst ans Tageslicht traten, taten einige boshafte Menschen, durch teuflische Kraft gestützt, Zeichen und Wunder, wodurch sie diese Ketzereien bekräftigten und viele Gläubige im Glauben wankend machten. Sie gingen über Wasser, ohne zu versinken. Da dies ein Priester von katholischem Glauben und frommem Leben sah, der da wußte, daß wahre Zeichen mit falscher Lehre nicht bestehen können, so nahm er den Leib des Herrn in einer Büchse an den Fluß, wo jene dem Volke ihre Wunder zeigen wollten. Und er sprach vor aller Ohren: Ich beschwöre dich Teufel, bei ihm, den ich in den Händen trage, daß du nicht in diesem Flusse zu dieses Volkes Verderben durch diese Menschen solchen Spuk übest. Da nach diesen Worten jene auf den Wellen des Flußes gingen wie zuvor, erschrak der Priester und warf den Leib des Herrn in den Fluß. Wunderbare Macht Christi! Sobald das Sakrament die Flut berührte, wich der Spuk der Wahrheit, und jene falschen Heiligen versanken wie Blei in die Tiefe und ertranken. Die Büchse aber mit dem Sakrament ward sogleich von Engeln entführt. Der Priester, der dies alles sah, freute sich über das Wunder, trauerte aber um den Verlust des Sakraments. Die ganze Nacht verbrachte er mit Weinen und Seufzen, am Morgen aber fand er die Büchse mit dem Sakrament auf dem Altar. Dies ist uns zur selben Zeit erzählt worden.

8. Wie der Leib des Herrn sich auf einem Stein abdrückte

Als ein Pfarrer der heiligen Columba in Köln an einem Osterfeste dem Volke das Abendmahl reichte, fiel ihm eine Hostie aus der Hand und auf den mit Ziegeln gepflasterten Estrich. Damit aber der Herr zeigte, daß ihm die Erde wie das Meer untertan sei, so geschah es, daß, sowie die Hostie von scheinbar geringem Gewicht den Stein berührte, die Härte des Ziegels nachgab und ein Kreis und Buchstaben auf ihm erschienen, wie es geschieht, wenn ein Siegel in weiches Wachs gedrückt wird. Der erschrockene Priester hob sogleich die Hostie auf und riß den Ziegel heraus. Als an diesem er selbst und viele andere mit Schrekken das Wunder erblickten, kratzte der ratlose Priester die so wunderbar von der Hostie bezeichnete Stelle ab und tat das Pulver unter die Reliquien. Unser Mönch Arnold behauptet, bei diesem Wunder zugegen gewesen zu sein.

9. Wie ein Bürger beim Kanon den Kelch überschäumen sah

Der schon erwähnte Meister Johannes hat mir ein schreckliches Gesicht vom Blute des Herrn erzählt. Als in der Kirche der heiligen Walburg in Hildesheim, von wo er stammt, ein Priester namens Albero die Messe abhielt, stand ein Bürger hinter ihm, der an das, was dort vorgenommen ward, nicht glaubte. Dieser sah den Wein im Kelche so aufwallen, daß er wie in einem siedenden Topfe überfließend die ganze Oberfläche des Altars bedeckte. Ob dieses Gesichts erschrak er sehr, und hoffentlich ist er dadurch zum Glauben an das Sakrament zurückgebracht. Der überfließende Wein aber sah aus wie Menschenblut, als spräche Christus zu ihm: Ich bin am Altar des Kreuzes deinetwegen wie Wasser ausgegossen worden, und du zweifelst an deinem Heilmittel?

10. Wie das Korporale mit dem Sakrament getränkt ward

Als ein Priester im Kölner Sprengel eines Tages die Messe hielt, goß er durch Gottes gerechtes Urteil beim Kanon den Kelch mit dem Blut über das Korporale*). Sogleich nahm der Wein die Gestalt von Menschenblut an. Der betrübte Priester wusch es nach der Messe wiederholt über dem Kelch, konnte aber die rote Farbe nicht herauswaschen. Darüber noch mehr erschreckt, befahl er allen seinen Pfarrkindern Gebete, wusch das Korporale wieder, aber wieder umsonst. Hierauf nahm er das heilige Linnen mit sich und wandte sich an Rudolf, den

*) Das Leintuch, worauf die Hostie konsekriert wird.

Kölner Scholastikus, einen Mann von großem Ruf, erzählte ihm den Fall, zeigte ihm das Korporale und bezeugte, daß durch keinen Saft jene Blutfarbe auszuwaschen, durch keine Kunst noch Gebet zu tilgen sei. Jener, als ein kluger Mann, antwortete ihm: Ist jemand in Eurer Gemeinde, der an diesem Sakrament zweifelt? Der Priester sagte: Ja, eine Klausnerin zweifelt häufig daran. Drauf jener: So zeigt es ihr, vielleicht läßt Gott deshalb die Blutspur in diesem Korporale nicht vertilgen, damit sie durch dieses Gesicht im Glauben gestärkt werde. Als dies geschah, erschrak das Weib und glaubte, und sogleich stellte Gott die vormalige Farbe in dem Linnen wieder her.

11. Wie einem Kranken die Abwaschung des Sakraments in Blut verwandelt ward

Ein Priester, wie mir ein anderer frommer Priester erzählt hat, besuchte einen Kranken. Dieser, ein sehr frommer Laie, fragte den Priester: Habt Ihr heute Messe gehalten? Da er bejahte, sagte der Kranke: So bitte ich, daß Ihr die Hände, womit ihr Christi Blut und Leib berührt habt, vor mir abwascht, und die Abwaschung wird gegen meine Krankheit ein Heilmittel sein. So geschah es, und das Wasser ward in einem reinen Kessel aufgefangen. Der Kranke trank es und ließ den Rest in eine Truhe setzen und sorglich zudecken. Als er nachher nach diesem Wasser verlangte, fand der Knabe, der nach der Truhe ging, in dem Kessel nicht Wasser, sondern reines Blut. Drauf ward nach dem Priester geschickt, der es in die Kirche trug und unter die Reliquien einreihte.

12. Was einer Edelfrau mit der Abwaschung des Sakraments geschah

Eine Edelfrau aus Endenich, die jemand dies gelehrt hatte, fing die dritte Abwaschung aus den Fingern des Priesters in Brot auf, denn sie glaubte, wenn sie dies in den vier Ecken ihres Ackers verberge, könne kein Unwetter noch Hagel der Saat schaden. Sie tat das Brot vorläufig in den Schrein, um es bei Gelegenheit hervorzuholen und über den Acker zu verteilen, und nachher fand sie es in geronnenes Blut verwandelt. Erschreckt zeigte sie dies ihrem Manne und dem Priester. Hierfür wurden alle von den Kölner Prioren vorgeladen, der Priester ward schwer bestraft, die andern entgingen kaum der Anklage der Zauberei. Denn es gefällt Gott nicht, wenn dies Sakrament zu weltlichen Zwecken verwandt wird.

13. Wie in den Händen eines Priesers Christus gesehen ward

In Himmerod starb vor wenigen Monaten ein greiser Priester namens Heinrich, ein frommer und gerechter Mann, der mehrere Jahre in diesem Kloster Sakristan gewesen war. Als dieser eines Tages im Chor der Laienbrüder am Altar des heiligen Johannes des Täufers die Messe hielt, erblickte einer der umstehenden Laienbrüder den Heiland in Menschengestalt in seinen Händen. Der Priester selbst jedoch sah ihn nicht. Dies hat mir einer der Greise jenes Klosters erzählt.

14. Wie Christus eigenhändig einer Frau das Abendmahl reichte

Es ist noch nicht zwei Jahre her, daß eine fromme Frau in Brabant, Uda mit Namen, aus dem Dorfe Thorinbus, inbrünstig nach dem Abendmahl begehrte und ihren Priester demütig und dringend bat, ihr diese Gunst zu erweisen. Er wies sie aber ab und sagte, weltliche Frauen dürften nicht nach Belieben das Abendmahl nehmen, sondern zu bestimmter Zeit. Da sie weinte und seufzte, bemerkte der höchste Priester ihren Eifer und ließ sie nicht lange ihres Wunsches entbehren. Denn in selbiger Nacht, da sie wach auf ihrem Bette lag und betete, trat der Heiland mit vielem Glanze in ihr Gemach und trug in eigener Hand die Büchse, worein sein Leib in der Kirche getan zu werden pflegte. Er war umgeben von köstlichem Wohlgeruch, und eine Menge Engel umschwebten ihn, die einträchtig die Antiphon sangen: Schön an Gestalt vor den Söhnen der Menschen und so fort. Da jene Beglückte ob solcher Herrlichkeit staunte, trat der Herr zu ihr und sprach: Da jener Priester dir meinen Leib verweigert hat, so werde ich ihn dir eigenhändig reichen. Dies tat er, eine Hostie aus der Büchse nehmend, und ging. Es lag aber eine andere fromme Frau im selben Gemach und wachte gleichfalls, die alles Erzählte sah. Dies wußte jene nicht, sondern meinte, sie habe fest geschlafen, fragte sie aber doch am Morgen, ob sie etwas gesehen. Sie antwortete: Ja, das und das habe ich gesehen. So ob der Erscheinung sicher gemacht, ging sie sogleich zur Kirche, trat an den Altar und befragte den Priester mit allerlei Umschweifen, was er mit dem Leibe des Herrn zu tun und wo er ihn zu verwahren pflege. Da er ihr den Ort wies, sagte sie: O, wenn ich doch immer hier verweilen und diesen heiligen Ort anschauen dürfte! Sie bat auch, ihr die Lade aufzuschließen. Da das geschehen, fragte sie den Priester: Wißt Ihr auch, Herr, wieviel Partikeln (so pflegen sie die Hostien zu nennen) Ihr hier verwahrt habt? Gewiß, antwortete er. Drauf das Weib: Bitte, zählt sie. Da er dies tat und eine zu wenig fand, kam er vor großem Schreck beinahe von Sinnen, brach zusammen und weinte. Denn alle Schlösser, sowohl des Schreins wie der Büchse, hatte er unversehrt gefunden. Drauf tröstete ihn die Frau, erzählte, was sie gesehen und was mit der Hostie geschehen sei, und mahnte ihn, künftig einer so heißen Sehnsucht nicht diese Gunst zu versagen. Dies ist uns erzählt von unserm Mönch Johannes, der damals von jenem Dorfe kam und wahrheitsgemäß erfuhr, daß es sich dort zugetragen hatte.

15. Von der Witwe Hildegundis, der Christus selbst das Abendmahl reichte

Im Dorfe Liblar, zwei Meilensteine von Köln, war eine angesehene und fromme Witwe, Hildegundis genannt, die Freundin Herrn Heinrichs, unsres Abtes. Diese, nach der Weise jener Witwe im Evangelium (Luc. 2. 37), wich fast nie aus dem Tempel, mit Fasten und Gebeten Gott dienend. Sie hatte aber zum Sohn einen jungen Ritter namens Wilhelm, der ihr wenig Ehre, Liebe und Trost erwies. Und wiewohl er Überfluß hatte, ließ der unnatürliche Sohn sie darben und kränkte sie auf jede Weise. Nicht gedachte er der Schrift, die da sagt: Verflucht von Gott, wer die Mutter kränkt (Eccl. 3, 18). Ähnliches widerfuhr ihr von der Schwiegertochter, der Gattin des Sohnes. Da sie nun erkrankte und dem Tode nahe war, sprach sie zur Magd: Laß mich einen Priester haben, der mir das Abendmahl reiche. Die Magd berichtete es der Schwiegertochter und sagte: Meine Herrin begehrt den Priester. Jene erwiderte erzürnt: Sie hat erst diese Woche den Leib des Herrn genommen, und ich meine doch, sie wird noch leben. Und sie sprach unwillig weiter: Geh, rufe ihn. Als der Priester mit dem Leibe des Herrn kam, fragte die Kranke: Warum kommt Ihr, Herr? Er sagte: Um Euch das Abendmahl zu reichen. Sie erwiderte: Mein Herr, dessen Leib ich begehrte, war schon leibhaftig hier und hat es mir eigenhändig gereicht. Künftig werde ich es nie mehr von einem Menschen nehmen. Nach einigen Tagen aber starb sie. Und wie geschrieben steht: Wer Vater und Mutter nicht ehrt, wird keine Freude haben an seinen Kindern, so tötete der Herr in derselben Woche Wilhelms Erstgeborenen. Seine andern Kinder aber, ungefähr zwölf an der Zahl, starben alle nach der Reihe binnen kurzer Zeit.

16. Wie ein Edler die Hostie in seinem Munde fand

Erkenbald von Burban, ein vornehmer und mächtiger Mann, liebte die Gerechtigkeit so sehr, daß er beim Richten kein Ansehen der Person kannte. Als er einst krank zu Bette lag, hörte er in der benachbarten Kammer Lärm und Geschrei von Weibern. Und da er nach dem Anlaß fragte, getraute sich keiner ihm die Wahrheit zu sagen. Er schickte drauf einen der Knaben und sagte: Ich befehle dir bei Verlust deiner Augen, daß du mir die reine Wahrheit sagest. Dieser meldete voll Furcht: Herr, der Junker, Euer Schwestersohn, wollte eine Frau vergewaltigen, und daher war das Geschrei. Darob sehr aufgebracht, sagte er zu den Rittern: Geht und hängt ihn! Die Ritter taten, als gehorchten sie, als sie aber draußen waren, sprachen sie zueinander: Wenn wir diesen vornehmen Jüngling töten, und unser Herr, wie zu vermuten, demnächst stirbt, so werden wir entweder mit dem Tode bestraft oder müssen das Land meiden. Sie vertrauten daher dem Jüngling alles, und nachdem sie ihm geraten, sich der Gegenwart des Oheims zu entziehen, gingen sie nach etlichen Stunden wieder zu ihrem Herrn hinein und sagten, sie hätten den Befehl erfüllt. Am fünften Tage aber vermeinte der Jüngling, der Oheim habe sich wegen des Vergehens beruhigt oder es vergessen, und blickte zur offenen Tür hinein. Als ihn der Kranke wahrnahm, rief er ihn mit freundlichen Worten herbei und hieß ihn neben sich sitzen. Indem er aber mit der einen Hand seinen Hals preßte und mit der andern heimlich ein Messer herauszog, stieß er es ihm in die Kehle und tötete ihn. Der Jüngling ward mit viel Jammern und Wehklagen zu Grabe getragen, und das ganze Land befiel Schrecken. Bei Erkenbald aber kam ein Schmerz zum andern, so daß, da die Krankheit zunahm, er zum Bischof sandte und bat, ihm den heiligen Leib zu reichen. Da der Bischof kam, beichtete jener mit vielen Tränen und tiefer Reue alle seine Sünden, verschwieg aber die Tötung des Jünglings. Darob erstaunt, fragte der Bischof: Warum verschweigt Ihr den Mord, den Ihr an Eurem Verwandten begangen habt? Jener fragte: War denn das eine Sünde? Gewiß, sagte der Bischof, eine gar grausame. Drauf jener: Ich halte es nicht für eine Sünde und fordere dafür nicht Vergebung von Gott. Und da der Bischof sagte: Ich werde Euch Christi Leib nicht reichen, wenn Ihr nicht diesen Mord beichtet, sprach der Edle: Wisset, Herr, ich habe jenen nicht getötet aus irgend welchem Groll, noch zorniger Wallung, sondern einzig und allein aus Gottesfurcht und Eifer nach Gerechtigkeit. Nie hat jemand seinen Neffen mehr lieben können als ich jenen. Versagt Ihr mir den Leib des Herrn, so empfehle ich diesem meinen Leib und meine Seele. Das aber sagte und tat er um des Beispiels halber, auf daß er nicht Recht und Gerechtigkeit zu nahe zu treten scheine. Denn kaum hatte der Priester die Schwelle des Hauses verlassen, siehe da rief der Kranke ihn zurück und sprach: Kehret um, Herr Bischof, kehret um! Seht zu, ob Ihr in der Büchse den Leib Christi habt. Da er nun diese auftat und nichts darin fand, sagte jener: Seht, den Ihr mir versagt habt, der hat selber sich mir nicht versagt. Und es fand sich die Hostie in seinem Munde. So erfüllte sich an ihm: Liebet die Gerechtigkeit, die ihr das Land richtet. Denket an den Herrn in Güte, und in Einfalt des Herzens suchet ihn. Denn er wird gefunden von denen, die ihn nicht versuchen, und erscheint denen, die an ihn glauben (Sapient. 1, 1—2). Der Bischof aber erschrak und verbreitete überall dies große Wunder, und durch ihn ward es auch einigen Äbten unsres Ordens bekannt, die es vergangenes Jahr im Generalkapitel erzählten, worauf alle Gott priesen, der allein große Wunder tut (Ps. 135, 4).

17. Wie ein Knabe eine ungeweihte Hostie erkannte

Folgendes geschah einem kleinen Knaben, wie mir seine fleischlichen Brüder, unsre Mönche Ludolf und Heidenrich, erzählt haben. Da er krank war, verlangte er auf die Eingebung des Heiligen Geistes nach dem Leibe Christi, und als die Eltern ihn zu beschwichtigen suchten, schrie er ungestüm: Gebt mir den Leib des Herrn, gebt mir den Leib des Herrn! Es ward dem Priester gemeldet. Dieser sagte, es sei gefährlich, einem solchen Kinde, das nicht verstünde, was es sei, den Leib des Herrn zu geben, und brachte ihm eine ungeweihte Hostie. Er reichte sie dem Knaben und sagte: Sieh, hier ist der Leib des Herrn. Der Herr aber, um aus dem Munde des Kindes Lob zu erlangen und um den Unglauben vieler zu zerstören, die von diesem Sakrament schlecht denken, gab dem Knaben ein zu antworten: Warum wollt Ihr mich täuschen? Was Ihr mir bietet, ist nicht der Leib des Herrn. Der Priester, darob verwundert und in der Meinung, der Knabe habe eine göttliche Eingebung erhalten, brachte ihm die heilige Kommunion, die jener sehr andächtig empfing.

18. Von einer Frau, die nur vom Leibe Christi lebte

Eine Frau, wie mir unser Mönch Rener, der frühere Scholastikus von Sankt Andreas in Köln, erzählt, pflegte aus großer Frömmigkeit oft das Abendmahl zu nehmen. Und je mehr sie nach der himmlischen Speise verlangte, desto mehr ward ihr die leibliche zuwider. Als sie dies merkte, nahm sie mit Erlaubnis ihres Priesters jeden Sonntag das Abendmahl. Diese Lebensnahrung verlieh ihr solche Kraft, daß sie ohne jeden leiblichen Hunger den nächsten Sonntag erwartete. Nachdem sie es lange so getrieben, beichtete sie die ihr verliehene Gnade ihrem Priester. Als der aber dem Bischof des Ortes den wunderbaren Fall vortrug, besorgte der Bischof, es sei irgend ein Trug im Spiel, und antwortete als kluger Mann: Wenn sie wieder zu dir kommt, so reiche ihr statt des Leibes des Herrn eine ungeweihte Hostie, und du wirst bald erfahren, was an der Sache wahr ist. Der Priester tat also, und die Frau, die von der Versuchung nichts wußte, empfand, sowie sie heimkehrte, einen so heftigen Hunger, daß sie meinte sterben zu müssen, wenn sie nicht sogleich äße. Doch lief sie zuvor zum Priester, und indem sie den Hunger ihren Sünden zuschrieb, warf sie sich ihm zu Füßen und klagte unter Tränen, daß ihr die von Gott verliehene Gnade entzogen sei. Als er das hörte, freute er sich sehr und dankte Gott, der allein große Wunder tut. Er gab ihr den wahren Leib Christi, durch dessen Kraft sogleich aller Hunger schwand und die entzogene Gnade zurückkehrte. Der Bischof, der dies vernahm, pries ebenfalls Gott.

19. Wie ein Ritter durch die Kraft des Heiligen Abendmahls im Zweikampf siegte

Ludwig, Graf von Losen, der Vater des jetzt lebenden, hatte auch die Grafschaft Renhecke inne. Ihm fügte, während er abwesend war, ein ritterlicher Dienstmann von guter Geburt viel Schaden zu, nahm seine Güter in Besitz und beraubte die zur Grafschaft gehörigen Leute. Der Graf klagte dies allen seinen Freunden und fragte eines Tages einen Edlen, der von ihm Lehen hatte: Warum fangt Ihr mir nicht jenen Räuber? Der antwortete: Ich würde ihn wohl fangen, wenn ich sicher wäre, daß er von Euch nicht am Leibe verletzt würde. Als ihm der Graf das versprochen und er ihn gefangen hatte, ersann der Graf eine List. Er befahl sogleich ein Grab zu graben und den Ritter, in weiche Gewänder gehüllt, hineinlegen; und so ließ er ihn lebendig begraben. Seine Verwandten aber waren voll Grimmes und klagten mit lautem Geschrei bei Kaiser Friedrich, dem Großvater des jetzigen Kaisers, gegen den Edelmann und sagten, er habe den Ritter für Geld an den Grafen verraten. Da der Kaiser zürnte und den Unschuldigen verurteilen wollte, stieg ein angesehener Ritter auf einen Schemel, bat um Erlaubnis zu reden und erhielt sie. Herr, sprach er, Ihr habt nur die Hälfte der Worte gehört. Wäre der Ritter hier, er könnte sich vielleicht entschuldigen. Der Kaiser erwiderte: Du sollst Erlaubnis haben, ihn herzubringen. Und der Ritter brachte den Ritter. Aber wiewohl er sich durch einen Anwalt völlig reinigte, so antwortete doch der Kaiser, den die Gegner aufhetzten: Das sind Worte, so soll er der Strafe nicht entgehen. Der Ritter aber, der ihn gebracht, widersprach und sagte: Herr, wenn Ihr ihm ein Leid tut, so wird man nie wieder Euren Worten glauben. Der Kaiser ließ sich besänftigen und sprach: Jetzt gehe er frei von hinnen, wird er aber später von mir oder den Meinen gefangen, so soll er den Verrat büßen. Der Edelmann ging bis zur Schwelle des Palastes, er wußte aber, daß die Könige lange Hände haben, drum stand er still und überlegte, kehrte dann zum Gericht zurück und sprach: Herr, ich kann Euren Händen nicht entfliehen. Doch wage ich es auf meine Unschuld und Gottes Erbarmen und bin bereit, mich auf der Stelle zu verteidigen nach dem, was die Gerechtigkeit vorschreibt. Und da ich adlig bin, gehe ich nach meinem Recht. Der Kaiser erwiderte: Jetzt sprichst du wie ein wackerer Mann. Gesucht ward auf der gegnerischen Seite der tapferste Ritter, um ihn im Einzelkampfe zu bestehen. Andern Tages aber nahm der Edelmann, nachdem er gebeichtet, den Leib des Herrn. Und so, voll Vertrauen auf das Sakrament, trat er mit seinem Gegner in den Kreis, um zu kämpfen. Jener, als ein sehr starker Mann, setzte ihm hart zu und trieb ihn vor sich her, und sie kamen zusammen vor den Kaiser. Da hörte der Kaiser und hörten die umsitzenden Fürsten, wie der Fechter mit lauter Stimme den Ritter fragte: Sag mir, hast du heute etwas gegessen? Ja, erwiderte jener, den Leib meines Herrn habe ich gegessen. Drauf sprach jener Elende: Hättest du auch den Teufel gegessen, heute strecke ich dich nieder. Der fromme Gott aber, um die Kraft des Sakraments zu zeigen, entzog sogleich nach den lästernden Worten dem Lästerer seine Stärke, und seinen Ritter kräftigte er so, daß er jenen vor sich herjagte wie einen Knaben und der nicht standhalten konnte. Endlich ergab er sich. So gewann durch die Speise des Abendmahls der gläubige Ritter den Sieg und kehrte mit vielem Ruhme frei in die Heimat zurück. Dies hat uns unser Mönch Dietrich erzählt, einst Graf in Wiede, der dem Zweikampf beigewohnt und alles hier Erzählte gesehen und gehört hat. Drum ist die heilige Kommunion ein Heilmittel für Seele und Körper.

20. Wie ein Gehängter nicht sterben konnte, ehe er den Leib Christi empfangen

Ein edler Ritter, der Land und Burgen hatte, ward bei Kaiser Friedrich von vielen verklagt, daß er die Gegend plünderte. Er lud ihn mehrmals vor, und da er nicht erschien, so ächtete er ihn endlich und gebot den Seinen, ihn zu fangen. Jener verbarg sich, ohne doch von seinem Rauben zu lassen, ward durch Zufall von einem in des Kaisers Diensten gefangen und kam, gemäß des Kaisers Befehl, an den Galgen. Am dritten Tage kam ein Ritter vorbei, und da er jenen sah, sagte er zu seinem Knecht: Gott, wie schön war dieser Mensch! Der Knecht antwortete: Dieser Edelmann war Euer Verwandter. Und sie traten hinzu, um ihn abzunehmen und zu begraben. Der Gehängte aber rief ihnen entgegen: Nehmt mich ab, ich lebe noch. Sie dachten, es sei ein Spuk, er aber sprach weiter: Fürchtet nichts, ich bin ein Christenmensch. Als er aber abgenommen war, sagte er: Geringen Dienst habe ich Sünder Gott erwiesen, wegen dessen er sich meiner erbarmt hat. Täglich pflegte ich drei Vaterunser mit ebenso vielen Bitten der heiligen Dreieinigkeit zu sagen, nach vorausgesandtem englischen Gruß; fünf Vaterunser aber mit fünf Bitten und einem Ave Maria den fünf Wunden Christi; ebenso ein Vaterunser dem Engel, dem ich übergeben bin; endlich eins dem Leibe Christi, der täglich durch die ganze Welt hergestellt wird, damit ich am Ende meines Lebens mit dieser Wegzehrung versehen würde. Und diese wird mir der Herr durch seine Barmherzigkeit gewähren. Drum bitte ich, ruft mir einen Priester, von dem ich sie empfange. Als der Priester kam, beichtete er und empfing das Abendmahl, dann hauchte er sogleich den Geist aus und wanderte beglückt zu dem, dessen Leib er empfangen. Sie begruben ihn auf dem Kirchhof und verkündeten überall dies große Wunder.

21. Wie ein Ritter sich vor dem Leibe Christi in den Schmutz warf

Ein Ritter aus Frankreich war von solcher Frömmigkeit, daß, so oft er Christi Leib erheben oder vorbeitragen sah, er sich niederwarf und ihn anbetete. Es traf sich, daß er einst in seinen kostbarsten Gewändern in eine Stadt einritt. Die Straße, auf der er ritt, war sehr schmutzig, und unversehens begegnete ihm der Leib des Herrn. Bei diesem Anblick überlegte er einen Augenblick und sagte: Was tust du jetzt? Wenn du in diesem tiefen Kot dich niederwirfst, sind deine zierlichen Kleider dahin. Steigst du aber nicht ab, so wird dein Gewissen dich allezeit verklagen, daß du die heilsamste Gewohnheit verletzt hast. Was soll ich viel sagen? Die Frömmigkeit überwog, er sprang vom Pferde und warf sich in den Kot, wo er niederkniete und mit erhobenen Händen Christi Leib verehrte. Und weil der teure Herr sie, die ihn ehren, nicht nur in der Zukunft belohnt, sondern oft auch in der Gegenwart wieder ehrt, so bewirkte er durch seine Macht, daß von all diesem Schmutz auch nicht ein Tropfen an seinen Kleidern haftete. Drauf stieg er mit vieler Bewunderung wieder zu Pferde, und noch mehr im Glauben gestärkt, pries er Gott.

22. Wie ein Priester den Leib des Herrn bei der Messe verlor

Ein Priester namens Erwin pflegte zu Köln in der Peterskirche am Altar des heiligen Kreuzes die Messe zu halten. Als er einst nach geschehener Transsubstantiation die Hostie niederlegte, rollte sie vom Altar. Er suchte sie überall um den Altar, und das Volk mit ihm, aber sie fand sich nicht. Kein Zweifel, daß sie durch die Hände der heiligen Engel zu dem höchsten Altar Gottes gebracht war, damit nicht der üppige Priester sie nehme zu seiner Verdammnis. Denn er hatte ganz offen eine Kebse.

23. Wie ein Laienbruder eine Kohle statt des Sakraments empfing

In Himmerod war ein Laienbruder namens Wirich. Dieser hatte, ehe er ins Kloster kam, schlecht gelebt und sich im Orden nur wenig gebessert. Als er eines Tages mit den übrigen Brüdern zur Kommunion ging und der Priester ihm den Leib des Herrn reichte, sah ein andrer frommer Laienbruder, wie ihm nicht das Sakrament, sondern eine ganz schwarze Kohle in den Mund gesteckt ward.

24. Wie ein Laienbruder Christi Leib nicht nehmen konnte

Es ist kaum zwei Jahre her, daß in Poitou, im Kloster Fumoringens, ein Laienbruder unsres Ordens schwer erkrankte. Nachdem der Abt seine Beichte gehört und ihn eindringlich ermahnt hatte, sein Gewissen zu reinigen, ward ihm der Leib des Herrn gebracht. Diesen empfing er zwar mit geöffnetem Munde, konnte aber den Mund zum Essen nicht schließen. Da alle Anwesenden sich wunderten, nahm der Priester ihm das Sakrament wieder weg und gab es einem andern Kranken, der es frommen Sinnes ohne jedes Hindernis empfing. Bald darauf starb jener Laienbruder, und die Ursache, die seinem Seelenheil im Wege stand, kam zutage. Denn fünf Schillinge, nicht silberne, sondern kupferne, wurden, da er gewaschen werden sollte, bei ihm gefunden. Er durfte aber kein Geld haben. Und die dies sahen, priesen Gott. Auf Befehl des Abtes begrub man ihn auf dem Felde und warf jene Schillinge auf ihn, wobei alle Anwesenden sagten: Dein Geld sei bei dir zur Verdammnis (Act. 8, 20). Als der Abt dies auf dem nächsten Generalkapitels erzählte, fügte er hinzu: Und damit man nicht denke, irgend eine Körperschwäche habe ihn gehindert, den Leib des Herrn zu essen, so wisset, daß er am selben Tage ein ganzes Huhn verzehrt hatte.

Zehntes Buch: Von Wundern

1. Wie einer in einer Stunde von Jerusalem nach dem Lütticher Sprengel gebracht ward

Im Lütticher Sprengel, im Dorfe Elzelo, wohnte ein frommer Laie namens Winand, der Oheim der Mutter unsres Mönches Winand, der nach ihm benannt ist. Dieser machte einst mit etlichen Leuten seiner Gegend eine Pilgerfahrt nach Jerusalem. Am Ostertage aber, da nach der feierlichen Messe jene sich zur Heimfahrt anschickten, redete ihnen Winand als ein frommer Mann zu und sprach: Es schickt sich, Brüder, daß wir an diesem hochheiligen Tage ruhen und alle seine Horen anhören. Aber er konnte sie nicht überreden. Sie eilten zum Hafen, er aber blieb zurück, und nachdem er den ganzen Gottesdienst dieses Tages angehört hatte, machte er sich tags darauf allein auf den Weg. Da begegnete ihm ein sehr ehrwürdiger Mann zu Pferde, grüßte ihn und sprach: Warum, guter Mann, wanderst du so allein, und woher kommst du? Er antwortete: Ich komme von Jerusalem, und so und so ist mir's ergangen. Drauf jener sogleich: Sitze auf hinter meinem Rücken, wir werden deine Gefährten wohl einholen. So tat er; jener aber setzte ihn am nämlichen Tage bei seinem Dorfe ab und fragte: Erkennst du, wo du bist? Er sagte: Die Gegend erkenne ich wohl, aber wie dies zugeht, weiß ich nicht. Drauf der Reiter: Weil du Christum geehrt hast, bin ich gesandt worden, um dich heimzuführen. Da ist dein Haus, geh und erzähle seine Wunder, die dir widerfahren sind. Als seine Bekannten ihn sahen und fragten, wo seine Gefährten seien, erwiderte er: Heute war ich in Jerusalem, und gestern haben sie mich dort verlassen und sind mir vorausgegangen. Sie glaubten ihm nicht und sagten: Der Greis faselt. Er darauf, um den Spott der Mitbürger zu entgehen, begab sich mit dem Gelde, das ihm dank dem himmlischen Reisegefährten noch übrig war, zur Schwelle des seligen Apostels Jakobus, und ehe seine Gefährten heimkehrten, war er wieder zurück. Da er so durch doppeltes Zeugnis gerechtfertigt war, durch das der Pilger, die ihn zu Ostern in Jerusalem verlassen hatten, und durch das der Mitbürger, die ihn Tags darauf in Elzelo gesehen, so priesen beide den Herrn und verkündeten überall das große Wunder.

2. Von einem Laienbruder, dessen Berührung Kranke heilte

In Eberbach war ein Laienbruder, ein einfältiger und braver Mann von gebrechlichem Alter. Dem hatte der Herr solche Gnade erzeigt, daß durch die Berührung seiner Hand allerlei Krankheiten verscheucht wurden. Als das die Weltlichen erfuhren, strömten viele beiderlei Geschlechts, Reiche wie Arme, nach dem Kloster und erfuhren die Kraft des Segens. Und da der Abt sah, daß durch ihren Zuspruch die Ruhe der Brüder gestört und das Haus mit nicht geringen Kosten beschwert ward, so befahl er dem Laienbruder, künftig keinem Weltlichen mehr die Hände aufzulegen. Seit dieser Stunde hörte bei ihm die Wunderkraft auf. Dies ward mir vor zwei Jahren, als ich in Eberbach war, von den Mönchen erzählt. Ich ging zu dem heiligen Manne, und als ich ihn bat, für mich zu beten, antwortete er einfach: Täglich bete ich für dich und für die ganze Welt.

3. Von einem Mönch, dessen Gewänder Kranke heilten

Neulich erzählte uns ein Abt unsres Ordens von einem Mönch, dem solche Gnade von Gott erwiesen ward, daß durch seine Gewänder viele geheilt wurden. Oft (gesetzt, daß er noch lebt), wenn die Brüder seine Kleider anlegen oder sich mit seinem Gürtel gürten, genesen sie. Als dies einst sein Abt bemerkte, der nichts Besonderes in ihm gesehen hatte, fragte er ihn heimlich mit diesen Worten: Sag mir, Sohn, was ist die Ursache solcher Wunder? Er antwortete: Ich weiß nicht, Herr. Ich bete nicht mehr als die andern Brüder, ich faste nicht mehr, ich arbeite nicht mehr, ich wache nicht mehr. Doch eines weiß ich, daß mich kein Glück erheben und kein Unglück beugen kann, ob es nun mich trifft oder andre. Der Abt fragte: hat es dich nicht betrübt, als jener Ritter kürzlich unser Gut anzündete? Nein, erwiderte er. Ich habe alles Gott anheimgestellt. Wenn ich wenig habe, so nehme ich es dankend an; wenn viel, so danke ich wieder. Da erkannte der Abt, daß die Ursache jener Kraft die Liebe zu Gott war und die Verachtung der irdischen Dinge.

4. Wie ein Bauer in einen Backofen eingeschlossen ward

Bei Köln lebten zwei Sippen von Bauern, die schwer verfeindet waren. Da die eine schwächer war, so zog sie sich in die nahe Burg Hemmersbach zurück, von wo sie den Gegnern vielen Schaden tat. Als sie eines Tages ihrer einen gefangen hatten, wollten drei von ihnen Geld von ihm erpressen und sagten: Wenn du uns kein Geld gibst, so bestrafen wir dich. Er antwortete: Ich habe drei Heller, kauft dafür Laibe Brots und eßt sie, denn weiter bekommt ihr nichts. Und voll Vertrauen auf Gott und den heiligen Jakobus fügte er hinzu: Zu Hause in meiner Truhe habe ich fünf Mark und neue Stiefel, womit ich zur Schwelle des heiligen Jakobus wandern will. Dies Geld gebe ich euch nicht. Am Tage Sankt Stephans will ich abreisen und vor Tagesanbruch euch verlassen. Sie wunderten sich über die Kühnheit, womit er sprach, legten ihm zwei Fußschellen an und sperrten ihn in einen Backofen, vor dem acht Männer in der Nacht wachen sollten. Sie fragten einmal und ein zweites Mal, ob er noch da sei, und er antwortete beide Male: Ja, ich bin noch hier. Als sie zum drittenmal fragten, antwortete er nicht, denn die Kraft des Glaubens hatte ihn aus dem verschlossenen Backofen herausgeführt.

5. Wie ein Mönch faules Fleisch aß

Ein Abt, der einen kranken Mönch hatte, befahl ihm, zur Wiedererlangung seiner Kräfte Fleisch zu essen. Aber dieser gehorchte aus Eigensinn dem Befehl nicht. Auf daß aber der Herr zeige, wieviel besser Gehorsam ist als die Opfer der Toren, so verfiel der Ungehorsame alsbald in Raserei, so daß er aufs Feld lief, dort einen toten Hund fand und dessen stinkendes Fleisch gierig zu verzehren begann. Weil er im Fleisch gesündigt, ward er im Fleische bestraft. Was nachher mit ihm geschehen ist, weiß ich nicht.

6. Wie ein Ritter durch einen Scherz einen Dämon austrieb

Als der Abt von Neuburg, einer reichen Abtei des schwarzen Ordens in Sachsen, kürzlich bei uns durchkam, erzählte er uns ein sehr ergötzliches Wunder von der Heilung einer Besessenen. Es ist, sagte er, bei uns ein frommer Ritter namens Albert, mit Beinamen Skothart. Dieser war, ehe er Mönch ward, so tapfer in den Waffen, so berühmt im Kriegsdienste, daß fast alle Edlen unsres Landes ihm um die Wette ihre Geschenke, Reitpferde und kostbare Gewänder sandten, um ihn zum Freund zu gewinnen. Einst, als einer zwölfjährigen Besessenen, der Tochter eines Ritters, in der Kirche der Dämon ausgetrieben werden sollte, brach sie in Lachen aus und schrie: Da kommt mein Freund, da kommt mein Freund. Man fragte sie, wen sie meine, und sie erwiderte: Ihr werdet ihn schon sehen. Sie sprach aber von jenem Ritter, der um diese Zeit noch recht weit von der Kirche war. Je näher er kam, desto mehr jubelte sie. Als er in die Kirche trat, eilte sie ihm entgegen, klatschte in die Hände und begrüßte ihn mit den Worten: Seht ihr, da ist mein Freund, macht Platz, macht Platz, laßt ihn herankommen. Er war aber mit purpurnen und geschnitzten Gewändern bekleidet. Als er zu ihr trat und fragte: Bin ich dein Freund? antwortete durch den Mund des Mädchens der Teufel: Auch mein guter Freund, denn du tust allen meinen Willen. Ob dieses Wortes erschrak der Ritter sehr, wenn er es auch verbarg. Lächelnd sagte er: Du bist ein dummer und alberner Dämon. Wärest du klug, so würdest du mit uns zu den Turnieren gehen, wo Menschen gefangen und getötet werden. Wozu quälst du ohne Grund dies unschuldige Kind, das nicht gesündigt hat? Der Teufel sagte: Wenn ich mit dir gehen soll, so laß mich in deinen Körper eintreten. Drauf der Ritter: In mich sollst du nimmer hinein. Und der Teufel: Laß mich auf deinem Sattel sitzen. Da ihm dies verweigert ward, bat er um einen Ort an irgend einem Teil des Pferdes oder des Zügels. Aber alles ward ihm verweigert. Der Teufel sprach nun: Ich kann nicht zu Fuß laufen. Soll ich mit dir gehen, so gewähre mir wenigstens irgend einen Ort in deiner Nähe. Der Ritter, der Mitleid mit dem Mädchen hatte, sagte zu dem Dämon: Wenn du sie verlassen willst, so gestatte ich dir einen Zipfel meines Mantels, mit dem Beding, daß du mir nichts zuleide tust und nur so lange bleibst, wie ich Turniere besuche. Wenn ich es dich heiße, sollst du gutwillig und ohne Widerrede entweichen. Und der Teufel schwur es ihm und sagte: Ich werde dir kein Leid tun, sondern Nutzen. Er fuhr aus dem Mädchen und sprang auf den Zipfel des Mantels, wo er sich durch wunderbare Bewegung kundgab. Von Stund an erwarb der Ritter solchen Ruhm in den Turnieren, daß er warf, wen immer er mit der Lanze werfen wollte, fing, wen er fangen wollte. Ging er, so ging der Teufel mit, und mit ihm sprach er. Wenn er eifrig in der Kirche betete, sagte jener: Jetzt murmelst du zuviel. Wenn er sich mit Weihwasser besprengte, sagte der Teufel: Daß du mich nicht benetzest! Und der Ritter drauf: Wenn ein Tropfen auf dich trifft, soll es mir leid tun. Als das Kreuz gepredigt ward und der Ritter in eine Kirche ging, um es zu empfangen, suchte der Teufel ihn zurückzuhalten und sagte: Was treibst du hier? Der Ritter sagte: Ich gedenke Gott zu dienen und dir abzusagen. Drum weiche von mir. Auf diese Worte erwiderte der Satan: Was hat dir an mir mißfallen? Nie habe ich dir geschadet, sondern dich bereichert. Durch mich hast du hohen Ruhm erlangt. Doch wenn du nicht willst, kann ich bei dir nicht verweilen, weil ich es so versprochen habe. Drauf der Ritter: Sieh, ich nehme jetzt das Kreuz, und daß du sogleich von mir weichest, um nie wiederzukehren, beschwöre ich dich im Namen des Gekreuzigten. Und der Teufel verließ ihn. Er ging als Kreuzfahrer übers Meer, wo er zwei Jahre für Christum stritt, und nach der Heimkehr baute er ein großes und reiches Hospital für Pilger und Kranke. Denn er hatte jährlich an Einkünften mehr als zweihundert Mark Silbers, wie jener Abt versicherte. In diesem Hospital dient er noch heute mit seiner Gattin im Ordenskleide den Gliedern Christi und nimmt alle Frommen, besonders die unsres Ordens, voll Andacht auf. Zu diesen pflegt er im Scherz zu sagen: Ihr, Herren Äbte und ihr Mönche seid nicht heilig. Wir Ritter, die wir der Turniere pflegen, sind heilig, denn uns gehorchen die Dämonen, und wir treiben sie aus.

7. Von einem Ritter, der pünktlich den Zehnten entrichtete

Ein Ritter war bei der Entrichtung des Zehntens so fromm und gerecht, daß ihm alles daran gelegen war, ihn ohne Zögern, ohne Betrug, ohne Widerrede zu bezahlen. Er hatte einen Weinberg, der jährlich ungefähr zehn Wagen voll trug. Einstmals (wie sich nachher herausstellte, mehr durch Gottes Fügung als durch die Ungunst der Witterung), fand sich, als der Wein gelesen und gekeltert war, nur ein Wagen voll. Als der Ritter dies hörte, sagte er zu seinem Knechte ein denkwürdiges Wort. Was mein war, sagte er, hat mir der Herr genommen, ich werde ihm seinen Teil nicht entziehen. Geh und gib dem Priester diese Wagenladung als Zehnten. Und so geschah es. Zur selben Zeit ging des Ritters Bruder, ein Priester, bei jenem Weinberg vorüber und sah ihn voll Reben. Sogleich ging er zum Bruder, schalt ihn wegen seiner Nachlässigkeit und sagte: Warum ist dein Wein noch nicht gelesen? Jener antwortete: Er ist längst gelesen. Nicht doch, sagte der Priester; noch eben habe ich den Weinberg voll gesehen. Man sah nach und fand es so, und in keinem Jahr waren die Früchte üppiger als in diesem. Dies ward uns damals gleich erzählt, und ich bedaure, daß ich den Namen des Ritters und des Ortes nicht behalten habe.

8. Wie ein zerbrochener Topf durch Gebet wieder zusammengefügt ward

In Himmerod war ein wackerer Laienbruder namens Eberhard der Wächter des mittleren Tors. Dieser ging einst zur Winterzeit mit den Brüdern Zimmerleuten in den Wald, um ihre Geräte zu bewachen und ihr Essen zu bereiten. Eines Tages, da er später als gewöhnlich zu den Vigilien aufgestanden war und die Brüder schon zur Arbeit gegangen waren, beeilte er seine Gebete, um ihnen die Speise zeitig bereiten zu können. Während des Betens setzte er den ehernen Topf aufs Feuer, vergaß aber, Wasser einzugießen. Als er nach einer Stunde Gemüse hineintun wollte, fand er den Topf glühend. Er erschrak, wußte sich nicht zu helfen, und um den Topf zu retten, goß er kaltes Wasser hinein. Der Topf aber, wie seine Art ist, sprang sogleich und zerbrach. Da er nun keinen andern Topf hatte, um für die Arbeiter zu kochen, so kniete er zum Gebet und flehte Gott mit Tränen an, ihm Mitleid und Rat zu gewähren, damit sie, die für ihn arbeiteten, nicht der erhofften Speise verlustig gingen. Der gütige Gott, die Demut dieses Dienstes erwägend, erhörte sein Gebet. Als er aufstand, sah er den Topf heil neben sich stehen. Nachdem er Gott gedankt, nahm er den Topf, goß Wasser hinein, stellte ihn aufs Feuer, tat Gemüse in den Topf und kochte es, so schnell er konnte. Als es gar war, läutete er die dritte Stunde, und die Brüder, nachdem sie ihr Gebet gesprochen, setzten sich zum Mahl. Nach dem Essen erklärten sie, daß sie die ganze Zeit, die sie dort weilten, nicht so gutes Gemüse gegessen hätten, und zugleich wunderten sie sich, daß er früher als sonst zur dritten Stunde geläutet habe, während er im Gegenteil gedacht hatte, sie würden zürnen, weil es später sei als sonst. Er hatte geglaubt, beim Kochen sei eine sehr lange Zeit verstrichen, weil er die unschätzbare göttliche Beihilfe nicht genügend empfand.

9. Wie einer Bäckerin der Teig zu Schmutz ward

Als nach Ottos Bestätigung in der Herrschaft solcher Überfluß an Korn war, daß im Kölner Sprengel der Malter oft zu fünf oder sechs Denaren verkauft ward, geschah in einem Dorfe dieses Sprengels, dessen Name mir entfallen ist, ein denkwürdiges Wunder. Eine Bäckerin hatte Brote zum Backen geformt. Und weil zur Zeit des Überflusses die Bäcker nur wenig Gewinn haben, schrie sie verdrießlich ihrem Knaben zu: Laß uns diesen Dreck in den Ofen tun. Durch Gottes gerechtes Urteil geschah ihr nach ihrem Wort, und der schöne Teig verwandelte sich beim Backen in Kot. Als sie das Brot herauszogen und die Form, aber nicht den Stoff fanden, erschrak sie, und wiewohl sie den Kot zum Kot warf, konnte sie das Wunder nicht verheimlichen. Unser Mönch Markmann, damals Gutsverwalter, brachte uns ein Stück eines Brotes, das wir aufmerksam betrachteten und nichts daran sahen als festgewordenen Kot. Dies Wunder war sehr berühmt zu jener Zeit.

10. Von einem verwundeten Kruzifix

Zur Zeit des Streites zwischen Otto und Philipp flüchteten Umwohner sich und ihre Habe in das Oratorium des heiligen Bekenners St. Goar, das im Trierer Gebiet liegt und sowohl wegen der Lage wie wegen der Bauart sehr fest ist. Als dies Warner von Bonlanden erfuhr, ein reicher und mächtiger Mann, suchte er es mit Sturmböcken und Maschinen zu erstürmen, jedoch ohne Erfolg. Die drinnen aber stellten ein hölzernes Bild des Gekreuzigten gegen die Feinde in ein Fenster, weil sie hofften, jene würden aus Ehrfurcht den Ort verschonen. Einer der Armbrustschützen jedoch, der sich um das Kreuz nicht kümmerte, vielmehr dem zürnte, der es aufgestellt hatte, sandte einen Pfeil ab und brachte dem heiligen Bilde am Arm eine tiefe Wunde bei. Sogleich erneuerten sich die Wunder der Vorzeit, und wie aus eines Menschen Ader begann Blut aus der Wunde zu tröpfeln. Erschreckt durch dieses Wunder nahm jener Warner nachher das Kreuz. Als Herr Philipp, der Abt von Otterburg, von dem Ereignis hörte, kam er hin, um der Wahrheit nachzuforschen. Ihm wurde von allen das Gesagte bestätigt, ein Jude aber, der gerade anwesend war, zog den Abt beiseite und sagte: In der Tat, Herr, es ist vollkommen wahr, was Ihr gehört habt. Und wie er mir selbst erzählt hat, freute er sich weit mehr über das Zeugnis des Feindes. Noch wird das Geschoß dort aufbewahrt, noch werden die Wunde und die Narben des Bluts dort gezeigt. Unser Abt versichert, daß er beides gesehen.

11. Von Dieben, die ein Kreuz stahlen

In Utrecht erbrachen in diesem Jahre Diebe die Sakristei in der Kirche des heiligen Martin und entwendeten unter andern Schätzen ein kostbares, mit Gold und Edelsteinen geschmücktes Kreuz. Da sie mehrere waren, übergaben sie zweien das Kreuz, sie selbst gingen mit den andern Schätzen davon. Am Morgen, als der Frevel dem Bischof und den Domherren zu Ohren kam, waren sie sehr betrübt, besonders wegen des Kreuzes, das ein Stück vom Holze des Herrn enthielt, und schickten Ritter auf verschiedenen Wegen, um die Flüchtigen zu verfolgen. Die aber das Kreuz trugen, gingen auf der Heerstraße. Als die Ritter zu ihnen kamen, hatten sie kein Arg ob ihrer und gingen vorüber. Christus aber, gegen den die Diebe gesündigt hatten, verwirrte ihren Sinn und hemmte ihren Schritt, daß sie von der Straße abbogen und in einen Sumpf gingen, wo sie bei allem Gehen nicht aus der Stelle kamen. Am andern Tage, als die Ritter zurückkehrten und jene noch fast am selben Fleck durch den Morast stampfen sahen, sagten sie verwundert: Das sind die, die wir gestern hier gelassen haben. Einer aber rief ihnen zu: Gute Leute, ihr geht verkehrt, warum kommt ihr nicht auf die gebahnte Straße? Sie antworteten: Wir gehen richtig, kümmert euch nicht um unsern Weg. Da sagte einer der Ritter durch Gottes Eingebung zu den Genossen: Das hat etwas zu bedeuten, vielleicht sind es die Schuldigen, halten wir sie fest. Als die Ritter zu ihnen hinabsprengten, versenkten jene das Kreuz in dem Sumpf. Nach dem Diebstahl befragt, erwiderten sie: Wir haben das Kreuz genommen, wir wissen, wo es ist. Aber wenn man uns nicht unseres Lebens versichert, werden wir es nie zeigen. Kurz gesagt: sie werden vor den Bischof geführt, um des Kreuzes willen wird ihnen Straflosigkeit versprochen, das Kreuz wird gezeigt und zurückgeholt, sie werden aus dem Lande geführt. Und weil der gerechte Richter keine Sünde ungestraft läßt und oft eine Sünde durch eine andre straft, so erlaubte er, daß sie tags darauf wieder in eine Kirche einbrachen, wobei sie ertappt und gehängt wurden.

12. Wie Richwin durch den Donner von Räubern befreit ward

Als unser Gutsverwalter Richwin eines Tages zur Zeit des Streites zwischen den Königen aus Köln ging, sah er nicht weit von der Stadt etliche Bewaffnete neben der Heerstraße auf ihren Reitpferden sitzen. Ob dieses Anblicks erschrak er sehr. Einer von jenen aber kam schleunigst auf ihn zugeritten, ergriff den Zügel seines Pferdes und fuhr in barsch an mit den Worten: Herr Mönch, steigt ab, ich muß dies Pferd haben. Kaum hatte er ausgesprochen, und siehe, der Herr antwortete dem Räuber für seinen Knecht, nicht mit Worten, sondern mit Donner. Denn nachdem den ganzen Tag kein Donner gehört worden war, ertönte plötzlich ein so heftiger Schlag, daß des Kriegsmannes Pferd mit den Knieen den Boden berührte und er selbst sich kaum auf des Pferdes Rücken hielt. Sogleich ließ er die Hand von dem Zügel des Mönches und sagte demütig: Geht in Frieden, Ihr seid ein wackerer Mann. Jener dankte und ritt froh seines Weges, indem er erkannte, daß Gott ihn gerettet hatte. Dies hat mir jener Richwin mit eigenem Munde bekannt.

13. Wie eine Witwe ihr Haus gegen das Feuer schützte

Im Kölner Bistum, in der kaiserlichen Stadt Duisburg, pflegte eine Witwe Bier zu brauen und zu verkaufen. Als einst die Stadt durch Zufall in Brand geriet und das Feuer ihrem Hause nahte, nahm jene, die nicht mehr auf menschliche Hilfe hoffte, zu der göttlichen ihre Zuflucht. Sie stellte alle ihre Gefäße, worin sie den Käufern das Bier abzumessen pflegte, vor die Tür des Hauses gegen die Flammen und betete in großer Einfalt ihres Herzens so: Gerechter und barmherziger Herr Gott, wenn ich je einen Menschen mit diesen Maßen betrogen habe, so will ich, daß dies Haus verbrenne. Habe ich aber getan, was recht ist in deinen Augen, so bitte ich deine Gerechtigkeit, daß du in dieser Stunde gnädig meine Not bedenkst und mich und meinen Hausrat verschonst. Wunderbarer Glaube des Weibes, wunderbare Demut Gottes! Er, der gesagt hat: Mit welchem Maße ihr gemessen habt, damit soll euch gemessen werden, hielt die Flammen, die alles ringsum verzehrten, von ihrem Hause ab, so daß alle staunten, wie das wütende Feuer den brennbaren Stoff beleckte und nicht entzündete.

14. Wie ein Gewand bis auf das Kreuz verbrannte

In Soest, einer Stadt des Kölner Sprengels, nahm während dieses letzten Kreuzzugs ein Bürger das Kreuz. Zur selben Zeit, damit Gott seinen Kämpfer versuche, so wie von Sankt Hiob zu lesen ist, erlaubte er, daß sein Haus abbrannte. Als der Brand gelöscht war, fand man alles Brennbare in Asche verwandelt, nur der Teil seines Gewandes, den das Kreuz bedeckte, ward unversehrt unter dem Schutt hervorgezogen. Darob staunten alle und verkündeten allerorten die Kraft des heiligen Kreuzes.

15. Wie ein Kleriker von einer Buhlerin verleumdet ward

Gerung, der Bonner Scholastikus, der kürzlich von der Pariser Schule kam, berichtete eine wunderbare Geschichte, die, wie er versichert, sich in jüngster Zeit zugetragen hat. Der Dienerschaft, sagte er, eines edlen und mächtigen Mannes in Frankreich folgte eine schöne Buhlerin. Da mit dieser viele sündigten, so empfand ein frommer Kleriker, der Kaplan des Edelmannes, Kummer über die Verderbnis und redete den Herrn mit diesen Worten an: Fast alle Eure Diener werden durch die Gemeinschaft dieser Buhlerin verführt, und für all ihre Sünden werdet Ihr Gott Rechenschaft ablegen müssen. Und wisset, daß Ihr auf meine Dienste verzichten müßt, wenn sie nicht entfernt wird. Sogleich wird jene gerufen, des Priesters Worte werden ihr mitgeteilt; worauf sie erwidert: Herr, aus Neid spricht er so. Weil ich seiner Wollust nicht zustimmen wollte, deshalb verfolgt er mich. Der Herr sagte: Du lügst, er ist ein keuscher Mann. Sie antwortete: Ich werde Euch schnell die Wahrheit kennen lehren. Alsbald ging sie zu dem Kleriker unter dem schein der Buße, mit Tränen überströmt, und nach geheuchelter Beichte sprach sie: Herr, so heftig bin ich durch Euch in Versuchung geraten, daß, wenn Ihr mir nicht willfahrt und das von Euch entfachte Feuer löscht, ich nicht leben kann. Da bei diesen Worten der gerechte Mann sich bekreuzigte und sie von sich wies, kam sie tags darauf wieder, erneuerte ihre Rede und fügte hinzu: Wenn ihr nicht tut, was ich fordere, seht, so töte ich mich selbst. Hierüber geriet er sehr in Schrecken, da er aber auf keine Weise ihr Gelüste zu erfüllen gedachte, so antwortete er: Siehe, an dem und dem Tage und dem und dem Orte werde ich, wenn du es willst, mit dir schlafen, nur töte dich nicht. Sie ging frohen Herzens, trat sogleich vor ihren Herrn und meldete mit dreisten Worten, daß sein Kaplan ihr das und das versprochen habe. Indessen befahl der Kleriker seinem Schüler, am bezeichneten Orte ein Lager aus Brettern zu bereiten, dürres Holz und Stroh darauf zu häufen und dann ein sauberes Leinen darüberzubreiten. Dies geschah. Am festgesetzten Tage kam der Kleriker, es kam das Weib. Der Kleriker aber, nachdem er zuvor einen Halm entzündet, bestieg das Lager und hieß sie es ebenfalls zu besteigen. Da sie die Flammen überall hervorbrechen sah, wich sie zurück. Er rief sie wiederholt, sie aber weigerte sich, zu einer so entsetzlichen Umarmung zu kommen. Der Kleriker indessen, durch den Beistand der göttlichen Gnade, fühlte das Feuer nur wie einen erfrischenden Wind, und es ward ihm kein Haar gesengt noch seine Kleider irgendwo beschädigt. Da dies die Elende sah, erschrak sie, und zur Stunde durch so großes Wunder gerührt, bekannt sie öffentlich vor ihrem Herrn und den anderen, daß sie den heiligen Mann ohne Grund, bloß aus Neid und Haß und um sich für seine Anklage zu rächen, verleumdet habe. Der ehrwürdige Mann selbst aber, nicht undankbar gegen Gott, trat in den Orden der Prediger*).

16. Wie ein Fischer sich an kaltem Wasser verbrannte

Herr Bernhard von Lippa, einst Abt, jetzt Bischof in Livland, pflegt ein Wunder zu erzählen, das dem eben berichteten gerade entgegengesetzt ist. Ich kenne, sagte er, einen Fischer im Bistum Utrecht, der mit

*) D. h. in den eben damals gegründeten Dominikanerorden.

einem Weibe lange Zeit Unzucht getrieben hatte. Und weil seine Sünde ortskundig war, so fürchtete er einst, bei der bevorstehenden Synode verklagt zu werden, und sprach bei sich: Was tust du nun, Unseliger? Wirst du auf dieser Synode der Unzucht angeklagt und gestehst du, so mußt du jene heiraten. Leugnest du aber, so wirst du durch das glühende Eisen überführt und erfährst noch Ärgeres. Drauf ging er zu einem Priester, mehr, wie sich nachher zeigte, aus Furcht vor Strafe als aus Liebe zur Gerechtigkeit, beichtete die Sünde, bat um Rat und erhielt ihn. Wenn du, sagte der Priester, den festen Vorsatz hast, nie wieder mit jener zu sündigen, so kannst du ohne Gefahr das glühende Eisen tragen und die Sünde ableugnen. Denn ich hoffe, die Kraft der Beichte wird dich befreien. So geschah es, und staunten alle, denen die Unzucht bekannt war. Kurz gesagt: der Mann wird freigesprochen. Als er nach einigen Tagen mit einem andern Fischer seines Gewerbes halber auf dem Fluße fuhr und sie das Haus jenes Weibes erblickten, sagte der andre zu ihm: Ich wundere mich sehr und viele mit mir, daß dich auf der Synode das Eisen nicht gebrannt hat, da deine Sünde doch so offenkundig war. Jener, der auf die erzeigte Gnade unverdientermaßen stolz war und schon den Wunsch hatte, wieder Unzucht zu treiben, tauchte die Hand in den Fluß und sagte: Sieh, soviel hat mir jenes Feuer geschadet. Herrliche Gerechtigkeit Gottes! Der gnädig den Büßer bewahrt hatte, strafte gerecht und wunderbar den Rückfälligen. Kaum berührte er das Wasser, so ward es ihm zum glühenden Eisen. Er zog gleich die Hand mit lautem Geschrei zurück und ließ die Haut im Wasser. Alles ihm Geschehene erzählte er dem Genossen, nachdem er so spät Buße getan hatte.

17. Wie einen Brandstifter ein kaltes Eisen brannte

Ein Bauer, der gegen einen andern Feindschaft hegte, gab einem schlechten Menschen vom Orden der Wanderer, wie ihrer viele sind, Geld, daß er dessen Haus anzünde. Dieser ging unter frommem Vorwande hinein, und bei passender Gelegenheit steckte er es an. Ohne Dank für die Gastfreundschaft ließ der Elende, als es wieder aufgebaut war, sich wieder bezahlen und wiederholte die Brandstiftung. Erschreckt durch den mehrmaligen Schaden, verklagte der Mann alle, die er im Verdacht hatte, sie reinigten sich aber durch das glühende Eisen. Das aufs neue angezündete Haus ward wiedergebaut und jenes Eisen in einen Winkel geworfen. Kurz gesagt: Jener falsche Wanderer kam wieder, verführt durch die alte Habgier. Er ward freundlich aufgenommen, und da er das Eisen sah und fragte, wozu es diene, antwortete jener: Irgend einer hat nun schon zum zweitenmal dies Haus angezündet. Und da ich einige im Verdacht hatte, mußten sie dies, das glühend gemacht war, tragen, wurden aber nicht gebrannt. Drauf jener: Es könnte noch zu irgend etwas dienen. Er hob es durch Gottes Wink auf und versengte sich die Hand so, daß er es schreiend hinwarf. Als das der Hausvater sah, packte der den Brandstifter beim Gewande und rief: Sicher, du bist der Schuldige. Er ward vor den Richter geführt, mußte, ob willens oder nicht, die Schuld gestehen, und ward zum Rade verurteilt.

18. Von Kreuzen, die bei Köln gesehen wurden

Eine fromme Frau hat mir in diesem Jahre erzählt, sie habe kurz vor der Kreuzpredigt im Dorfe Ellendorp, nicht weit von Köln, nach Sonnenuntergang zwei Kreuze in der Luft gesehen, ein größeres und ein kleineres, die sich langsam von Westen nach Osten bewegten. Da sie Zeugen für dies Wunder haben wollte, rief sie etliche herbei, die es ebenfalls sahen.

19. Von einer Wolke, die in Sachsen viele ertränkte

In diesem Jahre fiel in Sachsen zwischen zwei Bergen eine ganze Wolke herab und schädigte viele an Leib und Gut. Denn sie war so reich an Wasser, daß sie das Kloster im nächsten Tal überschwemmte und alles Lebende in ihr, Menschen wie Vieh, vernichtete. Die Werkstätten riß sie um, den Hausrat führte sie weg, die Zäune zerstörte sie. Nur fünf Mönche, die in einen Turm flohen, wurden gerettet. Dies Kloster heißt Winendenburg und gehört dem Orden der schwarzen Brüder. Dann wandte der unwiderstehliche Strom seine Wut gegen die nahe Stadt, die Isleve (Eisleben) heißt, und richtete dort ähnlichen Schaden an. In alle Kirchen und alle Wohnhäuser der Stadt drang er gewaltsam ein, ertränkte Menschen und Tiere. Und weil Gott nicht für das Vieh sorgt, sondern für die Menschen, so zeigte er an den Erstickten ein großes und gnädiges Wunder. Denn alle, die man nach der Überschwemmung in Kirchen oder Klöstern fand, glänzten wie Schnee so weiß; die aber in Zelten oder Schenken umgekommen waren, erschienen schwärzer als Kohle. Durch solch ein Kennzeichen unterschied Gott die Guten von den Schlechten.

20. Wie ein mißgeborener Knabe durch die Taufe geheilt ward

Gottfried, der Meister unsrer Novizen, stand, ehe er Mönch ward, einer Pfarre vor. Eines Tages taufte er einen Knaben, dem von der Seite ein Stück Fleisch von abschreckender Häßlichkeit herabhing. Kaum hatte er das Kind im Namen der heiligen Dreieinigkeit dreimal untergetaucht, als jenes scheußliche Gewächs verschwunden war. Die Anwesenden, die dies sahen, priesen Gott und rühmten überall die Macht der Taufe.

21. Wie ein Heide zu Babylon getauft und geheilt ward

Als infolge unsrer Sünden bei der Belagerung von Damiette das christliche Heer zum Teil in die Hände der Sarazenen geriet, ward der Bischof von Beauvais gefangen nach Babylon geführt und viele mit ihm. Sie wurden sehr menschlich vom Sultan behandelt. Es hatte aber eine heidnische Bürgersfrau in Babylon einen Sohn, der so krank war, daß sie keine Hoffnung auf sein Leben hatte. Eines Nachts ward ihr im Traum offenbart, wenn jener Bischof ihn taufte, so werde er sogleich die volle Gesundheit wiedererlangen. Aus Sorge um den Sohn kam sie am Morgen mit Dienern und Verwandten zum Bischof. Sie erzählte, was sie gesehen; sie bat demütig, ihn zu taufen, und fand Erhörung. Wie Ritter Heinrich von Ulmene (Eifel), der dabei war, erzählt, umstanden die Heiden das Taufbecken und lachten. Dies Lachen ward zum Staunen. Denn der schon aufgegebene Jüngling ging nach der Taufe völlig gesund nach Hause. Hoffentlich beharrt er noch heute beim Glauben an Christum. Und vielleicht hat sein Beispiel auch andere bekehrt. Doch was rühme ich die Kraft der Taufe bei andern, da ich sie aufs wunderbarste an mir selbst erfahren habe!

22. Wie der Verfasser dieses Werkes durch die Taufe genas

Als ich, noch ein kleiner Schüler, einst schwer krank lag und nach der Krisis wiederholt Rückfälle hatte, geschah es, daß ein heidnisches Mädchen, das meine Tante für Geld gekauft hatte, die Taufe empfing. Sie war ungefähr zehn Jahre alt. Man riet meiner Mutter, in das noch nasse Linnen, worin jene aus der Taufe gestiegen war, mich einzuwickeln, sie würde alsbald die Genesung folgen sehen. Als man dies tat, geriet ich durch die Berührung des heiligen Wassers sogleich in Schweiß und genas.

23. Wie Schüler einen Hund tauften

Einst ahmten einige Schüler die Weise der Priester nach, indem sie in einem Flusse einen Hund unter Anrufung der Dreieinigkeit tauften. Der Hund aber vermochte die Kraft eines so großen Namens nicht zu ertragen und ward sogleich vor ihren Augen rasend. Der Knaben aber, weil dies ein unvernünftiges Geschlecht ist, schonte der Herr, denn er wußte, daß sie nicht aus Bosheit, sondern aus Dummheit das Sakrament verspottet hatten.

24. Wie König Richard von England auf dem Meere in Gefahr geriet

Auf dem ersten Kreuzzuge fuhr König Richard von England mit vielen Pilgern und großen Vorräten übers Meer. Einst um die Dämmerung entstand auf dem Meere ein heftiger Sturm, so daß in den erschütterten und vom Winde getriebenen Schiffen allen der Tod drohte. Der König aber, der wie die übrigen den Tod vor Augen sah, rief die ganze Nacht: O wann wird die Zeit sein, wo die grauen Mönche aufstehen, um Gott zu loben; denn so viel Gutes habe ich ihnen getan, daß ich nicht zweifle, sobald sie beginnen für mich zu beten, muß der Herr sich unser erbarmen. Wunderbarer Glaube des Königs! Der Herr, der spricht: Wenn ihr Glauben habt wie ein Senfkorn, werdet ihr zu diesem Berge sagen: Komm her, und er wird kommen. — Der Herr belohnte den Glauben des Königs durch ein offenbares Wunder.

Denn um die achte Stunde der Nacht, zur Zeit der Matutin, ward der Herr durch die Gebete der aufstehenden Mönche erweckt, und er selbst, in Macht aufstehend, befahl den Winden und dem Meer, und es entstand solche Ruhe, daß alle über eine so plötzliche Änderung staunten. Als der König aber heimkehrte, ehrte er infolge dieses Wunders den Orden noch höher, bereicherte einige Klöster durch Gaben und baute andere neu.

25. Von dem Erdbeben in Brescia

Zur Adventzeit schickten die Mailänder Ketzer denen, die in Brescia waren, viele Wagen mit Lebensmitteln. Gerade aber am Tage der Geburt des Herrn, während sie schmausten, erschütterte der Herr die Erde und begrub unter den einstürzenden Gebäuden mehr als zwölftausend Menschen. Andere flohen aufs Feld, und als sie das Geschrei der Sterbenden hörten, wagten sie nicht in die Stadt zurückzukehren, um ihnen zu helfen. Die Mailänder aber verließen ihre Stadt und wohnten mehr als acht Tage in Zelten, aus Furcht vor dem Erdbeben. In Bergamo, in Como, in Venedig, in Cypern, in Paphos und in vielen andern Ländern und Städten wurden zur selben Zeit viele durch Erdbeben in Schrecken gesetzt. Kein Wunder, so viele Türme, so viele Häuser stürzten ein, daß nichts anderes als das Ende der Welt zu nahen schien. Und, was nie erhört war, wie zu Beginn des Fastens Meister Oliver zu Köln in der Predigt sagte: in Paphos geschah es, daß zwei Berge, die zwischen sich einen See hatten, zusammenrückten, so daß ein Berg daraus wurde. Der Herr der Erde aber, der durch den Berg dem Wasser einen Weg bahnte, brach mit solcher Gewalt hervor, daß er alles Entgegenstehende zerstörte.

26. Wie ein Mann ein Jahr lang in einer Grube lebte

Im Trierer Sprengel ist ein Dorf namens Wanebach. Bei der Kirche dieses Dorfes arbeiteten zwei Männer in einem Silberbergwerk, der eine mehr unten, der andere oben am Rande der Grube. Indessen stürzten die Seiten der Grube ein, und der Mann, der in der Tiefe war, ward durch die Erd- und Steinmassen verschüttet, der obere aber stürzte mit ihnen herab und ward so zerquetscht, daß er am dritten Tage starb. Die Gattin des Verschütteten aber, die ihn für tot hielt, ließ eine Messe für seine Seele abhalten. Und weil sie arm war und die Messen nicht aufbringen konnte, so zündete sie täglich in der Kirche neben dem Altar für sein Seelenheil Weihrauch an, was sie nur an drei Tagen versäumte. Als sie das ein ganzes Jahr lang getan hatte, begannen Leute um des Gewinns halber das Bergwerk zu reinigen. Und als sie mit ihren Werkzeugen dem Verschütteten nahe kamen, rief dieser: Seht euch vor, seht euch vor! Werft die Erde sachte weg, daß ihr mich nicht überschüttet. Sie hielten es erst für einen Spuk, da sie aber die Stimme erkannten, so taten sie nach seinem Geheiß. Als er bloßgelegt war und sie ihn fragten, wie er dort so lange habe leben können, antwortete er: Täglich zu der und der Stunde ward ich durch einen köstlichen Wohlgeruch so wirksam erfrischt, daß ich den ganzen Tag bis zur nämlichen Stunde weder nach Speise noch Trank Verlangen trug. Während des ganzen Jahres habe ich nur an drei Tagen diesen Duft entbehrt, und da bin ich fast vor Hunger gestorben. Jedoch Art und Ursache dieses Geruchs konnte er nicht erklären. Als man seine Frau deswegen befragte, begriff sie es sogleich und erzählte allen, was sie, wie vorhin gesagt, für seine Seele getan hatte.

27. Wie einer das Sakrament der Asche verspottete

Unser Mönch Dietrich, einst Theoderich, Graf von Wiede, hat uns eine höchst merkwürdige Geschichte erzählt. Ich kannte, sagte er, in Koblenz einen Fleischer, der in seinem Beruf recht tüchtig war (und er nannte den Namen). Einst am Dienstag vor Aschermittwoch, nachdem dieser Mensch fast die ganze Nacht mit Zechen zugebracht hatte, trat er am Morgen, um das Fleisch abzuwaschen, wie er sagte, mit einem Genossen in eine Schenke. Und da zur Messe geläutet ward und die Gläubigen, auch aus dieser Schenke, zur Kirche strömten, und jene zwei allein dort zurückblieben und tranken, sagte der Gefährte zu dem Fleischer: Wahrlich, wir warten schon zu lange; laß uns zur Kirche gehen wegen der heiligen Asche. Ihm erwiderte jener, das Mysterium der Asche verspottend: Setz dich, ich werde dir Asche geben und du mir. Und er nahm Asche vom Herde und warf sie ihm über den Kopf. Aber siehe! Alsbald folgte die Strafe für den Spott. Denn sogleich fühlte er um Kopf und Antlitz so viel Staub, als würde er ihm mit Blasebälgen zugeweht. Und als er vor Schrecken schrie, schluckte er mit dem Munde so viel Asche, daß er beinahe erstickt wäre. Viele Menschen liefen hinzu, um die wunderbare Heimsuchung zu sehen. Man brachte ihn nach der nächsten Insel, wo kein Staub, sondern nur Gras war, aber es nützte ihm nichts. Im Rhein, im Baumgarten, auf dem Söller, nirgends fand er Schutz vor dem Aschenregen. Endlich ward er von der Asche erstickt und büßte so den Spott.

28. Wie für einen Schweinehirten ein Baum gefällt ward

Liffard war Laienbruder in Himmerod. Er war von guter Geburt, um aber durch Demut sich mehr Verdienst zu erwerben, verschmähte er nicht, die Schweine des Klosters zu hüten, bat vielmehr so lange, bis er dies Amt erhielt. Als er einst nahe dem Walde die Schweineherde hütete, sah er dort zwei Bäume, die aus einem Stamm entsprossen waren. Da ihm der eine gefiel, sagte er in seinem Herzen: O Gott, wie passend wäre dieser Baum, um Schweinekoben draus zu machen! Sogleich fiel der Baum um, wie mit der Axt umgehauen.

29. Wie ein Vöglein durch den Heiligen Bischof Thomas gerettet ward

Eine Frau, die den heiligen Thomas von Canterbury sehr liebte, litt an beständiger Krankheit. Und wenn sie von Schmerzen gequält ward, rief sie diesen Märtyrer an mit den Worten: Heiliger Thomas, hilf mir! Sie hatte aber einen Vogel von ich weiß nicht welcher Art, der, weil er es beständig hörte, dies Gebet ganz vortrefflich zu sagen gelernt hatte. Eines Tages sah ihn ein Habicht vor dem Hause, raubte ihn und flog mit ihm davon. Der geraubte Vogel, der von den Krallen des Habichts gehalten ward, schrie aus der Luft herab, daß alle es hörten: Heiliger Thomas, hilf mir! Weil aber der wunderbare Gott die kostbaren Verdienste seines Märtyrers zeigen wollte, so hieß er den Habicht das Vöglein loslassen. Dieses kehrte sogleich froh und vergnügt zu seiner Herrin zurück, jener aber, zur Strafe für seinen Raub, fiel tot zu Boden.

30. Wie ein Ritter seine Tauben wegfliegen ließ

Ein Ritter namens Anselm vom Dorfe Lisere hielt sich viele Tauben. Man sagte ihm, daß er sehr unrecht daran tue, weil sie den Saaten und Scheunen der Nachbarn schadeten. Eines Tages, als er ihnen Korn zum Futter hinstreute und alle versammelt waren, sagte er mit lauter Stimme, daß alle Anwesenden es hörten: Ihr Tauben, wenn es Gottes Wille ist, daß ihr bei mir wohnet, so bleibt; wenn nicht, so befehle ich euch in seinem Namen, sogleich von hinnen zu ziehen. Bei diesem Wort erhoben sich sogleich die Tauben insgesamt, flogen weg und kehrten nie zu seiner Wohnstatt zurück.

31. Wie der Prior von Citeaux den Störchen den Segen gab

Bei Citeaux, dem Mutterkloster unsres Ordens, nisten viele Störche. Die frommen Brüder erlauben dies, weil sie nicht nur das Kloster, sondern alle Orte ringsum von unsauberem Gezücht rein halten. Wenn der Winter naht, ziehen sie weg, und zu bestimmter Zeit kehren sie zurück. Einst hatten sie ihre Schwärme zur Reise geordnet, und um sich nicht undankbar für die Gastfreundschaft zu zeigen, flogen sie auf die Brüderschaft zu, die grade auf dem Felde arbeitete, umschwebten sie wiederholt mit Krächzen und erregten die Verwunderung aller, da keiner wußte, was sie wollten. Da sagte der Prior: Ich glaube, sie bitten um Erlaubnis abzureisen. Und er hob die Hand auf und segnete sie. Da flogen sie, wie durch ein Wunder, froh und freudig von dannen. Denen aber von den Mönchen, die bei der Abreise den vorgeschriebenen Segen zu empfangen oder abzuwarten nicht der Mühe wert halten, bereiteten sie große Beschämung. N: Wo wohnen diese Vögel im Winter? M: Gewiß in warmen Gegenden.

32. Daß die Schwalben immer zur gewohnten Stätte zurückkehren

Wie mir ein Priester erzählt hat, hatte ein Hausvater viele Schwalbennester in seinem Hause, und da er dasselbe, wonach du fragst, zu wissen wünschte, so fing er eine Schwalbe, band ihr ein Zettelchen an den Fuß, das die Worte enthielt: O Schwalbe, wo wohnst du im Winter?

und ließ sie wieder frei. Denn er wußte aus Erfahrung, daß sie stets dieselben Gegenden, ja auch die gewohnten Häuser wieder aufsuchen. Jene flog mit den andern nach Asien und nistete im Hause eines gewissen Petrus. Da dieser, der sie täglich ein- und ausfliegen sah, an ihrem Fuß jenen Zettel erblickte, wollte er wissen, was es sei, und fing den Vogel. Er las den Zettel, entfernte ihn und band einen andern an, der so die Frage beantwortete: In Asien im Hause des Petrus. Als dies der genannte Hausvater bei der Rückkehr seiner Schwalbe erfuhr, berichtete er die Geschichte als ein Wunder vielen Leuten. Von den Störchen aber könnte ich dir viel Merkwürdiges erzählen, wenn ich nicht zu nützlichern Dingen eilte. Die Männchen sind sehr eifersüchtig auf ihre Weibchen und bestrafen streng den Ehebruch. Doch hat das Weibchen ein seltsames Rettungsmittel. Wenn sie vor ihres Gatten Ankunft sich abwaschen kann, so merkt er den Ehebruch nicht, und so entgeht sie der Todesstrafe.

33. Wie eine Störchin für Ehebruch getötet ward

Im Hofe eines Ritters, so hat mir ein frommer Mann wahrheitsgemäß erzählt, war ein Storchennest, das ein Männchen und ein Weibchen bewohnten. Die Störchin beging in des Gatten Abwesenheit Ehebruch und tauchte sich häufig in den Teich, der dem Hause nahe war. Da dies der Ritter merkte und die Ursache wissen wollte, so befahl er, den Teich mit Strauchwerk zu bedecken. Kurz gesagt: da jene nach begangener Sünde das gewohnte Wasser aufsuchte und nicht hineinkonnte, kam inzwischen der Gatte zurück, merkte das Verbrechen und fiel mit dem Schnabel die Frevlerin an. Da er aber allein sie nicht zu töten vermochte, so flog er zornig weg, kam nach einer Stunde zurück, von vielen Störchen begleitet, und vor den Augen aller, die im Hofe anwesend waren, tötete er die Unglückliche.

34. Wie ein Ring sich in einem Hecht wiederfand

Konrad, Probst von Sankt Severin in Köln, war auch Probst von Xanten. Einst fuhr er zu Schiffe nach dieser Stadt, und wie er die Hände außerhalb des Schiffes im Flusse wusch, glitt ihm ein schöner Goldring vom Finger und fiel in den Rhein. Das Jahr darauf, als er wieder nach dieser Stadt reiste, traf er ungefähr an der Stelle, wo er den Ring verloren hatte, einige Fischer und ließ sie fragen, ob sie Fische gefangen hätten. Sie sagten: Wir haben einen Hecht, aber der gebührt dem Probst von Xanten, und wir dürfen ihn nicht verkaufen. Da man ihnen sagte: Seht, da ist der Probst, brachten sie ihm den Fisch. Als der Koch in ausweidete, fand sich der Ring in den Eingeweiden. Da er diesen nicht verbergen konnte noch wollte, zeigte er ihn dem Probst, der ihn sogleich erkannte und mit großer Verwunderung empfing.

35. Wie Wasser in Blut verwandelt ward

Ein Priester und Mönch vom schwarzen Orden erzählte mir voriges Jahr von Wassern und Fischen etwas sehr Merkwürdiges. In unsrer Gegend, sagte er, wurden einst, wie noch heute viele bezeugen, alle Teiche und Flüsse in Blut verwandelt. Da dessen Bitterkeit die Fische nicht vertragen konnten, verließen sie das Wasser und gingen aufs Trockene. Die Aale aber erstiegen Hecken, an denen sie hängen blieben, und wurden so gefunden. Eine Menge Fische starben im Wasser wie bei der einen Plage Ägyptens.

36. Wie Büffel ihren Hirten töteten

Als unser Novize Wilhelm vom ersten Kreuzzuge nach Rom zurückkam, hörte er dort einen damals neuen Fall, den viele anstaunten. Ein Rinderhirt hatte zwanzig Jahre und länger bei der Stadt Büffel gehütet. Eines Tages, da er nahe den weidenden Tieren auf dem Felde schlief, kamen deren vier zusammen, näherten die Stirnen einander wie zur Beredung, und nach einer Weile liefen sie zu dem Hüter, den sie mit Füßen traten und mit den Hörnern hochwarfen, bis sie ihn zerstückelt und getötet hatten.

37. Wie eine Wölfin einen Schüler tötete

Abt Daniel hat uns von einer Wölfin eine seltsame Geschichte erzählt. In Kerpen, sagte er, wo ich Scholastikus war, erhielten die Schüler einst

Erlaubnis, in den Wald zu gehen. Sie fanden dort die Höhle einer Wölfin und warfen alle Jungen heraus. Diesen hieb einer mit seinem Beil die Füße ab. Als sie weg waren, kehrte die Wölfin heim, und als sie die Jungen der Füße beraubt sah, verfolgte sie die Weggehenden und griff mit großer Wut einzig den Täter an. Der kletterte vor Furcht auf einen Baum. Da sie ihn nicht erreichen konnte, begann sie mit den Krallen rings die Wurzeln auszugraben. Und da sie nichts ausrichtete, holte sie andere Wölfe herbei. Indes hatten die Schüler es gemeldet, und aus einem Dorfe kamen Menschen mit Schwertern, Spießen und Knütteln ihm zu Hilfe, verjagten die Wölfe und führten ihn mit sich hinweg. Die herbeigeholten Wölfe folgten eine Weile und kehrten dann um, jene eine aber hielt aus und versuchte wiederholt, sich zu rächen. Und als sie dem Dorfe ganz nahe waren, scheute die Wölfin aus Rache für die Jungen keine Gefahr, durchbrach die Reihe der Bewaffneten, sprang dem Schüler an die Kehle und tötete ihn auf der Stelle, worauf sie sogleich erschlagen ward.

38. Wie die Wölfe einem Manne alle seine Kinder töteten

Ein Mann bei Aachen hatte drei Kinder. Zur Zeit, als Philipp dort gekrönt ward, sah man in der Gegend viele Wölfe. Deren einer traf des Mannes eines Kind außer dem Hause, raubte es, warf es sich auf den Hals und floh in den Wald. Ein Ritter, der gerade des Weges kam, erbarmte sich des Kindes, jagte dem Wolfe nach und riß das Kind lebend und unversehrt ihm aus den Zähnen. Bald darauf ward derrselbe Knabe durch ich weiß nicht welches Urteil Gottes von einem Wolfe geraubt, erwürgt und gefressen. Dies Kind hatte eine ältere Schwester. Als sie einst aufs Feld geschickt ward, um Wasser aus einer Quelle zu schöpfen, lief vor vieler Augen ein Wolf herbei, und ehe man ihr zu Hilfe kommen konnte, hatte er das Mädchen erwürgt und verschlang die Eingeweide. So war jener Mann zweier Kinder beraubt. Als er aber einst zur Zeit des Krieges sein Weib mit seinem Hausrat in die Stadt brachte, ließ er den dritten Knaben zurück, um bis zu seiner Rückkehr das Haus zu hüten. Diesen fand er bei der Heimkehr nicht und sah ihn nie wieder. Vermutlich hat ihn, wie die andern, ein Wolf geraubt und getötet.

39. Wie ein Wolf ein Mädchen in den Wald schleppte

Bei einem Dorfe, dessen Name mir entfallen ist, fiel ein Wolf ein erwachsenes Mädchen an, deren Arm er mit den Zähnen packte. Er riß sie mit sich, und so oft sie anfing zu schreien, biß er stärker zu; wenn sie aber schwieg, tat er ihr nichts. Kurz gesagt: er brachte sie in den Wald zu einem andern Wolf, dem ein Knochen in der Kehle saß und der heftige Qual empfand. Der sperrte den Rachen auf, und jener erste Wolf brachte mit dem Maule des Mädchens Hand in die Kehle, so daß sie den Knochen herauszog. Der Geheilte brachte dann mit seinem Genossen das Mädchen in ihr Heimatsdorf zurück. N: Ich habe einen Jüngling gesehen, der als kleines Kind von Wölfen geraubt und bis zum Jünglingsalter erzogen war, so daß er nach Art der Wölfe auf Händen und Füßen laufen und heulen konnte.

40. Wie eine Kröte einen Mann verfolgte

In Kerpen, einem Dorfe des Kölner Sprengels, war ein Mann, von dem mir nicht bekannt ist, ob er noch lebt, ein frommer Mann, aber blind, genannt Dietrich, mit dem Beinamen Krebs. Als dieser einst, da er noch jung war, auf dem Felde trockene Dornen herausnahm, fand er unter ihnen eine große Kröte. Da sie sich gegen ihn wie zum Kampfe auf die Hinterfüße emporrichtete, ergrimmte er, nahm ein Stück Holz und tötete das Ungeziefer. Wunderbar zu sagen: als er an nichts weniger dachte, sah er die getötete Kröte seinen Spuren folgen. Und obgleich er sie aufs neue durchbohrte und mehrmals zu Asche verbrannte, so half es ihm doch nicht. Kein Ort war so entfernt noch so sauber, auf dem er sicher hätte schlafen können. Nachts schlief er aus Furcht in einem Schild, den er an einem Balken aufhängte. Als er einst mit seinem Gefährten, einem Jäger, ausritt und ihm unter Klagen dies Wunder erzählte, da erblickte jener den Wurm, der am Schwanz seines Pferdes hing und schnell zu ihm emporkletterte. Sogleich rief er: Sieh dich vor, sieh dich vor, da steigt der Teufel auf dein Pferd. Er sprang auf der Stelle herab und tötete das Tier. Ein andermal, als er mit seinen Gefährten zusammensaß, erblickt er den Wurm an einem Pfosten der nahen Wand. Seht ihr, ruft er, da ist jener Teufel. Nie werde ich ihn los, wenn er sich nicht rächt. Und sogleich entblößte er seine Hüfte und ließ den Wurm herankommen. Als dieser ihn gebissen hatte, schleuderte er ihn mit der Hand von sich, schnitt dann die Bißstelle mit einem bereitgehaltenen Rasiermesser ab und warf sie weit weg. Alsbald begann das abgeschnittene Stück, von dem Gift angesteckt, wunderbar anzuschwellen und war so groß wie eine Faust, worauf es platzte. So befreite er sich von dem abscheulichen Wurm. Dieser Dietrich ward später von einem Ritter unschuldig der Augen beraubt und ward dann so fromm, daß er immer barfuß ging. So hat er die Schwelle der seligen Apostel Petrus und Paulus sowie auch die des heiligen Jakobus zu Compostella wiederholt besucht.

41. Wie eine Schlange die Wunde eines Knappen heilte

Heinrich von Forest, ein angesehener und wahrheitsliebender Ritter, hat uns eine merkwürdige Geschichte von einer Schlange erzählt. Ein Knappe bei uns, sagte er, ward letztes Jahr an der Seite verwundet und schlecht geheilt, und da die Wunde eiterte, litt er arge Schmerzen. Eines Tages, da er die Seite entblößt und sich über einen Baumstumpf gelehnt hatte, damit der Eiter ausfließe, schlief er ein. Inzwischen kam eine Schlange und sog an der Wunde. Als er erwachte, schüttelte er die Schlange ab. Und ob er auch erschreckt war wegen des Giftes, so fühlte er doch bald große Erleichterung. Man riet ihm, er solle von neuem am selben Orte auf die erwähnte Weise der Schlange Gelegenheit geben zu saugen; vielleicht würde er ganz geheilt werden. Und es geschah so. Als er völlig genesen war, faßte die Schlange solche Zuneigung zu ihm, daß er kaum irgendwo schlafen konnte, ohne daß sie an sein Lager kam. Da dem Manne vor dieser Gesellschaft graute, so änderte er seinen Aufenthalt, und fast ein halbes Jahr lang sah er sie nicht. Nach seiner Rückkehr folgte ihm die Schlange von neuem. Und da sie nicht in das Zimmer konnte, wo er schlief, fand man sie am Morgen vor der Tür. Man riet ihm, das Ungetüm zu töten. Er antwortete: Ich werde das Tier nicht töten, das mich geheilt hat. Zuletzt aber, durch ihre Zudringlichkeit erbittert, tötete er sie, und so ward er sie los.

42. Wie eine Frau eine Schlange mit hinuntertrank

Als eine Frau in Flandern, so habe ich neulich von Wiger, einem Mönch aus Villers, gehört, ein Kind gebar, fand man, daß sich um dessen kleinen Körper eine riesige Schlange gewickelt hatte. Lange stritt man, wie diese ohne Gefahr für das Kind zu entfernen sei, dann ward auf jemandes Rat ein Schwert auf sie gelegt. Bei dessen Kälte erschrak die Schlange, richtete sich empor und fiel von dem Kinde ab. Dieses ward getauft, lebte aber nur wenige Tage. Die Frau soll diese Schlange beim Trinken verschluckt haben.

43. Wie einer Frau im Schlaf eine Schlange in den Mund schlüpfte

Ähnliches geschah im Utrechter Sprengel, im Dorfe Dulre. Als die Amme unsres Novizen Allard, so hat er mir selbst erzählt, eines Tages nahe einem Bienenstande schlief, schlüpfte eine riesige Schlange ihr in den Mund und drang in ihren Bauch. Ihr Mann, der hinzukam, um sie zu wecken, sah den Schwanz der Schlange noch auf Fingerlänge herausragen. Während er umsonst versuchte, sie herauszuziehen, erwachte die Frau und sagte: Ich habe sehr schlecht geschlafen. Der Mann wollte ihr nichts sagen, damit sie nicht aus Furcht sterbe. Denn sie war ihrer Niederkunft nahe. Die Mutter reichte ihr auf des Mannes Rat Milch und allerlei Süßigkeiten, damit die Schlange diese genieße und ruhig bleibe. Bei der Niederkunft aber gab die Frau mit dem Kinde die Schlange von sich. Diese erwartete der Mann mit gezogenem Schwerte, aber, klug wie sie von Natur ist, zog sie sich zu der Frau zurück, bis ihr der Weg verlegt und sie getötet ward. Die Frau lebt noch heute. Wenn ich alles erzählen wollte, was zu meiner Zeit wunderbar, das heißt gegen den gewohnten Lauf sich zugetragen hat, mir würde eher die Zeit fehlen als der Stoff.

Elftes Buch: Von Sterbenden

1. Wie ein Laienbruder sterbend himmlische Harmonien hörte

In Himmerod war ein Laienbruder namens Obert, von musterhaften Sitten und umsichtig im Handeln, der von den ersten Jünglingsjahren an im Orden diente und jeden Befehl heiter und schnell erfüllte. Als dieser ungefähr dreißig Jahre den kranken Brüdern ebenso fromm wie eifrig gedient hatte, ward er selbst von allerlei körperlichen Leiden heimgesucht, und in großen Qualen lebend, litt er fast zwanzig Jahre hindurch ein langes Martyrium. Doch wiewohl an Leibe schwach, versäumte er mit vorausschauendem Geist nicht das den Brüdern Nötige, alles sorglich anordnend. Endlich drängte ihn die Not des nahenden Todes, die Schwäche nahm zu, und nachdem er des Tages Dienst versehen, ward er dem Leben und dem Leiden zugleich entrückt. In der Nacht des heiligen Stephan, die der Geburtsnacht des Herrn nahe ist, erscholl das Totengeläute für ihn, und eilig aufstehend kamen die Brüder, um mit Gebeten des Bruders Ausgang zu behüten. Er lag nach der Sitte auf einer Matte und war in den letzten Zügen. Als nach der Litanei noch etwas Atem in ihm zu sein schien, wurden sieben Psalmen angestimmt. Während des Singens, wie aus leichtem Schlaf erwacht, lebte er auf und ließ die Augen umherschweifen. Auf Befehl des Abts ward er wieder ins Bett gelegt, und wir kehrten zurück. Einige aber, ob der ungewohnten Sache, blieben um ihn und warteten, ob sein Geist erstarkte, denn sie wünschten zu hören, was dies für ein Wunder sei. Als er aber wieder zu sich kam, begann er so: Was soll ich hier? Ich will hier nicht sein. Noch eben war ich bei den Engeln, erfreute mich an himmlisch süßen Harmonien, war dem seligen Urmärtyrer beigegeben, um Genosse und Teilhaber seines Glanzes zu sein. Was soll ich hier? Ich will wieder zurück. Nach kurzem ward wiederum für ihn geläutet, und selig in dem Herrn entschlafend, ward er, wie wir glauben, seines Wunsches gewährt, teilzunehmen am Los der Heiligen. Daß er aber des ihm bereits gezeigten Glanzes auf eine Weile entbehren mußte, das geschah, wie wir nicht zweifeln, um unsres Kleinmuts willen, um die weniger Eifrigen fromm zu machen und die Strebenden zu höherer Lust zu entflammen.

2. Wie ein blinder Laienbruder die Exequien von Engeln verrichten hörte

In demselben Kloster war ein blinder Laienbruder, dem Gott das Licht des innern Menschen gewährt hatte, um den leiblichen Schaden durch himmlische Gabe zu ersetzen. Denn er gab ihm, Gesichte zu schauen, manchmal den Glanz der Heiligen, öfter die Strafen der Bösen, beständig den Teufel selbst, der flammende Feuerkugeln ausspie. Das sind wunderbare Gaben Gottes. Oft aber besteht er Angriffe und Kämpfe mit den Dämonen, indem sie auf ihn einhauen und er mit der Faust oder dem Stock sie trifft. Diese Anfälle pflegt er an jedem beliebigen Orte zu erleiden, doch häufiger in der Kirche, besonders wenn er für die Toten betet. Um jene Zeit begann er bei den Exequien der Toten Engelchöre zu hören, die bald mit den Mönchen sangen, bald für sich. Wenn aber die Toten hinausgetragen wurden und die Brüderschaft voranschritt, blieben die Engel im Chor und vollendeten die Exequien. Zwischen dem Sanctus und dem Vaterunser pflegte er unaussprechlichen Jubel zu hören, schön über alle menschlichen Begriffe. Diese himmlische Weise erklang nach dem Hinscheiden Herrn Davids holder und verständlicher. Einst geschah es, daß der Herr Abt der Erbauung halber zu diesem Blinden kam, der unter andern ihm gewährten Gnaden auch diese gestand. Der Abt aber ermahnte ihn streng, daß er, dankbar für die göttliche Gnade, alle menschliche Eitelkeit verbannte, die göttliche Gabe für sich behielte und nicht das Heilige den Hunden gäbe. Und er antwortete, er habe es nur seinem einzigen leiblichen Bruder gesagt. Da merkte der Abt den Fall des Mannes. Als nach einigen Tagen der Abt wiederkam, demütigte sich jener vor ihm und gestand unter Tränen, daß ihm die himmlische Gabe entzogen sei. Ihm ward schwere Buße auferlegt, und die Gnade, die dem Übermütigen entzogen war, ward dem Büßenden zurückgeschenkt.

3. Vom Tode Bruder Hildebrands

Als Bruder Hildebrand in den letzten Zügen lag, ward das Zeichen gegeben, und die Brüderschaft eilte herbei. Während sie den Sterbenden umstand und nach der Sitte die Seelenmesse hielt, stand ein Bruder bei den andern, dem Gott folgendes Gesicht zeigte. Er sah, wie eine andre Brüderschaft von Weißgekleideten hinzukam, die an der Stelle, wo der Sterbende lag, einen wunderschönen Knaben empfing und mit vielem Jubel und Gesang abzog. So ward dieser glückselige Bruder doppelt, von einer doppelten Brüderschaft aufgenommen und weggeführt, die Seele von den Verklärten zur seligen Ruhe, der Leib von den der Verklärung Gewärtigen zur Kirche, wobei beide Chöre für den Hinweggetragenen, wiewohl verschieden, Gottes Lob sangen.

4. Vom Tode eines Laienbruders, der auf des Abtes Geheiß wiederauflebte

In Himmerod war ein Laienbruder namens Mengoz, ein einfältiger und frommer Mann, der in der Klosterküche diente. Es geschah, daß er einst mit einem jungen Mönch, der den Wochendienst in der Küche hatte, Holz hieb. Und da er mit dem Fuß sich nicht in acht nahm, hieb der Mönch ihm diesen entzwei. Man trug ihn in den Krankensaal, und da er arge Schmerzen litt, gab man ihm die Salbung. Da das Generalkapital bevorstand, so sagte ihm Abt Gisilbert guten Angedenkens: Bruder Mengoz, du darfst nicht sterben, sondern mußt auf mich warten. Er erwiderte: Ich werde tun, was an mir liegt. Und der Abt: Ich befehle es dir. Also ging er zum Kapitel und blieb sehr lange weg. Als er heimkehrte und ans Tor kam, hörte er das Sterbegeläute. Der Abt fragte, wem es gelte. Bruder Mengoz, sagte der Pförtner. Drauf der Abt: Ich muß noch mit ihm sprechen. Er eilte zum Gebet, und als er in den Krankensaal kam, hatte jener ausgeatmet. Er beugte sich über den Toten und sagte mit lauter Stimme: Bruder Mengoz! Aber da war nicht Stimme noch Atem. Als er zum zweitenmal den Namen rief, sagte der Prior: Bemüht Euch nicht, er ist verschieden. Da neigte sich der Abt dichter ans Ohr des Toten und rief: Ich hatte dir befohlen, nicht zu sterben, ehe ich käme. Ich befehle dir wiederum, mir zu antworten. Bei diesem Wort erwachte jener wie aus tiefem Schlafe, öffnete die Augen und seufzte. Ach Vater, sagte er, was hast du getan? Mir war so wohl. Warum hast du mich zurückgerufen? Wo warst du? fragte der Abt. Der Bruder antwortete: Im Paradiese. Mir war ein goldener Sitz bereitet zu den Füßen unsrer Herrin. Und als du mich zurückriefst, kam Herr Isenbard, unser Sakristan, der zog mich von diesem Sitz und sagte: Hier sollst du nicht sitzen, du bist ungehorsam hergekommen. Kehre zurück zu deinem Abt. So kehrte ich zurück. Doch ist mir versprochen, daß der Sitz mir aufbewahrt werden sollte. Ich sah Isenbard in vielem Glanze, aber ein Flecken war an seinem Fuße zu sehen, weil er, als er bei uns war, ungern zu den Arbeiten ging. Mengoz bezeugte auch, er habe Herrn David dort gesehen und viele andre, die kürzlich gestorben waren. Auch sagte er, binnen dreißig Tagen würden etliche aus dem Fegefeuer erlöst werden. Da er dies und ähnliches zu erzählen begann, wurden die Novizen gerufen, Männer, die im Weltleben berühmt waren, Gerhard, Markmann und Karl, der spätere Abt, aus dessen Hand er auch aß, zum Zeichen, daß er wirklich wieder aufgelebt war. Als er dann um Erlaubnis bat, zurückzukehren, sagte der Abt: Jetzt geh in Frieden. Und er segnete ihn. Drauf schloß er sogleich die Augen und verschied. Dies ist mir erzählt von unsern Greisen und von jenem Markmann, der bei dem großen Wunder gegenwärtig war.

5. Vom Tode Ludolfs, des Mönchs von Porta

Es war ein Ritter in Sachsen namens Ludolf, seinem Wandel nach ein Tyrann. Als der einst mit neuen Scharlachgewändern bekleidet auf der Straße ritt, begegnete ihm ein Bauer mit seinem Wagen. Und da seine Gewänder durch die Räder mit Schmutz bespritzt wurden, ergrimmte der stolze Ritter sehr, zog sein Schwert und hieb dem Manne einen Fuß ab. Nachher, durch Gottes Erbarmen, bereute er seine Sünden und ward Mönch in Porta, einem Kloster unsres Ordens. Bald hernach erkrankte er schwer, und da er täglich seine Übeltaten beklagte, und besonders, daß er dem Manne den Fuß abgeschlagen, antwortete er dem Krankenwärter, der ihn tröstete: Ich nehme keinen Trost an, ich müßte denn die Zeichen Hiobs an meinem Leibe sehen. Und siehe, nach wenigen Tagen erblickte er eine Narbe wie einen roten Faden an seinem Knöchel, an demselben Fuße und an derselben Stelle, wo er den Bauer verstümmelt hatte. Der Fuß begann allmählich zu faulen, so daß Würmer draus hervorkrochen. Da sagte er voll Freude: Jetzt hoffe ich auf Verzeihung, denn ich sehe die Zeichen Hiobs an meinem Leibe. So in vieler Zerknirschung und mit vielen Danksagungen gab er, da die Krankheit zunahm, den Geist auf. Dies hat mir ein Abt aus Livland erzählt, der ein Sohn jenes Klosters ist.

6. Von Dietrich von Rulant

Dietrich von Rulant, ein mächtiger und reicher Mann, reiste aus Frömmigkeit nach Jerusalem. Vor dem Grabe des Herrn sich niederwerfend, sprach er dies Gebet: Herr Jesu Christ, der du alles weißt, wenn ich meine frühern Laster nicht ablegen kann, so laß mich nicht in die Heimat zurückkehren, sondern gewähre mir, hier zu sterben. Diese Rede hörte ein andrer Ritter, sein Gevatter, und fragte: Habt Ihr heute gut gebetet, Gevatter? Ja, sagte er. Drauf jener: Und wem wollt Ihr Euer Weib und Eure Kinder lassen? Dietrich erwiderte: Besser ist es, daß ich sie verlasse, als daß ich meine Seele verliere. Kurz gesagt: des frommen Ritters Gebet ward erhört, nach wenigen Tagen starb er und gesellte sich den Bürgern des himmlischen Jerusalem.

7. Vom Tode eines Klausners

In der Kirche Sankt Maximins in Köln war zu meiner Zeit ein Klausner, der Stifter dieses Klosters. Denn dort ist eine Kongregation von Nonnen. Dieser hatte vor seiner Bekehrung eine Kebse gehabt. Und weil sie zusammen gesündigt hatten, so nahmen sie die gleiche Buße auf sich, und zwar eine so harte, daß sie sich beide den Bauch mit einem eisernen Ring umwanden. Er selbst ließ sich an dem genannten Orte einschließen und diente Gott, indem er seine Messen feierte. Jene blieb draußen im Nonnengewande und erwies ihm die nötigen Dienste. Als die Zeit nahte, wo er abberufen ward, ließ er Herrn Ensfried, den Dekan von Sankt Andreas, kommen, beichtete und enthüllte ihm seine Lebensweise. Dieser befahl ihm kraft des heiligen Gehorsams, den Ring abnehmen zu lassen. Und er tat es. Nachdem er gestorben war, begann nach wenigen Tagen die Frau zu erkranken. Und aus Furcht, es werde ihr ebenso ergehen wie dem Priester, wollte sie ihr Geheimnis nicht verraten. Gott aber ließ ihre Tugend nicht verborgen bleiben. In der Stunde, wo sie den Geist aufgab, sprengte er ihre Fessel. Und da die Enden des eisernen Bandes das Hemd, worin sie starb, an beiden Seiten herabhängen ließen, so merkten es viele Frauen, die den Ausgang der Heiligen erwarteten, und priesen Gott für das große Wunder. Dies hat mir jenes Priesters Schwestertochter berichtet.

8. Vom Tode einer Nonne zu Nivellis

Zu Nivelles in Brabant, im Kloster der heiligen Jungfrau Gertrud, war ein vornehmes Mädchen namens Clementia. Da diese auf Rat des Teufels in fleischliche Sünde verfallen war, so ward sie nicht müde, das Gewand der Unschuld, das sie befleckt hatte, täglich mit Tränen reinzuwaschen. Den barmherzigen Werken war sie so ergeben, daß sie alle ihre Einkünfte an die Armen austeilte und für sich fast nichts zurückbehielt. Einst um Wintersanfang, da sie fast nackt war und gar zu große Not litt, saß sie vor dem Altar der heiligen Gertrud und betete: O teuerste Herrin, wie soll ich dir in diesem Winter dienen, da ich nichts habe? Zur selben Stunde kam ein Pilger, und nachdem er zum Gedächtnis jener Jungfrau gebetet hatte, warf er fünf Schillinge in Clementias Schoß und ging. Dies hat sie selbst als ein Wunder dem Mönch von Villers, Wiger, erzählt, und dieser mir. Als sie aber starb, fand man um ihren Leib neun eiserne Ringe.

9. Wie ein Laienbruder wegen eines Hellers zurückkehrte

Ein Laienbruder aus Zinna, einem Kloster unsres Ordens, fuhr einst, von seinem Abt geschickt, über die Elbe, die durch Sachsen fließt, und der Schiffer verlangte von ihm das Fährgeld. Da er sagte, er habe kein Geld zur Hand, antwortete jener: So gebt mir als Pfand Euren Gürtel oder Euer Messer. Die kann ich nicht entbehren, sagte er, und fügte hinzu: Ich gelobe Euch mit meinem Orden, daß ich den halben Denar Euch schicken werde. So entließ ihn der Schiffer. Der Bruder ging, und weil ihm die Sache zu gering schien, so dachte er ihrer kaum und schickte nichts. Bald darauf erkrankte er, und als alle Anwesenden ihn gestorben glaubten, hatte die aus dem Leibe entwichene Seele, die zur Ruhe aufsteigen wollte, jenen halben Denar vor Augen, dessen er in der Beichte nicht erwähnt hatte. Dieser wuchs dermaßen, daß er größer schien als die Welt. Und da er der emporstrebenden Seele immer im Wege stand und nichts andres sie hinderte, so ward ihr auf der Engel Bitte verstattet, zum Leibe zurückzukehren. Zu aller Verwunderung erzählte er das Gesicht, und der Abt sandte dem Schiffer eiligst einen ganzen Denar. Als er diesen empfangen, verschied in derselben

Stunde der Bruder. Dies hat mir ein Abt aus Livland erzählt, der bezeugte, es sei ihm von jenem Abt berichtet worden.

10. Von einem Mönch, der im Sterben die Kapuze ausgezogen hatte

In Frankreich geschah es vor wenigen Jahren, daß in einem Zisterzienserkloster ein Mönch von gutem Wandel in den letzten Zügen lag. Da ihn doppelte Hitze quälte, die der Krankheit und die der Luft, so bat er den Krankenwärter um Erlaubnis, die Kapuze auszuziehen und das Skapulier anzulegen. Und dieser erlaubte es ihm aus Mitleid. Dann ging er weg, und als er wiederkam, fand er den Kranken verstorben. Darob sehr erschreckt, schloß er das Haus, zog ihm das Skapulier aus, bekleidete ihn wieder mit der Kapuze, und nachdem er ihn auf die Matte gelegt, rief er die Brüder. Er ward ins Oratorium getragen, und als in der nächsten Nacht die Mönche nach der Sitte bei der Leiche Psalmen lasen, richtete er sich auf der Bahre auf, blickte umher und rief die Mönche an. Da sie erschrocken alle in den Schlafsaal flohen, außer dem Subprior, der mutiger war, sagte er zu diesem: Seid ohne Furcht. Ich bin jener Euer Bruder und bin gestorben und wieder aufgelebt. Ruft mir den Abt. Indes meldeten die Geflohenen, daß der Tote auferstanden sei, und im Schlafsaal entstand große Bewegung und Zusammenlauf. Als der Abt an die Bahre trat, sagte jener: Herr, ich beichte Euch, daß ich so und so gestorben bin. Als ich nun von den Engeln zum Paradiese geführt ward und glaubte, ich könne frei eintreten, trat mir an der Pforte der heilige Benedikt entgegen und sprach: Wer bist denn du? Als ich antwortete: Ich bin ein Zisterziensermönch, sagte der Heilige: Mit nichten. Wenn du ein Mönch bist, wo ist dein Gewand? Dies ist der Ort der Ruhe, und du willst eintreten mit dem Gewande der Arbeit? Da ich nun um die Mauern jener seligen Behausung umherirrte, gewahrte ich durch die Fenster Greise von ehrwürdigem Aussehen. Ihrer einen, der milder als die andern schien, flehte ich an, sich für mich zu verwenden. Durch seine Fürsprache ward mir erlaubt, zum Leibe zurückzukehren, um so, nachdem ich von dir das Gewand erhalten, zu der verheißenen Seligkeit zu gelangen. Da der Abt dies hörte, zog er die Kapuze, worin er lag, ihm aus und bekleidete ihn wieder mit der, die er in der Krankheit abgelegt hatte. Und so, nachdem er den Segen empfangen, hauchte er von neuem den Geist aus. Das Haus, worin sich dies begeben hat, heißt Szere. Der Abt von Riddagshausen hat, als er hier durchkam, uns dies Wunder erzählt, das er von dem Prior und der Brüderschaft jenes Klosters erfahren hat.

11. Wie ein Straßburger Bürger wieder auflebte

Etwas Ähnliches ist dies Jahr in Straßburg geschehen. Als dort ein Bürger gestorben und auf die Bahre gelegt war, kehrte die Seele zum Körper zurück. Und da er schrie: Wie komme ich hierher, wie komme ich hierher? rief man seine Frau. Zu ihr sprach er: Durch Gottes Erbarmen bin ich zurückgekehrt, und das sage ich dir: Wenn wir nicht all unsre Habe aufgeben, so können wir nicht zum Heil gelangen. Nachdem er dann alles, so gut es ging, heilsam angeordnet, starb er binnen drei Tagen. Ihr Gut war nämlich durch schlimme Mittel erworben.

12. Wie einem Wucherer ein Geldbeutel mit ins Grab gegeben ward

In der Stadt Metz, so hat mir ein Abt unsres Ordens erzählt, starb ein sehr geiziger Wucherer. Im Sterben bat er sein Weib, ihm einen mit Münzen gefüllten Beutel ins Grab zu legen. Dies tat sie so heimlich sie konnte, es blieb aber doch nicht verborgen. Einige schlichen herbei, die das Grab heimlich öffneten, und siehe, sie erblickten darin zwei Kröten, die eine in der Öffnung des Beutels, die andere auf des Toten Brust. Jene zog mit dem Munde die Münzen aus dem Beutel, diese nahm sie und legte sie auf sein Herz. Es war, als sagten sie: Wir werden dein unersättliches Herz mit Geld sättigen. Bei diesem Anblick wurden jene von Schrecken ergriffen, schütteten das Grab wieder zu und flohen. Wie mag erst dieses Elenden Seele in der Hölle von den unsterblichen Würmern gequält werden, wenn sich an seinem Leibe im Grabe so grausige Dinge zeigen?

13. Wie ein Wucherer im Sterben Denare kaute

Im Kölner Sprengel starb vor wenigen Jahren ein Ritter namens Dietrich, ein überaus berüchtigter Wucherer. Er erkrankte, und indem ihm der Stoff ins Gehirn stieg, ward er wahnsinnig. Da er beständig Zähne und Mund bewegte, fragten ihn seine Diener: Herr, was eßt Ihr? Er erwiderte: Ich kaue Denare. Es kam ihm vor, als schütteten die Dämonen ihm Geld in den Mund. Ich kann diese Dämonen nicht ertragen, rief er. Tragt mich nach dem Kloster Rode, dort sind gute Menschen, vielleicht befreit ihr Beistand mich von diesen Teufeln. Als man ihn dorthin brachte, schrie er: Tragt mich zurück, tragt mich zurück. Hier sehe ich noch mehr Dämonen als zu Hause. Er war aber aus dem Dorfe Wunne. Man brachte den Unseligen zurück, und indem er, von den Dämonen gepeinigt, die Seele aushauchte, zeigte er vielen in seinen Qualen, welch abscheuliches Laster der Wucher ist. Einige wollten in seinem Munde und seiner Kehle die Denare gesehen haben.

14. Vom Tode Gottfrieds, des Domherrn von Sankt Andreas in Köln

Gottfried war sehr geizig und hatte am Hofe viel Geld gesammelt. Einst, zur Zeit des römischen Königs Philipp, bereitete er in seinem Hause den Schuldnern seines Herrn ein großes Gastmahl aus dem Gelde Philipps, das er Adolf für die Krönung gegeben hatte, indem er jenen das Geliehene zurückerstatten wollte. Ehe er aber von dem Gastmahl gekostet, ward er vom Schlage getroffen und der Sprache beraubt, und so verschied er ohne Beichte und heilige Kommunion. Nach seinem Tode sah ein Priester folgendes Gesicht von ihm. Er sah ihn zu Köln vor der Münze auf einem Amboß liegen, und der Jude Jakob, der Judenbischof*), dem er befreundet gewesen, hämmerte ihn, bis er so dünn war wie ein Denar. Und gut stimmte die Strafe zur Schuld. Denn er war Münzmeister gewesen und Genosse der Münzer.

*) So nannte man in Köln den Gemeindebeamten, den die Juden aus ihrer Mitte wählten, um Streitigkeiten zu schlichten.

15. Wie ein Bauer von einem feurigen Pfahl bedroht ward

Als im Dorfe Rotheim ein Bauer im Sterben lag, stand der Teufel neben ihm und drohte ihm einen feurigen Pfahl in den Mund zu bohren. Jener, der seiner Schuld sich wohl bewußt war, hatte, wohin er sich auch wandte, stets den Teufel mit dem Pfahl vor Augen. Denn einen Pfahl von solcher Größe und Gestalt hatte er von seinem Acker auf den eines angesehenen Ritters aus demselben Dorfe, Gottfried mit Namen, verpflanzt, um sich zuzulegen, was er jenem entzogen. Jetzt, durch die Not gezwungen, schickte er die Seinen zu ihm, versprach den Raub zurückzugeben und bat um Verzeihung. Der Ritter erwiderte: Ich verzeihe ihm nicht. Mag der Elende recht gequält werden. Wieder wird er geschreckt wie zuvor, wieder schickt er Boten, erlangt aber keine Vergebung. Zum drittenmal kommen sie mit Tränen und sagen: Wir bitten Euch, Herr, um Gottes willen, das Eure zurückzunehmen und dem Unglücklichen zu vergeben, denn er kann nicht sterben und darf nicht leben. Da sagte er: Jetzt bin ich genügend gerächt, jetzt verzeihe ich. Von Stund an schwand der teuflische Schrecken.

16. Wie einer im Sterben den Teufel sah

Um die Zeit, wo König Philipp den Kölnern feindselig war wegen Ottos, ward die Gegend von einem Kriegsknecht namens Johannes, mit dem Beinamen der Däne, verwüstet. Als dieser nach vielen Übeltaten im Sterben war, setzte ihm der Teufel arg zu. Er erblaßte und bebte bei dem Anblick und schrie den Umstehenden zu: Gebt mir ein Schwert, um diesen schwarzen Mann zu vertreiben, der mich bedroht. Sie sagten: Wir sehen hier niemanden, rufe Gott an. Der Elende antwortete in Verzweiflung: Was könnte es mir jetzt nützen, wenn ich ihn anriefe? Viel, sagten sie. Drauf er: Gott, wenn du kannst, so hilf mir. Und so starb er. Ich fürchte sehr, daß ihm eine so schwache und so erzwungene Anrufung wenig genützt habe.

17. Wie zwei Bauern sich nach dem Tode stritten

Im Kölner Bistum waren zwei Sippen von Bauern tödlich verfeindet. Sie hatten aber zwei Oberhäupter, nämlich zwei hochmütige und stolze

Bauern, die immer neuen Krieg erregten, die Feindschaft schürten und es nicht zum Frieden kommen ließen. Durch Gottes Wink geschah es, daß beide am gleichen Tage starben. Und da sie aus einer Pfarre namens Nuenkirgen waren, so wurden durch Gottes Willen, der an ihnen die Schädlichkeit der Zwietracht zeigen wollte, ihre Leichen in dieselbe Grube gelegt. Da geschah etwas Wunderbares und Unerhörtes. Vor aller Augen kehrten die Leichen einander den Rücken zu, und mit den Köpfen, den Fersen und den Rücken selbst stießen sie sich gegenseitig so ungestüm, daß sie ungezähmten Gäulen glichen. Man nahm darauf den einen wieder heraus und begrub ihn weiter weg in einem andern Grabe. Und aus dem Streit der Toten erwuchs den Lebenden Friede und Eintracht.

18. Wie die Dämonen eine Zauberin entführten

In Haslo, einem Dorfe des Utrechter Sprengels, stellte eines Tages eine unselige Frau die Füße in eine Schüssel, und indem sie rückwärts aus dieser heraussprang, rief sie: Hier springe ich aus der Macht Gottes in die Macht des Teufels. Sogleich raubte sie der Teufel, trug sie hoch in die Luft, und vor den Augen vieler, die im Dorfe oder außerhalb waren, entführte er sie über die Höhen der Wälder, daß sie bis auf den heutigen Tag niemals wieder zum Vorschein kam.

19. Wie der Tod eine Sterbende verließ

Wie ich wahrheitsgemäß gehört habe, war vor einigen Jahren eine vornehme Frau im Kölner Bistum erkrankt. Da sie in den letzten Zügen zu liegen schien und viele Frauen, sowohl aus dem Stande der Vornehmen wie der Dienerinnen, sie umstanden, empfing sie die Ölung. Bei dem letzten Gebet aber rief sie eine ihrer Verwandten, obgleich sie kaum noch sprechen konnte, und sagte: Sei ohne Furcht, ich werde jetzt nicht sterben. Denn ich sah den Tod sich von mir entfernen und auf jenen Geistlichen zugehen (und sie zeigte ihn mit dem Finger). Auf wunderbare Weise begann zur selben Stunde die schon Aufgegebene sich zu erholen, während der Geistliche erkrankte, so daß er am achten Tage starb.

20. Von einem todbringenden Gespenst

Im Kölner Bistum, in einem Dorfe namens Stammheim, wohnten zwei Ritter, von denen der eine Gunther hieß und der andere Hugo. Eines Nachts, während jener Gunther jenseits des Meeres verweilte, führte die Magd seine Kinder, ehe sie zu Bett gingen, wegen eines natürlichen Bedürfnisses auf den Hof. Während sie neben ihnen stand, siehe, da schaute die Gestalt eines Weibes in schneeweißem Gewande und mit blassem Antlitz über den Zaun nach ihnen hin. Ohne ein Wort zu sprechen, während die Magd bei dem Anblick von Grausen gepackt ward, ging das Gespenst zu der Besitzung Hugos, die ganz nahe war, schaute auch da auf gleiche Weise über den Zaun und ging dann nach dem Kirchhof, von wo es gekommen war, zurück. Nach wenigen Tagen aber erkrankte das ältere Söhnchen Gunthers und sagte: Am siebenten Tage werde ich sterben; nach andern sieben Tagen wird meine Schwester Dirina sterben; dann nach einer Woche wird meine jüngere Schwester sterben. Und so geschah es. Nach dem Tode der Kinder aber starben die Mutter und die Magd. Zur selben Zeit verschieden der Ritter Hugo und sein Sohn. Dies bezeugt zuverlässig unser Subprior Gerlach.

21. Desgleichen von einem Gespenst

Ähnliches geschah in der Bonner Kirche. Einst, als nach dem Abendgebet die Schüler bei der Dämmerung im Klosterhof spielten, sahen sie aus einem der Gräber, in denen die Domherren begraben zu werden pflegen, ein Gespenst von menschlicher Gestalt herauskommen, das über mehrere Gräber schritt und in ein Grab sich hinabließ. Nach kurzer Zeit starb ein Domherr und ward in das Grab gelegt, aus dem das Gespenst herausgekommen war. Dann nach wenigen Tagen stirbt ein andrer Domherr in derselben Kirche und wird an der Stelle, wo es hineingegangen war, begraben. Christian von Bonn, unser Mönch, ist bei diesem Gesicht zugegen gewesen.

Zwölftes Buch: Vom Lohn der Toten

1. Von der Strafe des Landgrafen Ludwig

Landgraf Ludwig war ein arger Tyrann. Als sein Tod nahte, befahl er seinen Freunden und sagte: Sobald ich tot bin, zieht mir eine Zisterzienserkapuze an, gebt aber wohl acht, daß es nicht geschehe, während ich noch lebe. Sie gehorchten; er starb und ward mit der Kapuze bekleidet. Als das ein Ritter sah, sprach er spottend zu den Gefährten: Wahrlich, mein Herr ist ohnegleichen in jeder Tugend. Solange er Ritter war, übertraf ihn niemand in Kriegstaten. Jetzt als Mönch kann er allen als Vorbild in der Strenge dienen. Seht nur, wie sorgsam er das Schweigen innehält, er spricht auch nicht ein Wort. Als aber die Seele dem Leibe entführt war, ward sie dem Oberhaupt der Dämonen vorgeführt, wie es einem deutlich offenbart worden ist. Dieser Höllenfürst, der auf einem Brunnen saß und einen Becher in der Hand hielt, begrüßte den Landgrafen mit diesen Worten: Willkommen, geliebter Freund! Zeigt ihm unsre Gastgelage, unsre Vorratshäuser, unsre Keller, und dann bringt ihn wieder her. Als sie den Elenden zu den Orten der Qual geführt hatten, wo nichts war als Jammern, Weinen und Zähneklappern, und ihn wieder zurückbrachten, redete der Fürst den Fürsten an: Trink, Freund, aus meinem Becher. Er sträubte sich heftig, da es ihm aber nichts half, er vielmehr trinken mußte, brachen ihm Schwefelflammen aus Augen, Ohren und Nase. Dann sprach der Teufel: Jetzt sollst du meinen Brunnen besehen, dessen Grund unergründlich ist. Er hob den Deckel auf, warf den Landgrafen hinein und deckte wieder zu. Das ist der Brunnen, worin ihn ein Kleriker sah, wie früher erzählt ist.

2. Von der Strafe des Landgrafen Hermann

Vor kurzem starb Landgraf Hermann, der Sohn des erwähnten Ludwig. Da nach seinem Tode ein Priester, dem er viel Gutes getan, Tag und Nacht mit Tränen und Seufzen Gott für die Seele anflehte, sagte ich weiß nicht welcher Heilige, der bei dem Gebet zugegen war: Was plagst du dich so sehr für diesen Menschen, der verdammt ist? Es nützt ihm nichts, eher schadet es ihm, da er in den tiefsten Höllengrund versenkt ist. Als der Priester antwortete: Herr, er hat mir viel Gutes getan, ich bin ihm sehr verpflichtet, sagte der Heilige: Höre auf für ihn zu beten, da er ein ganzes Jahr, ehe er begraben ward, gestorben ist und seinen Leib ein böser Geist statt der Seele bewohnte. Dieser Hermann war ein arger Tyrann, dem Vater ähnlich, der sich aus Raub, Unrecht und dergleichen nichts machte. N: Ich hätte nicht geglaubt, daß ein menschlicher Leib ohne Seele essen, trinken und schlafen kann. M: Etwas Ähnliches liest man im Leben des heiligen Patricius, des irischen Bischofs, von einem Menschen, der dessen Wagenlenker getötet hatte. In seinem Leibe wohnte ein Teufel viele Jahre statt der Seele, und als er auf den Wink des Heiligen ihn verließ, brach der Körper zusammen und ward zu Asche.

3. Von einem Kleriker, dessen Leib ein Teufel bewohnte

Ein Kleriker hatte eine so herrliche und liebliche Stimme, daß es für eine Wonne galt, sie zu hören. Einst kam ein frommer Mann hinzu, und als sein Ohr die Holdseligkeit jener Zither vernahm, sagte er: Das ist nicht eines Menschen Stimme, sondern eines Teufels. Da alle staunten, beschwor er den Dämon, und er ging heraus, worauf der Leichnam sofort zusammenbrach und zu stinken begann. Und alle erkannten, daß mit diesem Leibe lange ein Dämon sein Spiel getrieben hatte.

4. Von der Strafe Wilhelms, des Grafen von Jülich

Im Dorfe Endenich, gelegen im Bonner Gebiet, wohnte ein edler Ritter namens Walter, der unserm Kloster und dem Orden sehr ergeben war. Als er einst schwer krank war und allein lag, erschien ein Teufel ihm sichtbar zu Füßen des Bettes. Es war aber, wie er uns erzählt hat, sein Gesicht wie das eines Affen, und er hatte Hörner wie ein Ziegenbock. Über diesen Anblick erschrak der Ritter zuerst, dann faßte er sich und fragte: Wer oder was bist du, woher kommst du und was willst du? Das Ungetüm sagte: Ich bin ein Teufel und bin gekommen, deine Seele zu holen. Der Ritter sagte: Entweiche, Versucher, du erlangst meine Seele nicht, ich empfehle mich Christo. Drauf jener: Walter, wenn du dich mir ergibst und mir Huldigung erweisest, so will ich dich nicht nur wieder gesund machen, sondern auch reich vor deinem ganzen Geschlecht. Der Ritter sagte: Ich habe genug, an deinen trügerischen Reichtümern liegt mir nichts. Woher hast du denn die Schätze? Innerhalb der Grenzen deines Hofes, sagte er, sind unzählige verborgen. Da den Ritter dies Gespräch ergötzte, fragte er: Sage mir, wo ist die Seele meines jüngst verstorbenen Herrn, des Grafen Wilhelm von Jülich? Der Teufel antwortete: Kennst du die benachbarten Schlösser Wolkenburg und Drachenfels? Ja, sagte der Ritter. Drauf jener: Ich gebe dir mein Wort, wenn die Schlösser sowie ihre Berge von Eisen wären und sie kämen an den Ort, wo Wilhelms Seele ist: ehe noch das obere Augenlid sich mit dem untern begegnete, würden sie schmelzen. Und er fügte kichernd hinzu: Diese Hitze ist ihm noch ein Milchbad; künftig, wenn Leib und Seele sich wieder einen, wird er erst die rechte Strafe erhalten. Befragt nach der Seele des Grafen Heinrich von Sayn, sagte er: Die haben wir. Über dessen Strafe jedoch äußerte er nichts. Walter sagte auch, er habe ihn nach seinem Vater befragt. Drauf erwiderte er: Einundzwanzig Jahre lang hatten wir ihn. Aber jene Einäugige und jener Kahle und Lausige, der auf dem Söller liegt, haben ihn uns geraubt. Mit der Einäugigen meinte er jenes Gattin, die, da sie beständig um seine Seele weinte, ein Auge verloren hatte. Mit dem Kahlen meinte er jenes Sohn, unsern Mönch Dietrich, der, um seinen Bruder zu sehen, damals hingekommen war. Über jene Frau befragt, sagte er: Fürwahr, die war nie in unsrer Macht, weil sie eine gute und heilige Frau war. Deinen Bruder Lambert aber haben wir so in den Sattel gesetzt, daß er unserm Gericht nicht entgehen kann. Dieser ist vor wenigen Jahren gestorben, ein geiziger und geldgieriger Mann. Als der Ritter wieder fragte: Sag, von welchem Orte kommst du jetzt? erwiderte der Dämon: Ich und meine Genossen waren beim Begräbnis einer Äbtissin des schwarzen Ordens und erwarteten das Entweichen der Seele. Drauf der Ritter: Wie viele wart ihr? Der Dämon erwiderte: Kennst du den Wald im Kottenforst? Gewiß, sagte er. Und jener: Nicht sind soviel Blätter auf den Bäumen, wie wir dort versammelt waren. (Es ist aber kein Wald so groß in unsrer ganzen Gegend.) Und was, fragte er, habt ihr dort ausgerichtet? Leider nichts, sagte er, sie war eine fromme Frau. Der Erzengel Michael fiel über uns her mit eiserner Keule und hat uns so geprügelt und in die Flucht geschlagen, daß wir zerstreut wurden wie Staub vom Wirbelwind. — Er wurde auch befragt, ob er beim Tode unsres Abtes Gevard gewesen sei, der kürzlich gestorben war, und er sagte: Nicht ist soviel Sand am Meeresufer wie die Zahl der Unsern dort. Aber wir konnten dort wenig ausrichten, weil jene Lausigen, die wie Schweine am Boden liegen und grunzen, uns nicht herankommen ließen. Sie haben auch ein Haus zum Summen (er meinte das Kapitel), wo uns alles, was sündigt, entzogen wird. Der Ritter sagte: Wie konntest du so töricht sein und wagen, zum Todes eines so gerechten Mannes zu kommen? Wagen? sagte er. Ich war dabei, als Gottes Sohn starb, und saß auf einem Arm des Kreuzes. Da Walter fragte: Was ward euch zuteil bei Christi Tode? antwortete er: Nichts. Zu unserm Unheil kamen wir dorthin, denn durch des Sterbenden Tugend verwirrt und erschreckt, wurden wir in die Hölle hinabgestoßen. Noch vieles besprach er mit dem Dämon, so oft er allein war, was er nach der Genesung vielen erzählt hat. Willst du jetzt hören, wie des erwähnten Grafen Ende und Strafe war? N: Ja. M: Er erkrankte in seinem Schlosse Niethecke und kam wegen einer erlittenen Kränkung nach Köln. Bei der Rückkehr fühlte er unterwegs eine Schwäche und sagte: Weh, ich werde Köln nie wiedersehen. Er ward auf die Erde gelegt, und der Arzt sagte, der Tod stehe vor der Tür, hinzufügend: Ich rate dir, deine Gemahlin wieder aufzunehmen. Er erwiderte: Ich tue es nicht. Jener bat ihn für einen Ritter, den er seit langer Zeit im Kerker hielt. Er sagte: Der kommt nimmer heraus, solange ich lebe. So wird er also, sagte der Arzt, vor dem morgenden Tage herauskommen. Und so geschah es. Als er aber im Sterben war, lag er am Busen einer Buhlerin, die er dem eigenen Manne genommen hatte. Als die ihn fragte: Herr, was tue ich nach Eurem Tode? erwiderte er: Du mußt einen jungen Ritter freien. Das waren seine letzten Worte. In selbiger Nacht, so hat mir ein Abt unsres Ordens erzählt, ward eine Nonne des heiligen Mauritius in Köln an die Orte der Qual versetzt, wo sie zwischen Schwefelflammen einen schrecklichen Brunnen sah mit einem feurigen Deckel. Als sie darob ihren Führer befragte, antwortete er: Nur zwei Seelen sind darin, die des Kaisers Maxentius und die des Grafen Wilhelm von Jülich. Am Morgen erzählte sie das Gesicht, und da am nämlichen Tage in Köln das Gerücht vom Tode des Grafen verlautete, so erkannte sie, daß es wahr sei. N: Mich wundert, daß er in der Qual dem Maxentius gesellt ward, nachdem so viele Jahre dazwischen verflossen und so viele Tyrannen vor ihm gestorben waren. M: Wegen der ähnlichen Schuld. Die in der Schuld gleich waren, sollten auch in der Strafe übereinstimmen. Beider Leben kenne ich, das des Maxentius aus Büchern, das Wilhelms aus vieler Erzählung. Beide waren Tyrannen, beide über die Maßen wollüstig. Wie in den Chroniken zu lesen ist, war keine Frau, ob in der Stadt Rom oder außerhalb, so edel, so keusch, daß Maxentius nicht, wenn sie nur seinen Augen gefiel, sie aus des Gatten Hause raubte und vergewaltigte. Ähnlich verfuhr er mit Jungfrauen und Witwen. Dies sahen die Männer und seufzten, die Eltern und schwiegen. Seine Grausamkeit war so groß, daß, ob ihr Schmerz auch noch so groß war, sie doch die Trauer verbergen mußten. So furchtbar war seine Tyrannei, daß er Senatoren, Bürger, Soldaten in Menge mordete, auf die er nur irgend Verdacht hatte. Wilhelm aber tat Dinge, die nicht viel anders waren, und war er ihm auch nicht gleich an Macht, so doch an bösem Willen. Wie ich höre, war er so der Wollust und der Ausschweifung ergeben, daß er kaum einen Dienstmann hatte, dessen Gattin oder Tochter er nicht schändete, wobei er keinen Unterschied machte zwischen Mutter und Tochter, zwischen rechter Gattin und Kebse. Wie grausam er gegen Untertanen und Landsleute gewesen ist, weiß das ganze Kölner Bistum. Maxentius hat die eigene Gattin ermordet; dieser hat sie eingeschlossen. Jener hat die Kirche verfolgt, hat viele wegen ihres Glaubens getötet; dieser hat, als der Bürgerkrieg im Römischen Reich war, die verfolgt, die dem apostolischen Stuhl gehorchten, hat Priester aus ihren Sitzen verjagt, hat manche verstümmelt und die Kirchengüter geraubt. Als er noch am Leben war, zeigte Gott, der barmherzig ist, ihm etwas von seiner Herrlichkeit, um ihn von seinen Sünden abzubringen. An einem Weihnachtstage ließ er beim Kanon der ersten Messe ihn die lieblichsten Stimmen und holdesten Melodien hören, die aus dem Himmel zu kommen schienen. Als er nachher Herrn Engelbert, damals Probst der Hauptkirche in Köln und jetzt Erzbischof, fragte, ob er auch diese Stimmen gehört habe, und jener es verneinte, da staunte er noch mehr. Beim Kanon der zweiten Messe aber, und so auch der dritten, hörte er dieselben Stimmen, die verschiedenen Alters waren. Als dies Hermann, der Abt von Marienstatt, erfuhr, begab er sich zu dem Grafen und hörte aus seinem Munde eben dasselbe. Und der Graf rief Gott zum Zeugen an, er lüge nicht, und schwur zugleich, wenn ihm noch einmal die Gnade werde, solches zu hören, so sei er bereit, auf all das Seinige zu verzichten. Doch nützte ihm jene himmlische Stärkung nicht viel, da seine großen Sünden im Wege standen.

5. Wie ein Schulze in den Vulcanus geworfen ward

Einige Schwaben waren nach Jerusalem gepilgert und fuhren auf der Rückkehr beim Berge Vulcanus vorbei, der beständig in Flammen steht. Da ertönten aus diesem folgende Worte: Willkommen, willkommen sei unser Freund, der Schultheiss von Colmar; es ist kalt, heizt ihm tüchtig ein. Jene, die den Mann kannten, merkten Tag und Stunde, und als sie heimkehrten, erfuhren sie, daß dieser Schultheiss am nämlichen Tage und in der nämlichen Stunde verschieden sei. Sie riefen seine Frau und meldeten ihr, was sie gehört hätten. Diese antwortete: Steht es also, so gebührt es sich, daß ich ihm zu Hilfe komme. Und sogleich ließ sie alles im Stich und besuchte die heiligen Orte, wo sie mit Almosen und Gebet Gott für seine Seele anflehte.

6. Wie König Artur einen Dekan einlud

Zur Zeit, als Kaiser Heinrich Sizilien unterjochte, war in der Kirche zu Palermo ein Dekan, von Herkunft, wie ich glaube, ein Deutscher. Da er eines Tages sein bestes Reitpferd verloren hatte, schickte er seinen Knecht nach verschiedenen Orten, es zu suchen. Dem begegnete ein alter Mann und fragte: Wohin gehst du und was suchst du? Er sagte: Ich suche meines Herrn Pferd. Der Mann erwiderte: Ich weiß, wo es ist. Und wo ist es? fragte er. Drauf jener: Im Berge Gyber; dort hat es mein Herr, der König Artur (dieser Berg speit aber Flammen aus wie der Vulcanus). Da der Knecht bei diesen Worten staunte, fügte der Mann hinzu: Sage deinem Herrn, er solle in vierzehn Tagen dorthin kommen zum feierlichen Hoftage. Versäumst du, es ihm zu sagen, so wirst du schwer bestraft. Bei der Rückkehr erzählte der Knecht seinem Herrn das Gehörte, wiewohl voll Furcht. Der Dekan, der hörte, daß er zu Arturs Hoftage geladen sei, spottete darob. Bald aber erkrankte er und starb am festgesetzten Tage. Dies hat uns Gottschalk, der Bonner Domherr, berichtet, der sagte, er sei zu jener Zeit dort gewesen.

7. Von der Strafe Bertolfs, des Herzogs von Zähringen

Vor ungefähr drei Jahren kamen einige Leute bei demselben Berge Gyber vorbei und hörten eine gewaltige Stimme diese Worte rufen: Mach

Feuer an! Nach kurzem Zwischenraum hörte man denselben Ruf. Als er zum dritten Male schrie: Mach ein großes Feuer an! antwortete einer: Für wen soll ich es anmachen? Und jener: Unser geliebter Freund kommt, der Herzog von Zähringen, der uns treu gedient hat. Jene merkten Tag und Stunde, meldeten in einem Brief dem Kaiser Friedrich, was sie gehört, und fragten an, ob irgend ein Herzog von Zähringen in seinem Reiche gestorben sei. Und es stellte sich heraus, daß gerade zur selben Zeit Herzog Bertolf von Zähringen gestorben war. Es war aber dieser ein unmenschlicher Tyrann, der Edle wie Geringe beraubte und vom katholischen Glauben abtrünnig war. Obgleich er ohne Nachkommen war, hatte er doch, vom Laster des Geizes getrieben, viel Geld aufgehäuft. Als aber sein Tod nahe war, bat er die Freunde, all seine Schätze zu einer Masse zusammenzuschmelzen. Nach dem Grunde befragt, sagte er: Ich weiß, daß meine Verwandten sich über meinen Tod freuen und die Schätze unter sich teilen werden. Sind diese aber zu einer Masse geworden, so werden sie sich gegenseitig umbringen. Sieh, so neidisch war er. Dies haben mir zwei Äbte berichtet, deren einer aus dem Herzogtum Zähringen war und der andre versicherte, es sei ihm von einem Abte erzählt, der den erwähnten Brief mit anhörte, als er König Friedrich vorgelesen ward.

8. Wie ein Ritter nach dem Tode vielen erschien

Im Trierer Bistum war ein Ritter, genannt Heinrich, mit dem Beinamen der Knoten. Dieser war sehr boshaft und hielt Raub, Ehebruch, Blutschande, Meineid und dergleichen für Tugenden. Als er gestorben war in der Landschaft Menevelt (Mayenfeld), erschien er vielen in einem Schafpelz, wie er ihn im Leben zu tragen pflegte, und kam besonders oft in das Haus seiner Tochter. Nicht durch das Kreuzeszeichen, nicht durch das Schwert war er zu verscheuchen. Oft schlug man nach ihm mit dem Schwerte, konnte ihn aber nicht verwunden; wobei er einen Ton von sich gab, als ob man auf ein weiches Bett schlüge. Als seine Freunde deshalb den Herrn Bischof Johannes von Trier befragten, riet er, das Haus und die Tochter und auch ihn selbst, wenn er käme, mit Wasser, das über den Nagel des Herrn gegossen sei, zu besprengen. Als dies geschah, erschien er nicht wieder. Diese Tochter hatte er mit seiner Magd gezeugt, obgleich er eine rechte Gattin hatte. Als sie erwachsen war, schändete sie der Elende.

9. Von Walter von Milene

Ein Priester von Hasbain, der in diesem Jahr bei der Burg des Grafen von Losen in der Dämmerung von einem Dorf zum andern ging, sah auf dem benachbarten Felde ein großes Turnier von Toten, die gewaltig schrien: Herr Walter von Milene! Herr Walter von Milene! Dieser Walter war in der Ritterschaft berühmt und war kürzlich gestorben. Da der Priester merkte, daß es solche seien, die die abscheulichen Feste der Ritter aufführten, so blieb er stehen und machte einen Kreis um sich. Und als die Erscheinung aufgehört hatte, sah er sie beim Weitergehen aufs neue. Er tat wie zuvor, und so mühte er sich ab, bis der Tag anbrach.

10. Von einem wucherischen Ritter

Ein Ritter vermachte sterbend seinem Sohne Güter, die er durch Wucher erworben hatte. Eines Nachts klopfte er heftig an die Tür, und als ein Knabe kam und fragte, was er dort klopfe, antwortete er: Laß mich hinein, ich bin der Herr dieser Besitzung, und nannte seinen Namen. Der Knabe spähte durch das Loch der Tür, und da er ihn erkannte, sagte er: Sicherlich, mein Herr ist tot, ich lasse Euch nicht ein. Der Tote ließ nicht ab zu klopfen, da es ihm aber nichts half, so sagte er zuletzt: Bringe diese Fische, die meine Nahrung sind, meinem Sohne. Sieh, ich hänge sie an die Tür. Als sie am Morgen hinausgingen, fanden sie an einem Bande eine Menge Kröten und Schlangen. In der Tat ist dies die höllische Speise, die mit Schwefelfeuer gekocht wird.

11. Wie ein Bayer seiner Gattin nach dem Tode erschien

Nicht viele Jahre sind verstrichen, seit ein sehr reicher Dienstmann des Herzogs von Bayern starb. Eines Nachts ward die Burg, worin seine Gattin schlief, dermaßen erschüttert, daß man glaubte, es sei ein

Erdbeben. Und siehe, die Tür der Kammer, worin jene lag, sprang auf, und geführt von einem pechschwarzen Riesen, der ihn an den Schultern gepackt hielt, trat ihr Gatte herein. Da sie diesen sah und erkannte, ließ sie ihn auf dem Sitz ihres Bettes sitzen. Sie erschrak nicht im mindesten, und weil es kalt war und sie nur mit einem Hemde bekleidet war, so legte sie ihm einen Teil ihrer Decke über die Schultern. Als sie ihn nach seinem Zustand befragte, antwortete er traurig: Zu ewiger Qual bin ich verdammt. Über dies Wort sehr erschrocken, sagte sie: Was sprecht Ihr? Habt Ihr nicht große Almosen gegeben? Stand nicht Eure Pforte allen Pilgern offen? Nützen Euch diese Guttaten nichts? Nichts nützen sie mir zum ewigen Leben, antwortete er, weil ich sie aus eitler Ruhmsucht und nicht aus Liebe getan habe. Als sie ihn nach andern Dingen befragen wollte, sagte er: Mir ist gestattet worden, dir zu erscheinen, aber ich darf hier nicht verweilen. Sieh, mein Führer, der Teufel, steht draußen und erwartet mich. Wenn aber alle Blätter auf den Bäumen in Zungen verwandelt würden, sie könnten meine Qualen nicht ausdrücken. Hierauf wird er herausgeholt und weggetrieben; bei seinem Abgang wird die ganze Burg wie vorher erschüttert, und noch lange hört man sein Jammergeschrei. Diese Erscheinung war sehr bekannt in Bayern und ist es noch heute, wie es bezeugt unser Mönch Gerhard, einst Domherr in Regensburg, der sie uns erzählt hat.

12. Wie der Teufel die Kebse eines Priesters jagte

Als die Kebse eines Priesters im Sterben lag (so habe ich von einem frommen Manne gehört), bat sie dringend, ihr neue und gut genähte Schuhe zu machen, und sagte: Begrabt mich in ihnen, denn sie werden mir sehr nötig sein. Dies geschah. In der folgenden Nacht, lange vor Tagesanbruch, während der Mond schien, ritt ein Ritter mit seinem Knecht des Wegs und hörte Gejammer von einer weiblichen Stimme. Indem sie sich noch wunderten, was dies sein könne, kam ein Weib in raschem Lauf auf sie zugeeilt und schrie: Helft mir! Helft mir! Sogleich stieg der Ritter vom Pferde, beschrieb mit dem Schwerte einen Kreis um sich und nahm das ihm wohlbekannte Weib in diesen hinein. Sie war aber nur mit einem Hemde und mit jenen Schuhen bekleidet. Und horch, von fern hörte man Töne wie von einem Jäger, der schrecklich auf dem Horn blies, dazu Gebell von Jagdhunden, die vor ihm herliefen. Wie jene dies hörte, zitterte sie am ganzen Leibe. Der Ritter aber, nachdem er von ihr die Ursache erfahren, übergab sein Pferd dem Knecht, wickelte ihre Haarflechten sich um den linken Arm und hielt in der Rechten sein Schwert ausgestreckt. Als der höllische Jäger näherkam, sagte das Weib zu dem Ritter: Laß mich laufen, laß mich laufen! Sieh, da kommt er schon. Er hielt sie mit aller Macht, die Unglückliche suchte sich wiederholt loszureißen, riß endlich die Haare entzwei und entfloh. Der Teufel, ihr nachjagend, fing sie und warf sie auf sein Pferd, so daß der Kopf und die Arme auf der einen Seite herabhingen, die Beine auf der andern. Bald darauf begegnete er so dem Ritter, wie er die gewonnene Beute wegführte. Am Morgen kehrte der Ritter nach dem Dorfe zurück, erzählte, was er gesehen, und zeigte die Haare. Und da sie seinen Worten nicht glauben wollten, öffneten sie das Grab und fanden, daß das Weib ihre Haare verloren hatte. Dies hat sich zugetragen im Erzbistum Mainz.

13. Von dem Kardinal Jordanus

Vor wenigen Jahren ist in Rom ein Kardinal namens Jordanus gestorben. Er war zwar vom Zisterzienserorden aufgenommen, aber sein Leben stimmte schlecht zu dem Orden. Denn er war sehr geizig, wie ich von einem Abt gehört habe. Er hatte aber einen Notar namens Pandolfus. Als er diesen einst wegen irgend eines Geschäfts weggeschickt hatte, starb er inzwischen. Zur selben Stunde, da jener nach verrichtetem Geschäft zurückkehrte, erblickte er vor Tagesanbruch auf dem Felde einen kläglichen Zug. Auf Reitpferden saßen Menschen, den Schwanz sich zugekehrt, den Rücken nach dem Kopf der Tiere. Diesen folgte Jordanus in der Kapuze, mit bloßen Füßen, von zwei Dämonen geführt. Als bei diesem Anblick der Notar sehr erschrak, rief der Kardinal: Pandolfus! Pandolfus! Der Kleriker stand still und fragte: Wer bist du, und was schreist du? Er antwortete: Ich bin Jordanus, dein Herr, und bin tot. Auf jenes Frage: Wohin werdet ihr geführt? erwiderte er: Vor Christi Gericht. Und jener: Wißt Ihr, was aus Euch wird? Ich weiß es nicht, sagte er, Gott weiß es. Wenn ich dort hinkomme, so wird der selige Petrus für mich wegen meines Kardinalamts Rechenschaft ablegen, der heilige Benedikt aber wegen der Kapuze.

Kann er mir die erhalten, so werde ich gerettet; wo nicht, verdammt. Und so entschwand er seinen Augen.

14. Von Everwach, der zu den Höllenstrafen geführt ward

Bischof Dietrich von Utrecht, aus Schloß Nureberg gebürtig, hatte einen Knecht namens Everwach, der sehr umsichtig war und an mancherlei Orten jenes Güter verwaltete. Denn er bewahrte treu das Anvertraute und war in Geschäften geschickt, sorgsam und klug. Deshalb liebte sein Herr ihn sehr. Aber einige der Beamten sahen scheel auf ihn, und aus Neid verklagten sie ihn beim Bischof und sagten: Herr, nicht redlich, wie Ihr meint, verwaltet Everwach Eure Güter; wir raten Euch, mit ihm abzurechnen. Das geschah, und er rechnete so verständig, daß er dem Bischof allen Verdacht benahm. Denn er hatte alles auf ein Blatt geschrieben. Die Kläger erkundigten sich nach der Abrechnung, und der Bischof erwiderte: Er hat vortrefflich abgerechnet. Mit nichten, sagten sie. Er möge in unserm Beisein abrechnen, und wir werden ihn überführen, daß er Euch großen Schaden getan hat. Als ihm der Bischof dies mitteilte, fürchtete er die Tücke der Neider, zumal da er das Blatt verloren hatte, und sprach bei sich: Wenn ich nur im geringsten bei der Rechnung schwanke, so werde ich entweder gefoltert oder im elenden Kerker bis an mein Ende gepeinigt werden. Also auf Rat des Teufels, durch dessen Veranstalten ihn auch die Neider unschuldig verfolgten, ging er allein aufs Feld, rief den Teufel selber herbei und redete ihn an mit diesen Worten: Herr, wenn du mir in dieser Not beistehst, so will ich dir Huldigung leisten und dir in allem gehorchen. Ihm antwortete der Teufel: Wenn du den Höchsten und seine Mutter verleugnest, so will ich dich aufnehmen und dich aus aller Gefahr befreien zur großen Beschämung deiner Nebenbuhler. Kurz gesagt: der Unselige verleugnet Christum und huldigt dem Teufel, die Abrechnung geht glücklich von statten. Fortan begann er die Macht des Teufels zu preisen und Christum zu lästern, indem er sagte: Die Gott dienen, sind elend und leiden Mangel; die aber auf den Teufel hoffen, denen gedeiht alles zum besten. Und wie mir unser Mönch Bernhard erzählt hat, der ihn damals kannte, war er so völlig den Zauberkünsten ergeben, daß, wo immer er einen Schüler dieser Wissenschaft kennen lernte, er ihn mit Geld erkaufte, um irgend etwas von ihm zu lernen. Als er nun elf Jahre in diesen Lästerungen beharrt hatte, geschah es, daß Meister Oliver, der Kölner Scholastikus, im Utrechter Bistum das Kreuz predigte. Dieser Predigt widersetzte sich jener deart, daß eines Tages Oliver voll Zorn vor dem ganzen Volk zu ihm sagte: Schweig, Unseliger, du bist ein Gefäß des Teufels, und der Teufel redet aus deinem Munde. Dabei wußte er aber nichts von jenes Zustand. Everwach, in der Meinung, er könne seinem Herrn keinen erwünschtern Dienst leisten, als wenn er dessen Feind töte, folgte drei Tage lang dem Meister zu verschiedenen Aufenthaltsorten und hatte ein langes Messer bereit, um ihn zu durchbohren, wenn er ihn allein anträfe. Und siehe da, am dritten Tage ward er von einer plötzlichen Krankheit befallen! Nach wenigen Tagen starb er, ohne bereut zu haben, und ward von ihm, dem er sich ergeben hatte, zum Ort der Strafe hinweggeführt. Am ersten Orte — so hat er selbst, als er von den Toten auferstand, dem Xantener Scholastikus Johannes gebeichtet, von dem ich, was ich jetzt erzählen will, gehört habe — ward er in ein Feuer von so unerträglicher Hitze geworfen, daß er sagte, wenn aus allem Holz in der Welt ein einziges Feuer angemacht wäre, so wollte er lieber darin bis zum Tage des Gerichts brennen, als nur eine Stunde lang jenes ertragen. Hier ward er herausgeholt und in einen so entsetzlich kalten Ort geworfen, daß er wünschte, in das Feuer zurückzukehren. Dann wurde er in greifbare Finsternis geführt, die so grausig war, daß er bei sich sagte: Hättest du hundert Jahre Gott gedient, so würde er dich reichlich belohnen, wenn er dir nur erlaubte, in die Kälte zurückzukehren. Auf diese Weise machte er die sechs übrigen Strafen durch, die die Schrift aufzählt. Als er sich in der letzten Strafe befand, da bedachte der Herr seine früheren Werke, und damit er, was er erlitten und gesehen, den Lebenden erzahlen könne, erbarmte er sich seiner und schickte seinen Engel zu ihm, der ihm sagte: Sieh, solchen Lohn empfangen, die dem Teufel dienen. Und er sprach weiter: Wenn du ins Leben zurückkehren dürftest, wolltest du für deine Sünden Gott genugtun? Auf dies Wort erwiderte jener seufzend: Herr, wenn dies möglich wäre, ich würde keine Genugtuung verweigern. Drauf der Engel: Dem Herrn gefällt es, daß du zum Körper zurückkehrst. Und weil du gegen das Kreuz gesündigt hast, sollst du durch das Kreuz Genugtuung leisten. Sogleich richtete er sich auf der Bahre empor und scheuchte alle in die Flucht, außer zwei Jünglichen, die mutiger waren. Zu diesen sprach er: Fürchtet nichts, ich bin es. Und er ließ einen

Priester kommen und beichtete seine Sünden. Er nahm das Kreuz und fuhr mit Bischof Otto, dem Nachfolger jenes Dietrich, übers Meer. Unterwegs fastete er jeden Tag bei Brot und Wasser. Neben seinem Pferde, das seine Kleider und Waffen trug, lief er barfuß einher. Wenn die Felsen ihn schnitten, daß das Blut floß und den Weg färbte, so schalten ihn seine Mitbrüder. Diesen antwortete er: Ich habe Schlimmeres ertragen. Als er fast alle Habe in Christi Dienste aufgewendet hatte, kehrte er mit dem genannten Bischof und mit Meister Johannes zur See zurück. Und da der Schiffer von ihm das Fährgeld verlangte und er es nicht hatte, sagte er: Ich werde Euch dienen, solange Ihr wollt. Doch ward er auf die Bitte jener Männer vom Schiffseigentümer freigelassen. Als er wieder bei seinem Weibe war, ward er vom heiligen Feuer*) ergriffen. Eines Nachts, als er brannte, ward ihm im Traum gesagt, wenn er zur Kirche des heiligen Nikolaus ginge, würde er sogleich genesen. Dort betete er, und als er schon vierzehn Gebete gesagt hatte und noch nicht genesen war, sprach er in Verzweiflung: Heiliger Nikolaus, was zögerst du? Kaum hatte er das fünfzehnte Gebet begonnen, als er völlig gesund war. Und noch bis heute ist die Stelle seines Leibes, wo das Feuer ihn gefärbt hat, ohne Empfindung. Diese Kirche, die im Dorfe Stalum gelegen ist, baute er von seinem Vermögen neu, und im Mönchsgewand dient er dort mit seinem Weibe Gott und dem heiligen Nikolaus.

15. Vom Fegefeuer eines Wucherers

Ein Wucherer starb zu unserer Zeit in Lüttich und ward vom Bischof aus dem Kirchhof hinausgeworfen. Sein Weib aber wandte sich an den apostolischen Stuhl und bat um die Gunst des Kirchhofs, und da der Papst sie nicht erhören wollte, führte sie folgendes für den Gatten an: Ich höre, Herr, daß Mann und Weib eins sind, und daß der Apostel sagt, ein ungläubiger Mann könne durch ein gläubiges Weib zum Heil gelangen. Was immer daher mein Mann zu wenig getan hat, das will ich, die ich ein Teil seines Leibes bin, gern nachholen. Ich bin bereit, für ihn mich einschließen zu lassen und Gott für seine Sünden Genugtuung zu leisten. Da die Kardinäle für sie baten, ward auf Befehl

*) Name einer Krankheit.

des Papstes der Mann auf den Kirchhof zurückgebracht. Neben seinem Grabe ließ jene sich ein Häuschen bauen, wo sie sich einschloß und mit Almosen, Fasten, Beten und Wachen bei Tage und bei Nacht Gott mit seiner Seele auszusöhnen sich bemühte. Nach sieben Jahren erschien er ihr in düsterm Gewande, dankte ihr und sagte: Möge dir der Herr vergelten, daß ich durch deine Mühen der Tiefe der Hölle und den ärgsten Strafen entrissen bin. Wenn du noch ferner sieben Jahre ähnliche Guttaten an mich wendest, so kann ich völlig befreit werden. Als sie dies getan hatte, erschien er ihr wiederum in weißem Gewande und mit heiterm Angesicht und sagte: Gott und dir sei Dank, heute bin ich befreit worden.

16. Wie eine Frau für Zauberei bestraft ward

Ein Ritter kam zu Schwester Bertrada, der Klausnerin von Volmuntstein, wie aus ihrem Munde Abt Daniel von Schönau gehört hat, der uns das Gehörte erzählt hat, und bat sie für die Seele seiner kürzlich verstorbenen Gattin. Auf ihr Beten erschien jene und klagte, daß sie große Qual erleide. Da sie nach der Ursache der Qual fragte — denn jene galt für eine brave und gute Frau — erwiderte sie: Wegen Zauberei. Ich fürchtete nämlich, daß mein Mann, wenn er mich haßte, mit andern Frauen sündigen könnte und daß ich so ihm Anlaß zum Ehebruch gäbe. Drum habe ich durch allerlei Mittel, die ich mir hatte sagen lassen, seine Liebe zu mir entflammt. Und weil nicht Gelüste, sondern fromme Absicht im Spiel war, so kann mir wohl geholfen werden. Als dies dem Ritter berichtet ward, bedauerte er die Gattin sehr, suchte durch Gebet, Fasten und Almosen ihr zu helfen und empfahl ihre Seele, wem immer er konnte. N: Es ist schrecklich, daß Gott bei unserm Gericht so kleine Sünden so schwer bestraft.

17. Vom Fegefeuer des Heiligen Patricius

Laßt uns jetzt vom Fegefeuer reden. N: Wo ist das Fegefeuer? M: Soweit man aus verschiedenen Gesichten schließen kann, an verschiedenen Orten dieser Welt. Paschasius ward, wie Gregor*) bezeugt, in der

*) Gemeint ist Papst Gregor I. Vgl. Greg. Dial. IV, 25.

Hitze der Thermen geläutert. Von einem Mönch des heiligen Eucharius erzählt man, daß er nach seinem Tode ein ganzes Jahr auf einem Felsen bei Trier gestanden und dort die Unbilden der Witterung ertragen habe. Wer aber am Fegefeuer zweifelt, der gehe nach Schottland und trete in das Fegefeuer des heiligen Patricius, und er wird an den Strafen des Fegefeuers nicht länger zweifeln. N: Ich möchte wohl etwas Gewisses über dies Fegefeuer erfahren, was es ist und weshalb es sich dort befindet. M: Als der heilige Patricius jenes Volk bekehrte und sie an den künftigen Strafen zweifelten, erlangte er von Gott durch Bitten jenen Ort. Es ist aber ein niedriger Graben mit einer Mauer umgeben. Und es sind dort Mönche. Kein Sünder ist so arg, dem eine andre Buße auferlegt werde, als eine Nacht in diesem Fegefeuer zu sein. Will er hinein, so lassen sie ihn, nachdem er gebeichtet, kommunizieren und erteilen ihm die Salbung, beweihräuchern und belehren ihn. Du wirst, sagen sie, in dieser Nacht Angriffe der Dämonen und gräßliche Strafen sehen. Doch werden sie dir nichts antun können, wenn du den Namen Jesu immer im Munde hast. Wenn du aber den Dämonen, die dir schmeicheln oder dich schrecken, nachgibst und Jesum anzurufen versäumst, so bist du verloren. Am Abend stellen sie ihn an den Graben und schließen den Ort zu, und wenn sie am Morgen wiederkommen und er zeigt sich nicht, so wird er nicht länger erwartete. Viele sind dort umgekommen, viele sind auch zurückgekehrt. Ihre Gesichte sind von den Brüdern aufgeschrieben und werden denen, die eintreten wollen, gezeigt.

18. Von der Strafe des Abts von Corvey

Zur Zeit des Zwistes zwischen den römischen Königen Otto und Philipp kam ein Pilger von den überseeischen Gegenden, verpfändete seinen Pilgermantel für Wein, der in jener Gegend sehr stark ist, und trank so viel, daß er im Rausch ganz von Sinnen kam und man ihn für tot hielt. Zur selben Stunde ward sein Geist nach dem Ort der Qualen geführt, wo er auf einem mit feurigem Deckel verschlossenen Brunnen den Fürsten der Finsternis selber sitzen sah. Indes ward unter andern Seelen auch der Abt von Corvey herbeigeführt, den jener ehrfürchtig begrüßte und ihm einen feurigen Kelch und einen Becher voll Schwefel reichte. Nach dem Trunk ward der Deckel abgehoben und er in den Brunnen geworfen. Da der Pilger, der vor der Schwelle der Hölle stand, bei diesem Anblick zitterte, rief der Teufel laut: Bringt mir auch diesen Menschen, der draußen steht, und der heute abend das Gewand seiner Pilgerschaft für Wein verpfändet und sich berauscht hat. Da der Pilger das hörte, blickte er nach dem Engel des Herrn, der ihn gebracht, und gelobte, sich nie wieder zu berauschen, wenn er ihn nur jetzt von der drohenden Gefahr errette. Sogleich kam er wieder zu sich, merkte Stunde und Tag, und als er heimkam, erfuhr er, daß zur selben Zeit jener Abt gestorben war. Ich habe den Abt in Köln gesehen, und er war ein sehr weltlicher Mensch, der mehr wie ein Ritter als wie ein Mönch lebte.

19. Wie ein Priester wegen eines Pilgergewandes bestraft ward

Ehe Bischof Konrad von Hildesheim ermordet ward, starb in einem Dorfe ein Pilger und vermachte sein Pilgerkleid einem Priester, wofür er ihm seine Seele empfahl. Der Priester nahm das Gewand, kümmerte sich aber wenig um die Seele. Knechte oder Knappen aber deckten sich nachts damit zu. Nicht lange nachher ward dieser Priester Novize in unserm Orden. Als er eines Nachts im Schlafsaal lag und schlief, ward er durch ein Gesicht zu dem Orte der Strafen entrafft. Da liefen viele Dämonen hin und wieder. Einige brachten Seelen; andere nahmen sie in Empfang; noch andre führten sie zu den verdienten Qualen. Da war viel Geschrei und Lärm, Seufzen und Jammern. Indes wird auch jener Bischof an die höllische Eingangspforte gebracht. Aber der Fürst der Finsternis spricht mit trüber Stimme zu denen, die ihn bringen: Führt ihn zurück, führt ihn zurück! Er ist nicht unser, er ist unschuldig ermordet. Der Priester, der dies sah, verbarg sich vor Furcht hinter der Tür. Da sah der Teufel jenes Pilgerkleid in einem Winkel und fragte: Wem gehört dies Gewand? Sie antworteten: Jenem Priester, der hinter der Tür steht. Er hat es von einem Pilger als Almosen empfangen, hat aber der Seele keine Guttat erwiesen. Drauf der Teufel: Wir sind sehr beschäftigt, laßt uns ihn gleich abfertigen. Er nahm das Gewand und tauchte es in eine stinkende und sprudelnde Jauche. Als er damit dem Priester derb über Gesicht und Hals fuhr, erwachte dieser und schrie laut: Hilfe, Hilfe! Da man ihm ein Zeichen gab, stille zu sein, antwortete er: Ich sterbe, ich brenne. Da standen sie auf und fanden seinen Kopf ganz versengt. So trugen sie ihn halbtot in den Krankensaal. Er hatte nämlich jene Nachlässigkeit nicht gebeichtet.

20. Von der Hand eines Schreibers in Arnsburg

Im Prämonstratenserkloster Arnsburg, wie ich von einem Priester dieses Ordens gehört habe, war ein Schreiber namens Richard, ein Engländer von Geburt. Dieser hatte viele Bücher in dem Kloster mit eigener Hand geschrieben, wofür er den Lohn im Himmel erwartete. Er starb und ward an einem kenntlichen Orte begraben, und als man nach zwanzig Jahren sein Grab öffnete, fand man seine rechte Hand so unversehrt und frisch, als wäre sie eben von dem lebenden Körper abgeschnitten. Das übrige Fleisch war zu Staub geworden. Zum Zeugnis für dies Wunder wird die Hand noch heute im Kloster aufbewahrt.

21. Von Einolf dem Templer

Vor ungefähr zwei Jahren starb in Breisig, einem Dorf des Kölner Sprengels, ein Priester vom Orden der Templer, Einolf mit Namen, ein sehr frommer Mann. Was ich hier von ihm berichte, hat er mir selbst nicht einmal, sondern öfter erzählt. Als er noch Knabe war, erkrankte er im Hause seiner Tante und empfing die heilige Kommunion. Er begehrte auch nach der Salbung, da aber einige abrieten, ward es verschoben; und so verschied er ohne das Sakrament. Da erschien ein Engel des Herrn und sagte: Übel ist diesem Knaben geschehen, da er ohne die heilige Salbung dahingegangen ist. Und er salbte ihn, während die Seele schon entwich. Diese führte er dann vor das göttliche Antlitz. Dies Antlitz erblickte der Knabe wie durch einen Schleier, und es erschien ihm sehr streng. Und alsbald kam auch der Teufel. Da der den Knaben verklagen wollte und keine Ursache fand, sprach er zu Gott: Herr, dieser Knabe hat seinem Bruder einen Heller gestohlen und nie dafür Buße getan. Du bist gerecht, und gerecht mußt du richten. Du wirst die Sünde nicht verzeihen, weil er das Genommene nicht zurückgegeben hat. Ihm erwiderte der Herr: Möchtest du, daß ich für eine solche Kleinigkeit diesen Knaben verdamme? Meine Gerechtigkeit ist nicht ohne Erbarmen. Da vierundzwanzig Greise, die im Umkreis des Sitzes waren, für die Seele baten, ward die Schuld vergeben. Drauf ward die Seele auf Gottes Geheiß hinweggeführt und in einen feurigen Brunnen geworfen. Dort erlitt sie solche Pein, daß sie die nachher nicht mit Worten schildern konnte. Nach einer Stunde ward sie von dem Engel, der sie gebracht hatte, herausgeholt und dem Richter vorgeführt. Dessen Antlitz sah sie jetzt deutlich und ohne den Schleier, und es zeigte dem Knaben solche Freundlichkeit, Heiterkeit und Milde, daß er, wenn er gewollt, es hätte küssen können. Und während er vorher Christum in menschlicher Gestalt gesehen hatte, durfte er nach dem Fegefeuer ihn in seiner Göttlichkeit erblicken. Neben ihm sah er seine ruhmreiche Mutter auf einem glänzenden Thron sitzen und um sie eine Menge Engel, Patriarchen, Propheten, Apostel, Märtyrer, Bekenner, Jungfrauen und andere Gerechte. Der Teufel aber, der die Seele zu verlieren fürchtete, sprach zu Gott: Es ist gut, daß sie zum Leibe zurückkehre, um dir noch mehr zu dienen. Ihm antwortete der Herr: Dies sagst du nicht wegen ihres Heils, sondern wegen deiner Bosheit. Denn du hoffst, sie werde durch den Leib sündigen und dir zufallen. Doch ward auf sein Urteil die Seele dem Leibe zurückgegeben, zum Staunen aller Anwesenden, die wegen der Zeichen, die sie an dem Knaben sahen, seinen Worten zu glauben genötigt waren. Der Knabe aber, teils aus Liebe zum himmlischen Ruhm, teils aus Furcht vor Strafe, verließ sein Vaterland und kam, um Mönch zu werden, zu einem Hause unsres Ordens. Seinen Wunsch sah ein Laienbruder, ein schlechter und hochmütiger Mensch, der dem Hospiz vorstand, und sagte, daß er es hörte: Seht, wenn diese Burschen Mönche geworden sind, wollen sie gleich unsre Herren sein. Diese Worte verdrossen den Knaben so sehr, daß er sein Vorhaben aufgab und zum Templerorden überging.

22. Wie die Heilige Maria bewirkte, daß der Engel nicht zum zweiten Mal blies

In Clairvaux ist ein Priester namens Wilhelm, der viele göttliche Offenbarungen hat. In gegenwärtigem Jahr, während er im Gebet stand, ward seine Seele entrückt und vor Christi Gericht gebracht. Da sah er zur Rechten des Herrn einen Engel mit einer Trompete stehen. Zu dem sprach Christus mit lauter Stimme, daß alle Heerscharen des himmlischen Vaterlandes es hörten: Blase! Er tat es, und so gewaltig war die Stimme der Trompete, daß die ganze Welt wie ein Blatt am Baume zu zittern schien. Als er aber wiederum sagte: Blase nochmals! da erhob sich, während die andern Heiligen schwiegen, die Mutter des Erbarmens, die Jungfrau Maria, da sie wußte, daß, wenn er von neuem bliese, es mit der Welt aus sei, fiel dem Sohn zu Füßen und bat flehentlich, daß er das Urteil aufschiebe und der Welt schone. Ihr antwortete Christus: Mutter, die Welt liegt so im argen und reizt mich täglich so sehr durch ihre Sünden, daß ich gerechterweise das Urteil nicht aufschieben noch des Menschen schonen dürfte. Nicht nur Laien, sondern auch Geistliche und Mönche sind vom rechten Wege abgewichen und kränken mich von Tag zu Tag. Drauf jene: Schone, mein geliebter Sohn, schone, wenn nicht um andrer willen, doch wenigstens wegen meiner Freunde, der vom Zisterzienserorden, auf daß sie sich vorbereiten. — Als unsre Äbte dies Jahr vom Generalkapitel heimkehrten, haben sie uns dies berichtet.

Die zwölf Körbe des Caesarius: Caesarii munus

Caesarius selbst hat zu seinem Werk notiert: „‚Sammelt die Stücklein, damit sie nicht verderben' (Jo 6,12). In meinem Amt habe ich den Novizen manches erzählt, was wundersam in unserm Orden zu unserer Zeit geschah und noch täglich geschieht. Einige drängten mich mit vielen Bitten, dies in einer Schrift niederzulegen. Ein unwiederbringlicher Verlust werde es sein — sagten sie — wenn etwa vergessen würde und unterginge, was der Nachwelt zur Erbauung dienen könnte. Als ich hierzu wenig geneigt war — bald wegen der Mängel der lateinischen Sprache, bald wegen der Schmälerung von Neidern — bekam ich von meinem Abte Auftrag und zudem Ermunterung vom Abt von Marienstatt, denen ich nicht widersprechen mochte.

Ich war auch eingedenk des vorgenannten Herrenwortes und sammelte — während andere das ganze Brot für das Volk brechen, das heißt, die großen Gegenstände der hl. Schriften darlegen — die abfallenden Brosamen für Leute, die nicht an Gnade, aber an Bildung arm sind. Damit füllte ich zwölf Körbe.

Ich habe nämlich das ganze Werk in ebenso viele Bücher (Distinktionen) eingeteilt. Das erste Buch handelt von der Bekehrung, das zweite von der Reue, das dritte von der Beichte, das vierte von der Bewährung, das fünfte von den Teufeln, das sechste von der Tugend der Einfalt, das siebte von der seligen Jungfrau Maria, das achte von verschiedenen Visionen, das neunte vom Sakrament des Leibes und Blutes Christi, das zehnte von den Wundern, das elfte vom Sterben und das zwölfte von Strafe und Herrlichkeit.

Um aber die Exempel treffender zu ordnen, führte ich nach Weise eines Gespräches zwei Personen ein: einen fragenden Novizen und einen Mönch, der Antwort gibt. — Wenn eine Schrift den Namen des Verfassers verschweigt, erlahmt und vertrocknet um so schneller die Zunge des Verleumders. Sollte jemand dennoch seinen Namen wissen wollen, so möge er die ersten Buchstaben der Bücher zusammensetzen.[1] Sehr vieles von frommen Männern habe ich eingeflochten, was sich außerhalb des Ordens ereignete, weil es erbaulich ist wie auch das übrige, berichtet wurde. Gott ist mein Zeuge, daß ich nicht ein einzi-

1 Dies ergibt: „Caesarii munus".

ges Kapitel in diesem Dialog erfunden habe. Hat sich vielleicht dennoch etwas anderes zugetragen, als ich aufschrieb, so müssen — scheint es — mehr meine Berichter die Verantwortung tragen. Der Inhalt des Dialogs ist recht wundersam; darum erhielt er den Namen: Dialogus miraculorum, Wundergespräch."

Das Leben des Caesarius

Caesarius von Heisterbach könnte nach seiner wahrscheinlichen Herkunft Caesarius von Köln heißen. In seinen Wundergeschichten berichtet er von Kindheits- und Bildungserlebnissen in Köln, beispielsweise wie er von einem hohen Fieber mit kalten Wickeln befreit worden war. Ein urkundliches Geburtsdatum gibt es nicht. Da er in einer Erzählung berichtet, daß er den Kardinal Heinrich von Albano für den Kreuzzug Barbarossas in der Kölner Peterskirche „noch als Knabe" Predigen gehört habe und diese Kreuzzugspredigt 1188 stattgefunden hat, kann man annehmen, daß er um das Jahr 1180 geboren worden war. (vgl. Margitta Buchert: Caesarius von Heisterbach)[1] Zuerst besuchte er die Schule des St. Andreas-Stiftes und ging dann zur Kölner Domschule, wo der Domscholastiker Rudolf sein Lehrer war, dessen dialogische Lehrmethode er in seinem Wunderbuch selbst anwendet. Ziesterzienser zu werden, beschloß er während einer Wanderung vom Kloster Walberberg nach Köln mit Gevard, dem zweiten Abt von Heisterbach, der ihn durch die Erzählung einer Vision überzeugte. Vor dem Klostereintritt erfüllte Caesarius ein Gelübde und ging auf eine Wallfahrt zur Heiligen Maria von Rocamadur bei Cahors. Da er in seinen Erzählungen lebensnah von Sündern und Narren wie dem nackt durch Köln tanzenden Vaganten, mutmaßlich dem Archipoeta, berichtet, ist es denkbar, daß sein Klostereintritt eine Konversion war, daß er vielleicht selbst zuvor als Kölner Student ein lockeres Leben geführt haben mag. 1199 wurde er Mönch in Heisterbach. 1227 war er dort Prior und zuvor schon Erzieher der Novizen. Oft begleitete er die Äbte von Heisterbach auf Visitationsreisen, unter anderem nach Aachen, Hadamar, nach Stuben bei Bernkastel, nach Veldenz, nach Eberbach und in die Niederlande. Vermutlich war er auch in Himmerod, weil er immer wieder von dort Geschichten übermittelt. Caesarius starb wahrscheinlich 1240, so daß 1990 seines 750. Todestages gedacht wurde. Der Gründer seines Ordens Bernhard von Clairvaux war 1090 geboren worden. Das Jubiläum von Bernhard und der 750. Todestag des Caesarius im Jahre 1990 — ist es eine Zahlensymbolik oder Zufall?

Caesarius-Literatur

Neben dem „Dialogus“ über die Wunder (dialogus miraculorum), entstanden zwischen 1219 und 1223, hat er ein Fragment hinterlassen (libri miracolorum, 1225—1226). Caesarius schrieb Predigtbücher mit Predigtbeispielen (exempla), die er planmäßig in die Predigten einfügte. Im Auftrag des Kölner Erzbischofs Heinrich von Molenark schrieb er 1226 eine Geschichte des ermordeten Erzbischofs Engelbert I., des Vorgängers Heinrichs. Im Auftrag des Priors Ulrich und des Deutschen Hauses in Marburg verfaßte er eine Lebensgeschichte der Heiligen Elisabeth von Thüringen. Dieses Werk sandte er 1237 nach Marburg. Von Caesarius stammt auch ein Katalog der Kölner Erzbischöfe, der allerdings nur 71 Jahre umfaßt. Er selbst zählte sein Gesamtwerk mit 36 Arbeiten.

Sein Hauptwerk, das wir mit diesem Lesebuch wieder einem breiteren Publikum nahebringen wollen, war im Mittelalter sehr populär, sonst wäre es nicht so oft in 45 Gesamt- und 60 Teilhandschriften, kopiert worden. 1473 wurde der dialogus in Köln vom ältesten dort bekannten Drucker Zell gedruckt. Zwischen 1460 und 1470 eignete der Münchener Hartlieb die Wundergeschichten für eine Münchener Patrizierfamilie dem Spätmittelalter und der frühen Neuzeit im damaligen Deutsch an. Vieles aus der Welt des hohen Mittelalters und der Klöster wurde in die des Münchener Hofes und des Stadtlebens übertragen. In der späteren Erzählliteratur tauchen in Paulis „Schimpf und Ernst“ und Montanus „Wegkürzer“ immer wieder Motive des Caesarius auf wie in der gesamten für die Volkskunde interessanten Erzählliteratur. In der Gegenreformation wird im Rheinland die Beispielsammlung des Caesarius durch den Kölner Kanonikus Bredenbach neu herausgebracht. Damals wurde er auch während der Mahlzeiten in den Zisterzienserklöstern vorgelassen, was manche Zisterzienser heute wieder tun. In manchen Jahrhunderten schien er vergessen zu sein. Die Wissenschaft in Verbindung mit einer katholisch geprägten Romantik im vorigen Jahrhundert begann ihn wieder zu entdecken.

Eine wissenschaftliche Neuausgabe fehlt. An ihr wird von Professor F. Wagner in Berlin gearbeitet. Die wichtigsten Arbeiten im vorigen Jahrhundert, auf denen auch die heutige Forschung aufbaut, leistete A. Kaufmann: Caesarius von Heisterbach. Ein Beitrag zur Kulturgeschichte des XII. und XIII. Jahrhunderts, Köln 1850 und 1862. Er übersetzte die Geschichten als „Wunderbare und denkwürdige Geschichten“ in den Annalen des Historischen Vereins für den Niederrhein Nr. 47 und 53. Ebenfalls aus dem 19. Jahrhundert stammt die lateinische Ausgabe von J. Strange: Caesarii Heisterbacensis Monachi Ordinis Cisterciensis Dialogus Miraculorum. 2 Bände, Köln/Bonn/Brüssel 1851. (Nachdruck Rigdewood 1966).

Die moderne Volkskunde nahm sich mit M. Hain und W. Brückner der Erzähltraditionen des Caesarius an. W. Brückner: Geistliche Erzählliteratur der Gegenreformation im Rheinland. Rheinische Vierteljahresblätter 40.

M. Hain: Lebendige Volkssage im Dialogus Miraculorum, Archiv für mittelrheinische Kirchengeschichte.

Caesarius als Latein schreibenden Schriftsteller würdigte K. Langosch: Die Deutsche Literatur des Lateinischen Mittelalters, Bonn 1964.

Nicht mehr auf dem Büchermarkt vorhanden sind neuere Übertragungen wie Ernst Müller-Holm: Caesarius von Heisterbach, Berlin 1910. O. Hellinghaus: Geschichten des Caesarius von Heisterbach. Hundert auserlesene wunderbare und merkwürdige Geschichten, Aachen 1925.

Auf Müller-Holm fußt ebenfalls die vergriffene Auswahl von L. Schneider und B. Bachem: Caesarius von Heisterbach, Köln 1968.

Eine gute Zusammenfassung über den Forschungsstand bringt eine von der Stiftung Heisterbach und der katholischen Pfarrgemeinde St. Laurentius in Königswinter-Oberdollendorf herausgebrachte Schrift: „Caesarius von Heisterbach“. Aus Anlaß seines 750. Todestages im Jahre 1990. (Einleitung von Georg Kalckert, Forschungsbericht von Margitta Buchert und Bibliographie von B. Zlepko). Über eine Caesarius-

Bibliothek verfügt neben der Stiftung Heisterbach der Heimatverein Siebengebirge-Königswinter im Siebengebirgsmuseum Königswinter. Ein kenntnisreicher Erforscher des Caesarius ist der Vorsitzende des Heimatvereins von Oberkassel, G. Kraus, der in seiner Schrift „Heinrich I. Herr von Löwenburg", Nr. 9 der Schriftenreihe des Heimatvereins Bonn-Oberkassel, den wahrscheinlichen Beisetzungsort des Caesarius in der ehemaligen Klosterkirchen angegeben hat. „Leider ist diese Grabstelle bei den jüngsten Renovierungs- und Ausgrabungsarbeiten nicht erforscht worden" (Pfarrer Kalckert).
Eine gründliche Arbeit über Heisterbach von der Frühgeschichte bis zur Aufhebung hat Markus Hoitz vorgelegt: Die Aufhebung der Abtei Heisterbach, Heft 3 der vom Stadtdirektor Königswinter herausgegebenen Reihe Königswinter in Geschichte und Gegenwart, 1987.

Um Heisterbach zu verstehen, sollte man auch die romantische Literatur des vergangenen Jahrhunderts heranziehen, so die vom Heimatverein Siebengebirge Königswinter 1982 durch Winfried Biesing, Herbert Menden und Hilger Bär herausgebrachte Faksimilie-Ausgabe der „Sommertage am Siebengebirge" von Wolfgang Müller, 1867.

Wer sich über die zisterziensischen Wege schnell informieren will, dem sei die Schrift „Bernhard von Clairvaux und die Zisterzienser" empfohlen, redigiert im Stift Lilienfeld, vertrieben durch die Sadifa Media-Verlags-GmbH, Postfach 1350, D-7640 Kehl am Rhein.

Himmerod, die Mutter von Heisterbach, ist in der jüngsten Zeit von Abt Ambrosius Schneider erforscht worden: Himmerod — Geschichte und Sendung. 3. Auflage, 1984, Selbstverlag der Abtei Himmerod.

Marienstatt stellt sich ebenfalls mit einer eigenen Broschüre vor: Zisterzienserabtei Marienstatt, D-5239 Abtei Marienstatt.

1 in: Zisterzienser und Heisterbach. Ausstellung der Stadt Königswinter und des Landschaftsverbandes Rheinland, Rheinisches Museumsamt in Zusammenarbeit mit dem Heimatverein Siebengebirge e.V. Königswinter. Bonn 1980. Siebengebirgsmuseum 13.12.1980—15.2.1981

Ortsregister

Namenregister